प्रस्तावना

प्रशासनिक सिद्धांत, यह पाठ्यक्रम लोक प्रशासन में स्नातकोत्तर उपाधि का एक महत्त्वपूर्ण भाग है। इस पुस्तक का मुख्य उद्देश्य विद्यार्थियों को लोक प्रशासन के विषय में विस्तृत और संपूर्ण जानकारी देना है। इस पुस्तक का निर्माण विद्यार्थियों के समग्र विकास को देखते हुए किया गया है। इसके निर्माण के समय इस बात पर पूर्ण ध्यान दिया गया है कि यह आपको परीक्षा में पूर्णतः सहयोगी हो और आपके लिए लाभदायक हो।

आपके समक्ष प्रस्तुत पुस्तक M.P.A.-012 में आपके पाठ्यक्रम को ध्यान में रखते हुए और परीक्षोपयोगी प्रश्नों का निर्माण करते हुए उनका हल इस प्रकार से आपके समक्ष प्रस्तुत किया गया है कि आपको आपका पाठ्यक्रम अत्यंत सरल और कहीं पर भी उलझा हुआ–सा नहीं लगे।

हमारी पुस्तक की सबसे बड़ी और महत्त्वपूर्ण विशेषता यही है कि इसके अंतर्गत आपको गत वर्षों के प्रश्न पत्र हल सहित दिए जाते हैं जो आपकी परीक्षा को न केवल सरल बनाते हैं बल्कि आपको परीक्षा में अच्छे अंक प्राप्त करने में भी सहायक होते हैं। प्रश्न पत्रों को आपके सामने बिल्कुल उसी प्रकार प्रस्तुत किया गया है जैसा आपके सामने परीक्षा केन्द्र में प्रस्तुत होता है जो आपको अपने आप में एक अलग प्रकार का आत्मविश्वास बढ़ाने में सहायक होगा।

पुस्तक के अंतर्गत कुल 22 अध्याय हैं। लोक प्रशासन, जो कि सामाजिक, आर्थिक और राजनीतिक प्रशासनिक अंतरापृष्ठ का संगम है, विद्यमान संदर्भों और परिस्थितियों के आधार पर योजना बनाता है। पुस्तक में प्रशासनिक सिद्धांत के हर क्षेत्र से जुड़ी विस्तृत एवं ज्ञानवर्धक जानकारी दी गई है। इन अध्यायों में 'लोक प्रशासन के अर्थ, स्वरूप, कार्य क्षेत्र और महत्त्व' के साथ–साथ 'प्रशासनिक सिद्धांतों के विकास और प्रगति' पर व्यापक चर्चा की गई है, तो 'वैज्ञानिक प्रबंधन', 'प्रशासनिक प्रबंधन', 'सामाजिक–मनोवैज्ञानिक दृष्टिकोण' सहित 'मानवीय संबंध दृष्टिकोण' पर भी गहन विवेचना की गई है। इसी प्रकार आगे के अध्यायों में 'खुली और सहकारी प्रणाली', 'नया लोक प्रशासन', 'नया सार्वजनिक प्रबंधन परिप्रेक्ष्य' और 'इक्कीसवीं शताब्दी में प्रशासनिक सिद्धांत की स्थिति' पर नवीनतम जानकारियों को सरल एवं रोचक भाषा में प्रस्तुत किया गया है। प्रस्तुत पाठ्यक्रम पूर्णतः सरल शब्दों में और आपकी आगामी परीक्षा को ध्यान में रखते हुए बनाया गया है, जो आपको परीक्षा में उत्तीर्ण कराने के लिए और आपको अच्छे अंक प्राप्त करने में सहायक सिद्ध होगी।

आगामी संस्करण में आपके सुझावों को यथास्थान साभार सम्मिलित किया जाएगा। अतः अपने सुझाव निःसंकोच हमें हमारी email id-info@gullybaba.com पर या सीध े प्रकाशन के पते पर लिखें और हमें अपने सुझावों से अनुग्रहीत करें।

प्रकाशन (GPH) अपने कार्यरत सहायकों व लेखकों का सहृदय से आभार प्रकट करता है, जिनके सहयोग और प्रयासों के कारण ही इस पुस्तक का प्रकाशन संभव हो पाया है।

आपकी सफलता की कामना के लिए,

–प्रकाशक

विषय-सूची

1. लोक प्रशासन: अर्थ, स्वरूप, कार्यक्षेत्र और महत्त्व — 1–15
2. संगठन का स्वरूप और प्ररूप वर्गीकरण — 16–25
3. प्रशासनिक सिद्धांतों का विकास और प्रगति — 26–38
4. वैज्ञानिक प्रबंधन दृष्टिकोण — 39–48
5. प्रशासनिक प्रबंधन दृष्टिकोण — 49–58
6. मैक्स वेबर का नौकरशाही सिद्धांत — 59–68
7. नौकरशाही के आलोचक — 69–80
8. मानवीय संबंध दृष्टिकोण — 81–89
9. संगठन में निर्णय करने पर हर्बर्ट ए. सीमॉन के विचार — 90–98
10. संगठन संरचना, प्रक्रियाएँ और कार्यकरण — 99–114
11. सामाजिक-मनोवैज्ञानिक दृष्टिकोण: क्रिस आर्गिरिस के विचार — 115–121
12. सामाजिक-मनोवैज्ञानिक दृष्टिकोण: अब्राहम मैस्लो और फ्रेडेरिक हेर्जबर्ग के विचार — 122–131
13. सामाजिक-मनोवैज्ञानिक दृष्टिकोण– डॉग्लास मैकग्रेगोर और विक्टर व्रूम के विचार — 132–139
14. खुली और सहकारी प्रणाली — 140–147
15. प्रणाली दृष्टिकोण– डेविड इस्टॉन और चेस्टर बर्नार्ड के विचार — 148–153
16. अधिगम संगठन की अवधारणा — 154–160
17. नई संगठनात्मक संस्कृति — 161–168
18. नवीन लोक प्रशासन — 169–179
19. सार्वजनिक विकल्प का परिप्रेक्ष्य — 180–187
20. समीक्षात्मक सिद्धांत की प्रासंगिकता — 188–190
21. नया सार्वजनिक प्रबंधन परिप्रेक्ष्य — 191–203
22. इक्कीसवीं शताब्दी में प्रशासनिक सिद्धांत की स्थिति — 204–213

प्रशासनिक सिद्धांत

Administrative Theory

(एम.पी.ए.-012)

लोक प्रशासन में स्नातकोत्तर उपाधि

For Master of Arts In Public Administration

GullybabA.com Amazon.in GPHbook.com

Bestseller

विशेष विश्वविद्यालयों के लिए महत्वपूर्ण अध्ययन सामग्री

इंदिरा गाँधी राष्ट्रीय मुक्त विश्वविद्यालय (इग्नू), के.एस.ओ.यू. (कर्नाटका), बिहार विश्वविद्यालय (मुजफ्फरपुर), नालंदा विश्वविद्यालय, सेंटर फॉर डिस्टेंस एंड ओपन लर्निंग, जामिया मिलिया इस्लामिया, वर्धमान महावीर मुक्त विश्वविद्यालय (कोटा), उत्तराखंड मुक्त विश्वविद्यालय, कुरुक्षेत्र विश्वविद्यालय, सेवा सदन कॉलेज ऑफ एजुकेशन (महाराष्ट्र), मिथिला विश्वविद्यालय, आंध्रा विश्वविद्यालय, अन्नामलाई विश्वविद्यालय, बैंगलोर विश्वविद्यालय, भारतीयर विश्वविद्यालय, भारतीदशन विश्वविद्यालय, हिमाचल प्रदेश विश्वविद्यालय, काकाटिया विश्वविद्यालय (आंध्र प्रदेश), के.ओ.यू. (राजस्थान), एम.पी.बी.ओ.यू. (एम.पी.), एम.डी.यू. (हरियाणा), पंजाब विश्वविद्यालय, तमिलनाडु मुक्त विश्वविद्यालय, श्री पद्मावती महिला विश्वविद्यालयम् (आंध्र प्रदेश), जम्मू विश्वविद्यालय, वाई.सी.एम.ओ.यू., राजस्थान विश्वविद्यालय, उत्तर प्रदेश राजर्षि टण्डन मुक्त विश्वविद्यालय, कल्याणी विश्वविद्यालय, बनारस हिंदू विश्वविद्यालय (बी.एच.यू.), और अन्य भारतीय विश्वविद्यालय।

इस पुस्तक का अंग्रेजी संस्करण भी उपलब्ध है।

English Edition of this Book is also available.

Closer to Nature We use Recycled Paper

GPH BOOK ®

गुल्लीबाबा पब्लिशिंग हाउस प्रा. लि.

आई.एस.ओ. 9001 एवं आई.एस.ओ. 14001 प्रमाणित कं.

Published by:
GullyBaba Publishing House Pvt. Ltd.

Regd. Office:	Branch Office:
2525/193, 1st Floor, Onkar Nagar-A, Tri Nagar, Delhi-110035 (From Kanhaiya Nagar Metro Station Towards Old Bus Stand) 011-27387998, 27384836, 27385249 +919350849407	1A/2A, 20, Hari Sadan, Ansari Road, Daryaganj, New Delhi-110002 Ph. 011-45794768

E-mail: hello@gullybaba.com, **Website:**GullyBaba.com, GPHbook.com

New Edition

Author: GPH Panel of Experts
ISBN: 978-93-81066-17-1
Copyright© with Publisher

All rights are reserved. No part of this publication may be reproduced or stored in a retrieval system or transmitted in any form or by any means; electronic, mechanical, photocopying, recording or otherwise, without the written permission of the copyright holder.

Disclaimer: Although the author and publisher have made every effort to ensure that the information in this book is correct, the author and publisher do not assume and hereby disclaim any liability to any party for any loss, damage, or disruption caused by errors or omissions, whether such errors or omissions result from negligence, accident, or any other cause.

If you find any kind of error, please let us know and get reward and or the new book free of cost.

The book is based on IGNOU syllabus. This is only a sample. The book/author/publisher does not impose any guarantee or claim for full marks or to be passed in exam. You are advised only to understand the contents with the help of this book and answer in your words.

All disputes with respect to this publication shall be subject to the jurisdiction of the Courts, Tribunals and Forums of New Delhi, India only.

HOME DELIVERY of GPH Books

You can get GPH books by VPP/COD/Speed Post/Courier.
You can order books by Email/SMS/WhatsApp/Call.
For more details, visit gullybaba.com/faq-books.html
Our packaging department usually dispatches the books within 2 days after receiving your order and it takes nearly 5-6 days in postal/courier services to reach your destination.

Note: Selling this book on any online platform like Amazon, Flipkart, Shopclues, Rediff, etc. without prior written permission of the publisher is prohibited and hence any sales by the SELLER will be termed as ILLEGAL SALE of GPH Books which will attract strict legal action against the offender.

प्रश्न पत्र

(1) जून 2008 (हल सहित)	217–219
(2) दिसम्बर 2008 (हल सहित)	220–223
(3) जून 2009 (हल सहित)	224–225
(4) दिसम्बर 2009 (हल सहित)	226–227
(5) जून 2010 (हल सहित)	228–229
(6) दिसम्बर 2010 (हल सहित)	230–233
(7) जून 2011	234–234
(8) दिसम्बर 2011	235–235
(9) जून 2012	236–236
(10) दिसम्बर 2012	237–237
(11) जून 2013	238–238
(12) दिसम्बर 2013	239–239
(13) जून 2014	240–240
(14) दिसम्बर 2014	241–241
(15) जून 2015	242–242
(16) दिसम्बर 2015	243–243
(17) जून 2016	244–244
(18) दिसम्बर 2016 (हल सहित)	245–246
(19) जून 2017	247–247
(20) दिसम्बर 2017	248–248
(21) जून 2018 (हल सहित)	249–251
(22) दिसम्बर 2018	252–252
(23) जून 2019 (हल सहित)	253–257
(24) दिसम्बर 2019 (हल सहित)	258–259
(25) जून 2020 (हल सहित)	260–262
(26) फरवरी 2021 (हल सहित)	263–264

इकाई – 1

लोक प्रशासन: अर्थ, स्वरूप, कार्यक्षेत्र और महत्त्व

प्रश्न 1. लोक प्रशासन को परिभाषित कीजिए और इसके कार्य–क्षेत्र की व्याख्या कीजिए। **[June 2008, Q. 1.][Dec 2008, Q. 1.][Dec 2010, Q. 1.]**

उत्तर– प्रशासन के विस्तृत क्षेत्र का ही एक भाग लोक प्रशासन है। लोक प्रशासन 'लोक' और 'प्रशासन' से मिलकर बना है। 'लोक' शब्द जुड़ जाने के कारण यह एक विशेष रूप धारण कर लेता है। 'लोक' शब्द सार्वजनिकता का सूचक है तथा यह आम आदमी के लिए प्रशासन का द्वार खोलता है अर्थात् जो प्रशासन आम लोगों के लिए हो, वह लोक प्रशासन है। प्रशासन व्यक्तिगत और सार्वजनिक दोनों हो सकता है, लेकिन लोक प्रशासन कभी भी व्यक्तिगत नहीं हो सकता है। सरकार द्वारा संपन्न क्रियाएँ व्यापक, सार्वजनिक और लोकहित की होती हैं इसलिए सरकारी कार्यों के प्रशासन को लोक प्रशासन कहा जाता है। इस प्रकार लोक प्रशासन में वे सभी क्रियाएँ सम्मिलित की जाती हैं जिनका संबंध लोक–नीति को लागू करने से है। लोक प्रशासन एक निश्चित राजनीतिक ढाँचे के अंतर्गत कार्य करता है। यह राजनीतिक निर्णयों को व्यवहार में लागू कर वास्तविकता में बदलने का एक उपकरण है। यह सरकार का क्रियात्मक अथवा क्रियाशील भाग है। यह वह साधन है जिसके द्वारा सरकार अपने उद्देश्य एवं लक्ष्य प्राप्त करती हैं।

लोक प्रशासन के संबंध में प्रायः विचारक सहमत हैं कि शासकीय क्रियाओं को लोक प्रशासन में सम्मिलित किया जाना चाहिए। विवाद इस बात पर है कि कौन–सी शासकीय क्रियाओं को लोक प्रशासन में सम्मिलित किया जाए। प्रशासन के प्रति इस दृष्टिकोण के आधार पर विभिन्न लेखकों ने लोक प्रशासन की संकुचित एवं विस्तृत परिभाषाएँ की हैं। **एल. डी. वाइट, वुडरो विल्सन, पिफ्नेर, डिमॉक** आदि लोक प्रशासन को विस्तृत अर्थ में स्वीकार करते हैं। इनका मानना है कि इसमें सरकार के तीन अंगों की क्रियाएँ शामिल हैं। संकुचित अर्थों में लोक प्रशासन को सरकार की केवल कार्यपालिका शाखा की क्रियाओं से संबंधित माना जाता है। **गुलिक, साइमन, विलोबी, फेयोल** आदि संकुचित मत को मानते हैं।

विभिन्न विद्वानों द्वारा लोक प्रशासन की जो परिभाषाएँ की गई हैं उनका वर्णन निम्नलिखित हैं–

वुडरो विल्सन (Woodrow Wilson)–"लोक प्रशासन कानून का ब्योरेवार और क्रमबद्ध अनुप्रयोग है। कानून का प्रत्येक अनुप्रयोग विशेष प्रशासन का कार्य है।"

एल.डी. वाइट (L.D. White)–"लोक प्रशासन में वे सभी कार्य हैं जिनका प्रयोजन सरकारी नीति की पूर्ति या प्रवर्तन होता है।" वाइट के अनुसार इस परिभाषा में बहुत से क्षेत्रों में विशेष संक्रिया की अधिकता में पत्र का विवरण, सरकारी भूमि की बिक्री, संधि की वार्ता,

घायल कर्मी की क्षतिपूर्ति, रोगी बच्चे का संगरोधन, पार्क से कचड़ा हटाना, यूरेनियम 235 का विनिर्माण और परमाणु ऊर्जा के प्रयोग का लाइसेंस देना सम्मिलित है। इसमें सैनिक कार्य तथा सिविल कार्य, न्यायालयों का अधिकांश कार्य, सरकारी क्रियाकलाप के सभी विशेष क्षेत्रों, जैसे पुलिस, शिक्षा, स्वास्थ्य, सार्वजनिक कार्य का निर्माण, संरक्षण, सामाजिक सुरक्षा और बहुत से अन्य कार्य शामिल हैं। उन्नत सभ्यताओं में सार्वजनिक कार्य के संचालन के लिए प्रायः प्रत्येक व्यवसाय और दक्षता–जैसे इंजीनियरी, कानून, औषधि और शिक्षण में रोजगार, क्राफ्ट (दस्तकारी), तकनीकी विशेषज्ञता, कार्यालय दक्षता और कई अन्य की आवश्यकता होती है।

पर्सी मैकक्वीन (Percy McQueen)–"लोक प्रशासन सरकार के कार्यों चाहे वे स्थानीय हो या केन्द्रीय से संबंधित है।"

लूथर गुलिक (Luther Gulick)–"लोक प्रशासन, प्रशासन के विज्ञान का वह भाग है जिसे सरकार से संबंध रखना है, यह मुख्यतः अपने आपको कार्यपालिका शाखा से जोड़े रखता है, जहाँ सरकार का काम किया जाता है, यद्यपि स्पष्ट रूप से विधायी और न्यायपालिका शाखाओं से संबंधित समस्याएँ भी होती हैं।"

जे.एम. पिफ्नेर (J.M. Pfifner)–"प्रशासन लोगों के प्रयासों का समन्वय करके सरकार का काम करवाने की प्रक्रिया है ताकि वे अपने कार्यों को पूरा करने के साथ–साथ कार्य कर सकें।"

एम. रूथनास्वामी (M. Ruthanaswami)–"जब प्रशासन का राज्य या छोटी राजनीतिक संस्थाओं, नगरपालिका या कंट्री काउंसिल (जिला बोर्ड) के कार्यों से संबंध होता है तो यह लोक प्रशासन कहलाता है। सरकार के अधिकारियों के सभी कार्य दूर स्थित कार्यालय में चपरासी से लेकर राजधानी में राज्य के प्रमुख तक, लोक प्रशासन होता है।"

एच ए. सीमॉन, डी. डब्ल्यू स्मिथबर्ग और वी.ए. थाम्पसन (H.A. Simon, D.W. Smithburg and V.A. Thompson)–"सामान्य प्रयोग में लोक प्रशासन का अभिप्राय राष्ट्रीय, राज्य और स्थानीय सरकारों, सरकारी निगमों तथा विशेषज्ञ स्वरूप की कुछ अन्य अभिकरणों के कार्यपालिका शाखाओं के कार्यकलाप से है। सरकारी और निजी प्रशासन में न्यायपालिका और विधायिका विशेष रूप से पृथक किए गए हैं।"

कोर्सन और हेरिस (Corson and Harris)–"लोक प्रशासन सरकार का क्रिया भाग है जिसके माध्यम से सरकार के प्रयोजन और उद्देश्य पूरे किए जाते हैं।"

ड्वाइट वाल्डो (Dwight Waldo)–"लोक प्रशासन राज्य के कार्यों के लिए यथा अनुप्रयुक्त सरकारीन कला और विज्ञान है।"

एम.ई. डिमॉक (M.E. Dimock)–"लोक प्रशासन का संबंध सरकार के 'क्या' और 'कैसे' से है। विषय 'क्या' क्षेत्र का तकनीकी ज्ञान है जो प्रशासक को अपने कार्यों के निष्पादन में सक्षम बनाता है। विषय 'कैसे' प्रबंधन की तकनीक है, जिसके सिद्धांतों के अनुसार

सहयोगात्मक कार्यक्रम सफलता से किए जाते हैं। प्रत्येक अपरिहार्य है, साथ मिलकर संश्लेषण बनाते हैं जिसे प्रशासन कहा जाता है।"

निकोलस हेनरी (Nicholas Henry)—"लोक प्रशासन सिद्धांत और व्यवहार का व्यापक क्षेत्र और अव्यवस्थित संयोजन है, इसका प्रयोजन समाज से सरकार और उसके संबंध की श्रेष्ठ जानकारी को बढ़ावा देना है, यह सामाजिक आवश्यकताओं के प्रति सरकारी नीतियों को अधिक संवेदी बनाने की व्यवस्था करता है तथा प्रोत्साहित भी करता है तथा नागरिक वर्ग के लिए अपेक्षित प्रभाविकता, दक्षता और अधिक गहरे मानवीय पहलू को स्थापित करता है।"

लोक प्रशासन की यह परंपरागत परिभाषा परिलक्षित करती है कि लोक प्रशासन केवल सरकार की नीतियों और कार्यक्रमों के निर्वहन में सम्मिलित होता है। यह परिलक्षित करता है कि नीति निर्माण में इसकी कोई भूमिका नहीं है और यह कार्यपालिका शाखा में प्रशासन का स्थान निर्धारण भी करता है परंतु आज शब्द लोक प्रशासन व्यापक अर्थ में प्रयुक्त किया जाता है कि यह न केवल सरकार के कार्यक्रमों के निर्वहन में शामिल है बल्कि यह नीति निर्माण में भी महत्त्वपूर्ण भूमिका निभाता है और सरकार की तीनों शाखाओं को शामिल करता है। इस संदर्भ में **एफ.ए. निग्रो** और **एल.जी. निग्रो** के अनुसार लोक प्रशासन की परिभाषा इस प्रकार है—

(i) सार्वजनिक व्यवस्था में सहयोगात्मक सामूहिक प्रयास है;
(ii) सभी तीनों शाखाएँ शामिल हैं—कार्यपालिका, विधायिका और नगरपालिका और उनका पारस्परिक संबंध;
(iii) प्रबंध नीति के निर्माण में उसकी महत्त्वपूर्ण भूमिका है और राजनीतिक प्रक्रिया का एक भाग है;
(iv) निजी प्रशासन से पर्याप्त तरीके में भिन्न है, और
(v) समुदाय को सेवाएँ देने वाली सेवाओं में बहुत से निजी समूहों से निकटता से संबद्ध है।

लोक प्रशासन को संक्षिप्त रूप में निम्नलिखित प्रकार से परिभाषित किया जा सकता है—
(i) राजनीतिक प्रणाली में कार्यरत गैर–राजनीतिक सरकारी नौकरशाही है;
(ii) राज्य के उद्देश्यों, प्रभुसत्ता इच्छा, सार्वजनिक हितों और कानून का संचालन करता है;
(iii) सरकार के कार्य से संबंधित पहलू है और इस प्रकार नीति निष्पादन से संबंधित है परंतु यह नीति निर्माण से भी संबंधित है;
(iv) सरकार की सभी तीनों शाखाएँ शामिल हैं, यद्यपि इसकी प्रवृत्ति केवल कार्यपालिका शाखा में केंद्रित होने की होती है;
(v) अच्छा जीवन प्राप्त करने के लिए लोगों को नियामक और सेवा कार्य प्रदान करता है;
(vi) निजी प्रशासन से विशेषकर उसके सार्वजनिक बल में काफी भिन्न है; और
(vii) स्वरूप में अंतः विधापरक है क्योंकि यह अन्य सामाजिक विज्ञानों, जैसे राजनीति विज्ञान, अर्थशास्त्र और समाजशास्त्र से प्राप्त करता है।

लोक प्रशासन के कार्यक्षेत्र से तात्पर्य क्रियाकलाप और विधा के रूप में मुख्य विषय लोक प्रशासन है।

क्रियाकलाप के रूप में लोक प्रशासन का कार्यक्षेत्र (Jurisdiction of Public Administration as Activities)—सामान्यतया लोक प्रशासन सरकार के समस्त क्रियाकलाप समाहित करता है। अतएव क्रियाकलाप के रूप में लोक प्रशासन का कार्यक्षेत्र राज्य के कार्यक्षेत्र के अनुरूप ही है। आधुनिक कल्याणकारी राज्य में जनता को राज्य सरकार से अनेक अपेक्षाएँ हैं, जैसे—सरकार से विभिन्न प्रकार की सेवाएँ और संरक्षण। इस संदर्भ में लोक प्रशासन निम्नलिखित प्रकार से कार्य करता है—

1. अनेक कल्याणकारी और सामाजिक सुरक्षा सेवाएँ प्रदान करना।
2. सरकार के स्वामित्व के उद्योगों का प्रबंध करना।
3. निजी उद्योगों को विनियमित करना।
4. सार्वजनिक नीति के क्षेत्र के अंतर्गत प्रत्येक क्षेत्र और क्रियाकलाप में सक्रिय रहना।

लोक प्रशासन का कार्यक्षेत्र आधुनिक राज्य में व्यापक है।

विधा के रूप में लोक प्रशासन का कार्यक्षेत्र (Jurisdiction of Public Administration as Discipline)—POSDCoRB मत-लेखकों ने भिन्न-भिन्न शब्दों में लोक प्रशासन के कार्यक्षेत्र को परिभाषित किया है। गुलिक ने संक्षेप में शब्द POSDCoRB के अक्षरों द्वारा विषय का कार्यक्षेत्र स्पष्ट किया है। इनका वर्णन निम्नलिखित प्रकार से है—

(i) **योजना** (Planning)—परियोजना से समन्वय करने हेतु किए जाने वाले कार्य, अपनाए जाने वाले तरीकों की व्यापक रूपरेखा तैयार करना।

(ii) **संगठन** (Organisation)—संगठन में उन प्राधिकरणों की औपचारिक रचना की स्थापना समाहित है, जिससे कार्य का विभाजन किया जाता है, व्यवस्था की जाती है, समन्वय आदि कार्य संपन्न किए जाते हैं।

(iii) **कर्मचारी** (Staffing)—कर्मचारी के अंतर्गत कार्मिकों की भर्ती और प्रशिक्षण तथा उनकी कार्य शर्तें समाहित हैं।

(iv) **निदेशन** (Directing)—निर्णय करना और आदेश तथा अनुदेश जारी करना।

(v) **समन्वय** (Co-ordinating)—संगठन के विभिन्न प्रभागों, अनुभागों और अन्य भागों के परस्पर संबंध की स्थापना।

(vi) **रिपोर्टिंग** (Reporting)—एजेंसी के अंतर्गत वरिष्ठ अधिकारियों को सूचित करना जिनके प्रति इस संबंध में कार्यपालक उत्तरदायी है।

(vii) **बजट निर्माण** (Budgeting)—वित्तीय योजना निर्माण, नियंत्रण और लेखाकरण।

गुलिक (Gulick) का मत है कि (POSDCoRB) क्रियाकलाप समस्त संगठनों में है। वे प्रबंधन की सामान्य समस्याएँ हैं, जो उन कार्यों के स्वरूप को दृष्टिगत रखकर, जिन्हें वे

करते हैं, भिन्न-भिन्न एजेंसियों में पाए जाते हैं।

POSDCoRB का उद्देश्य एकता, निश्चितता और सुस्पष्टता के अतिरिक्त अध्ययन को अधिक क्रमबद्ध बनाना है।

आलोचना (Criticism)—POSDCoRB सिद्धांत की आलोचना की गई है। आलोचकों के अनुसार—

(i) **सीमितता**—POSDCoRB क्रियाकलाप न तो संपूर्ण प्रशासन के थे, न ही उसका सर्वाधिक महत्त्वपूर्ण भाग थे।

(ii) **एकांगी**—POSDCoRB ने इस तथ्य की ओर ध्यान नहीं दिया है कि भिन्न-भिन्न एजेंसियों को भिन्न-भिन्न प्रशासनिक समस्याओं का सामना करना पड़ता है, जो उन सेवाओं के विशिष्ट स्वरूप के कारण उत्पन्न होती हैं और कार्य, जिन्हें वे करते हैं।

(iii) **विशिष्टता की उपेक्षा**—POSDCoRB मत केवल प्रशासन की आम तकनीक पर विचार करता है।

(iv) **महत्त्वपूर्ण पक्ष की उपेक्षा**—POSDCoRB में उस विषय का अध्ययन नहीं किया जाता है जिससे संगठन संबंधित है।

(v) **अत्यधिक सीमित कार्यक्षेत्र**—POSDCoRB मत में नीति के निर्माण और कार्यान्वयन का कोई उल्लेख नहीं है। इस प्रकार इसके द्वारा प्रस्तुत प्रशासन के कार्य क्षेत्र की परिभाषा सीमित है। इसके कारण हैं—

(क) अंतर्मुखी दृष्टि का बहुत अधिक होना।

(ख) शीर्ष प्रबंधन का अत्यधिक सचेत होना।

विषयवस्तु मत (Subject Matter View)—लोक-प्रशासन प्रक्रियाओं से संबंधित कार्य करने के साथ-साथ प्रशासन के पर्याप्त मामलों से संबंधित कार्य भी करता है। जैसे—रक्षा, कानून और व्यवस्था, शिक्षा, सार्वजनिक स्वास्थ्य, कृषि, सार्वजनिक कार्य, सामाजिक सुरक्षा, न्याय, कल्याण आदि कार्य। इन सेवाओं के लिए POSDCoRB तकनीक के साथ-साथ उनकी अपनी महत्त्वपूर्ण विशेषज्ञ तकनीक भी आवश्यक है, जो POSDCoRB में सम्मिलित नहीं है। उदाहरण के लिए, पुलिस प्रशासन में अपराध का पता लगाने, कानून और व्यवस्था बनाए रखने आदि में उसकी अपनी तकनीक है, जो इसकी अपेक्षा अधिक महत्त्वपूर्ण और दक्ष होती है। जैसे—

(i) संगठन,

(ii) कार्मिक प्रबंध,

(iii) समन्वय,

(iv) वित्त के औपचारिक सिद्धांत।

यह अन्य सेवाओं के लिए भी वैसी ही है। अतएव पुलिस प्रशासन के अध्ययन में दोनों

प्रक्रियाएँ सम्मिलित होनी चाहिए। (अर्थात् POSDCoRB तकनीकें और पर्याप्त महत्त्व)

लेविस मेरियम ने लोक प्रशासन में कार्यक्षेत्र पर विचार व्यक्त करते हुए कहा है कि "लोक प्रशासन कैंची की तरह दो धारों (ब्लेडों) का साधन है।"

(i) पहली धार (ब्लेड) POSDCoRB द्वारा सम्मिलित क्षेत्र का ज्ञान हो सकता है।

(ii) दूसरी धार (ब्लेड) उस विषय का ज्ञान है जिनमें यह प्रयुक्त की जाती है। दोनों धार (ब्लेडें) औजार को प्रभावी बनाने हेतु अच्छी होनी चाहिए।

हर्बर्ट सीमॉन का मत है कि लोक प्रशासन के दो महत्त्वपूर्ण पक्ष हैं–

(i) कार्यों का निर्णय करना और

(ii) उन्हें करना

पहला दूसरे को आधार प्रदान करता है। कोई भी व्यक्ति सोचे या निर्णय किए बिना किसी भी विधा की कल्पना नहीं कर सकता है।

स्पष्ट है कि लोक प्रशासन का विस्तार व्यापक है तथा यह सिद्धांत और पद्धति का अव्यवस्थित संयोजन है।

प्रश्न 2. लोक प्रशासन के अध्ययन के विशेषीकृत विषय तथा कार्यकलाप के रूप में इसके महत्त्व की चर्चा कीजिए। [Dec 2008, Q. 1.]

उत्तर– आधुनिक लोक प्रशासन स्वच्छेचारी एवं निरंकुश नहीं है। वह उत्तरदायी है तथा प्रशासनिक अधिकारियों को जन–प्रतिनिधियों एवं जनमत का ध्यान रखना पड़ता है।

अध्ययन के विशेषीकृत विषय के रूप में लोक प्रशासन का महत्त्व–वुडरो विल्सन के विचार में, समाज में बढ़ती हुई जटिलताओं, राज्य के बढ़ते हुए कार्यों और लोकतांत्रिक पद्धतियों पर सरकारों की वृद्धि के परिणामस्वरूप प्रशासन का अध्ययन महत्त्वपूर्ण हो गया है। पद्धतियों की यह सूची विचार करती है कि कैसे और कौन से दिशा–निर्देशों के द्वारा इन प्रक्रियाओं को अच्छी तरह से संपन्न किया जाना चाहिए। इसके लिए विल्सन ने सुझाव दिया कि प्रशासनिक क्षेत्र में सरकार का सुधार करना आवश्यक था। विल्सन के अनुसार प्रशासनिक अध्ययन का उद्देश्य यह खोजना है कि सरकार उचित ढंग से और सफलतापूर्वक क्या कर सकती हैं और वह इन कार्यों को अधिकतम दक्षता और धन या ऊर्जा की न्यूनतम संभव लागत से कैसे कर सकती है।

विशेषज्ञ विषय के रूप में लोक प्रशासन के महत्त्व का श्रेय निम्नलिखित कारणों को दिया जा सकता है–

(1) व्यावहारिक चिंता इन महत्त्वपूर्ण कारणों में से एक महत्त्वपूर्ण कारण है। सरकार को इस समय सार्वजनिक हित के लिए कार्य करना होता है। लोक प्रशासन का पहला और मुख्य उद्देश्य प्रभावी ढंग से सार्वजनिक सेवाएँ प्रदान करना है। दक्षता

संवर्धनकारी और प्रशासनिक क्षेत्र के रूप में विषय की विल्सनोनियन परिभाषा, लोक प्रशासन की पृथक विधा के महत्त्व पर पहला स्पष्ट रूप से उल्लिखित विवरण था। पूर्ववर्ती शताब्दी के पूर्वार्द्ध के दौरान, कई देशों ने प्रशासन की समस्याओं पर विचार करने तथा विविध सार्वजनिक आवश्यकताओं की पूर्ति करने के लिए उपर्युक्त प्रशासनिक मशीनरी की सिफारिश करने के लिए समितियाँ नियुक्त कीं। ब्रिटेन में हेलडेन समिति (1919), संयुक्त राज्य अमेरिका में प्रशासनिक प्रबंधन पर राष्ट्रपति की समिति (1937), भारत में ए.डी. गोरवाला समिति और पाल एच. एप्पलवी की रिपोर्टें लोक प्रशासन में परिवर्तन करने के लिए विभिन्न देशों द्वारा किए गए प्रयासों के कुछ उदाहरण हैं। पिछली चार दशाब्दियों के दौरान भी, विभिन्न देशों में सरकारों या बहुपक्षीय एजेंसियों द्वारा नियुक्त समितियों/आयोगों द्वारा तैयार की गई बहुत सी रिपोर्टों और विद्वानों द्वारा प्रकाशित पुस्तकों ने इस विधा को समृद्ध किया और समय के अनुसार इसे बदलती हुई आवश्यकताओं के अनुरूप बनाने के लिए लोक प्रशासन को नई संभावनाएँ प्रदान की हैं। उनमें शामिल हैं : सिविल सेवाओं पर कमेटी (फल्टन समिति रिपोर्ट, 1968) की रिपोर्ट, प्रशासनिक सुधार आयोग की विभिन्न रिपोर्टें, पुनः आविष्कारी सरकार, शासन और टिकाऊ विकास और विश्व विकास रिपोर्ट बाजारों के लिए संस्थाओं का निर्माण।

(2) सामाजिक विज्ञान के परिप्रेक्ष्य में प्रशासन को सहकारी और सामाजिक क्रियाकलाप के रूप में देखा गया है। इसलिए शैक्षिक जिज्ञासा का विषय समाज पर सरकार की नीतियों और कार्यों का प्रभाव समझना होगा। समाज किस प्रकार की नीतियों का विचार करता है? किस सीमा तक प्रशासनिक कार्रवाई भेदभावरहित हो सकती है? लोक प्रशासन कैसे कार्य कर रहा है और सामाजिक संरचना, अर्थव्यवस्था और राजनीति पर सरकारी कार्रवाई का तात्कालिक और दीर्घकालिक क्या प्रभाव है? आदि–आदि। ये ऐसे प्रश्न हैं जिनका विश्लेषण सावधानीपूर्वक किया जाना आवश्यक है। सामाजिक विज्ञान परिप्रेक्ष्य से विधा के रूप में लोक प्रशासन को स्पष्ट करने न कि वर्णन करने के उद्देश्य से इतिहास, समाजशास्त्र, अर्थशास्त्र, भूगोल, दर्शनशास्त्र, मनोविज्ञान आदि जैसे सहोदर ग्रहण करने चाहिए।

(3) विकासशील देशों में लोक प्रशासन की विशेष प्रस्थिति है। इन देशों में से बहुतों ने औपनिवेशिक शासन से स्वतंत्रता प्राप्ति के बाद को शीघ्र सामाजिक–आर्थिक विकास पर बल दिया है। स्पष्ट है, इन देशों को शीघ्र विकास के लिए सरकार पर निर्भर रहना होता है। सरकार के लिए लोक प्रशासन को व्यवस्थित करना और उत्पादकता तेजी से बढ़ाने के प्रभावी तरीके संचालित करना आवश्यक है। इसी

प्रकार सामाजिक कल्याणकारी कार्यों को भी प्रभावी ढंग से निष्पादित किया जाना चाहिए। इन पहलुओं ने विकास प्रशासन की नई उपविधा को जन्म दिया है।

(4) लोगों के जीवन में लोक प्रशासन का बड़ा ही महत्त्वपूर्ण स्थान है। यह उन्हें हर कदम पर प्रभावित करता है। अपनी अधिकांश आवश्यकताओं के लिए लोग लोक प्रशासन पर निर्भर रहते हैं। लोगों के जीवन में लोक प्रशासन की महत्त्वपूर्ण भूमिका को देखते हुए देश के नागरिक इसकी अनदेखी नहीं कर सकते हैं। इसलिए, इसका शिक्षण शैक्षिक संस्थाओं की पाठ्यचर्या का भाग हो गया है। लोगों को सरकार की संरचना के बारे में कार्य के बारे में जो वह आरंभ करती है और उस तरीके के बारे में जिनमें उन क्रियाओं को वास्तव में निष्पादित किया जाता है, अविज्ञ बनाया जाना चाहिए। लोक प्रशासन के अध्ययन का महत्त्व नागरिकता की अनुभूति के लिए सहायक होगा।

कार्यकलाप के रूप में लोक प्रशासन का महत्त्व—समकालीन काल जिसने "प्रशासनिक राज्य" का उद्भव देखा, लोक प्रशासन समाज का आवश्यक भाग और प्रमुख कारक बन गया है। जिन कार्यों को इसे करने के लिए कहा जाता है, उन्हें प्रभाव क्षेत्र और स्वरूप में विस्तारित किया गया है और इससे भी अधिक क्या है, कि ये लगातार बढ़ रहे हैं। उनमें से अधिकांश स्वरूप में सकारात्मक हैं क्योंकि मानव जीवन की अनिवार्य आवश्यकताओं का ध्यान रखते हैं, चाहे यह स्वास्थ्य, शिक्षा, मनोरंजन, सफाई, सामाजिक सुरक्षा हो या कोई अन्य क्षेत्र हो। इसलिए यह सृजनात्मक कारक है, जिसका आदर्श वाक्य "सार्वजनिक कल्याण" है। ये कार्य उसके नियामक कार्यों के अतिरिक्त हैं। लब्धप्रतिष्ठ विद्वानों के मत लोक प्रशासन के महत्त्व को पर्याप्त रूप में प्रतिबिंबित करते हैं।

(i) **वुडरो विल्सन**—"प्रशासन सरकार का सबसे अधिक सुस्पष्ट अंग है, यह कार्रवाई में सरकार है, यह कार्य का निष्पादन है और सरकार का सबसे अधिक दिखाई देने वाला भाग है।"

(ii) **ब्रुक एडमस**—"प्रशासन महत्त्वपूर्ण मानवीय संकाय है क्योंकि इसका मुख्य कार्य सामाजिक परिवर्तन को सुकर बनाना और सामाजिक क्रांति के समुच्चय को आधार देना है।"

(iii) **डब्ल्यू बी. डोनहम**—"यदि हमारी सभ्यता विफल होती है, यह मुख्यतया प्रशासन भंग होने के कारण होगा।"

(iv) **पाल. एच. एप्पलबी**—"प्रशासन सरकार का मूल आधार है। प्रशासन के बिना कोई सरकार अस्तित्व में नहीं रह सकती है। प्रशासन के बिना सरकार चर्चा क्लब है, यदि वास्तव में यह किसी तरह विद्यमान है।"

विभिन्न पहलुओं में प्रशासन की भूमिका निम्न प्रकार है—

(1) **समाज में सरकारी बल**—लोक प्रशासन समाज में स्थिरता लाने के लिए मुख्य

बल है। यह देखा गया है कि यद्यपि सरकारें बहुधा बदलती रहती हैं, परंतु प्रशासन द्वारा अनुभव किए गए प्रबल परिवर्तन यदा कदा ही होते हैं। पुरानी और नई व्यवस्था के बीच निरंतरता का तत्त्व लोक प्रशासन द्वारा प्रदान किया जाता है। यह लोकतांत्रिक देशों में न केवल सरकार के संवैधानिक परिवर्तन के लिए सही है बल्कि यह तब भी परिलक्षित होता है जब सरकार के रूप और स्वरूप में क्रांतिकारी परिवर्तन होते हैं।

(2) **सरकार का मूल–आधार**—सरकार विधायिका या न्यायपालिका के बिना अस्तित्व में रह सकती है। परंतु कोई भी सरकार लोक प्रशासन के बिना अस्तित्व में नहीं रह सकती है।

(3) **सेवाएँ प्रदान करने का साधन**—लोक प्रशासन का संबंध मुख्य रूप से सार्वजनिक हित में सरकार द्वारा निष्पादित विभिन्न कार्यों के निष्पादन से है। फेलिक्स ए. नीग्रो कहता है, "प्रशासन का वास्तविक केन्द्र बिंदु बुनियादी सेवा है जिसे जनता के लिए किया जाता है।"

(4) **क्रियान्वयनकारी नीतियों का साधन**—आधुनिक सरकारों को ठोस नीतियाँ, कानून और विनिमय बनाने और अपनाने में लंबा रास्ता तय करना पड़ता है। यह नहीं भूलना चाहिए कि इस प्रकार की नीतियाँ, कानून आदि केवल मुद्रित कागज नहीं है। ऐसे कागजी उद्देश्य की घोषणाओं को लोक प्रशासन द्वारा वास्तविकता में क्रियान्वित किया जाता है। इस प्रकार शब्दों को क्रियाओं और प्रकार को वास्तविकता में रूपांतरित किया जाता है।

(5) **तकनीकी स्वरूप**—विद्यमान सरकार से अपनी जनता को विभिन्न सेवाएँ प्रदान करने की आशा की जाती है। सरकार द्वारा आरंभ किए गए बहुत से कार्यों में वृद्धि के लिए विशेषीकृति, व्यावसायिक और तकनीकी सेवा आवश्यक है। सामान्यत: आधुनिक लोक प्रशासन राष्ट्र के सभी व्यवसायों की गैलैक्सी को निरूपित करता है।

(6) **सामाजिक परिवर्तन और आर्थिक विकास का साधन**—विकासशील राष्ट्रों में परिवर्तन एजेंट के रूप में लोक प्रशासन की भूमिका विशेष रूप में महत्त्वपूर्ण है। राज्य से इस समय सामाजिक–आर्थिक परिवर्तन तेज करने के लिए कार्य करने की आशा की जाती है और यथापूर्व स्थिति बनाए रखने के लिए निष्क्रिय एजेंसी होने की नहीं।

गेराल्ड कैडेन (Gerald Caiden) के अनुसार लोक प्रशासन ने समकालीन आधुनिक समाज में निम्नलिखित महत्त्वपूर्ण भूमिका ग्रहण की है—

(i) राज्य व्यवस्था का संरक्षण,
(ii) स्थिरता और व्यवस्था का अनुसरण,
(iii) सामाजिक–आर्थिक परिवर्तनों का संस्थानिकीकरण,
(iv) वृहद् वाणिज्यिक सेवाओं का प्रबंधन,
(v) संवृद्धि और आर्थिक विकास सुनिश्चित करना,
(vi) समाज के कमजोर वर्गों का सुरक्षण,

(vii) लोकमत का निर्माण, और

(viii) सार्वजनिक नीतियों को प्रभावित करना।

लोक प्रशासन के बढ़ते हुए महत्त्व के कारणों का संक्षिप्त विवरण निम्नलिखित है–

1. **कल्याणकारी और लोकतांत्रिक राज्य का आविर्भाव**–कल्याणकारी और लोकतांत्रिक राज्य के आविर्भाव से अहस्तक्षेप राज्य की तुलना में लोक प्रशासन के कार्यों में वृद्धि हुई है। अब राज्य को समाज के सभी वर्गों के लोगों की सेवा करनी होती है। इससे लोक प्रशासन के उत्तरदायित्व में भारी विस्तार हुआ है। लोक प्रशासन को राज्य के उद्देश्यों को पूरा करने के लिए निजी आर्थिक उद्यमों को विनियमित और नियंत्रित भी करना होता है।

2. **आर्थिक योजना**–केंद्रीकृति आर्थिक योजना का अनुसरण सामाजिक–आर्थिक विकास की विधियों के रूप में बहुत से विकासशील देशों ने किया है। इसके लिए योजना निर्माण, क्रियान्वयन, मानीटरिंग और मूल्यांकन के लिए बहुत से विशेषज्ञों तथा व्यापक प्रशासनिक मशीनरी की आवश्यकता है।

इन सभी कारणों के अलावा जनसंख्या की त्वरित वृद्धि, आधुनिक कल्याणकारी कार्य, प्राकृतिक और मानव निर्मित आपदाएँ, सामाजिक सौहार्द का ह्रास, संघर्ष, सांप्रदायिक दंगों, संजातीय युद्धों, आतंकवाद आदि के कारण हिंसा में वृद्धि ने लोक प्रशासन के महत्त्व को बढ़ाया है।

यह कहने की आवश्यकता नहीं है कि लोक प्रशासन न केवल क्रियात्मक है बल्कि सरकार का सबसे अधिक सुस्पष्ट भाग भी है। यह क्रियाशील सरकार है और न केवल शासन के साधन के रूप में ही महत्त्वपूर्ण स्थान पर है बल्कि समुदाय के कल्याण के संरक्षण और संवर्धन के महत्त्वपूर्ण क्रियाविधि के रूप में भी है। यह पूर्व निर्धारित, कल्याणोन्मुखी और विकासात्मक उद्देश्यों के क्रियान्वयन के लिए उत्तरदायी महत्त्वपूर्ण प्रक्रिया भी है।

वैज्ञानिक और प्रौद्योगिकी विकास–वैज्ञानिक और प्रौद्योगिकी विकास की आधारभूत संरचनाओं, जैसे विद्युत, परिवहन और संचार प्रणाली में स्वागत योग्य परिवर्तन लाया है। टेलीफोन, टेलीग्राम और अन्य यांत्रिक साधनों जैसे टाईपराईटर, टेलीप्रिंटर और कैलकूलेटरों, फोटोकॉपी मशीनों, कम्प्यूटरों, फैक्स और इलैक्ट्रानिक मेल का विकास कार्यालय प्रशासन में क्रांतिकारी परिवर्तन लाया। इन सभी ने "बड़ी सरकार" और "विशाल प्रशासन" को संभव बनाया है। लोक प्रशासन के बदलते हुए स्वभाव और स्वरूप के अलावा सूचना और संचार प्रौद्योगिकियों में क्रांति ने उन्नत सेवा वितरण में योगदान किया है।

औद्योगिक क्रांति–औद्योगिक क्रांति ने सामाजिक–आर्थिक समस्याओं को उत्पन्न किया और सरकार को नई भूमिकाएँ और उत्तरदायित्व ग्रहण करने के लिए बाध्य किया, जैसे औद्योगिक स्थापनाओं आदि में कामगारों के संरक्षण और संवर्धन का अधिकार। परिणामतः राज्य ने कई औद्योगिक तथा श्रम कानून बनाए और लोक प्रशासन के लिए यह आवश्यक

होगा कि वह श्रम कल्याण की आवश्यकताओं को पूरा करने के लिए ऐसे कानून का क्रियान्वयन करें।

प्रश्न 3. लोक प्रशासन में सरकारी और निजी प्रशासन की समानताओं का वर्णन कीजिए।

उत्तर— हेनरी फेयॉल, मेरी पी. फोलेट और एल. यूर्विक आदि विद्वान सरकारी और निजी प्रशासन के बीच कोई अंतर नहीं करते हैं। यह श्रेष्ठ कोटि के विद्वानों का मत है कि सरकारी और निजी प्रशासन जीनस प्रशासन के समरूप सदस्य हैं। उदाहरण के लिए, हेनरी फेयॉल कहता है कि केवल एक प्रशासन विज्ञान है, जिसे सरकार और निजी क्षेत्रों के लिए समान रूप से अनुप्रयुक्त किया जा सकता है। द्वितीय अंतर्राष्ट्रीय प्रशासन विज्ञान कांग्रेस में अपने संबोधन में फेयॉल ने उल्लेख किया "शब्द प्रशासन का जो अर्थ मैंने दिया है और साधारणतया जिसे स्वीकार किया गया है, वह प्रशासन विज्ञानों के क्षेत्र को विस्तृत करता है। यह न केवल सार्वजनिक क्षेत्र को ग्रहण करता है बल्कि प्रत्येक रूप और प्रत्येक प्रयोजन का प्रत्येक आकार और विवरण का भी प्रयास करता है। सभी उपक्रमों के लिए योजना, संगठन, समादेश, समन्वय और नियंत्रण की आवश्यकता है ताकि उचित ढंग से कार्य कर सकें, सभी को एक समान, सिद्धांतों का पालन करना चाहिए। अब हमें कोई प्रशासन विज्ञानों का सामना नहीं करना पड़ता है परंतु एक का ही करना पड़ता है जिसे सार्वजनिक और निजी कार्यों पर समान रूप से अनुप्रयुक्त किया जा सकता है।"

प्रशासन के दो प्रकारों में निम्नलिखित समानताएँ देखी जा सकती हैं—

1) सरकारी और व्यापारिक, दोनों प्रशासन सामान्य दक्षताओं, तकनीकों और प्रक्रियाओं पर निर्भर रहते हैं।
2) आधुनिक समय में लाभ अर्जन या सिद्धांत निजी प्रशासन के लिए निराला नहीं है, क्योंकि इसे अब सार्वजनिक क्षेत्र के उद्यमों के लिए भी प्रशंसनीय उद्देश्य के रूप में स्वीकार किया गया है।
3) कार्मिक प्रबंधन में, सार्वजनिक संगठनों के व्यवहार द्वारा निजी संगठन बहुत अधिक प्रभावित हुए हैं।
4) निजी संस्थाएँ भी अनेक प्रकार के कानूनी दबावों के अधीन है। सरकार नियामक विधायन, जैसे कराधान, मौद्रिक और लाइसेंस नीतियों आदि के माध्यम से व्यापारिक कम्पनियों पर बहुत नियंत्रण रखती है। परिणामतः वे उतने स्वतंत्र नहीं हैं जितना वे कभी होते थे।
5) पदानुक्रम और प्रबंधन प्रणालियों के प्रकार सरकारी और निजी दोनों क्षेत्रों में एक समान है। दोनों की संगठन संरचना एक ही प्रकार की है – अधीनस्थ संबंध आदि।
6) सरकारी और निजी दोनों प्रशासन अपने आंतरिक कार्यकरण सुधारने और लोगों या ग्राहकों को सेवा कुशलता देने के प्रयास निरंतर करते रहते हैं।

7) सरकारी और निजी प्रशासन लोगों की सेवा करते हैं चाहे उन्हें मुवक्किल कहें या ग्राहक। दोनों को अपनी सेवाओं के बारे में जानकारी देने और सेवाओं तथा उत्पाद के बारे में प्रतिपुष्टि प्राप्त करने के लिए लोगों से निकट संपर्क बनाए रखना होता है। दोनों मामलों में सार्वजनिक संबंध लोगों को अपनी सेवाओं की सूचना देने और सुधारने में सहायक होता है।

सार्वजनिक और निजी प्रशासन के बीच भिन्नता निरपेक्ष नहीं है। वास्तव में, वे बहुत से पहलुओं में अधिकाधिक समान हो रहे हैं। फिर भी इसका अभिप्राय यह नहीं है कि प्रशासन के इन दो प्रकारों के बीच कोई उल्लेखनीय अंतर नहीं है। वेल्डो का मत है कि लोक प्रशासन भिन्न है क्योंकि यह सरकार के क्रियाकलाप और उस सार्वजनिक व्यवस्था को प्रतिबिम्बित करता है जिसमें वह कार्य करता है।

उदारीकरण, निजीकरण और भूमंडलीकरण के विचारों की व्यापक स्वीकृति के परिणामस्वरूप सरकारी और निजी दोनों प्रशासनों को लोगों को सेवाएँ प्रदान करने के लिए एक ही क्षेत्र में प्रतिस्पर्धा करनी है। यहाँ दोनों उन ग्राहकों से निपट रहे हैं, जो उनकी सेवाओं के लिए ऐसी स्थिति में भुगतान करते हैं, जो सरकारी और निजी प्रशासन के बीच अंतर को कम करती है। नया सार्वजनिक प्रबंधन जो हाल ही में प्रमुखता में आया है, प्रबंधकीय तकनीकों पर बल देता है, जिन्हें सार्वजनिक सेवाओं के कुशल विवरण के लिए सार्वजनिक प्रशासन द्वारा अपनाया जाता है। परंतु सामाजिक और कल्याणकारी सेवाओं के क्षेत्र में सार्वजनिक सेवाएँ प्रदान करने में सरकारी और निजी प्रशासन के बीच अंतर विद्यमान है।

परिणामस्वरूप यह कहा जा सकता है कि सरकारी और निजी दोनों प्रशासन भिन्न-भिन्न परिवेशों में रखे गए हैं। परंतु यह अंतर वास्तविकता की अपेक्षा आभासी अधिक है। बाल्डो के अनुसार "सामान्यीकरण, जो व्यवहार की समानता, कार्य का कानूनी अनुमोदन और कार्य का उत्तरदायित्व, निर्णयों का सार्वजनिक समर्थन, वित्तीय ईमानदारी और सतर्कता आदि द्वारा निजी प्रशासन से लोक प्रशासन को भिन्न करता है की बहुत सीमित प्रयोज्यता है।" वास्तव में, सरकारी और निजी प्रशासन "एक ही जीनस की दो प्रजातियाँ" है, परंतु उनके अपने विशेष मूल्य और तकनीकें है जो प्रत्येक को अपना विशिष्ट स्वरूप प्रदान करते हैं।"

प्रश्न 4. लोक प्रशासन के स्वरूप पर एक संक्षिप्त टिप्पणी प्रस्तुत कीजिए।

उत्तर— लोक प्रशासन के स्वरूप के बारे में दो मत हैं, अर्थात् संपूर्ण (Integral) और प्रबंधकीय (Managerial)।

संपूर्ण मत के अनुसार, 'प्रशासन' सभी कार्यकलापों हस्तचालित (मैनुअल), लिपिकीय, प्रबंधकीय आदि का कुल योग है जिन्हें संगठन के उद्देश्य प्राप्त करने के लिए आरंभ किया जाता है। इस दृष्टि से सरकार के परिचरों से सचिवों तक सरकार के अधिकारियों और राज्य

के प्रमुख के कार्य प्रशासन का गठन करते हैं। हेनरी फेयोल और एल.डी वाइट इस मत के समर्थक हैं।

प्रशासन के प्रबंधकीय मत के अनुसार उन लोगों के प्रबंधकीय क्रियाकलाप, जो योजना निर्माण संगठन, समादेशन, संबंध और नियंत्रण में सम्मिलित होता है, लोक प्रशासन का गठन करते हैं। यह मत प्रशासन को काम करवाने वाला मानता है न कि कार्य करने वाला। लूथर गुलिक, हर्बर्ट सीमॉन, स्मिथबर्ग और थाम्पसन इस मत के समर्थक हैं। प्रबंधकीय मत में गैर–प्रबंधकीय क्रियाकलाप, जैसे हस्तचालित, लिपिकीय और तकनीकी क्रियाकलाप शामिल नहीं हैं।

बहुत से तरीकों में दोनों मत एक–दूसरे से भिन्न हैं। प्रो. एम. पी. शर्मा के अनुसार दोनों मतों में आधारभूत अंतर है। संपूर्ण मत में प्रशासन में लगे हुए सभी व्यक्तियों के क्रियाकलाप शामिल हैं जबकि प्रबंधकीय मत स्वतः ही शीर्ष पर आसीन केवल कुछ ही व्यक्तियों तक सीमित रहता है। संपूर्ण मत में सभी प्रकार के कार्यों–मैनुअल से प्रबंधकीय तक, गैर–तकनीकी से तकनीकी तक शामिल हैं, जबकि प्रबंधकीय मत में सामाजिक में केवल प्रबंधकीय कार्यों को ध्यान में रखा जाता है। इसके अलावा, संपूर्ण मत के अनुसार प्रशासन विषय के अनुसार एक क्षेत्र से दूसरे में भिन्न हो सकते हैं, परंतु जबकि वह प्रबंधकीय दृष्टिकोण के अनुसार ऐसा मामला नहीं हो सकता है क्योंकि प्रबंधकीय मत प्रशासन के सभी क्षेत्रों में उभयनिष्ठ प्रबंधकीय तकनीक से पहचाना जाता है।

दो मतों के बीच अंतर प्रबंध और संक्रिया के बीच अंतर से संबंधित है या हम कार्य करवाना और कार्य करने के बीच अंतर कह सकते हैं। शब्द प्रशासन का सही अर्थ उस संदर्भ पर निर्भर है जिसमें यह प्रयुक्त किया जाता है। डिमॉक, डिमॉक और कोएनिंग (Dimock, Dimock and Koening) निम्नलिखित शब्दों में संक्षेप में कहते हैं–

"अध्ययन के रूप में लोक प्रशासन कानूनों के पालन करने में सरकार के प्रयासों के प्रत्येक पहलू का विश्लेषण करता है और सरकारी नीति को कार्यान्वित करता है, प्रक्रिया के रूप में, यह सभी वे कदम हैं जिन्हें प्रवर्तक एजेंसी कार्य आरंभ करने और पूरा करने के बीच लेती है परंतु इसमें वह भी शामिल है जिसे पहले स्थान में कार्यक्रम बनाने में एजेंसी की सहभागिता, यदि हो तो लेती है और व्यवसाय के रूप में वह सार्वजनिक एजेंसी में अन्यों के कार्यों को संगठित करना और निर्देशित करना है।"

प्रश्न 5. प्रशासन का अर्थ स्पष्ट करते हुए इसे परिभाषित कीजिए।

उत्तर– प्रशासन के विस्तृत क्षेत्र का एक भाग लोक प्रशासन है। अतः लोक प्रशासन का अर्थ समझने के पूर्व प्रशासन का अर्थ जानना आवश्यक है। प्रशासन एक सुनिश्चित उद्देश्य की पूर्ति के लिए मनुष्यों द्वारा परस्पर सहयोग का नाम है। मानव–सभ्यता की बुनियाद भी सहयोग है। सहयोग के अभाव में मानव–समाज की कल्पना नहीं की जा सकती थी। अतः

प्रशासन के तत्त्व प्रारंभ से ही हमारे समाज में मौजूद थे। बदलती हुई परिस्थितियों के कारण इसके स्वरूप में भले ही अंतर आया हो, लेकिन इसकी आत्मा आज भी सहयोग पर आधारित है। इस प्रकार प्रशासन एक से अधिक व्यक्तियों द्वारा निश्चित उद्देश्य की पूर्ति के लिए परस्पर सहयोग से किया जाने वाला कार्य है। प्रशासन के लिए अनेक व्यक्तियों का संगठन और सामाजिक हित का उद्देश्य अवश्य होना चाहिए।

'प्रशासन' मूलरूप में संस्कृत का शब्द है। यह 'प्र' उपसर्ग–पूर्व शास् धातु से बना है, जिसका अर्थ उत्कृष्ट रीति से शासन करना है। किंतु इसका वास्तविक अर्थ निर्देश देना, आदेश देना है। वैदिक युग में प्रशासन का प्रयोग इसी अर्थ में होता था।

अगर हम प्रशासन के शब्दार्थ पर नजर डालें तो पायेंगे कि 'एडमिनिस्ट्रेशन' शब्द लैटिन भाषा के Ad + Ministrare (एडमिनिस्ट्रेर) शब्दों से मिलकर बना है, जिसका अर्थ है लोगों की देखभाल करना या एक व्यक्ति के द्वारा दूसरे व्यक्ति की सेवा करना। **ई. एन. ग्लैडन** के शब्दों में, "प्रशासन एक लंबा तथा अलंकारयुक्त शब्द है, किंतु इसका सीधा–सादा अर्थ लोगों की देखभाल करना तथा पारस्परिक संबंधों की व्याख्या करना है।"

इस प्रकार इसका मूल अभिप्राय एक व्यक्ति द्वारा किसी दूसरे व्यक्ति के हित की दृष्टि से उसकी सेवा करना है। अतः सामान्य नीतियों की पूर्ति के लिए जिन क्रियाओं को संपन्न किया जाता है वह सभी प्रशासन का अंग होती हैं। सामान्यतया प्रशासन का प्रयोग निम्नलिखित चार अर्थों में होता है—

(क) 'प्रशासन' शब्द को सरकार अथवा कार्यपालिका का पर्यायवाची समझा जाता है। सामान्यतया इसका अभिप्राय मंत्रिमंडल से होता है।

(ख) प्रशासन को ज्ञान की एक ऐसी शाखा के रूप में स्वीकार किया जाता है जिसके आधार पर किसी व्यापारिक, सामाजिक अथवा राजनीतिक संस्था के प्रबंध का अध्ययन किया जाता है।

(ग) सार्वजनिक नीति अथवा नीतियों को क्रियान्वित करने वाली क्रियाओं के प्रयोग का नाम प्रशासन है।

(घ) प्रशासन प्रबंध करने वाली कला है। इसका अर्थ है कि प्रशासन में हम वैज्ञानिक विधियों का प्रयोग करते हैं।

प्रशासन का एकीकृत (व्यापक) व प्रबंधात्मक (संकुचित) दृष्टिकोण
(The Integral and Managerial Views of Administration)

प्रशासन किसी उद्देश्य की प्राप्ति के लिए संयुक्त प्रयास का परिणाम है। इस विषय में सामान्य रूप से मत पाए जाते हैं—एकीकृत दृष्टिकोण तथा प्रबंधनात्मक दृष्टिकोण। एकीकृत दृष्टिकोण के अनुसार प्रशासकीय क्रिया में व्यस्त प्रत्येक व्यक्ति को प्रशासन का अंग माना जाए, भले ही उसका कार्य कितना ही गौण क्यों न हो। तात्पर्य यह है कि निरीक्षण, निर्देशन तथा नियंत्रण करने वाले व्यक्तियों से लेकर निम्नतर स्तर के कर्मचारियों को भी प्रशासन में सम्मिलित किया जाए। इस दृष्टि से विचार करने वाले व्यक्तियों की धारणा यह है कि प्रत्येक

कार्य उद्देश्य–पूर्ति की दृष्टि से समान महत्त्व का है। **हेनरी फेयोल** ने इस मत का समर्थन करते हुए लिखा है कि कार्यालयों में छोटे से छोटा कर्मचारी भी प्रशासन का कुछ न कुछ कार्य करता है और बड़े से बड़ा कर्मचारी प्रशासन के अतिरिक्त प्रबंधकीय या तकनीकी कार्य करता है, किंतु कार्य दोनों ही करते हैं। यह प्रशासन का एकीकृत (व्यापक) दृष्टिकोण है। इसके विपरीत, प्रबंधनात्मक दृष्टिकोण के अनुसार प्रशासन का उद्देश्य कार्य कराने की क्षमता द्वारा पूर्ण हो सकता है। अतः प्रशासन के अंतर्गत केवल उन व्यक्तियों को ही सम्मिलित किया जाना चाहिए जो कार्य संपन्न कराते हैं या जिनका संबंध प्रबंध करने वाले कार्यों से है। इस दृष्टि से केवल प्रबंधक–वर्ग जो निर्देश देते हैं, निरीक्षण करके नियंत्रण करते हैं, योजना बनाते हैं, कार्यों में समन्वय करते हैं, वित्तीय नियंत्रण करते हैं, उन्हें ही प्रशासक कहा जाए और वे ही लोग प्रशासन के अंग हों। कार्य करना और कार्य करवाना दो अलग बातें हैं। दूसरों से कार्य कराना प्रबंध और प्रशासन कहलाता है। इसे प्रशासन का संकुचित दृष्टिकोण भी कहते हैं। लेकिन हमें यहाँ स्पष्ट रूप से समझ लेना चाहिए कि हम किसी एक दृष्टिकोण को पूर्ण मानकर नहीं चल सकते। प्रशासन में एकरूपता लाने के लिए दोनों ही दृष्टिकोण आवश्यक हैं।

प्रशासन की परिभाषा (Definitions)

प्रशासन की कुछ विद्वानों द्वारा की गई परिभाषाएँ निम्न प्रकार हैं–

1. **लूथर गुलिक** का कथन है कि "प्रशासन का संबंध कार्य को पूरा किए जाने और निर्धारित उद्देश्यों की पूर्ति से है।"
2. **प्रो. एल. डी. वाइट** के अनुसार "किसी उद्देश्य अथवा लक्ष्य की पूर्ति के लिए बहुत से व्यक्तियों के निर्देशन, समन्वय तथा नियंत्रण को ही प्रशासन की कला कहा जाता है।"
3. **पिफनर एवं प्रेस्थस** के शब्दों में, "वांछित उद्देश्यों की प्राप्ति के लिए मानवीय तथा भौतिक संसाधनों का संगठन तथा निर्देशन ही प्रशासन है।"
4. **एच. ए. साइमन** के अनुसार, "व्यापक अर्थ में जो समूह सामान्य उद्देश्यों की पूर्ति हेतु सहयोग करते हैं, उनके कार्यों को प्रशासन की संज्ञा दी जाती है।"

उपर्युक्त परिभाषाओं से यह विदित होता है कि प्रशासन के संबंध में विचारकों का मत एकीकृत तथा प्रबंधकारी दोनों में विभाजित है, तथा इस विवादपूर्ण प्रश्न पर एकपक्षीय निर्णय लेना कठिन है। अच्छा मार्ग यह हो सकता है कि प्रशासन को परिभाषित करते समय उसके दोनों विचारों को अलग–अलग देखने की चेष्टा करें। इस संबंध में **डॉ. एम. पी. शर्मा** ने निष्कर्ष निकाला है कि "प्रशासन में वे सभी कार्य आते हैं जिन्हें किसी उद्देश्य की प्राप्ति के लिए किया जाता है, परंतु कौशल एवं कला के रूप में उसके भीतर केवल प्रबंधकारी कार्यों में कुशलता का ही समावेश होता है। ये प्रबंधकारी कार्य सब प्रकार के विवेकपूर्ण सामूहिक प्रयत्नों में एकसमान होते हैं। क्रियाओं के मिश्रण के रूप में प्रशासन अनंत स्वरूप ग्रहण कर लेता है और प्रत्येक विषय–क्षेत्र में पृथक स्वरूप ले लेता है, परंतु जब हम उसका कौशल अथवा कला के रूप में अध्ययन करते हैं तो वह सब एक जैसा ही होता है।" संक्षेप में, कुछ वांछित लक्ष्यों की प्राप्ति के लिए मनुष्यों तथा सामग्री के उचित संगठन तथा निर्देशन को प्रशासन कहा जाता है। यह एक सामूहिक प्रयास है, जिसका लक्ष्य निर्धारित उद्देश्यों की प्राप्ति करना है।

इकाई – 2

संगठन का स्वरूप और प्ररूप वर्गीकरण

प्रश्न 1. संगठन को परिभाषित कीजिए और संगठन के विभिन्न सिद्धांतों पर प्रकाश डालिए। **[June 2009, Q. 1.]**

अथवा

संगठन को परिभाषित कीजिए और हेनरी फेयॉल, लूथर गुलिक एवं यूर्विक द्वारा प्रतिपादित संगठन के सिद्धांतों को वर्णित कीजिए। **[June 2010, Q. 1.]**

उत्तर– जेम्स जी. मार्च और हर्टबर्ट ए. सीमॉन की राय है कि संगठन महत्त्वपूर्ण हैं क्योंकि मनुष्य उनमें बहुत अधिक समय व्यतीत करते हैं। श्रमिक बल अर्थात् वयस्क आबादी अपने जागृत समय का तिहाई से भी अधिक समय संगठन में व्यतीत करता है। यहाँ तक कि बच्चा भी स्कूल संगठन के परिवेश में अपना समय व्यतीत करता है। सिर्फ बच्चे ही नहीं वयस्क भी अपने कार्यालय में एक लंबे अंतराल तक एक संगठन के रूप में कार्य करते हैं।

विभिन्न विद्वानों द्वारा संगठन की जो परिभाषा प्रस्तुत की गई वो इस प्रकार हैं–

विक्टर ए. थाम्पसन (Victor A. Thompson)–संगठन "कुछ घोषित निश्चित उद्देश्य प्राप्त करने में सहयोग करने वाले बहुत से विशेषज्ञों का तर्कसंगत और अवैयक्तिक एकीकरण है।"

चेस्टर आई बर्नार्ड (Chester I. Barnard)–संगठन "दो या अधिक व्यक्तियों का सतर्कता से समन्वित वैयक्तिक कार्य या बल की प्रणाली है।"

ई. वाइट बेक्के (E. Wight Bakke)–संगठन "विभेदीकृत और समन्वित मानवीय कार्यकलापों की सतत् प्रक्रिया है, जिसमें विशिष्ट, समस्या समाधान के लिए मानवीय सामग्री, पूँजी, वैचारिक और प्राकृतिक संसाधनों के निश्चित सेट से मानवीय क्रियाकलाप के प्रयोग, रूपांतरण और संबद्ध किया जाता है जिसका कार्य उसके विशेष परिवेश में मानवीय क्रियाकलापों और संसाधनों की अन्य प्रणालियों से अंतःक्रिया में खास मानवीय आवश्यकताओं को पूरा करना है।"

गोर्टनेर, हेराल्ड एफ. जुलियाने मेहलेर और जेनी बेल निकोलस (Gortner, Harold F. Julianne Mahler and Jeanne Bell Nicholson)–"संगठन लोगों का एकत्रीकरण है जो लक्ष्य या मिशन पूरा करने के लिए विशेषज्ञ और अन्योन्याश्रित कार्य में लगे रहते हैं।"

जॉन एम. गौस, एल. डी. वाइट और एम. ई. डिमॉक (John M. Gaus, L.D. White and M.E. Dimock) ने संगठन पर उसी प्रकार के विचार व्यक्त किए हैं। उनकी परिभाषाएँ निम्नलिखित पर बल देती है–

संगठन कार्यों और उत्तरदायित्वों के आबंटन द्वारा कुछ सम्मत प्रयोजन की उपलब्धि सुकर करने के लिए कार्मिकों की व्यवस्था है। इसका संबंध उभयनिष्ठ कार्य में लगे हुए व्यक्तियों और समूहों के प्रयासों और क्षमताओं के संबंध से हैं यह उनके न्यूनतम मनमुटाव और सर्वाधिक संतोष से वांछित लक्ष्य प्राप्त करने का सामान्य तरीका है। जिनके लिए कार्य किया गया है और जो उद्यम में लगे हुए हैं।

मैक्स वेबर (Max Weber)—संगठन निगम समूह अर्थात् सामाजिक संबंध जो या तो बंद है या नियमों द्वारा बाहरी व्यक्तियों का प्रवेश सीमित करता है। इसके आदेश व्यक्तियों की कार्रवाई द्वारा लागू किए जाते हैं। इसका केंद्र तर्कसंगत अंत:क्रिया पैटर्नों पर है।

हर्बर्ट सीमॉन (Herbert Simon)—संगठन का अभिप्राय सहयोगशील प्रयास की योजनाबद्ध प्रणाली है जिसमें प्रत्येक सहभागी को निश्चित भूमिका तथा कर्त्तव्य निभाना है तथा कार्य निष्पादन करना है।

एल यूर्विक (L. Urwick)—संगठन उन कार्यकलापों को निर्धारित करता है जो प्रयोजन (या योजना) के लिए आवश्यक हैं और उन्हें समूह में व्यवस्थित करता है जिन्हें व्यक्तियों को निष्पादन के लिए सौंपा जाता है। इस परिभाषा में यद्यपि कार्यों का निर्धारण और उनके समूहन को प्राथमिकता दी जाती है परंतु जिन व्यक्तियों को काम सौंपा जाता है वे बाद में आते हैं।

पिफ्फनेर और शेरवुड (Pfiffner and Sherwood)—संगठन उन तरीकों का पैटर्न है जिनमें बहुत बड़ी संख्या में लोग आमने–सामने सपंर्क आरंभ करते हैं और आपस में सम्मत प्रयोजन की सतर्क और प्रणालीबद्ध पूर्ति में एक दूसरे से आपस में जुड़े रहते हैं।

मार्शल ई. डिमॉक, ग्लेडिस ओ'डिमॉक और कोइंग (Marshall E. Dimock, Gladys O. Dimock and Koeing)—"संगठन, एकीकृत संपूर्ण इकाई बनाने के लिए अंत: आश्रित भागों को प्रणालीबद्ध तरीके से एक साथ लाना है जिसके माध्यम से प्राधिकारी नियत प्रयोजन प्राप्त करने के लिए समन्वय और नियंत्रण का प्रयोग कर सकता है, क्योंकि अंत:आश्रित भाग लोगों के भी बनाए जाते हैं जिन्हें निर्देशित और प्रेरित किया जाना चाहिए और जिनके कार्य का समन्वय उद्यम के उद्देश्यों को प्राप्त करने के लिए किया जाना चाहिए, संगठन, संरचना और मनुष्य दोनों है।

सिद्धांत नाम सुनते ही लोग सतर्क हो जाते हैं और सिद्धांतों की पूर्ण जानकारी प्राप्त करके उनका पालन करते हैं। बहुत से विद्वानों ने, जिन्होंने संगठनों का अध्ययन उन्हें अधिक दक्षतापूर्वक निष्पादन करने की दृष्टि से किया, प्रशासन का नियंत्रण करने के कुछ सिद्धांत विकसित किए, चाहे सार्वजनिक हो या निजी, या तो अधीनस्थों के कार्य का नियंत्रण करने के लिए हो या संगठन की संरचना सुधार करने के लिए हों। जेम्स डी. मूनी, एलेन सी. रीले, हेनरी फेयॉल, लूथर गुलिक, यूर्विक और एफ. डब्ल्यू टेलर जैसे विद्वानों ने कार्यक्षम संगठनात्मक संरचनाओं की योजना के लिए मार्गदर्शक के रूप में संगठन के सिद्धांत विकसित किए हैं। प्रमुख विद्वानों द्वारा विकसित संगठन के सिद्धांतों का वर्णन निम्नलिखित हैं—

हेनरी फेयॉल ने संगठन के चौदह सिद्धांतों का सेट प्रस्तुत किया है जिनका वर्णन निम्नलिखित है–

(i) कार्य का विभाजन–इस सिद्धांत का मूल उद्देश्य श्रम को उसी प्रयास से अधिक और बेहतर कार्य उत्पन्न करने को समर्थ बनाता है।

(ii) प्राधिकार और उत्तरदायित्व–प्रत्येक पद के अधिकारी को उसे सौंपे गए सभी उत्तरदायित्वों का निर्वहन करने के पर्याप्त प्राधिकार दिए जाने चाहिए अर्थात् उत्तरदायित्व प्राधिकार का उप सिद्धांत है, यह उसका स्वाभाविक परिणाम है और आवश्यक प्रतिपक्ष है, और जो कुछ भी प्राधिकार प्रयोग किया जाता है, उसमें उत्तरदायित्व अस्तित्व में होता है।

(iii) अनुशासन–अनुशासन या आज्ञापालन का अभिप्राय है कि सदस्य संगठन और उसके सदस्यों के बीच स्थायी करार के अनुसार व्यवहार किया जाता है।

(iv) कमाण्ड की एकता–अधीनस्थ कर्मचारी को आदेश केवल अपने उच्च अधिकारी से प्राप्त करने चाहिए।

(v) निर्देशन की एकता–प्रत्येक कर्मचारी का एक प्रमुख और प्रत्येक कार्यकारी के लिए एक योजना।

(vi) सामान्य हित के लिए व्यक्तिगत हित का दमन–व्यक्ति या समूह के हित पूरे संगठन के हित के ऊपर नहीं होने चाहिए। संगठन का हित व्यक्ति और सामूहिक हित के ऊपर होना चाहिए।

(vii) कार्मिक का पारिश्रमिक (Remunertion of Personnel)–कर्मचारी द्वारा की गई सेवाओं के लिए दिया गया वेतन या पारिश्रमिक उपयुक्त, उत्साहवर्धक होना चाहिए अथवा यह अत्यधिक भुगतान नहीं होना चाहिए या तर्कसंगत सीमाओं से परे नहीं होना चाहिए।

(viii) केन्द्रीकरण–यह केवल निर्दिष्ट करता है कि समग्र उत्तरदायित्व शीर्ष कार्यपालक में केन्द्रित होता है।

(ix) स्केलर शृंखला (पदानुक्रम) (Scalar Chain)–यह शीर्ष स्तर से नीचे तल तक पदानुक्रम के साथ–साथ प्राधिकार की शृंखला है।

(x) आदेश (स्थापन)–प्रत्येक वस्तु के लिए स्थान उसके स्थान में होता है अर्थात् कर्मचारी उस कार्य को अपनाता है जिसमें वह सबसे अधिक प्रभावी सेवा दे सकता है।

(xi) समानता–संगठन को नियोक्ता–कर्मचारी संबंधों में मैत्रीपूर्ण और न्याय के आधार पर समानता के वातावरण को प्रोत्साहित करना चाहिए ताकि कर्मचारी अपने ड्यूटियाँ निष्ठापूर्वक पूरी करें।

(xii) कार्यकाल का स्थायित्व–नियत स्थान पर लगातार रहने के लिए पर्याप्त समय दिया जाना चाहिए ताकि कर्मचारी अपने कार्यों पर व्यवस्थित हो सके और कार्य की आवश्यकताओं के अनुकूल समायोजित हो सके।

संगठन का स्वरूप और प्ररूप वर्गीकरण

(xiii) पहल—कर्मचारियों को अपनी दक्षताएँ और सहभागिता की भावना सुधारने की दृष्टि से अपनी पहल शक्ति दिखाने के अवसर दिए जाने चाहिए।

(xiv) हल-भावना—यह सिद्धांत सौहार्द और एकता पर आधारित अंतर्वैयक्तिक संबंधों के अनुरक्षण तथा सामूहिक कार्य की आवश्यकता में योगदान करता है।

लूथर गुलिक और एल यूर्विक (Luther Gulick and L. Urwick)—यूर्विक समाज में मनमुटाव और भ्रम की विशाल मात्रा, समाज में उसके प्रमुख परिणाम, संगठन में दोषपूर्ण व्यवस्था का वर्णन करता है। डिजाइनिंग प्रक्रिया के रूप में संरचना के महत्त्व पर बल देते हुए गुलिक और यूर्विक ने उन सिद्धांतों की खोज पर अपना ध्यान केंद्रित किया जिन पर संरचना डिजाइन की जा सकती है।

गुलिक ने संगठन के दस सिद्धांतों का उल्लेख किया जो इस प्रकार है—
(1) कार्य या विशेषज्ञता का विभाजन,
(2) विभागीय संगठन के आधार,
(3) पदानुक्रम द्वारा समन्वय,
(4) विवेचित समन्वय,
(5) समितियों के माध्यम से समन्वय,
(6) विकेंद्रीकरण,
(7) कमाण्ड की एकता,
(8) स्टाफ और लाईन,
(9) प्रत्यायोजन, और
(10) नियंत्रण का विस्तार।

एल. यूर्विक ने संगठन के आठ सिद्धांतों का उल्लेख किया जो निम्नलिखित है—
(1) उद्देश्यों का सिद्धांत—संगठन को प्रयोजन की अभिव्यक्ति होनी चाहिए।
(2) अनुरूपता का सिद्धांत—कार्य के लिए उच्चाधिकारियों का उत्तरदायित्व यदि अधीनस्थ निरपेक्ष है।
(3) उत्तरदायित्व का सिद्धांत—कार्य के लिए उच्च अधिकारियों का उत्तरदायित्व यदि अधीनस्थ कर्मचारी निरपेक्ष हों।
(4) स्केलर सिद्धांत।
(5) नियंत्रण के विस्तार का सिद्धांत—उच्च अधिकारी उन पाँच या छ: अधीनस्थों से अधिक के काम का प्रत्यक्ष रूप से पर्यवेक्षण नहीं कर सकता है जिनके कार्य आपस में गुँथे हुए हों।
(6) विशेषज्ञता का सिद्धांत—एक के कार्य को सीमित कर एक ही कार्य बनाना।
(7) समन्वय का सिद्धांत, और
(8) परिभाषा का सिद्धांत—प्रत्येक ड्यूटी का स्पष्ट विवरण।

प्रश्न 2. संगठनों के प्ररूप वर्गीकरण की चर्चा कीजिए।

उत्तर— मानव जीवन के विकास के लिए संगठन अति आवश्यक है और इसी संगठन के प्ररूप वर्गीकरण के संदर्भ में विद्वान अपने मत प्रकट करते हुए संगठन के प्ररूप को आकार, स्वामित्व और कानूनी प्रस्थिति तथा प्रचालन के क्षेत्र के आधार पर वर्गीकृत करते हैं। कुछ अन्य विद्वानों के वर्ग ने प्रकार्य या प्रयोजन, प्रमुख लाभभोगी, उपयोक्ता और प्राधिकार के आधार पर संगठन का वर्गीकरण किया है। विद्वानों के पश्चोयुक्त वर्ग के आधार पर वर्गीकरण का वर्णन निम्नलिखित है—

(1) लक्ष्य या कार्य या प्रयोजन के अनुसार प्ररूप वर्गीकरण इस प्रकार है—

टेलकॉट पार्सन्स (Talcott Parsons) ने संगठनों को उनके प्रकार्यों या संगठन द्वारा दी गई सेवाओं के आधार पर चार प्रकारों में वर्गीकृत किया है।

संगठनों के चार प्रकार हैं—

- **(i) उत्पादन/आर्थिक संगठन—** इस प्रकार का संगठन माल का उत्पादन करता है या वस्तुएँ बनाता है जिसका उपयोग समाज करता है।
- **(ii) राजनीतिक संगठन—** इस प्रकार के संगठनों का संबंध राजनीतिक लक्ष्य प्राप्त करना है। वे समाज के अंदर शक्ति उत्पन्न करते हैं और उसका आबंटन करते हैं तथा समाज में शांति और स्थिरता भी बनाए रखते हैं। विधानमंडल और सरकारी विभाग इस प्रकार के संगठनों के उदाहरण हैं।
- **(iii) समाकलनात्मक संगठन—** ये संगठन संघर्षों का निपटारा करने, समाज के विभिन्न समुदायों को साथ–साथ काम करने के लिए समाकलन और समन्वय करने तथा समाज में स्थिरता प्रदान करने का प्रयास करते हैं। न्यायिक न्यायालय, पुलिस और सामाजिक एजेंसियाँ इस प्रकार के संगठन के उदाहरण हैं।
- **(iv) पैटर्न अनुरक्षण संगठन—** ये संगठन शैक्षिक, सांस्कृतिक और धार्मिक संस्थाओं के माध्यम से समाज के मूल्यों, पैटर्नों, ज्ञान, सांस्कृतिक जैसे दीर्घकालिक मुद्दों पर ध्यान केंद्रित करने के साथ सामाजिक निरंतरता से सम्बद्ध हैं।

कार्ट्ज और काह्न ने भी संगठनों द्वारा किए गए कार्यों या लक्ष्यों के आधार पर संगठनों को चार प्रकारों में वर्गीकृत किया है।

संगठनों के चार प्रकार हैं—

- **(i) अनुकूली संगठन—** ये संगठन ज्ञान के सृजन, परीक्षण और विकास के अवसर प्रदान करते हैं और विद्यमान समस्याओं की सूचना और समाधान भी प्रदान करते हैं। विश्वविद्यालय और अनुसंधान संस्थान इन संगठनों के उदाहरण हैं।
- **(ii) प्रतिपादित संगठन—** ये संगठन स्थान देते हैं और अन्य संगठनों में तथा वृहत्तर समाज में उनकी भूमिका के लिए लोगों के समाजीकरण का अवसर देते हैं। स्कूल, चर्च और स्वास्थ्य तथा कल्याणकारी संस्थाएँ इस प्रकार के संगठन के उदाहरण हैं।

(iii) **उत्पादन या आर्थिक संगठन**—इन संगठनों का संबंध लोगों के लिए माल का विनिर्माण, आवश्यक सेवाओं के प्रावधान तथा आधारभूत संरचना का निर्माण करना भी है। उनका फोकस संपदा उत्पन्न करने पर होता है।

(iv) **प्रबंधकीय या राजनीतिक संगठन**—इन संगठनों का संबंध अधिनिर्णय, संसाधनों का समन्वय और नियंत्रण, लोगों और उप प्रणालियों से है।

(2) उपभोक्ता और प्रमुख लाभभोगियों के आधार पर प्ररूप वर्गीकरण इस प्रकार है—

ब्लाओ और स्काट (Blau and Scott)—उन्होंने संगठनों का वर्गीकरण उत्पाद के प्रमुख प्राप्तकर्त्ता या लाभ भोगी के आधार पर किया है। इस वर्गीकरण का मुख्य आधार वह है जो संगठन के उत्पाद का प्रत्यक्ष उपभोक्ता है या जो मुख्य लाभभोगी है। इस आधार पर संगठन के चार प्रकार हैं—

(i) **पारस्परिक लाभ संघ**—इस प्रकार के संगठन में मुख्य लाभ भोगी स्वयं सदस्य होता है। राजनीतिक दल, ट्रेड यूनियन, व्यावसायिक संघ और धार्मिक निकाय इन संगठनों के उदाहरण हैं।

(ii) **व्यापारिक संगठन या व्यापारिक संस्था**—इस प्रकार के संगठन में संपत्तियों के मालिक संगठन के प्रमुख लाभभोगी हैं। वे प्रायः संगठन के उत्पाद के स्वरूप की अपेक्षा संगठन में निवेश पर लाभ के बारे में चिंतित रहते हैं। अन्य मुख्य चिंता न्यूनतम लागत से अधिकतम लाभ बनाने के लिए सक्षम प्रचालन की है। अपने अस्तित्व को बनाए रखने के लिए उन्हें अन्य संगठनों से प्रतिस्पर्धा करनी पड़ती है।

(iii) **सेवा संगठन**—इस प्रकार के संगठन में वे ग्राहक लाभ प्राप्त करते हैं जिन्हें सेवा प्रदान की गई है। अस्पताल, शैक्षिक संस्थाएँ, सामाजिक कार्य एजेंसियाँ, कानूनी सहायता समितियाँ आदि इन संगठनों के उदाहरण हैं।

उन ग्राहकों का संगठनों पर सामान्यतः कोई नियंत्रण नहीं होता है जिन्हें मुख्यतः लाभ भोगी समझा जाता है।

(iv) **कॉमनवेल्थ संगठन**—इस प्रकार के संगठन में सामान्यतः जनता उसका प्रमुख लाभभोगी होती है। डाकघर, पुलिस सेवा, अग्निशमन विभाग, सैन्य सेवा इस प्रकार के संगठनों के उदाहरण हैं। वे साधारणतया रक्षात्मक सेवाएँ करते हैं या उसके प्रशासनिक अंग के रूप में सेवा करते हैं।

(3) अनुपालन के आधार पर प्ररूप वर्गीकरण का वर्णन निम्नलिखित हैं—

एमिटाई एट्जिओनी (Amitai Etzioni)—ये अनुपालन के आधार पर संगठन में विभेद करते हैं। अनुपालन में एक पक्ष का दूसरे पक्ष को कुछ करने के लिए कहना अंतर्निहित है। इसका संबंध उस तरीके से है जिसमें संगठन में निम्नतर सहभागी संगठन की प्राधिकार प्रणाली के उत्तर में कुछ करते हैं। इस संदर्भ में एट्जिओनी ने तीन प्रकार के बलों की पहचान की : निग्रह बल, उपयोगिता बल और नियामक बल। निग्रह बल भौतिक प्रतिबंध प्रयोग करना

या उसकी धमकी देना है। यहाँ अनुपालन असंबद्ध किया जाता है। उपयोगिता बल वस्तुगत संसाधनों पर नियंत्रण पर आधारित है। यहाँ अनुपालन स्वार्थी या उपयोगिता दृष्टिकोण ग्रहण करता है। नियामक बल प्रतीकात्मक लाभों के आबंटन पर आधारित है। यहाँ अनुपालन नैतिक है। प्रायः सभी संगठन तीन प्रकार के प्राधिकार का अनुसरण कर सकते हैं जो तीन प्रकार के अनुपालनों का संयोजन करता है।

(4) प्राधिकार के आधार पर प्ररूप वर्गीकरण इस प्रकार है–

मैक्स वेबर प्राधिकार के प्रयोग के आधार पर संगठन के तीन प्रकारों का निर्धारण करते हैं। वे निम्न प्रकार हैं–

(i) **करिश्माई प्राधिकार (Charismatic Authority)**–इस प्रकार के संगठन में एक नेता और शिष्यों या अनुयायियों का समुच्चय होता है। नेता के करिश्मा या अपवादिक गुण के कारण अनुयायी उसका प्राधिकार स्वीकार करते हैं या व्यक्ति में अपना विश्वास रखते हैं। इस प्रकार के संगठन में प्रशासनिक तंत्र बहुत ढीला और अस्थिर होता है जो अस्थिरता में निर्मित किया जाता है।

(ii) **परंपरागत प्राधिकार**–इस प्रकार के संगठन में अनुयायी या कर्मचारी व्यक्ति के प्राधिकार को स्वीकार करते हैं जो परंपरागत रूप से स्वीकृत प्राधिकार के पद पर होता है। इस प्रकार के प्रभुत्व में प्रशासनिक तंत्र में व्यक्तिगत नौकर संबंधी और सामंती अधिपति होते हैं।

(iii) **विधिक या युक्तिमूलक (Legal or Rational) प्राधिकार**–इस प्रकार के संगठन में लोग या अनुयायी नेता का प्राधिकार स्वीकारते हैं जो कानून के औचित्य में विश्वास पर आधारित है। यह विधिक हैं क्योंकि प्राधिकार का प्रयोग उस पद के हेतु द्वारा नियमों और प्रक्रिया प्रणाली के माध्यम से किया जाता है, जिस पर व्यक्ति आसीन होता है। इस प्रकार के प्राधिकार के अनुरूप प्रशासनिक तंत्र नौकरशाही है।

लूथर गुलिक ने संगठन के चार आधारों की पहचान की है, जिन्हें सामान्यतः 4 पी (4 P) के रूप में जाना जाता है–

(1) **प्रयोजन या कार्य पर आधारित संगठन**–पहले स्थान में संगठन निष्पादित किए जाने योग्य प्रयोजन या कार्य या सेवा के आधार पर संगठित हो सकता है। उदाहरण है–शिक्षा, कानून और व्यवस्था, संचार और परिवहन।

(2) **प्रक्रिया पर आधारित संगठन**–हमारे पास संगठन प्रक्रिया या दक्षता या विशेषज्ञता पर आधारित हो सकता है। लेखा विभाग, लोक निर्माण कार्य और कानून व्यवस्था इस प्रकार के संगठन के उदाहरण हैं।

(3) **व्यक्तियों के आधार पर संगठन**–संगठन सेवाभोगी–व्यक्तियों के आधार पर बनाए जाते हैं। महिला और बाल कल्याण विभाग, जनजाति कल्याण विभाग, वृद्ध व्यक्ति और बेरोजगार इस प्रकार के संगठन के उदाहरण हैं।

(4) **स्थान या राज्य क्षेत्र के आधार पर संगठन**—सेवा किए जाने वाले संगठन स्थान या राज्य क्षेत्र या क्षेत्र के आधार पर बनाए जाते हैं। राज्य क्षेत्र पर आधारित विभिन्न प्रदेशों में पूरे राष्ट्र में फैला रेलवे संगठन इस प्रकार के संगठन का उदाहरण है। देश और जिले राज्य क्षेत्र पर आधारित सबसे अच्छे उदाहरण या संगठन हैं।

प्रश्न 3. औपचारिक और अनौपचारिक संगठन का वर्णन कीजिए।

उत्तर— *सामाजिक संगठन या अनौपचारिक संगठन के मध्य प्रभेद है।*

औपचारिक संगठन कुछ लक्ष्य प्राप्त करने के स्पष्ट प्रयोजन के लिए स्थापित किया जाता है। ये प्रत्याशित घटना का सामना करने के लिए तैयार किए गए नियम हैं। इन लक्ष्यों की दिशा में व्यवहार को मूर्त रूप दिया जाता है। इसकी औपचारिक प्रस्थिति संरचना होती है, जिसकी स्पष्ट रूप से निर्धारित संचार और प्राधिकार की सीमा होती है, जहाँ सामाजिक जीवन बिना स्पष्ट लक्ष्यों या नियमों के चलता है, जो औपचारिक प्रस्थिति संरचना को परिभाषित करती है, उसके लिए 'सामाजिक संगठन' का प्रयोग करना अधिक उपयुक्त है।

हर्बर्ट ए. सीमॉन, डी.डब्ल्यू. स्मिथबर्ग और वी.ए. थाम्पसन (Herbert A. Simon, D.W. Smithburg and V.A. Thompson) के शब्दों में औपचारिक संगठन का अभिप्राय व्यवहार और संबंध का वह प्रारूप है, जिसे संगठन के सदस्यों के लिए विमर्शपूर्वक और युक्तियुक्त ढंग से योजनाबद्ध किया जाता है।

अनौपचारिक संगठन (Informal Organisation)—अनौपचारिक संगठन का अभिप्राय वास्तविक व्यवहार करने से है, जहाँ तक यह वास्तविक व्यवहार औपचारिक योजना के समरूप नहीं होता।

औपचारिक बनाम अनौपचारिक संगठन (Formal Versus Informal Organisation)—चेस्टर बर्नार्ड का मत है कि औपचारिक संगठन दो या अधिक व्यक्तियों की सतर्कता से समन्वित कार्यकलापों या बलों की प्रणाली है। इस प्रकार का संगठन अस्तित्व में केवल उस समय आता है। जब निम्नलिखित हों—

(क) परस्पर संपर्क करने के लिए व्यक्ति हों,

(ख) जो कार्य में योगदान करने के इच्छुक हों और

(ग) उभयनिष्ठ प्रयोजन की पूर्ति करते हों।

इस प्रकार औपचारिक संगठन के निम्नलिखित तीन तत्त्व हैं—

(i) संचार,

(ii) सेवा करने की इच्छा और

(iii) उभयनिष्ठ प्रयोजन

बर्नार्ड के अनुसार संगठन में व्यक्ति संगठनात्मक प्रयोजन के बदले अपने व्यक्तिगत संबंधों के आधार पर निरंतर एक-दूसरे पर प्रभाव डालते रहते हैं। इस प्रकार की पारस्परिक क्रिया मिलनसार भावना या कुछ व्यक्तिगत इच्छा की पूर्ति हेतु हो सकती है। ऐसी सतत पारस्परिक क्रिया के कारण ऐसे संबंध सुव्यवस्थित होते हैं। परिणामस्वरूप उत्पन्न होने वाला संगठन अनौपचारिक संगठन कहलाता है। उसने औपचारिक संगठन का वर्णन व्यक्तिगत संपर्कों और पारस्परिक क्रियाओं और लोगों के संबद्ध समूह के रूप में किया है। ये संगठन अस्पष्ट, संरचनारहित हैं। ये विविध संघनताओं का आकारहीन जनसमूह है।

औपचारिक संगठन की विशेषताएँ (Characteristics of Formal Organisation) —औपचारिक संगठन की प्रमुख विशेषताएँ निम्नलिखित हैं—

(i) इसका स्पष्ट रूप परिभाषित कार्यकलापों की संरचना है, जो शीर्ष प्रबंधन द्वारा पूर्व निर्धारित किया जाता है।

(ii) औपचारिक संगठन में अपेक्षाकृत अधिक स्थिरता है।

(iii) औपचारिक संगठन बढ़ता है और विस्तृत होता है।

(iv) संगठन संरचना का आधार श्रम-विभाजन और विशेषज्ञता है।

(v) संगठन की संरचना निष्पादित किए जाने वाले कार्यों के आधार पर होती है।

(vi) संगठन विमर्शपूर्वक अवैयक्तिक है, यह भावनात्मक पक्ष को ध्यान में नहीं रखता है।

(vii) प्रत्येक व्यक्ति को संगठन संरचना द्वारा निर्मित प्राधिकार और उत्तरदायित्व संबंधों का मान रखना चाहिए।

(viii) संगठन चार्ट सामान्यतः तैयार किए जाते हैं। सचिव से नीचे निम्नतर स्तर तक समस्त पद संगठन के औपचारिक चार्ट में होते हैं।

अनौपचारिक संगठन की विशेषताएँ (Characteristics of Informal Organisation)

(i) प्रायः समाज इस संबंध में अपने अलिखित कानून, विश्वास और नियंत्रण का विकास करता है कि—

(क) वांछनीय व्यवहार क्या है तथा

(ख) अवांछनीय व्यवहार क्या है। इसको अनौपचारिक संगठन भी करता है। लोग समूह में एकसमान सोचते हैं और करते हैं। यही सतत सहयोग सामान्य मूल्यों तथा व्यवहार की सामान्य संहिता को उत्पन्न करता है।

(ii) यह समूह के सदस्यों को सामान्य नियम पालन हेतु बाध्य करता है। यह इन नियमों का उल्लंघन करने वालों पर जुर्माना करने या दंड देने का प्रभावकारी संगठन है।

(iii) इसमें नेतृत्व अनौपचारिक होता है।

(iv) अनौपचारिक संगठन में स्तर विन्यास भी है, जो कारकों पर आधारित होता है।

अनौपचारिक संगठन के कार्य (Functions of Informal Organisation)—

अनौपचारिक संगठन मुख्य रूप से निम्नलिखित कार्य करता है—

(i) अबोधगम्य तथ्यों, राय, सुझावों और संदेह का सम्प्रेषण सरलतापूर्वक औपचारिक सारणियों से नहीं हो सकता है।

(ii) यह संगठन राजनीतिक प्रभाव के अत्यधिक हस्तक्षेप में कमी करता है।

(iii) यह समूह के आत्मानुशासन को प्रोत्साहन देता है।

(iv) संगठन में महत्त्वपूर्ण व्यक्तिगत प्रभावों का विकास संभव बनाता है।

औपचारिक और अनौपचारिक संगठनों के मध्य संबंध (Relation between Formal and Informal Organisations)—

संगठन मानव संगठन है। अनौपचारिक संगठनों का औपचारिक संगठन के सदस्यों पर प्रभाव गंभीर होता है। इससे औपचारिक और अनौपचारिक संगठनों के मध्य निरंतर पारस्परिक क्रिया होती है।

चेस्टर आई. बर्नार्ड का मत है कि औपचारिक संगठन संप्रेषण के माध्यम के रूप में और औपचारिक संगठनों के प्रभुत्व से व्यक्तियों की रक्षा करने हेतु अनौपचारिक संगठनों का सृजन करता है। परिणामतः अनौपचारिक संगठनों में अनेक तत्त्वों की औपचारिक बनने की प्रवृत्ति होती है। इस प्रकार अनौपचारिक संगठन के अंदर औपचारिक संगठन स्थापित होता है। बर्नार्ड के अनुसार दोनों एक ही घटना के अन्योन्याश्रित पक्ष हैं। दूसरे शब्दों में, उन्हें औपचारिक संगठन द्वारा समाज संरचित किया जाता है।

अनौपचारिक संगठन द्वारा औपचारिक संगठन सक्रिय और अनुकूलित किए जाते हैं। आधार रेखा (Bottom line) यह है कि एक–दूसरे के बिना नहीं हो सकता तथा एक संगठन के विफल होने पर दूसरा अवश्य विखंडित होगा।

एल.डी. वाइट के अनुसार अनौपचारिक और औपचारिक संगठन प्रायः एक साथ होते हैं या वे काफी पृथक हो सकते हैं। अनौपचारिक संगठन अधिक दुरूह (subtle) होते हैं। वे निम्नलिखित को प्रतिबिंबित करते हैं—

(i) कार्य संबंध से बाहर सामाजिक और आर्थिक हैसियत,

(ii) प्रजाति (Race) या भाषा अंतर,

(iii) शिक्षा और व्यक्तिगत पसंद और नापसंद।

इसका औपचारिक संगठन पर शक्तिशाली प्रभाव है तथा संघर्ष के मामले में प्रबल हो सकता है।

इस प्रकार औपचारिक और अनौपचारिक दोनों संगठन एक–दूसरे पर आश्रित हैं।

इकाई – 3

प्रशासनिक सिद्धांतों का विकास और प्रगति

प्रश्न 1. प्रशासनिक सिद्धांत के उद्भव और विकास की चर्चा कीजिए।
[Dec 2009, Q. 1.]

अथवा

प्रशासनिक सिद्धांत के विकास और प्रगति का आलोचनात्मक विश्लेषण कीजिए।
[June 2008, Q. 2.]

उत्तर— लोक प्रशासन को समाज का अभिन्न अंग कहा जा सकता है, लोक प्रशासन विकसित और विकासशील देशों में निर्णायक भूमिका अदा करता है, परंपरागत रूप से प्रशासन सिद्धांतीकरण प्रैक्टिशनरों और सुधारकों का कार्य रहा है, विशेष रूप से संयुक्त राज्य अमेरिका में। बीसवीं शताब्दी के भाग में अमेरिकी विश्वविद्यालयों ने सरकार में सुधार लाने में सक्रिय रुचि लेनी आरंभ की। 1914 में अमेरिकी राजनीति विज्ञान संघ ने एक रिपोर्ट प्रकाशित की, जिसमें राजनीति विज्ञान के शिक्षण के उद्देश्यों की रूपरेखा प्रस्तुत की गई थी। उसमें उल्लिखित उद्देश्यों में एक "सरकारी पदों के विशेषज्ञ तैयार करना" था। इस प्रकार लोक प्रशासन को राजनीति विज्ञान के महत्त्वपूर्ण उपक्षेत्र के रूप में स्वीकार किया गया था। इस विषय को अमेरिकी विश्वविद्यालयों में निरंतर मान्यता प्राप्त होने लगीं और आज भी उसका अध्ययन लगातार फैल रहा है। दूसरे शब्दों में, लोक प्रशासन, विधा के रूप में संयुक्त राज्य अमेरिका में उत्पन्न हुआ और वह देश आज भी समृद्ध हो रहा है। लोक प्रशासन के क्षेत्र में साहित्य का सबसे अधिक महत्त्वपूर्ण स्रोत संयुक्त राज्य अमेरिका है। इस विधा ने अमेरिकी दिलचस्पी को प्रतिबिम्बित करना सीखा और प्रक्रिया में उनमें व्यापकता की प्रवृत्ति आने लगी।

लोक संगठन के प्रणालीबद्ध और वैज्ञानिक अध्ययन का विकास क्रम 19वीं शताब्दी और बीसवीं शताब्दी के प्रारंभिक भाग से माना जा सकता है। अनुभवजन्य धरातल (Empirical Plane) पर शक्तिशाली प्रवृत्ति **एफ. डब्ल्यू. टेलर** का वैज्ञानिक प्रबंधन आंदोलन था। इस आंदोलन का बहुचर्चित प्रभाव संयुक्त राज्य अमेरिका में सरकारी सुधारों पर था। इस प्रकार प्रारंभिक अमेरिकी प्रशासनिक विचारधारा उस समय विकसित हुई जब औद्योगिक क्रांति परिपक्वता की अवस्था में प्रवेश कर रही थी। तब विशाल जटिल संगठन तेजी से माँगों या अधिक बड़े और बेहतर उत्पादन के लिए कार्य कर रहे थे और उनके अनुकूल समायोजित कर रहे थे। अर्थव्यवस्था और दक्षता जैसी अवधारणाएँ प्रशासन सिद्धांत में काफी लोकप्रिय हो चुकी थीं क्योंकि प्रशासनिक प्रणाली की क्षमता निर्माण की प्रक्रिया में उनकी प्रासंगिकता

प्रमाणित हो चुकी थी। सीमित संसाधनों और बढ़ती हुई माँग के फलस्वरूप सरकार में अधिक कुशल और मितव्ययी कार्यों के लिए दबाव बढ़ने लगा। इस अवधि के दौरान अधिकांश चर्चा संगठन के आंतरिक प्रशासनिक वातावरण पर केंद्रित थी। यह श्रेण्य विचारधारा का प्रमुख बल हो गया। **टेलर** और **फेयोल** कुछ आधारतत्त्व बनाने वाले प्रथम व्यक्ति थे, जिन्हें बाद में "सिद्धांतों" के रूप में संश्लेषित किया गया जो संगठन के अध्ययन का आधार और श्रेण्य दृष्टिकोण का सार बनाते हैं। प्रत्येक सिद्धांत का लक्ष्य संगठन की दक्षता का स्तर उठाना है। परंतु लोक प्रशासन के दृष्टिकोण से राजनीतिक परिवेश में इन सिद्धांतों की मान्यता के संबंध में कई आशंकाएँ उठाई गईं। सिद्धांतों की स्थितिपरक प्रासंगिकता है। **हर्बर्ट सीमॉन** के इन सिद्धांतों की आलोचना लोकोक्तियाँ कहकर की।

प्रशासनिक विषयों के अध्ययन में, मैक्स वेबर का नौकरशाही संप्रत्ययीकरण लोक प्रशासन में प्रभावशील वैचारिक ढाँचा प्रदान करता है। यदि विल्सन विधा का पथप्रदर्शन है तो मैक्स वेबर उसका पहला सिद्धांतवादी है जिसने विधा को ठोस सैद्धांतिक आधार दिया। उसका "नौकरशाही का आदर्श प्रकार" संगठन के किसी भी संप्रत्ययीकरण में आधारभूत सिद्धांत बना रहता है। वेबर के लिए नौकरशाही तर्कसंगत नियमों पर आधारित नियंत्रण प्रणाली थी, जिसने संगठन की संरचना और प्रक्रिया को तकनीकी ज्ञान के अनुसार तथा अधिकतम दक्षता से विनियमित किया। जब टेलर और फेयोल प्रशासनिक घटना का विश्लेषण करने के लिए इंजीनियरी दृष्टिकोण अपना रहे थे, मैक्स वेबर आधुनिक सभ्यताओं के विकास की प्रक्रिया का अभिन्न भाग बनने वाली नौकरशाही के विश्लेषण में इसके साथ नहीं था। वेबर का नौकरशाही मॉडल, जो आदर्श विशिष्ट कानूनी तर्कसंगत प्राधिकार प्रणाली के ढाँचे में कार्य करना था उन्नत प्रशासनिक प्रणाली की कुछ तर्कसंभव अंतः संबद्ध विशेषताओं के प्रबलन पर आधारित था। यद्यपि मैक्स वेबर का नौकरशाही सिद्धांत प्रारंभिक अमेरिकी प्रशासनिक विचारधारा से पृथक स्वतंत्र रूप से विकसित हुआ, परंतु उसने संरचनावादियों, जैसे टेलर और फेयोल की प्रबंधन विचारधारा के बहुत से आधार वाक्यों का सहभाजन किया। वेबर ने जटिल और विशिष्ट समस्याओं के समाधान में अस्पष्ट उद्देश्य की प्राप्ति सुकर बनाने के लिए प्रशासन में तर्कसंगति के महत्त्व पर बल दिया।

आधुनिक समाज में लोक प्रशासन का मुख्य रूप नौकरशाही संगठन है। समकालीन नौकरशाही विश्लेषण मुख्य रूप से नौकरशाही प्रशासन, नौकरशाही के सांस्कृतिक परिवेश, नौकरशाही शक्तियाँ और प्रशासनिक संस्कृति के नौकरशाहीकरण के प्रकार्यात्मक और दुष्क्रियात्मक पहलुओं पर फोकस करता है। वेबर नौकरशाही मॉडल प्रशासनिक विश्लेषण में मुख्य वैचारिक रचना है। यह लोक प्रशासन में एक दृष्टांत था।

1930 के दशक के उत्तरार्द्ध और 1940 के दशक के दौरान **चेस्टर बर्नार्ड, एडविन ओ. स्टेने (Edwin O. Stene)** और **हर्बर्ट सीमॉन** के लेखों से प्रशासन सिद्धांत में विनिश्चियात्मक विश्लेषण आरंभ हुआ। व्यवहार सिद्धांतवाद ने, जो सबसे पहले शिकागो

विश्वविद्यालय में विकसित किया गया था, विनिश्चियात्मक विश्लेषण के माध्यम से लोक प्रशासन के क्षेत्र में प्रवेश किया और इसका मुख्य श्रेय हर्बर्ट सीमॉन को जाता है। सीमॉन ने परंपरागत सिद्धांतों पर अवैज्ञानिक लोकोक्ति (Proverbs) की संज्ञा देते हुए प्रहार किया। वह तर्क देता है कि यह ऐसा निर्णयकारी है जो प्रशासन का दिल है। वह आगे कहता है कि अकेले निर्णयकारी प्रक्रिया संगठनात्मक परिवेश में वास्तविक व्यवहार को प्रतिबिंबित कर सकती है। संगठनात्मक परिवेश में व्यक्ति के व्यवहार पर दबाव प्रशासनिक व्यवहार का विषय हर्बर्ट सीमॉन के विश्लेषण का मर्म है।

आर. के. अरोडा ने कहा कि यद्यपि मानव संबंधों के अनुसंधान संगठनात्मक विश्लेषण में प्रथम व्यवहार संबंधी अनुसंधान थे, परंतु उन्हें ऐसा होने का श्रेय नहीं मिल सका, मुख्य रूप से क्योंकि स्वीकृत व्यवहारवादियों द्वारा उनकी उपस्थिति बहुत प्रारंभिक अवस्था में देखी गई। फिर भी मानव संबंध दृष्टिकोण प्रशासनिक अध्ययनों में व्यवहारवाद के लिए प्रमाणित पूर्ववर्ती था। लोक प्रशासन के बहुविधा स्वरूप ने प्रशासन प्रणाली के अध्ययन को व्यवहारवादी दृष्टिकोण का आधार सुदृढ़ किया। यह दृष्टिकोण प्रशासन की विधा में गहन वाद–विवाद का केंद्र बना रहा।

द्वितीय विश्व युद्ध के बाद यह चेतना निरंतर बढ़ती रही कि आधुनिक जीवन के लिए प्रशासन की गुणवत्ता महत्त्वपूर्ण है और इसे सुधारा जाना चाहिए। विभिन्न अध्ययनों के विश्लेषण से भी ज्ञात हुआ कि प्रशासनिक विफलता का उच्च प्रतिशत प्रशासनिक अक्षमता और अनुभवहीनता के कारण हुआ है। संवृद्धि के द्वितीय विश्व युद्धोत्तर काल में लोक प्रशासन विधा सामाजिक विज्ञान की विभिन्न विधाओं से प्रभावित होती रही। इसके फलस्वरूप प्रशासनिक व्यवहार के विभिन्न पहलुओं के संबंध में भी प्रत्यक्षीकरण पर स्पष्ट दबाव था। अन्य के साथ अब्राहम मेस्लो, डागलस मैकग्रेगर, क्रिस अर्गिरिस, रेनसिस लिकेर्ट और वारेन वेनिस के लेखों का लोक प्रशासन में अनुसंधानों और लेखन पर प्रत्यक्ष प्रभाव था।

द्वितीय विश्व युद्ध के बाद लोक प्रशासन के क्षेत्र में एक अन्य उल्लेखनीय रूपांतरण एशिया और अफ्रीका में विकासशील राष्ट्रों के आतिथेय के आविर्भाव से हुआ है। इस घटना से राष्ट्र पार और मिश्रित सांस्कृतिक विश्लेषण में प्रशासनिक प्रणालियों के अध्ययन पर महत्त्वपूर्ण बल दिया गया। तुलनात्मक प्रशासन के आविर्भाव और विकास प्रशासन अवधारणाओं ने लोक प्रशासन के महत्त्वपूर्ण पहलुओं के रूप में प्रशासन प्रणाली द्वारा बाह्य रूप से उत्पन्न प्रगतिशील सामाजिक–आर्थिक लक्ष्यों को प्राप्त करने की केंद्रीयता और जटिलता पर फोकस किया।

प्रशासन के अध्ययन के लिए प्ररूप मूल्यांकन दृष्टिकोण की उत्पत्ति तृतीय विश्व के आविर्भाव और प्रशासन के अध्ययन के अधिकांश पश्चिमी संगठन के सिद्धांतों की अप्रासंगिकता की बढ़ती हुई अनुभूति के फलस्वरूप हुई। **एफ डब्ल्यू रिग्ज** और अमेरिकी लोक प्रशासन सोसाइटी के तुलनात्मक प्रशासनिक दल ने भिन्न–भिन्न समाज प्ररूप मूल्यांकन, प्रशासनिक संस्कृतियों तथा प्रशासन प्रणालियों का वर्णन करने के लिए नई प्रशासनिक शब्दावली का

प्रशासनिक सिद्धांतों का विकास और प्रगति

सर्वप्रथम निर्माण किया। तुलनात्मक प्रशासनिक आंदोलन द्वारा उल्लिखित सभी वैचारिक अवधारणाओं में एफ डब्ल्यू रिग्ज की प्रिस्मेटिक सेला मॉडल सबसे अधिक प्रमुख रहा है।

1960 की दशाब्दी में संयुक्त राज्य अमेरिका ने लगातार कई संकट की स्थितियों का अनुभव किया। परंतु सरकार की स्थापित संस्थाएँ और परंपरागत लोक प्रशासन का ज्ञान संकट स्थितियों को उत्तर देने में विफल रहा। रूढ़िगत या परंपरागत लोक प्रशासन इन संकट स्थितियों का हल करने में असफल रहा और उन समस्याओं का सामना करने के लिए लोक प्रशासन में नई अंतः दृष्टि और पहलों की आवश्यकता हुई। इस मान्यता से 1960 के दशक के उत्तरार्द्ध और 1970 के दशक के पूर्वार्द्ध के दौरान लोक प्रशासन में नए आंदोलन का सूत्रपात हुआ और परिणामतः "नए लोक प्रशासन" का आविर्भाव हुआ। इस आंदोलन का श्रेय ड्वाइट वाल्डो को जाता है जिसने मिनोब्रूक सम्मेलन केंद्र में युवा लोक प्रशासन विद्वानों और प्रेक्टिशनरों का सम्मेलन आयोजित किया। सम्मेलन में परंपरागत लोक प्रशासन की कमी को प्रभावी ढंग से उजागर किया। नए लोक प्रशासन ने ज्ञान की सामाजिक प्रासंगिकता पर जोर दिया। जार्ज फ्रेड्रिक्सन ने नए लोक प्रशासन को व्यवहारवादियों की दूसरी पीढ़ी कहा जो यह मानते हैं कि नौकरशाही को प्रगतिशील मूल्य के प्रति वचनबद्ध होना चाहिए और इन मूल्यों को यथार्थ बनाने के लिए बनाए गए कार्यक्रमों के निर्माण और क्रियान्वयन में सक्रिय रुचि लेनी चाहिए। नए लोक प्रशासन आंदोलन ने नीति विज्ञान परिप्रेक्ष्य को सुदृढ़ किया है और लोक प्रशासन में लोकनीति दृष्टिकोण विकसित की। आंदोलन ने विधा को अधिक प्रासंगिकता के साथ आगे बढ़ाया और प्रशासन में आश्रित अनुकूलन सुदृढ़ किया। इस आंदोलन ने लोक संगठन से लोकतांत्रिक मानववाद का भी समर्थन किया और सार्वजनिक प्रणालियों में वास्तविक सहभागिता के माध्यम से आंतरिक लोकतंत्र के प्रति अधिक जागरूकता उत्पन्न की। लोकनीति दृष्टिकोण ने लोक प्रशासन की वृद्धि में प्रमुख भूमिका निभाई।

वेबेरियन दृष्टांत उसके विरुद्ध विभिन्न प्रकार की आलोचना के बावजूद प्रारंभ से ही प्रशासन विधा पर छाए रहे। लोक प्रशासन में एक अन्य वैचारिक रचना सार्वजनिक विकल्प सिद्धांत है। दृष्टिकोण तटस्थ और तर्काधार नौकरशाही का मिथ का खंडन करने में समर्थ हुआ है। नौकरशाहों को सदा तर्कसंगत विकल्प का प्रयोग करके उपयोगिता अधिकतमकर्त्ताओं और बजट अधिकतमकर्त्ताओं के रूप में माना गया है, जब विकल्पों में चुनाव किया जाता है। उनका औचित्य परिस्थिति के बारे में उनके ज्ञान द्वारा निर्धारण और सीमित किया जाता है। सार्वजनिक विकल्प सिद्धांत की व्याख्या, उसकी क्रियाविधि, उसका नैतिक निर्देश चिह्न और उसकी सिफारिशों और क्लासिकी बुनियादी आधार वाक्य चुनौती और खंडन द्वारा तथा नव क्लासिकी लोक प्रशासन द्वारा भी निर्धारित की जाती है। अधिक महत्त्व की अन्य वेबेरियन उत्तर विकास सामान्यतः सामाजिक विज्ञानों और विशेष रूप से लोक प्रशासन पर आलोचनात्मक सिद्धांत का प्रभाव है। **जुर्गेन हबीमॉस (Jurgen Habermas)** नौकरशाही के तकनीकों प्रशासनिक प्रभुत्व के दमघोंटू प्रभाव का व्याख्याता है। लोक संगठन का आलोचनात्मक

सिद्धांत संचार के निर्बाध प्रवाह और पदानुक्रमिक संबंधों के स्वाभाविक खंडन के विगोपन के माध्यम से प्रशासन के नौकरशाहीकरण और लोकतंत्रीकरण की वकालत करता है।

चार्ल्स जे. फिक्स और **ह्यूग टी. मिलर** द्वारा प्रस्तुत कथन सिद्धांत उत्तर आधुनिकतावादी लोक प्रशासन का सबसे अधिक अतिवादी है। कथन सिद्धांत, यद्यपि नीति प्रशासन द्विभागीकरण को अस्वीकार करता है, इस विचार को स्वीकार करता है कि नीति और प्रशासन दोनों सार्वजनिक ऊर्जा क्षेत्र के रूप में अधिक बोधगम्य है। यह क्षेत्र नीति प्रक्रिया, जैसे संगठन संस्थाओं, स्वैच्छिक एजेंसियों और चौथी संपदा तथा नागरिक समूहों को विविध प्रकार के विनियोजित कारकों को सम्मिलित करता है। प्रशासन का कथन सिद्धांत सामान्यतः लोक प्रशासन सिद्धांतीकरण के लिए और विशेषतः उत्तर आधुनिक लोक प्रशासन सिद्धांत संगठनों के औपचारिक संरचना की अपेक्षा संगठनों में लोगों को महत्त्व देता है।

सिद्धांत विज्ञान का लोक प्रशासन के बौद्धिक विकास पर गहरा प्रभाव होता है। मूल लोक प्रशासन में सदा अपना बाहरी राजनीतिक संदर्भ और आंतरिक प्रबंधकीय गतिशीलता भी होती है। लोक प्रशासन प्रणाली के आंतरिक क्या है, वह है उसके प्रबंधन की प्रक्रिया और उसके लिए बाहरी क्या है, वह है उसका राजनीतिक परिवेश जिसमें वह कार्य करता है। यह सार्वजनिक रूप में स्वीकार किया जाता है कि सबसे अधिक नियम, सिद्धांत, मार्ग निर्देशन, दक्षता की अभ्युक्ति और प्रभावकारिता प्रबंधन चिंतकों के लेखन से प्रकट हुआ है।

अमेरिकी विद्वान, डेविड ओस्बार्न और टेड गेब्लर ने 1992 में "Re-inventing Government" की अवधारणा का प्रतिपादन किया। विश्व बैंक अच्छे शासन की अवधारणा विकसित करता है। पूर्ववर्ती को उसकी प्रासंगिकता और अनुप्रयोग में सर्वसुखवाद होने के लिए तैयार किया गया था। जबकि पश्चोयुक्त को लोकतांत्रिक स्वरूप की सरकार तृतीय विश्व के देशों के लिए अधिक उपयुक्त माना गया है। "Re-inventing Government" के आंदोलन का विश्व भर में शासन प्रणाली पर आश्चर्यजनक प्रभाव था। नए लोक प्रबंधन और अच्छे शासन की दार्शनिक अवधारणा ने लोक प्रशासन को शासन में बहुअभिकर्त्ता की ओर अभिमुख किया जो औपचारिक सरकार के परंपरागत अंगों के परे था। इस परिदृश्य में लोक प्रशासक की नई भूमिका, इस प्रकार सुसाध्यकर्त्ता और प्रेरक की है। प्रशासनिक सिद्धांत अब राज्य सिद्धांत का महत्त्वपूर्ण भाग है। प्रशासन के बदलते हुए स्वरूप पर राज्य के बदलते हुए स्वरूप के संदर्भ में विचार किया जाना चाहिए।

प्रशासनिक सिद्धांतों का उपर्युक्त सर्वेक्षण दर्शाता है कि लोक प्रशासन का क्षेत्र निरंतर रूप से रूपांतरित हो रहा है, परंपरागत लोक प्रशासन की मान्यताएँ प्रायः समसामयिक घटनाओं द्वारा छिन्न–भिन्न हो जाती हैं। लोक प्रशासन की विषयवस्तु सभी दिशाओं में निर्मूल सिद्ध हो रही है। नए प्रकार के सार्वजनिक संगठन बनाए जा रहे हैं। सार्वजनिक सेवा वितरण का निष्पादन सुधारने के लिए नई अवधारणाएँ, तकनीकें और प्रक्रियाएँ खोजी जा रही हैं। परिणाम लोक प्रशासन में भिन्न–भिन्न दृष्टांतों का विकास है।

प्रश्न 2. प्रशासनिक सिद्धांतों में सिद्धांत का अर्थ तथा महत्त्व व विशेषताएँ बताइए।

उत्तर— सिद्धांत किसी विषय के क्रमबद्ध अध्ययन से संबंधित सिद्धांतों का समूह है। "सिद्धांत" शब्द और उसका अर्थ यूनानी शब्द "Qewpix" से लिया गया है जिसका अर्थ "theoria" अर्थात् विचार करना, देखना या अवलोकन (Contemplation) करना है। सिद्धांत संबद्ध सिद्धांतों का समूह है जो विषय पर प्रणालीबद्ध तरीके में विवेचन करता है। सिद्धांत तथ्यों का संक्षिप्त प्रस्तुतीकरण और मान्यताओं का तर्कसंगत संगठन है जिससे अनुभवजन्य कानून या सिद्धांत प्राप्त हो सकते हैं।

वैज्ञानिक सिद्धांत संरचना और पुष्टि की प्रक्रिया को निम्नलिखित सोपानों में देखा जा सकता है—

(क) प्रेक्षण (Observation) पर आधारित समस्या और समस्याओं का निर्माण,

(ख) प्रेक्षणों पर आधारित समस्या और समस्याओं का उत्तर मुहैया करने के लिए सिद्धांत का निर्माण,

(ग) सिद्धांत से विशिष्ट परिकल्पनाओं का अधिष्ठापन,

(घ) विशिष्ट उपायों के अनुसार परिकल्पनाओं की पुनःरचना और परिकल्पना का परीक्षण करने के लिए अपेक्षित संक्रियाएँ,

(ङ) सिद्धांत का परीक्षण करने के लिए तथ्यात्मक स्थितियों को खोजना, और

(च) वास्तविक परीक्षण जिसमें पुष्टि होती है या नहीं होती है।

अच्छे सिद्धांत में निम्नलिखित विशेषताएँ होनी चाहिए—

(1) सर्वोत्तम सिद्धांत वह है जो सरलतम कथन है। परंतु माइनर (Miner) का मानना है कि जो किसी समय अच्छा सिद्धांत था, कुछ वर्ष बाद अच्छा या उतना अच्छा नहीं हो सकता है।

(2) सिद्धांतों को विज्ञान के लक्ष्यों में योगदान करना चाहिए। इसका अभिप्राय है कि बेहतर सिद्धांत अधिक व्यापक हैं क्योंकि वे नानाविध प्रेक्षणों की बहुत बड़ी संख्या को कम करते हैं और महत्त्वपूर्ण कथनों की संख्या काफी कम रखते हैं। सिद्धांत जितना अधिक स्पष्ट कर सकता है, उतना ही अधिक वह उपयोगी होता है।

(3) सिद्धांतों को महत्त्वपूर्ण मामलों के लिए अनुसंधान प्रयासों का पथ प्रदर्शन करना चाहिए।

(4) सिद्धांतों की पुष्टि न केवल इससे प्राप्त अनुसंधान द्वारा होनी चाहिए बल्कि इसे अपने आप ही और अन्य तथ्यों में भी युक्तिपूर्ण ढंग से सुसंगत होना चाहिए, और

(5) यह परीक्षणीय वास्तविकता (Testable Reality) होनी चाहिए,

(6) सिद्धांतों में न केवल कुछ इक्के–दुक्के तथ्यों को उत्पन्न करने की संभावना होनी चाहिए अपितु संपूर्ण क्षेत्र की सशक्त और पूर्वानुमान उत्पन्न करने में सक्षम होना चाहिए,

(7) सिद्धांतों को अनुशासन के क्षेत्र के लिए स्पष्ट रूप से रूपरेखा प्रस्तुत करनी चाहिए।

सिद्धांत विकसित करना एक से अधिक कारणों से अधिक महत्त्वपूर्ण है। यह वास्तविकता को परिप्रेक्ष्य प्रदान करता है, उसी प्रकार के दृश्य से नए विचारों को प्रेरित करता है और आगे सिद्धांतीकरण के लिए आधार बनाता है। सिद्धांत कार्य के लिए मार्गदर्शक के रूप में काम करता है, तथ्य एकत्र करता है, नया ज्ञान खोजता है और उन घटनाओं की व्याख्या करता है जिनका विश्लेषण किया जा रहा है। सिद्धांत हमें भविष्य को समझने, पूर्वानुमान करने, प्रभावित या नियंत्रित करने में सहायता करता है। सिद्धांत निर्माण का इतना महत्त्व होने के कारण, यह किसी विधा की बुद्धि और विकास का अपरिहार्य भाग होता है। लोक प्रशासन कोई अपवाद नहीं है।

लोक प्रशासन राजनीतिक प्रणाली के उद्देश्यों की पूर्ति के लिए सरकार का कार्य भाग है। सरकार की मशीनरियाँ और उसके कार्यकरण ने सदैव से विद्वानों का ध्यान आकृष्ट किया है। कौटिल्य का 'अर्थशास्त्र' अरस्तू की 'पॉलिटिक्स' और मैकियावली (Machiavelli) की 'दी प्रिंस' का राजनीतिक और प्रशासनिक दोनों मुद्दों और विचारों पर महत्त्वपूर्ण योगदान है।

कार्यकलाप के रूप में और विधा के रूप में प्रशासन ने 19वीं शताब्दी के उत्तरार्द्ध से ही ध्यान आकृष्ट किया है। आधुनिक राज्य का जटिल स्वरूप होने के कारण सरकार के कार्यकरण का भारी विस्तार हुआ। इस विस्तार ने प्रशासन के विभिन्न पक्षों में गहन अध्ययन और व्यापक अनुसंधान की आवश्यकता उत्पन्न की।

(1) सिद्धांत निर्माण की जटिलता (Theory making being Complicated)—
लोक प्रशासन में सिद्धांत निर्माण सरल कार्य नहीं है। कारण, अनेक प्रकार के लोक संगठन, प्रशासनिक संरचना और प्रक्रिया है। राज्य, सामाजिक संबंध, राजनीतिक संस्कृति आदि लोक संगठनों के कार्यों पर गहरा प्रभाव डालते हैं। कोई भी लोक प्रशासन सिद्धांत जो इसकी उपेक्षा करता है, केवल आंशिक रूप से ही प्रशासनिक घटना का विश्लेषण कर सकता है। ऐसे मामले में इस प्रकार के सामान्यीकरणों की वैज्ञानिक वैधता (Scientific Validity) संदेहास्पद होगी। अतएव प्रशासनिक सिद्धांत की अधिक व्यापक और गहन जानकारी आवश्यक है, जो प्रशासक के लिए सामाजिक आवश्यकताओं के अनुसार प्रशासन बनाने में सहायक हो सके और प्रभावी ढंग से तथा दक्षतापूर्वक प्रशासन प्रणाली व्यवस्थित हो सके।

1. प्रशासनिक सिद्धांत प्रशासकों को उचित विवेचन और ठोस तर्क प्रस्तुत करने में सहायता करेगा।
2. इससे उसका बौद्धिक चिंतन समृद्ध होगा।
3. इससे उसकी समझने की क्षमता और आत्मविश्वास में वृद्धि होगी।
4. प्रशासन सिद्धांत प्रशासकों को वैज्ञानिक विधि से शिक्षा प्रदान करता है। कारण, सिद्धांत अनुभव का संप्रत्यक्षीकरण (Conceptualization) है।

(2) लोक प्रशासन के कार्यों में भारी विस्तार (Heavy Increase in the Functions of Public Administration)— लोक प्रशासन के कार्यों का विस्तार परिमाण, श्रेणी और स्वरूप में होने के साथ-साथ इसकी मात्रा में भी वृद्धि हुई। समाज के गतिशील स्वरूप और सरकार के जटिल स्वरूप के कारण लोक प्रशासकों का अपने लक्ष्यों को समझना और उन्हें प्राप्त करना कठिन हो गया है। प्रशासनिक घटना की उसकी समग्रता में अधिक विस्तारपूर्वक समझना आवश्यक है। प्रशासक को अपने लक्ष्यों को प्राप्त करने में असफल होने का एक प्रमुख कारण प्रशासनिक सिद्धांत के संबंध में उसकी अपर्याप्त जानकारी है।

प्रश्न 3. लोक प्रशासन के सिद्धांत निर्माण का मूल्यांकन कीजिए।

अथवा

"लोक प्रशासन में सिद्धांत निर्माण जटिल कार्य है।"   [Dec 2010, Q. 2.]

उत्तर— लोक प्रशासन में सिद्धांत निर्माण उनके विविधता से भरे स्वरूप के कारण जटिल कार्य है। प्रशासनिक सिद्धांत अनुभवी प्रशासकों के संप्रत्ययीकरण पर या प्रशासन में प्रचालनात्मक परिस्थितियों पर आधारित है। यह तुलनात्मक अध्ययनों से प्राप्त या सुदृढ़ हो सकती है या बुद्धिजीवियों के विचार या राय हो सकती है। प्रशासन के विभिन्न पहलुओं के विकास के लिए विद्वानों और प्रैक्टिशनरों के प्रारंभिक योगदान इससे संबंधित ज्ञान के प्रसार के कारण विभिन्न सिद्धांतों का अंकुरण हुआ। अन्य सामाजिक विज्ञानों में सैद्धांतिक और प्रायोगिक विकास सामाजिक विज्ञान के एकीकृत स्वरूप के कारण लोक प्रशासन और प्रतिलोमतः के सैद्धांतिक आधार को अवश्य प्रभावित करते हैं।

लोक प्रशासकों ने विचार, पद्धतियाँ, तकनीकें और दृष्टिकोण अन्य विधाओं से ग्रहण किए हैं और उन्हें भिन्न-भिन्न मात्रा में लोक प्रशासन पर प्रयोग किया। अन्य विधाओं में प्रशिक्षित लोगों ने समाज में विशालतम और सर्वाधिक स्पष्ट संगठनों जैसे, सैन्य, औद्योगिक, सार्वजनिक, नौकरशाही, समाज सेवा एजेंसियों और सार्वजनिक क्षेत्र के लिए उनके विचारों का प्रयोग किया है, जो संप्रत्ययात्मकता ढंग से संस्थागत और प्रकार्यात्मक रूप में लोक प्रशासन की विधा के अंतर्गत है।

लोक नीति निर्माता और प्रशासनिक प्रैक्टिशनर शिकायत करते हैं कि उन्हें उनके वर्तमान विषयों के लिए बहुत कम प्रासंगिक सैद्धांतिक मार्गदर्शन मिल सकता है। वे दावा करते हैं कि सिद्धांतवादियों के ध्यान में कुछ कल्पित विश्व हैं या वे इस प्रकार के अमूर्त और विरलित भाषा का प्रयोग करते हैं कि उन्हें नहीं समझा जा सकता है। इसके प्रत्युत्तर में सिद्धांतवादियों ने शिकायत की कि प्रैक्टिशनरों ने जो व्यावहारिकता में झुके हैं, समझने का प्रयास नहीं करते हैं या किसी भी सिद्धांतवादी की परवाह करते हैं जो बुद्धिसंगत व्याख्या प्रस्तुत नहीं करते हैं जो लोक प्रशासन की पद्धति में इस समय हो रहा है। **स्टीफन बेली**

विश्वास करते हैं कि लोक प्रशासन सिद्धांत के उद्देश्य मानविकी की अंतःदृष्टि और सामाजिक तथा व्यवहार विज्ञान के मान्य प्रस्तावों को साथ लाना है और सरकार की प्रक्रियाओं को सुधारने के कार्य के लिए इस अंतःदृष्टि और प्रस्तावों का प्रयोग करना है और संवैधानिक रूप से अधिदेशाधीन उपायों द्वारा राजनीतिक रूप से विधिसम्मत लक्ष्यों को प्राप्त करना है।

कैडेन, मार्टिन लैण्डू और **लेपावस्की** ने लोक प्रशासन सिद्धांत की अवस्था पर आलोचनात्मक टिप्पणियाँ की है। कैडेन ने कहा, "लोक प्रशासन में बहुत से सिद्धांत लोक प्रशासन की अपेक्षा छोटी और बड़ी दोनों प्रकार की वस्तुओं पर विचार करते हैं, परंतु स्वयं लोक प्रशासन पर नहीं। एक ओर, वे सभी प्रशासन, सभी संगठित सहकारी प्रयास, सभी सामाजिक संगठन और सभी मानव व्यवहार पर विचार करता है जिसका लोक प्रशासन एक भाग है। दूसरी ओर, वे विशिष्ट पद्धतियों, निश्चित संगठनों, विशेष प्रशासनिक प्रकरण अध्ययन और खास प्रशासनिक उप-प्रक्रियाओं पर विचार करते हैं जो लोक प्रशासन के भाग बनते हैं। इनमें से कुछ स्वयं लोक प्रशासन के स्वरूप पर विचार करते हैं।" जैसा कि **मार्टिन लैण्डू,** टिप्पणी करता है "प्रशासनिक सिद्धांत को प्रतिस्पर्धी विचारधारा की अधिकता, भाषाओं की बहुलता द्वारा और तर्क की भ्रांति के फलस्वरूप स्पष्ट किया गया। इसके लिए न तो सामान्य अनुसंधान परंपरा है और न ही जाँच के सामान्य क्षेत्र के लिए आवश्यक सर्वसम्मति है। परिणामस्वरूप संपूर्ण क्षेत्र भ्रमित है। क्रोड अवधारणाओं का स्पष्टीकरण आवश्यक है।" लेपावस्की ने स्पष्ट रूप से कहा कि सिद्धांतवादियों ने अपना कोई योगदान नहीं किया है। बहुत कम प्रासंगिक लोक प्रशासन सिद्धांत विद्यमान है।

सिद्धांत निर्माण में सबसे अधिक महत्त्वपूर्ण प्राथमिकता लोक प्रशासन में समस्या समाधान के पीछे दार्शनिक मुद्दों की सामान्य जागरूकता बढ़ानी है। स्टीफन बेली के शब्दों में लोक प्रशासन सिद्धांत को वास्तविकता, आधार तत्त्व की उन्नति, मनुष्यों और संस्थाओं की क्षमताओं के बारे में परिष्कृत मान्यताओं और माध्यमों के व्यावहारिक सिद्धांतों के विवरणों को रूप देने का प्रयास करना चाहिए जो लोकतांत्रिक सरकार के उद्देश्यों और उपायों दोनों को सुधार सके।

लोक प्रशासन में नए उदाहरण विधा को नए परिप्रेक्ष्य से नहीं देखते हैं, परंतु केवल अवधारणाओं को पुनः रूप देते हैं। विगत से प्रशासनिक दृष्टिकोण में स्पष्ट निरंतरता है। विधा में प्रत्येक नया विकास, पुरानी अवधारणा की आलोचना करते हुए भी, केवल उसी पर निर्माण होता है। वृद्धिवाद विधा की प्रगति के उसी आधार पर विद्यमान प्रतीत होता है। कैडेन के अनुसार सबसे अधिक अकाट्य कारणों में से एक यह है कि लोक प्रशासन ने अधिगम के अन्य सीटों में शैक्षिक विधा की प्रस्थिति अस्वीकार क्यों की, इसका उत्तर यह है कि इसे अभी सिद्धांत के सुव्यवस्थित निकाय का विकास करना है।

आज दो मुख्यधाराएँ लोक प्रशासन के परिप्रेक्ष्य को प्रभावित करती हैं जो इस प्रकार हैं—
(क) सिद्धांत की सार्वदेशिक मान्यता प्राप्त करने का प्रयास करने वाली सामान्य प्रणाली, और

(ख) तृतीय विश्व के अनुभव के विशिष्ट संदर्भ में सैद्धांतिक मॉडल विकसित करने का प्रयास। तृतीय विश्व के अनुभव लोक प्रशासन की विधा पर नए परिप्रेक्ष्य विकसित करने के आधार होने चाहिए।

विधा के संकर सांस्कृतिक स्वरूप होने के कारण लोक प्रशासन का सामान्य सिद्धांत विकसित करना बहुत कठिन है। विधा के रूप में लोक प्रशासन को प्रशासन के रूपों और प्रक्रियाओं के परे जाना है और सामाजिक संरचना, वर्ग, नेतृत्त्व, राज्य के स्वरूप को आकार देने वाली प्रमुख शक्तियों में स्पष्टीकरण ढूँढ़ना है। लोक प्रशासन में सिद्धांत निर्माण के लक्ष्य को लोक प्रशासन का सिद्धांत विकसित करना आवश्यक नहीं है। परंतु शृंखला या सिद्धांतों और उदाहरणों का सेट सूत्रबद्ध करना आवश्यक है जो भिन्न–भिन्न विन्यासों–संस्थाओं, राष्ट्रीय, सांस्कृतिक और टेम्पोरल में जटिल प्रशासनिक वास्तविकता को बेहतर ढंग से समझने में योगदान कर सकें।

प्रश्न 4. नवीन लोक प्रबंध परिप्रेक्ष्य पर एक नोट प्रस्तुत कीजिए।

उत्तर— 1970 का दशक ऐसा दशक था जिसमें घोर आर्थिक संकट उत्पन्न हुआ। सोवियत संघ में साम्यवाद के धराशायी होने से एक देश के आर्थिक प्रबंध के 'नियंत्रण एवं आदेश' व्यवस्था की रुग्णता उजागर हुई। आर्थिक संकट के कारण सार्वजनिक क्षेत्र की ओर कोष का कम प्रवाह होने लगा। द्वितीय महायुद्ध के बाद लोक प्रशासन अर्थात् राज्य के कार्यों में बेतहाशा वृद्धि हो रही थी। इस प्रवृत्ति पर रोक लगाने की आवश्यकता थी। अतः लोक प्रशासन पर पुनर्विचार करना पड़ा। सार्वजनिक सेवाएँ देने के नवीन विकल्प सोचे जाने लगे। 70 के दशक के अंत तक लोक प्रशासन, राज्य और नौकरशाही की भूमिका में अनेक परिवर्तन दृष्टिगोचर होने लगे। इस समय यह महसूस किया गया कि राज्य की भूमिका को सीमित किया जाना चाहिए और ऐसी परिस्थितियों के निर्माण पर जोर दिया जाना चाहिए जिनमें अर्थव्यवस्था में स्वतंत्र बाजार शक्तियों को अपनाने का अवसर प्राप्त हो सके।

अर्थव्यवस्था के उदारीकरण और वैश्वीकरण की उदीयमान प्रवृत्तियों के कारण मुद्रा स्फीति को कम करने, करों को कम करने, निजीकरण को बढ़ावा देने, नियमों के बंधन को शिथिल करने, सार्वजनिक क्षेत्र में बाजार शक्तियों के प्रयोग और संविधान एवं शासन प्रणाली में इस प्रकार के बदलाव पर जोर दिया जाने लगा जिससे कि सामाजिक क्षेत्र के साथ बाजार के क्षेत्र में राज्य के हस्तक्षेप को कम किया जा सके। वैश्वीकरण का आशय विभिन्न राष्ट्रों की अंतर्निर्भरता में वृद्धि तथा अंतर्राष्ट्रीय स्तर पर आर्थिक, सामाजिक, पर्यावरणीय व मानव अधिकार संबंधी मुद्दों को सुलझाना है। वैश्वीकरण के कारण व्यक्तिगत संप्रभुताएँ सीमित हुई हैं और इस पर अंकुश लगा है। वैश्वीकरण विश्व अनिवार्यताओं का स्थानीय आवश्यकताओं के साथ समन्वय है। बाजार शक्तियों को स्वीकारने से अंतर्राष्ट्रीय प्रतिस्पर्धा और अधिक गहन हो जाती है। सरकार की भूमिका जनहित की सुरक्षा करना है। विकासशील

देशों में घाटे की वित्त व्यवस्था के कारण इन दोनों को सरकार के राजस्व हेतु ऋण लेना पड़ा, इससे ऋणग्रस्तता में वृद्धि हुई। सार यह है कि परिदृश्य हतोत्साहक था और इस पतन का कारण लोक नौकरशाही को माना गया। इसी समय कुछ अर्थशास्त्री लोक प्रशासन की ओर आकर्षित हुए। इन विद्वानों का तर्क था कि नौकरशाही का कार्यकुशल व श्रेष्ठ विकल्प बाजार है। इस प्रकार इन विचारकों ने लोक प्रशासन के क्षेत्र में नवीन लोक प्रबंध का मार्ग प्रशस्त किया है।

इस पृष्ठभूमि में 1980 के दशक के अंतिम वर्षों में लोक प्रशासन और नौकरशाही के परंपरागत प्रतिमान की अपर्याप्तताओं के कारण 'नवीन प्रबंध दृष्टिकोण' का उदय हुआ।

अर्थ –

1980 से लोक प्रशासन सुधार में अपनाई गई तकनीकों और विधियों को 'नवीन लोक प्रबंध' का नाम दिया गया। रिचर्ड कॉमन के अनुसार लोक प्रबंध वर्तमान व्यापक प्रशासनिक परिवर्तनों की व्याख्या करने के लिए बनाया गया शब्द है। यह एक नवीन जनप्रिय अवधारणा है। **रिचर्ड कॉमन** के शब्दों में, "यह एक बड़ी और कार्य अकुशल सरकार की समस्याओं का आकर्षक सुलझाव है, इसी में इसकी सफलता का रहस्य छुपा है।" **जेन एरिक लेन** के अनुसार, "निजी क्षेत्र में प्रयुक्त होने वाली प्रबंधकीय तकनीकों को सार्वजनिक क्षेत्र में लागू करना नवीन लोक प्रबंध है।" नवीन लोक प्रबंध शब्द 1991 में क्रिस्टोफर हुड ने प्रयोग किया। इसका प्रयोग उन्होंने अपने लेख (A Public Management for all Seasons) में किया था। नवीन लोक प्रबंध में योगदान देने वाले अन्य विद्वान पी. हौगेट, गेराल्ड केडन, सी. पौलिट, आर.एम. कैली, एल. टेरी आदि हैं। मैक्स वेबर नौकरशाही के विरुद्ध चुनौती के रूप में नवीन लोक प्रबंध अनेक नामों से जाना जाता है। आमरूप से प्रयोग किए जाने वाले शब्द हैं—प्रबंधवाद, नवीन लोक प्रबंध, उद्यमी सरकार, बाजार आधारित लोक प्रशासन आदि।

नवीन लोक प्रबंध का जोर प्रबंध, कार्य निष्पादन, दक्षता है न कि नीति पर। यह जन–विकल्प सिद्धांत और प्रबंधवाद पर निर्भर है। यह बाजार और निजी क्षेत्र प्रबंध के महत्त्व पर विश्वास करता है। नवीन लोक प्रबंध योजना में शासन का प्रभावी उपागम बाजार उपागम है। यह प्रशासनिक सुधार की नवीन तकनीक है जिसे विश्व में अधिक से अधिक रूप में स्वीकार किया जा रहा है। यह राज्य पर बाजार के वर्चस्व को समर्थन देता है।

संक्षेप में, नवीन लोक प्रबंधन को परिभाषित करने वाले स्तंभ हैं—लोक विकल्प, प्रबंधवाद तथा नव–उदारवाद।

विशेषताएँ –

नवीन लोक प्रबंध में अनेक विशेषताएँ देखने को मिलती हैं। विशेषताओं के आधार पर नवीन लोक प्रबंध को समझने में आसानी होगी। नवीन लोक प्रबंध की मुख्य विशेषताएँ हैं—

1. बाजारीकरण,   2. निजीकरण,

3. प्रतिस्पर्धात्मक,   4. उदारवाद,
5. लक्ष्योन्मुख,   6. परिमणोन्मुख एवं परिवर्तनोन्मुख,
7. वर्णनात्मक,   8. नौकरशाही विरोधी,
9. मितव्ययिता,   10. कार्यकुशलता,
11. प्रभावशीलता।

उपर्युक्त विशेषताओं से स्पष्ट होता है कि नवीन लोक प्रबंध व्यवस्था वर्तमान शासन के सार और शैली में परिवर्तन की समर्थक है।

यहाँ यह उल्लेखनीय है कि नवीन लोक प्रबंध को नवीन लोक प्रशासन नहीं समझना चाहिए। नवीन लोक प्रशासन ने नये लोक प्रशासन को मूल्यों पर आधारित बनाने का प्रयास किया। 1960 का नवीन लोक प्रशासन लोक प्रशासन के सकारात्मक पक्ष पर बल देता है और लोक सेवाओं को भी सकारात्मक बनाना चाहता है। जबकि नवीन लोक प्रबंध पेशेवर नौकरशाही की कटु आलोचना करता है और यह लोक विकल्प सिद्धांत तथा प्रबंधवाद पर निर्भर है। यह बाजार-मूल्यों के प्रति प्रतिबद्ध है।

नवीन लोक प्रबंध लोक और निजी प्रशासन के अंतर को कम करता जा रहा है। लोक प्रशासन को एक प्रकार से व्यापार के रूप में बदलने का प्रयास किया जा रहा है। इसके उदाहरण हैं—ब्रिटेन में नेक्स्ट स्टेप्स (Next Steps), कनाडा में पब्लिक सर्विस, 2000, अमरीका में अल गोर प्रतिवेदन, नवीन लोक प्रबंध के अधीन परंपरागत लोक प्रशासन की सामाजिक-आर्थिक जीवन को रूप देने की भूमिका सिकुड़ती जा रही है।

क्रिस्टोफर हुड के अनुसार नवीन लोक प्रबंध के प्रमुख तत्त्व निम्न प्रकार हैं—
1. सार्वजनिक क्षेत्र में पेशेवर प्रबंध पर आर्थिक बल,
2. निजी क्षेत्र प्रबंध शैली का अनुकरण,
3. प्रतिस्पर्धा को बढ़ाना, लागत में कटौती तथा सेवा और उत्पाद का स्तर बढ़ाना,
4. मानक निर्धारण, कार्य मापन तथा लक्ष्य निर्धारण पर बल,
5. संसाधन प्रयोग में अनुशासन व मितव्ययिता,
6. बड़ी इकाइयों को छोटी इकाइयों में बाँटकर सेवादाता बनाना।

नवीन लोक प्रबंध में निम्नलिखित 8 प्रेरक लक्षण हैं—
1. सत्ता का विकेंद्रीकरण करना एवं लचीलापन प्रदान करना।
2. प्रतिस्पर्धा का विकास और चयन।
3. कार्य नियंत्रण एवं जवाबदेही सुनिश्चित करना।
4. संवेदनशील सेवा उपलब्ध करना।
5. मानव संसाधनों के प्रबंध में सुधार।
6. सूचना प्राविधिकी को प्रोत्साहन देना।
7. नियमनों की गुणवत्ता में सुधार।

8. केंद्र के दिशा-निर्देशन कार्यों के सुदृढ़ बनाना।

ओसबोर्न और गेब्लर ने अपनी पुस्तक 'Re-inventing Government – 1992' में उद्यमी सरकार के लिए 10 सूत्रीय कार्यक्रम की सिफारिश की है—

1. सेवादायकों के मध्य सरकार को प्रतिस्पर्धा को बढ़ावा देना चाहिए।
2. नौकरशाही से नियंत्रण हटाकर नागरिकों को सशक्त करना चाहिए।
3. लक्ष्यों से प्रेरित न कि नियमों से।
4. इसे अपने अभिकरणों के कार्यों का मापन उत्पादन के आधार पर करना चाहिए न कि निवेश के आधार पर।
5. यह अपने मुवक्किलों को ग्राहकों के नाम से परिभाषित करती है तथा इनके समक्ष विकल्प प्रस्तुत करता है।
6. इसे समस्याओं को पैदा होने से पहले ही रोकना चाहिए न कि बाद में तथा उनके लिए सेवा प्रदान करना चाहिए।
7. इसे अपनी ऊर्जा धनार्जन की ओर लगानी चाहिए न कि व्यय की ओर।
8. इसे सत्ता का विकेंद्रीकरण करना चाहिए तथा भागीदारी प्रबंध को प्रोत्साहित करना चाहिए।
9. नौकरशाही संयंत्र के स्थान पर बाजार संयंत्र को वरीयता दी जानी चाहिए।
10. इसे सार्वजनिक सेवा देने पर ही ध्यान नहीं देना चाहिए बल्कि समाज के सभी क्षेत्रों—सार्वजनिक, निजी, स्वयंसेवी संप्रदाय की समस्याओं का समाधान करने के लिए उत्प्रेरित करना चाहिए।

आज लोक प्रशासन के नवीन प्रतिमान को, जिसे नवीन लोक प्रबंध के नाम से जाना जाता है, स्वीकार कर लिया गया है। यह नवीन प्रतिमान सार्वजनिक क्षेत्र में लोक प्रबंधकों की इस भूमिका पर जोर देता है कि उन्हें नागरिकों के लिए उच्च स्तर की सेवाएँ प्रदान करना है। इसके लिए केंद्रीय अभिकरण के नियंत्रण को कम करते हुए कार्य करने की प्रबंधकीय स्वायत्तता प्रदान करना है। यह 'सेवा उन्मुखी सरकार' तथा 'बाजार उन्मुखी सरकार' का समर्थक है। इसका नारा है—पहले सेवा, लचीलापन तथा प्रशासन का पुनर्मुखीकरण। संक्षेप में नवीन लोक प्रबंध बाजारोन्मुखी, परिणामोन्मुखी, लक्ष्योन्मुखी है।

इकाई – 4

वैज्ञानिक प्रबंधन दृष्टिकोण

प्रश्न 1. वैज्ञानिक प्रबंधन के आधारभूत सिद्धांतों की चर्चा कीजिए।
[June 2008, Q. 5. (क)][June 2009, Q. 5. (b)]

उत्तर— प्रबंधन के कार्य में गलतियाँ कम से कम हो इसके लिए **एफ.डब्ल्यू. टेलर** ने प्रबंधन के द्वारा अपनाए जाने वाले चार नए सिद्धांतों या कहें चार नई ड्यूटियाँ सूत्रबद्ध की, इन्हें वैज्ञानिक प्रबंधन का सिद्धांत कहा जाता है। ये सिद्धांत निम्नलिखित हैं—

(1) **वास्तविक कार्य विज्ञान का विकास—**टेलर के अनुसार कार्य विज्ञान का विकास करने की आवश्यकता है। आगे उसका यह भी विश्वास था कि प्रत्येक कार्य को करने का एक 'सर्वोत्तम तरीका' है। इसे किसी भी कार्य के क्रमबद्ध अध्ययन और वैज्ञानिक विधि विकसित कर पुराने कामचलाऊ तरीका बदलकर प्राप्त किया जा सकता है। इसके लिए

(i) परंपरागत ज्ञान का भंडार एकत्र करने,

(ii) उसे रिकॉर्ड करने,

(iii) उसे तालिकाबद्ध करने और

(iv) बहुत से मामलों में अंतत: उसे कानून, नियमों और यहाँ तक कि गणित सूत्रों में बदलने की आवश्यकता होती है और बाद में इन कानूनों तथा नियमों को संगठन के सभी कामगारों के दैनिक कार्यों पर अनुप्रयुक्त किया जाना चाहिए। कार्य की वैज्ञानिक विधि कामगारों को मालिक की अनावश्यक आलोचना से बचाता है और प्रबंधक कामगारों से अधिकतम काम ले सकता है। इसका परिणाम इष्टतम दशाओं में योग्यता प्राप्त कामगारों द्वारा किया जाने वाला "प्रचुर दैनिक कार्य" की स्थापना में होता है।

(2) **वैज्ञानिक चयन और कामगारों का प्रगामी विकास—**वैज्ञानिक रूप से विकसित कार्य का सफल निष्पादन सुनिश्चित करने के लिए कामगारों का चयन वैज्ञानिक आधार पर करना आवश्यक है। यह प्रबंधन का कर्त्तव्य है कि वह प्रत्येक कामगार के आचरण, स्वभाव और निष्पादन का अध्ययन उसके विकास के लिए उसकी सीमाओं और संभावनाओं को ज्ञात करने की दृष्टि से करें। टेलर का मत है कि प्रत्येक कामगार में विकास की संभावनाएँ होती हैं। प्रत्येक कर्मचारी को क्रमबद्ध तरीके में और पूरी तरह से प्रशिक्षित किया जाना चाहिए। वैज्ञानिक विधि के अंतर्गत

सही कार्य के लिए सही व्यक्ति का चुनाव किया जाता है। यह सुनिश्चित करना भी आवश्यक है कि कर्मचारी नए तरीके, औजार और दशाओं को इच्छापूर्वक और उत्साह के साथ स्वीकार करता है। कार्य को अपनी सामान्य क्षमताओं के साथ पूरी अनुभूति से कार्य करने के लिए प्रगति के अवसर होने चाहिए।

(3) **कार्य विज्ञान और वैज्ञानिक ढंग से चुने गए कामगारों का संयोजन**—वैज्ञानिक प्रबंधन का तीसरा सिद्धांत कार्य विज्ञान और वैज्ञानिक ढंग से चुने गए और प्रशिक्षित कामगारों को एक साथ लाना है। टेलर कहता है, "एक साथ लाना जानबूझकर है, क्योंकि आप सभी विज्ञान विकसित कर सकते हैं जैसा आप चाहते हैं कामगार चुन सकते हैं और प्रशिक्षित कर सकते हैं, जब कोई व्यक्ति विज्ञान और कामगार को एक साथ नहीं लाता है, आपका संपूर्ण श्रम समाप्त हो जाएगा।" टेलर ने अनुभव किया कि यह कार्य करना प्रबंधन का विशिष्ट उत्तरदायित्व है। उसका मत है कि कामगार सदा प्रबंधन से सहयोग करने के इच्छुक रहते हैं परंतु प्रबंधन पक्ष की ओर से अधिक विरोध होता है।

(4) **कामगार और प्रबंधन के बीच कार्य और उत्तरदायित्व का विभाजन**—परंपरागत रूप से कामगार कार्य का संपूर्ण उत्तरदायित्व वहन करता है और प्रबंधन कम। परंतु टेलर ने कामगार और प्रबंधन के बीच बराबर उत्तरदायित्व पर बल दिया। यह विभाजन उनके बीच समझ और पारस्परिक निर्भरता उत्पन्न करता है। इसके फलस्वरूप कामगार और प्रबंधन के बीच संघर्ष और अविश्वास (Conflict and Mistrust) पैदा होता है। टेलर सोचता है कि वैज्ञानिक प्रबंधन को ऐसे प्रबंध के रूप में उपयुक्त ढंग से और वास्तविकता से विभेद कर सकता है जिसमें सौहार्द (Harmony) मतभेद (Discard) के बदले नियम हैं।

प्रश्न 2. वैज्ञानिक प्रबंधन में टेलर की महत्त्वपूर्ण रुचियों का वर्णन कीजिए।

उत्तर— *टेलर ने वैज्ञानिक प्रबंधन विधि में निम्नलिखित प्रकार रुचि व्यक्त की है—*

(1) **कार्य–अध्ययन और कार्य मापन (Work Study and Work Measurement)**—टेलर ने कार्य के क्रमबद्ध अध्ययन की आवश्यकता पर बल दिया। समय अध्ययन का प्रयोग नियत कार्य निर्वहन के अध्ययन का अभीष्ट तरीका ज्ञात करने में सहायता प्रदान कर सकता है। यह वैज्ञानिक प्रबंधन का आवश्यक घटक है। इसमें "यूनिट समय" मापन और अध्ययन करना अंतर्निहित है। टेलर ने भिन्न–भिन्न कामगारों द्वारा किए जाने वाले कार्य का मानक यूनिट ज्ञात करने के लिए अनेक अध्ययन किये। उसने स्टॉपवाच की सहायता से विशिष्ट कार्य के निष्पादन में कामगार की प्रत्येक गतिविधि का अध्ययन किया। कार्य की प्रत्येक

गति के अध्ययन से कामगार की अनावश्यक गतिविधियों का उन्मूलन किया जा सकता है। इसके साथ ही प्रत्येक गतिविधि के लिये अपेक्षित समय ज्ञात किया जा सकता है। समय अध्ययन और कार्य अध्ययन की सहायता से कम गतिविधि से विशेष नियत कार्य निष्पादन हो सकता है। कार्य अध्ययन का उद्देश्य अनावश्यक गतिविधियों का उन्मूलन करने के अतिरिक्त कामगार की धीमी गतिविधियों और भ्रांति को भी हटाना है। इससे प्रत्येक कार्य के निष्पादन का "सर्वश्रेष्ठ तरीका" ज्ञात किया जा सकता है।

(2) औजारों का मानकीकरण (Standardization of Instruments)—टेलर के अनुसार सर्वश्रेष्ठ विधियाँ निर्धारित करने के अतिरिक्त प्रबंधन को नियत कार्यों की आवश्यकताओं को दृष्टिगत रखकर औजारों का मानकीकरण करना चाहिए। कोयले को बेलचे से उठाने पर बेथलेहम स्टील वर्क्स पर प्रयोग में टेलर का अनुमत था कि औसत बेलचा भार 16 से 38 पौंड तक विभिन्न प्रकार का था। बाद में यह स्पष्ट हुआ कि अच्छे कामगार प्रतिदिन–अधिक टन बेलचे से उठा सकते थे। यदि वे उन बेलचों का प्रयोग करें जो 21 से 22 पौंड तक के भार उठाते हैं। कालान्तर में टेलर का अनुभव था कि बेलचे से उठाये जाने वाली विभिन्न प्रकार की सामग्री के लिए लगभग 15 विभिन्न प्रकार के बेलचों की आवश्यकता थी। बाद में जब भी कामगार प्रातः काम पर पहुँचे, उन्हें लिखित अनुदेश प्राप्त हुए, किस चीज को बेलचे से उठाना है और किस प्रकार का बेलचा प्रयुक्त किया जाना है। इसका परिणाम यह हुआ कि साढ़े तीन वर्ष बाद 140 व्यक्ति उस काम को कर रहे थे, जिसे पहले 400 से 600 कामगार करते थे। स्पष्टतः प्रत्येक प्रकार के काम के लिए उपयुक्त उपकरण प्रयोग कर, कम कामगारों की सहायता से अधिक काम प्राप्त किया जा सकता है।

(3) कामगारों का चयन और प्रशिक्षण (Selection and Training of Workers)—टेलर के अनुसार प्रत्येक कामगार को वही काम दिया जाये, जिसके लिए वह पूर्णतः उपयुक्त है। बेर्ट्रम ग्रास ने उद्धत किया है कि "एक व्यक्ति की सबसे पहली आवश्यकता, जिसमें कच्चे लोहे को पिघलाने के कार्य को नियमित व्यवसाय के रूप में संचालित करने की योग्यता है, के विषय में टेलर ने कहा कि इस प्रकार का व्यक्ति मूर्ख और निरुत्साही होगा, वह अपनी मानसिक कल्पना से प्रायः बैल के समरूपी होगा, बनिस्बत किसी अन्य प्रकार से।"

टेलर का अनुभव था कि "प्रत्येक प्रकार के व्यक्ति के लिए कार्य है। उदाहरण के लिए, एक काम शुष्क घोड़े के लिए, दुलकी चलते घोड़े के लिए है। फिर भी कोई इस प्रकार का कार्य नहीं है जो सभी प्रकार के व्यक्तियों के लिए उपयुक्त है।"

इसलिए विभिन्न कामगारों को उनकी क्षमताओं का निर्णय करने के वास्तविक तरीके से ज्ञात किया जाए। प्रबंधक वर्ग उन्हें औपचारिक प्रशिक्षण और स्पष्ट अनुदेश दे कि मानकीकृत औजारों और सामग्री से निर्धारित गति किस प्रकार प्राप्त की जा सकती है।

(4) **कार्य निर्धारण (Work Determination)**—कार्यों को विभाजित करने तथा उपलब्धि के लिये इष्टतम विधियाँ निर्धारित करने के साथ–साथ कामगारों को स्पष्ट निर्धारण भी दिया जाए कि उन्हें क्या करना चाहिए। टेलर के मतानुसार कार्य करने से पहले ही भली प्रकार से योजना बनाई जाए और कामगारों द्वारा किए जाने वाले उसके कार्य विशेष से संबंधित स्पष्ट अनुदेश दिए जाये। उचित कार्य निर्धारण कामगारों को तथा प्रबंधक वर्ग को भी स्पष्टता देगा।

(5) **प्रोत्साहन योजनाएँ (Incentive Plans)**—टेलर के अनुसार वेतन को कामगार द्वारा किए गए कार्य की मात्रा से संबद्ध किया जाए। भुगतान उसके निर्धारित उत्पादन प्राप्ति पर निर्भर हो। अधिक उत्पादन प्राप्त करने के मामले में कामगारों को बोनस दिया जाना चाहिए। बोनस उदारतापूर्वक तथा सुसंगत तरीके से दिया जाना चाहिए। इस प्रणाली से कामगारों को अधिक उत्पादन करने के लिए प्रोत्साहन मिलता है।

(6) **व्यक्तिगत कार्यकलाप के रूप में नियत कार्य (Work Determined as Individual Activities)**—टेलर ने सामूहिक कार्यकलाप का विरोध किया है। उसके अनुसार व्यक्ति व्यक्तिगत महत्त्वाकांक्षाओं द्वारा प्रेरित होते हैं। यदि उसे एक बार समूह में डाल दिया जाए तो वह अपनी व्यक्तिगत सहज प्रवृत्ति को खो देते है। समूह में काम करने से उत्पादन में कमी आती है। महिला कामगार इस प्रकार के दबाव के प्रवृत्त होती हैं और उन्हें वास्तव में इस प्रकार पृथक किया गया था कि मौखिक अंतःक्रिया असंभव थी।

(7) **ट्रेड यूनियनें (Trade Unions)**—टेलर ने सामूहिक कार्यकलाप की आलोचना की थी उसने श्रमिक आंदोलन का विरोध किया था। वह ट्रेड यूनियनों का उतना ही आदर करता था जितना कि अपनी कार्यप्रणाली के अधीन आवश्यक समझता था। उसका मत था कि नियोक्ता कामगारों के उसी पक्ष में था। कामगारों और नियोक्ताओं का लक्ष्य एक समान है। वैज्ञानिक प्रबंधन सिद्धांतों की स्वीकृति कामगारों और प्रबंधक वर्ग के मध्य संघर्ष में कमी ला सकेगी। यदि प्रबंधक वर्ग स्वयं उद्देश्यपरक तर्कसंगत उपायों के माध्यम से यह निर्धारित करे कि दिन के उपर्युक्त कार्य के लिए, दिन का न्यायसंगत वेतन क्या हो तो ट्रेड यूनियनों की आवश्यकता महसूस नहीं की जाती है।

(8) **प्रबंधन चिंतन का विकास (Development of Management Contemplation)**—टेलर ने वैज्ञानिक प्रबंधन के माध्यम से प्रबंध विकास को

विज्ञान के रूप में देखा। दूसरे शब्दों में, प्रबंधन व्यवहारों के लिए विशिष्ट कानून प्राप्त किये जा सकते हैं। उस कानूनों का विशेष रूप से मजदूरी दरों और कार्य करने के तरीकों से संबंध होता है। इन अंतर्निहित कानूनों पर पहुँचने से प्रबंधक वर्ग वैज्ञानिक विधि प्रयुक्त कर सकता है।

(9) **कार्य का विभाजन (Division of Work)**—टेलर के अनुसार शॉप फ्लोर पर कार्य का विभाजन होने के साथ–साथ कामगार और प्रबंधक वर्ग के मध्य भी कार्य का विभाजन होना चाहिए। प्रबंधक वर्ग का मुख्य कार्य भविष्य के लिए योजना बनाना होना चाहिए। कामगारों का उत्तरदायित्व सौंपे गए कार्य के निर्वहन पर ध्यान केंद्रित करना होना चाहिए। योजना कार्य निष्पादन और कार्य करने के लिए विशिष्ट व्यक्तिगत का प्रकार या योजना निर्माण कार्य प्रबंधक वर्ग से संबंधित है। कार्य करने का संबंध कामगारों से है। संगठन में प्रत्येक व्यक्ति के लिये नियत कार्यों का ब्यौरेवार विभाजन किया जाना चाहिए।

(10) **मानसिक क्रांति (Mental Revolution)**—टेलर के अनुसार वैज्ञानिक प्रबंधन के लिए बड़ी क्रांति आवश्यक है। यह प्रबंधन वर्ग की मानसिक वृत्ति में और कामगारों की मानसिक वृत्ति में भी होती है। अधिशेष के विषय पर अधिक ध्यान केंद्रित करने के बदले उन्हें अधिशेष का आकार बढ़ाने हेतु एक साथ अपना ध्यान उस समय तक मोड़ना चाहिए, जब तक अधिशेष इतना बड़ा न हो जाए कि इसका विभाजन किस प्रकार किया, यह विवाद खड़ा न हो। दोनों को परस्पर विरोधी न कर, सही दिशा में अधिशेष में वृद्धि हेतु एक साथ काम करना चाहिए। उन्हें अनुभव करना चाहिए कि मैत्रीपूर्ण सहयोग और पारस्परिक सहायता का परिणाम अधिशेष में वृद्धि होती है। अधिशेष बढ़ने पर कामगारों की मजदूरी बढ़ाने की और प्रबंधक वर्ग का लाभ बढ़ाने की संभावना भी बढ़ती है। अतः दोनों पक्षों की मानसिक वृत्ति में एक साथ ऐसा परिवर्तन अपेक्षित है। टेलर का मत है कि वैज्ञानिक प्रबंधन से कामगारों और प्रबंधन की मनोवृत्ति में, उनकी ड्यूटियों और उत्तरदायित्व के संबंध में तथा कामगारों के प्रति परिवर्तन सम्मिलित है। इसके लिए यह अनुभूति हो कि उनके पारस्परिक हित प्रतिकूल नहीं हैं तथा उनकी पारस्परिक समृद्धि केवल परस्पर सहयोग से ही संभव है। प्रबंधन का सैद्धांतिक उद्देश्य नियोक्ता के लिए तथा कर्मचारियों के लिए भी अधिकतम समृद्धि लाना है। उच्चतर उत्पादकता के परिणामों का लाभ नियोक्ता, कामगार और उपभोक्ता को समान रूप में प्राप्त होना चाहिए।

(11) **प्रकार्यात्मक फॉरमैनशिप (Functional Foremanship)**—टेलर ने संगठन की रैखिक प्रणाली की आलोचना की है, जिसमें प्रत्येक कामगार केवल एक ही मालिक के अधीन होता है। उसने इस प्रणाली को परिवर्तित किया जिसे प्रकार्यात्मक

फॉरमैनशिप कहते हैं। प्रकार्यात्मक फॉरमैनशिप में कामगार आठ विभिन्न विशेषज्ञ पर्यवेक्षकों से आदेश प्राप्त करता है। इस प्रकार उसने कार्य को कामगारों में बाँटने के साथ–साथ पर्यवेक्षी स्तर पर भी विभाजित किया। आठ प्रकार्यात्मक पर्यवेक्षकों में से निम्नलिखित चार प्रकार्यात्मक फॉरमैनशिप कार्य करेंगे–

(i) गैंग (टोली) बॉस,

(ii) रिपेयर (मरम्मत) बॉस,

(iii) स्पीड (गति) बॉस,

(iv) निरीक्षण कार्य के निष्पादन की देखभाल।

शेष चार योजना पक्षों का ध्यान रखेंगे। वे निम्नलिखित हैं–

(i) मार्ग (Route) क्लर्क,

(ii) अनुदेश (Instruction) क्लर्क,

(iii) समय और लागत क्लर्क तथा

(iv) शॉप नियंत्रक।

इस प्रकार्यात्मक फॉरमैनशिप प्रणाली के माध्यम से टेलर प्रत्येक प्रकार के कुशल कार्य के सीमित विशेषज्ञ पर्यवेक्षकों का सृजन करने का इच्छुक था। उसका विचार था कि समस्त कार्यकलापों को देखने के लिए पर्यवेक्षक के बदले इससे दक्षता उत्पन्न होगी। इस प्रकार के संगठन में फॉरमैन को शीघ्रतापूर्वक प्रशिक्षित किया जा सकता है और वह सरलतापूर्वक विशेषज्ञ हो सकता है।

प्रश्न 3. वैज्ञानिक प्रबंधन सिद्धांत की आलोचना किन आधारों पर की जाती है?

उत्तर– इस विचारधारा की प्रमुख आलोचना यह है कि इसने मनुष्य की तुलना असामाजिक मशीनों से की है। इसमें मनुष्य को मशीन का एक संलग्न भाग माना जाता है। अतः उसे मशीन की भाँति सक्षम बनाने का प्रयत्न किया गया। यह एक आपत्तिजनक दृष्टिकोण है जिसे आधुनिक युग में स्वीकार नहीं किया जा सकता। मनुष्य मशीन नहीं है।

वैज्ञानिक प्रबंध के सिद्धांत के अनुसार यह कल्पना कर ली जाती थी कि एक मजदूर विवेकशील आर्थिक प्राणी है जो सिर्फ पारिश्रमिक से अभिप्रेरित होता है। वस्तुतः यह सोचना मानव–प्रेरणा के अर्थ को गलत समझना है। वैज्ञानिक प्रबंधन विचारधारा के समर्थकों ने मनुष्य के सामाजिक और मनोवैज्ञानिक तत्त्व की उपेक्षा की।

मार्क्सवादियों ने अपने विशुद्ध सैद्धांतिक आधारों पर प्रबंधन को एक ऐसा हथियार बताया है जिसके आधार पर वे मजदूरों का शोषण करते हैं। उन्होंने सांख्यिकीय हवाला देते हुए कहा कि उद्यमियों के लाभ, खासकर टेलर के प्रयोग के अनुसार तेजी से बढ़े जबकि

मजदूरी की आय में कोई प्रत्यक्ष वृद्धि नहीं हुई है अर्थात् इस सिद्धांत के आधार पर पूँजीपति श्रम के अधिकतम मूल्य को प्राप्त करने में सफल हुए और उसके सबसे बड़े भाग के स्वामी भी बन बैठे। यह सब कुछ उन्होंने श्रमिकों के हितों की उपेक्षा करके प्राप्त किया।

वैज्ञानिक प्रबंधन सिद्धांत संगठन या प्रशासन के सिद्धांत को विकसित करने में असफल रहा। उसने अपने कार्य को विक्रय–केन्द्र के स्तर तक ही सीमित रखा और प्रशासनिक ढाँचे या संगठन के समस्त पहलुओं पर ध्यान नहीं दिया।

प्रबंधकों ने भी इस सिद्धांत की आलोचना की है। उन्होंने वैज्ञानिक सिद्धांतों पर आधारित विचार को मुख्यतः यांत्रिक प्रकृति का पाया जो उनकी सबसे बड़ी आपत्ति थी। उनके अनुसार इस सिद्धांत में प्रबंधकों के स्वविवेक तथा उनके निर्णय लेने की क्षमता को प्रभावित करने वाले तत्त्व विद्यमान हैं। इस प्रकार वैज्ञानिक प्रबंध सिद्धांत को मजदूरों के साथ–साथ प्रबंधकों ने भी अस्वीकार कर दिया।

इस सिद्धांत को भौतिक संगठन सिद्धांत भी कहा जाता है। यह उत्पादन से संबंधित मानवीय व्यवहार की व्याख्या करता है। इस प्रकार यह सिर्फ सीमित संख्या में परिवर्तनों की व्याख्या करता है जबकि संगठन के सदस्यों के मनोवैज्ञानिक पहलुओं की उपेक्षा करता है।

अंतिम आलोचना का आधार यह गलत सोच है कि व्यक्ति का सामाजिक वातावरण से पृथक अस्तित्व है जबकि वैज्ञानिक प्रबंध सिद्धांत यह मानकर चलता है कि मनुष्य का अस्तित्व समाज से अलग है। देखा यह गया है कि सामान्य तौर पर मजदूर समाज से एवं विशेष तौर पर अपने संगठन से प्रभावित होता है। अतः यह सिद्धांत सामाजिक वातावरण के संदर्भ में असफल सिद्ध हो जाता है।

प्रश्न 4. वैज्ञानिक प्रबंधन आंदोलन का आलोचनात्मक वर्णन कीजिए।

उत्तर– वैज्ञानिक प्रबंधन शब्द का प्रयोग लुईस ब्राण्डेड्स (Louis Brandeis) ने 1910 में पहली बार किया था। प्रारंभ में एफ. डब्ल्यू. टेलर ने इन तकनीकों का उल्लेख "नियत कार्य प्रणाली" या नियत कार्य प्रबंधन के रूप में किया। तत्पश्चात् टेलर ने अधिक आकर्षक नाम का स्वागत करते हुए घोषित किया कि "प्रबंधन एक विशुद्ध विजय है, जो स्पष्ट रूप से परिभाषित कानूनों, नियमों और सिद्धांतों पर आधारित है।" उसका अनुभव था कि इस कार्य में औद्योगिक प्रबंधन का संपूर्ण क्षेत्र सम्मिलित है। उसके अनुसार वही सिद्धांत "हमारे घरों के प्रबंधन के लिए, हमारे फार्मों के प्रबंधन के लिए, हमारे व्यापारियों के प्रबंधन के लिए, हमारे लोकोपकारी संस्थाओं, हमारे विश्वविद्यालयों, हमारे सरकारी विभागों के लिए सभी सामाजिक कार्यकलापों पर समान बल के तौर पर प्रयुक्त किया जा सकता है।"

शीघ्र ही टेलर इसलिए लोकप्रिय हो गया क्योंकि –

1. टेलर के निकटतम सहयोगी, जैसे–हेनरी ग्राण्ट, फ्रेंक गिलब्रेथ और विलियम गिलब्रेथ आदि ने इस क्षेत्र में अनुसंधान कर अनेक लेख तथा पुस्तकें प्रकाशित कीं।

2. टेलर के अनुयायियों ने निम्नलिखित कार्य किए—

(क) अनेक कंपनियों के सलाहकार के रूप में कार्य किया।

(ख) इंजीनियरिंग स्कूलों ने शॉप प्रबंधन और औद्योगिक प्रबंधन पर पाठ्यक्रम आरंभ किया।

(ग) व्यापार प्रबंधन स्कूलों ने भी इन क्षेत्रों में पाठ्यक्रम आधारित किए।

इस प्रकार वैज्ञानिक प्रबंध "आंदोलन" बन गया। इसने विषयपरक सिद्धांतों के माध्यम से औद्योगिक समस्याओं के समाधान की आशाएँ प्रस्तुत कीं।

शीघ्र ही आंदोलन में प्रचारकर्त्ता, परंपरावादी और असंतुष्ट सम्मिलित हो गए। संयुक्त राज्य अमेरिका में औद्योगिक व्यवहार पर इसका गहन प्रभाव पड़ा। आंदोलन ने अंतर्राष्ट्रीय रूप धारण कर जर्मनी, इंग्लैड, फ्रांस, स्वीडन और अन्य यूरोपीय देशों में विस्तार कर लिया। इसकी सबसे बड़ी सफलता रूस में हुई। बोल्शेविक क्रांति के शीघ्र पश्चात् 1917 में लेनिन ने रूस के लिए टेलर की तकनीक का स्वागत कर इस प्रणाली का उल्लेख "मध्यवर्गीय शोषण की धूर्त क्रूरता और उसकी कई वैज्ञानिक उपलब्धियों का संयोजन" के रूप में किया। स्पष्टतः रूस की साम्यवादी पार्टी के उच्च स्तर के सभी गुटों ने आंदोलन का समर्थन किया। टेलर के विचारों को इंजीनियरिंग की शिक्षा और प्रशिक्षण के पाठ्यविवरण का अंग बनाया गया जो कालांतर में सोवियत उद्योग में प्रबंधकीय पदों पर एकाधिकार स्थापित करने हेतु प्रवृत्त हुए।

आलोचना (Criticism)

वैज्ञानिक प्रबंधन ने आंदोलन का रूप ग्रहण किया और कुछ औद्योगिक समस्याओं के समाधान भी दिए। तथापि बड़ी संख्या में लोगों ने इसका विरोध और आलोचना भी की। जब वैज्ञानिक प्रबंधन का आविर्भाव हुआ तब पूँजीवाद विकास औद्योगिक उपक्रम के कार्यकरण में संगठनात्मक परिवर्तनों की आवश्यकता तात्कालिक अवस्था पर पहुँच गयी थी। अतएव प्रायः इसे पूँजीवादी समर्थन सिद्धांत के रूप में अधिक मान्यता दी गयी। आलोचकों का विचार था कि वैज्ञानिक प्रबंधन कामगारों की अपेक्षा उद्योगों के स्वामियों की अधिक सहायता करता है। ट्रेड यूनियनों के वैज्ञानिक प्रबंधन ने विधियों का विरोध किया। उन्होंने टेलरिज्म को ट्रेड यूनियनवाद को समाप्त करने वाला मानने के साथ–साथ सामूहिक समझौते के सिद्धांतों को विनाशक भी माना। उनके मतानुसार वैज्ञानिक प्रबंधन सामान्य रूप से समाज के लिए खतरा था। कारण, इससे लगातार बेरोजगारी में वृद्धि होती है। ट्रेड यूनियनों ने अनुभव किया कि टेलर केवल कार्य के यांत्रिक पक्षों में अधिक इच्छुक था और कुल कार्य स्थिति के संबंध में अधिक चिंतित नहीं था।

परिणामतः अमेरिका में श्रमिक संगठनों के बहुत आंदोलन हुए। अतएव 1912 में अमेरिकी कांग्रेस ने टेलरिज्म की जाँच हेतु प्रतिनिधि सभा की एक विशेष समिति का गठन किया । 1915 में ट्रेड यूनियन सेना विनियोजन अधिनियम का संशोधन करवाने में सफल

हुई। इससे सेना शस्त्रागारों में प्रीमियम या बोनस के विराम या भुगतान का प्रयोग निषिद्ध किया गया।

प्रोफेसर रॉबर्ट होक्सी द्वारा संचालित जाँच में औद्योगिक संबंधों पर प्रहार किया गया था। होक्सी की रिपोर्ट का निष्कर्ष था कि टेलर और उसके सहयोगियों का दृष्टिकोण उत्पादन के केवल यांत्रिक पक्ष का विवेचन करता है, मानवीय पक्ष का नहीं।

हैरी ब्रेवमैन ने भी कटु आलोचना की। उसने अपनी पुस्तक 'लेबर एंड मोनोपॉली कैपिटल' (1974) में तर्क प्रस्तुत किया कि टेलर के कार्य के विश्लेषण से हम वैज्ञानिक प्रबंधन के निम्न तीन सिद्धांतों में विभेद कर सकते हैं—

(i) **कामगार की कुशलता से श्रम प्रक्रिया की पृथकता का सिद्धांत (Theory of Separation of Labour Process from Worker's Efficiency)**—टेलरिज्म के कारण कामगार उस ज्ञान से पृथक होते हैं, जिन्हें वे प्रकट कर सकते हैं, विशेषकर उस ज्ञान से जो क्राफ्ट या परंपरागत प्रक्रिया से प्राप्त होता है। अब श्रम प्रक्रिया कामगार की योग्यताओं पर आधारित न होकर प्रबंधकीय व्यवहारों पर आधारित है।

(ii) **निष्पादन से अवधारणा के पृथक्करण का सिद्धांत (Theory of Separation of Concept from Performance)**—इससे ब्रेवमेन ने मैनुअल और बौद्धिक श्रम के वैज्ञानिक प्रबंधन के अधीन विभाजन किया है। टेलीरिज्म के क्रियान्वयन से उत्पन्न स्थिति कार्य का संघटन प्रबंधक वर्ग का विशेषाधिकार है जबकि कामगार को केवल कार्य का निष्पादन करना है। दूसरे शब्दों में, यह हाथ से मस्तिष्क का वियोजन है। वे जो हाथ से कार्य करते हैं तथा वे जो बुद्धि से काम करते हैं, वे दोनों अलग सत्त्व है। इस श्रम प्रक्रिया के परिणामस्वरूप श्रम का अपवर्तन होता है।

(iii) **श्रम प्रक्रिया और उसके निष्पादन की विधा का प्रत्येक सोपान नियंत्रित करने हेतु ज्ञान पर एकाधिकार के प्रयोग का सिद्धांत (Theory of Use of Monopoly on Knowledge to control Eveny Stage of Labour Process and its Performance Stream)**—यह सिद्धांत तर्कसम्मत ढंग से गत दो सिद्धांतों से प्राप्त किया गया है। इससे स्पष्ट होता है कि टेलरिज्म से कार्य के ज्ञात का एकाधिकारीकरण प्रबंधक वर्ग में होता है और कार्य निष्पादन के प्रत्येक पक्ष में कामगार को नियंत्रित करता है। इससे कामगारों पर प्रबंधकीय वर्ग के प्रभुत्व की स्थापना होता है।

अन्य विचारकों ने भी वैज्ञानिक प्रबंधन की आलोचना की। समकालीन प्रबंधक भी वैज्ञानिक विधि के आलोचक थे। उन्होंने "व्यावहारिक नियमों" पर उसकी टिप्पणियों को महत्त्व प्रदान नहीं किया। प्रबंधकों के लिए प्रशिक्षण कार्यक्रमों से संबंधित टेलर के विचारों का प्रबंधकों द्वारा विरोध किया गया। टेलर वस्तुतः कंपनी के प्रबंधकों से मतभेदों के कारण

मिडवेले स्टील वर्क्स और बेथलेहेम स्टील कंपनी से त्यागपत्र देने हेतु बाध्य हो गए थे।

टेलर के वैज्ञानिक प्रबंधन के अन्य आलोचकों में प्रमुख हैं, आलिबर शेलडान, मेरी पार्कर फोलेट, एल्टान मायो तथा पीटर ड्रकेर आदि। उनका आरोप है कि टेलर का वैज्ञानिक प्रबंधन अवैयक्तिक होने के कारण मानवीय कारक की उपेक्षा करता है।

इस आलोचना के कारण औद्योगिक समाजशास्त्र और सामाजिक मनोविज्ञान में अनेक प्रयोग हुए। मानव व्यवहार पर एल्टन मायो और अन्य शोधकर्त्ताओं के अध्ययन में टेलरिज्म की आलोचना कर इसे अस्वीकार किया। टेलर के इस दर्शन की 'मनुष्य साधारणतः आलसी थे और कार्य से बचने का प्रयास करते थे' कटु आलोचना हुई है।

कतिपय अन्य विचारकों के अनुसार टेलर ने कार्य की संरचना को उचित रूप से नहीं समझा। उसके द्वारा कार्य के सूक्ष्म विभाजन पर बल देने की आलोचना हुई–

1. **कामगार का मशीन मात्र रहना**–कार्य को अवैयक्तिक किया जाता है और कामगार मशीन का मात्र अंग होता है। कामगार में कार्य में सहभागिता की भावना का अभाव होने के कारण कामगार को अपनी क्षमताएँ प्रदर्शित करने का कोई अवसर प्राप्त नहीं होता है।
2. **दीन–हीन अंग रह जाना**–टेलरिज्म कामगार यंत्रवत हो सकते हैं, जिसके मनोवैज्ञानिक परिणाम हो सकते हैं। पीटर ड्रकेर, प्रबंध विशेषज्ञ के अनुसार संगठन मानवीय संबंधों के मानकों द्वारा उत्पादनकारी दक्षता तथा उत्पादन के मानकों द्वारा भी निर्णीत दीन–हीन इंजीनियरिंग का अंग रह गया।

टेलर के प्रकार्यात्मक फॉरमैनशिप की आलोचना निम्नलिखित आधारों पर की गई–

1. इससे भ्रम उत्पन्न होगा जब एक कामगार को आठ पर्यवेक्षकों के नियंत्रण के अधीन रखा जाएगा।
2. कामगार आठ पर्यवेक्षकों को सभी पक्षों में संतुष्ट नहीं कर सकता है।

इकाई – 5

प्रशासनिक प्रबंधन दृष्टिकोण

प्रश्न 1. प्रशासन प्रबंधन दृष्टिकोण के महत्त्वपूर्ण सहयोगियों का विस्तार से विवरण दीजिए। **[Dec 2008, Q. 5. (क)]**

उत्तर– प्रशासन प्रबंधन दृष्टिकोण के महत्त्वपूर्ण सहयोगियों का अध्ययन आवश्यक है, महत्त्वपूर्ण चिंतक जिन्होंने इस दृष्टिकोण में योगदान दिया है, उनमें कुछ प्रमुख नाम हैं, हेनरी फेयोल (Henry Fayol), मूनी (Mooney), रेली (Reiley), गुलिक और उर्विक। मेरी पार्कर फोलेट (Mary Parker Follet) को इस दृष्टिकोण का प्रचार (Propagate) करने वाला अंतिम व्यक्ति माना जाता है। इन चिंतकों में कुछ उभयनिष्ठ समझदारी है और संगठनों की समझदारी के लिए दृष्टिकोण है। दूसरे शब्दों में, उनका सिद्धांत कुछ प्रमुख आधारों पर है। पहला, उन्होंने प्रशासन/संगठन की संरचना को महत्त्व दिया। वे मानते हैं कि संरचना के बिना संगठन कार्य नहीं कर सकता है। उनके लिए "संरचना एक साधन है जिसके माध्यम से संगठन में काम कर रहे व्यक्ति को करने के लिए काम सौंपे जाते हैं और जो एक दूसरे से संबद्ध होते हैं।" चूँकि उन्होंने संरचना पर बल दिया है, इसलिए उन्हें संरचनावादी के रूप में भी जाना जाता है। वे मानते हैं कि संगठन कि प्रभाविकता संगठन के प्रकार पर निर्भर करती है। संरचना किसी भी सामूहिक प्रयास का आधार है। संरचना संगठन की आवश्यकता के अनुसार मनुष्य के स्वभाव को ढालती है। उर्विक के लिए डिजाइन का अभाव अतर्कसंगत (Illogical), क्रूर, निरर्थक और अकुशल है।

दूसरा, वे स्वीकार करते हैं कि अनुभव की व्यापकता (Universality) है। इन चिंतकों ने प्रशासन के कुछ सिद्धांत विकसित किए हैं जो उनके विचार से सर्वत्र मान्य हैं। ये सिद्धांत औद्योगिक संगठनों के अनुभव से प्राप्त होते हैं। मूनी ने उल्लेख किया कि "औद्योगिक संगठनों में ऐसा कोई सिद्धांत नहीं है। इस प्रकार यह अन्य क्षेत्रों में नहीं पाया जाता है।" तीसरा, उनका मत है कि जिन सिद्धांतों का विकास उन्होंने किया है, वे वैज्ञानिक दृष्टि से मान्य हैं। चूँकि वे औद्योगिक और सैन्य अनुभव पर आधारित हैं, इसलिए उन्हें काल्पनिक नहीं माना जा सकता है। वे कठोरतम आभासी प्रेक्षणों पर आधारित हैं। इसलिए उनकी वैज्ञानिक मान्यता है। उन्होंने माना कि इस प्रकार के सिद्धांतों का अनुप्रयोग संगठन में अधिक मितव्यय और दक्षता सुनिश्चित कर सकता है। इन लेखकों का दृढ़ विश्वास है कि संगठनों के अनुभव के आधार पर प्रशासन विज्ञान विकसित करना संभव है।

(1) हेनरी फेयोल–फेयोल का जन्म फ्रांस में 1841 में हुआ। उसने एक खनन कंपनी में इंजीनियर के रूप में काम किया। 1888 में वह कंपनी के प्रबंधक निदेशक के पद

पर पहुँचा। वह उन सफल प्रबंधक निदेशकों में गिना जाता है जिनके अधीन कंपनी ने बड़ी वित्तीय सफलता प्राप्त की। अपने अनुभव के आधार पर उसने "जनरल एंड इंडस्ट्रीयल मैनेजमेंट" (1916) पुस्तक लिखी। "दी थ्योरी ऑफ एडमिनिस्ट्रेशन इन दी स्टेट" (1923) पर उसके लेखों को लोक प्रशासन के लिए प्रमुख योगदान माना जाता है।

फेयोल को प्रबंधकीय दृष्टिकोण के प्रवर्तक (Founder) के रूप में माना जाता है। बाद के लेखक, जैसे गुलिक और उर्विक उसकी कृतियों से बहुत प्रभावित हुए हैं। फेयोल का मुख्य योगदान उसका प्रशासन सिद्धांत है। वे हैं—कार्य विभाजन, प्राधिकार, नियंत्रण की एकता, निर्देशन की एकता, सामान्य हितों के लिए व्यक्तिगत हित का दमन, पारिश्रमिक, केंद्रीकरण, प्राधिकार की रेखा, आदेश, समानता, कार्यकाल का स्थायित्व, पहल शक्ति और सौहार्द। फेयोल ने पाँच तत्त्वों में प्रबंधकीय कार्य प्राप्त किए। वे हैं—योजना, संगठन, कमाण्ड, समन्वय और नियंत्रण।

यद्यपि उसने कुछ सिद्धांतों की सूची दी है, वह अपने लेखन में ही स्पष्ट नहीं था कि इन सिद्धांतों से उसका क्या अभिप्राय है। उनमें से कुछ प्रबंधकीय कार्यकलाप का विवरण देते हैं, अन्य कहते हैं कि प्रबंधक को क्या करना चाहिए। यद्यपि वे स्वरूप में सीमित हैं, फेयोल के सिद्धांतों ने परिवर्ती चिंतकों द्वारा प्रशासन के सिद्धांतों का विकास करने के लिए आधार प्रदान किया है।

(2) मूनी और रेली—मूनी और रेली ने अपनी पुस्तक "ऑनवर्ड इंडस्ट्री" (1931) में प्रबंधन-सिद्धांत निर्धारित करने का केन्द्रीय ढाँचा प्रदान किया है। उन्होंने प्रबंधन की उत्पत्ति और प्रबंधन विचार का विस्तृत विवरण देने का प्रयास किया है। ऐसा प्रतीत होता है कि फेयोल की भाँति मूनी और रेली द्वारा प्रयुक्त "सिद्धांत" शब्द के प्रयोग में कुछ भ्रम है। वे ऐसे कथनों के समूह प्रतीत होते हैं जो नेतृत्व, प्राधिकार और समन्वय का महत्त्व दर्शाते हैं। मूनी ने "पेपर्स आन साइन्स ऑफ एडमिनिस्ट्रेशन" में सम्मिलित अपने लेख में दावा किया है कि यह "समन्वय" था, जो किसी भी मानव संस्था का आधारभूत सिद्धांत है। वह आगे लिखता है "शब्द", "संगठन" और "सिद्धांत" जो इसे शासित करते हैं, वे संगठित प्रयास के प्रत्येक रूप में विद्यमान हैं, यहाँ तक कि चाहे दो से अधिक व्यक्ति अंतर्निहित नहीं होते हों।" वह पत्थर हटाने के लिए दो व्यक्तियों के प्रयास का उदाहरण लेता है और कहता है, "यहाँ हमारे पास संगठन का प्रथम सिद्धांत समन्वय है।"

मूनी और रेली संगठन के प्रकार्यात्मक सिद्धांत का भी उल्लेख करते हैं। उनके अनुसार सभी कार्यों में तीन प्रकार्यों में से एक अंतर्निहित है। वे हैं—निर्धारण प्रकार्य (Determinative Function) (लक्ष्य निर्धारित करना), अनुप्रयोग प्रकार्य (Application Function) (लक्ष्य प्राप्त करने के लिए सप्रयोजन ढंग से कार्य करना) और व्याख्यात्मक प्रकार्य (निर्णय करना) वे तर्क देते हैं कि प्रबंधक वर्ग को, जब आवश्यकता हो, निर्वहन के लिए तैयार किए जाने वाले इन कार्यों की जानकारी होनी चाहिए। इस प्रकार उन्होंने प्रशासन के प्रबंधकीय सिद्धांत के विकास में योगदान किया है।

(3) गुलिक और उर्विक—लूथर गुलिक वर्ष 1892 में जापान में ओसाका में पैदा हुए थे और कोलम्बिया विश्वविद्यालय में शिक्षा ग्रहण की। प्रथम विश्व युद्ध के समय उन्होंने राष्ट्रीय सुरक्षा परिषद् के साथ कार्य किया। वह सिटी रिचर्स इंस्टीट्यूट, न्यूयार्क से संबद्ध रहा। उसने 1954–56 के दौरान न्यूयार्क सिटी के प्रशासक के रूप में कार्य किया। उसने कई विश्वविद्यालयों में प्रोफेसर और कई देशों के लिए प्रशासन में परामर्शदाता के रूप में कार्य किया। उसकी महत्त्वपूर्ण रचनाएँ हैं—"एडमिनिस्ट्रेटिव रिफ्लेशन फ्रोम वर्ल्ड वार II" और "पेपर्स ऑन दी साइंस ऑफ एडमिनिस्ट्रेशन" (1937) (उर्विक द्वारा संयुक्त रूप से संपादित) "माडर्न मैनेजमेंट फॉर दी सिटी ऑफ न्यूयार्क"।

लिनडल उर्विक (Lyndall Urwick) का जन्म 1891 में ब्रिटोन (Briton) में हुआ। उसने ऑक्सफोर्ड विश्वविद्यालय में शिक्षा ग्रहण की। वह प्रथम विश्व युद्ध के दौरान ब्रिटिश सेना में लेफ्टिनेंट कर्नल था और उसे औद्योगिक प्रबंधन पर परामर्शदाता माना गया था। उसके कुछ महत्त्वपूर्ण प्रकाशन थे, "मैनेजमेंट ऑफ टुमारो", "दी मेकिंग ऑफ साइंस ऑफ मैनेजमेंट", "दी इलेमेंट्स ऑफ एडमिनिस्ट्रेशन" (1943)। उसने लूथर गुलिक के साथ "पेपर्स ऑन साइंस ऑफ एडमिनिस्ट्रेशन" (1937) का संपादन भी किया।

गुलिक और उर्विक को सिविल सेवा और सैन्य तथा औद्योगिक संगठनों के कार्य का विपुल अनुभव था। इन दो लेखकों से हम लोक प्रशासन और व्यापार प्रशासन को एक साथ आते हुए देखते हैं। अन्य लेखकों के समान "औपचारिक संगठनों" में वे टेलर और उर्विक से बहुत प्रभावित थे। उन्होंने कार्य को केंद्रीकृत क्षेत्र में साथ लाकर कार्य प्रक्रिया को युक्तियुक्त बनाने पर बल दिया। संगठन की क्लासिकी सिद्धांत के विकास में उन्होंने योगदान दिया, जिसे प्रशासन प्रबंधन सिद्धांत के नाम से जाना जाता है। उनका विश्वास था कि सिद्धांतों पर आधारित प्रशासन विज्ञान विकसित करना संभव है।

इस दृष्टिकोण और अपने अनुभव के आधार पर उन्होंने संगठन के कतिपय सिद्धांतों का विकास किया। गुलिक द्वारा निरूपित सिद्धांत हैं— *(1)* कार्य या विशेषज्ञता का विभाजन, *(2)* विभागीय संगठन के आधार, *(3)* पदानुक्रम के माध्यम से समन्वय, *(4)* सुविचारित समन्वय, *(5)* समितियों के माध्यम से समन्वय, *(6)* विकेंद्रीकरण, *(7)* आदेश की एकता, *(8)* लाइन और स्टाफ, *(9)* प्रत्यायोजन और *(10)* नियंत्रण का विस्तार।

गुलिक ने परिवर्णी (Acronym) शब्द 'POSDCoRB' का भी निर्माण किया जो प्रशासन के साथ महत्त्वपूर्ण प्रकार्यात्मक तत्त्वों को निर्दिष्ट करता है। वे हैं—योजना, संगठन, स्टाफ, निर्देश, समन्वय, रिपोर्टिंग और बजट निर्माण।

उर्विक ने प्रशासन के आठ सिद्धांतों की पहचान की। वे हैं— *(1)* उद्देश्यों का सिद्धांत, *(2)* अनुरूपता का सिद्धांत, *(3)* उत्तरदायित्व का सिद्धांत, *(4)* स्केलर का सिद्धांत, *(5)* नियंत्रण विस्तार का सिद्धांत, *(6)* विशेषज्ञता का सिद्धांत, *(7)* समन्वय का सिद्धांत और *(8)* परिभाषा का सिद्धांत।

प्रश्न 2. प्रशासन के सामान्य सिद्धांतों की चर्चा कीजिए और आज के युग में इनकी प्रासंगिकता पर प्रकाश डालिए। [June 2008, Q. 3.]

उत्तर—प्रशासन प्रबंधन दृष्टिकोण के समर्थक विचारकों द्वारा प्रदत्त महत्त्वपूर्ण सिद्धांतों का वर्णन निम्नलिखित है—

(1) विभागीकरण (Departmentalisation) का सिद्धांत—यह प्रशासन प्रबंधन के महत्त्वपूर्ण सिद्धांतों में से एक है। यह सिद्धांत अपने आप ही उन आधारों का समाधान करता है जिन पर संगठन में कार्य का विभाजन हो सकता है और विभागों का सृजन किया जाता है। लूथर गुलिक ने चार आधारों की पहचान की जिन पर भिन्न-भिन्न विभाग बनाए गए हैं। ये आधार हैं—(i) प्रयोजन, (ii) प्रक्रिया, (iii) व्यक्ति (ग्राहक – clientele) और (iv) स्थान (राज्य क्षेत्र)। उन्हें साधारणतया गुलिक के 4Ps के रूप में वर्णित किया गया है तथा जाना जाता है।

(i) प्रयोजन—पहले स्थान में कार्य को मुख्य प्रयोजन का कार्य के आधार पर विभाजित किया जा सकता है। कतिपय विभागों का सृजन करने के लिए संगठन के मुख्य प्रकार्य और लक्ष्य की पहचान की जाती है और प्रत्येक कार्य के लिए विभाग सृजन किए जाते हैं। उदाहरण के लिए, लोगों के कल्याण की देखभाल करने के 'प्रयोजन' के आधार पर कल्याण विभाग का सृजन किया गया था। इसी प्रकार अन्य प्रयोजनों के आधार पर अन्य विभाग भी सृजन किए जा सकते हैं। ऐसे विभागों का लाभ यह है कि वे स्वतः पूर्ण विभाग हैं और विभाग चलाने में कम समन्वय लागत आती है। इस प्रकार के विभाग लक्ष्य प्राप्त करने में अधिक निश्चित होते हैं।

यद्यपि प्रयोजन आधारित विभागों की कुछ असुविधाएँ भी हैं, जैसे कार्य विभाजन की संभावना की कमी, अद्यतन प्रौद्योगिक का प्रयोग करने में विफलता और विभाग में काम करने वाले विशेषज्ञों के लिए पर्याप्त कार्य भी नहीं हो सकता है।

(ii) प्रक्रिया या प्रवीणता—कुछ विभागों का सृजन उनके कार्य में अंतर्निहित प्रक्रिया या निपुणता के आधार पर किया जाता है। उदाहरण के लिए, इंजीनियरिंग विभाग को "प्रक्रिया" आधारित विभाग के रूप में माना जा सकता है। यदि प्रक्रिया को आधार के रूप में माना जा सकता है तो वैसी ही "प्रक्रिया" या "निपुणता" पर आधारित सभी कार्यों को एक साथ समूहीकृत किया जाना चाहिए क्योंकि उसमें वैसी ही ज्ञान, निपुणता और प्रक्रियाओं का प्रयोग अंतर्निहित है। गुलिक के अनुसार प्रक्रिया आधारित विभाग का लाभ यह है कि प्रत्येक प्रकार के कार्य की विपुल मात्रा को एक ही कार्यालय में एक साथ लाता है, इसलिए सर्वाधिक प्रभावकारी कार्य और विशेषता के विभाजन करना संभव है। दूसरा, इस आधार की मुख्य असुविधा यह है कि इसमें विभाग का प्रयोजनहीन विभाजन और वृद्धि होती है।

(iii) व्यक्ति या ग्राहक—सेवा प्राप्त (सेवित) ग्राहक के अनुसार कार्य की विशेषता विभागीय संगठनों का तीसरा आधार है। उदाहरण के लिए, "वृद्धावस्था कल्याण विभाग" विशेष रूप से उस किस्म के व्यक्तियों की सेवा करता है जिन्हें विशेष देखभाल की आवश्यकता है। जो लोग इस विभाग में काम करते हैं, कालांतर में उन खास ग्राहकों की सेवा करने की

प्रशासनिक प्रबंधन दृष्टिकोण 53

विशेषज्ञता प्रवीणता अर्जित कर लेते हैं। परंतु इस विभाग की असुविधा यह है कि ऐसे संगठनों के बीच समन्वय द्विरावृत्ति और परस्परव्यापी होने के कारण कठिन होता है।

(iv) स्थान या राज्य क्षेत्र—कुछ संगठनों के लिए स्थान आधार होता है, जैसे 'जिला' प्रशासन पर जनजाति विकास क्षेत्र। यहाँ निर्दिष्ट स्थान में निष्पादित सभी कार्य एक साथ सम्मिलित किए जाते हैं और विभाग सृजन किया जाता है। यह किसी भी क्षेत्र के गहन विकास के लिए उपयोगी है। ऐसे विभागों के सदस्य प्रकार्यात्मक विशेषज्ञता और संवृद्धि के अभाव में ग्रस्त होते हैं।

विभागीकरण के सिद्धांत की आलोचना इस आधार पर की जाती है कि विभागों के आधार पर एक दूसरे से असमान हैं। वे बहुत अस्पष्ट हैं, उनके बीच परस्पर रिक्तता भी है। उदाहरण के लिए, औषधि विभाग को प्रक्रिया आधारित विभाग के रूप में वगीकृत किया जा सकता है क्योंकि इसमें निपुणता अंतर्निहित है। इसे प्रयोजन आधारित के रूप में भी माना जा सकता है, क्योंकि इस विभाग के सृजन के पीछे प्रयोजन है।

(2) एकल शीर्ष कार्यपालक (Single Top Executive) या निर्देश की एकता—यह सिद्धांत इस मत पर आधारित है कि एक निदेशक या कार्यपालक संगठनों का प्रमुख होना चाहिए। उर्विक ने प्रशासन के प्रयोजनों के लिए समितियों के प्रयोग के विरुद्ध चेतावनी दी है। उसने सोचा "बोर्ड और आयोग" विफल सिद्ध हुए हैं। वे अनिवार्यतः धीमा, बोझिल, अपव्ययी, और निष्प्रभावी हैं। वे अन्य एजेंसियों से सहयोग नहीं करते हैं। सरकार में सुव्यवस्थित प्रशासनिक इकाई का प्रमुख सदा एक ही प्रशासक होता है। गुलिक ने, प्रशासन प्रबंधन पर राष्ट्रपति समिति के सदस्य के रूप में संभवतः संयुक्त राज्य संघ सरकार में बहुत से बोर्डों और आयोगों की संरचना के स्थान पर एक व्यक्ति प्रशासनिक दायित्व का सिद्धांत तैयार करने के प्रयत्न में इसका अनुभव किया।

(3) कमाण्ड की एकता—"आदेश की एकता" का सिद्धांत सुझाता है कि संगठनों के प्रभावकारी कार्यकरण के लिए संगठन में अधीनस्थों को केवल एक ही उच्च अधिकारी से आदेश प्राप्त करने चाहिए। गुलिक इस पर फेयोल से सहमत है, जिसने कहा, "एक व्यक्ति दो मालिकों की सेवा नहीं कर सकता है।" यद्यपि इस सिद्धांत के दृढ़ पालन में उसकी विसंगतियाँ हो सकती हैं, ये भ्रम, अदक्षता और उत्तरदायित्वहीनता की तुलना में महत्त्वहीन हैं, जो सिद्धांत की उपेक्षा से उत्पन्न होता है। फिर भी, उसने क्षेत्र कार्यालय विशेषज्ञों के मामले में इस सिद्धांत के लिए कुछ अपवाद दिए हैं। उदाहरण के लिए, फील्ड ऑफिस में इंजीनियर के लिए फील्ड ऑफिस प्रबंधक के प्रशासनिक पर्यवेक्षण के अधीन और केंद्रीय कार्यालय में चीफ इंजीनियर के तकनीकी पर्यवेक्षण के अधीन कार्य करना अनिवार्य हो सकता है। ऐसी स्थिति में गुलिक "एकीकृत दोहरे पर्यवेक्षण" का सुझाव देता है।

(4) स्टाफ का सिद्धांत—स्टाफ का सिद्धांत बल देता है कि संगठनात्मक कार्यकलाप के निष्पादन में कार्यपालक को बहुत अधिकारियों की सहायता की आवश्यकता होती है। कार्यपालक इस स्टाफ सहायता का पात्र होता है। स्टाफ की अलग–अलग दो श्रेणियाँ होती

हैं—(1) विशेष स्टाफ और (2) सामान्य स्टाफ। मुख्य कार्यपालक को विशेषज्ञों की तथा सामान्य स्टाफ की भी सहायता की आवश्यकता होती है। जबकि सामान्य स्टाफ जानने, सोचने और योजना निर्माण कार्यों में कार्यपालक की सहायता करता है। विशेष स्टाफ संगठन के मूलभूत प्रकार्यों के निर्वहन में कार्यपालक की सहायता करता है। लाइन (श्रेणी) और स्टाफ व्यवस्थाओं के साथ सैन्य अनुभव लेने पर गुलिक ने सामान्य और विशेष स्टाफ के बीच संबंध के बारे में समस्याओं का विवेचन किया है।

उर्विक यह भी स्वीकार करता है कि सभ्य समाज में जो सहायक शीर्ष कार्यपालक की ओर से कार्य करता है, उसे वरिष्ठ अधिकारियों के प्राधिकार पर "अतिक्रमण" के रूप में माना जाता है। इस समस्या पर विजय पाने के लिए गुलिक सुझाव देता है कि सहायक व्यक्ति "अनामत्व का मनोभाव वाला" (Passion for Anonymity) होना चाहिए।

(5) प्रत्यायोजन का सिद्धांत—प्रत्यायोजन के सिद्धांत में प्रशासक अपना कार्य करने के लिए आवश्यक प्राधिकार अपने पास रखने और शेष अपने अधीनस्थों को प्रत्यायोजित करने की आवश्यकता पर बल देता है। इस प्रकार के प्रत्यायोजन के अभाव में अधीनस्थ अपने उत्तरदायित्वों का निर्वहन नहीं कर सकते हैं। उर्विक स्वीकार करता है कि "उचित ढंग से प्रत्यायोजित करने के साहस के अभाव और इसे कैसे किया जाना है, इसके ज्ञान के अभाव, संगठन में विफलता के सामान्य कारणों में से एक है।"

(6) प्राधिकार से तुल्य उत्तरदायित्व का सिद्धांत—यह सिद्धांत स्वीकार करता है कि प्राधिकार और उत्तरदायित्व कोटर्मिनस, सहसमान और सुस्पष्ट होने चाहिए। यद्यपि फेयोल उत्तरदायित्व की भावना प्रोत्साहित करने की आवश्यकता पर बल देता है, परंतु उर्विक प्राधिकार–उत्तरदायित्व संबंध के दोनों पक्षों पर विचार करता है। कुछ कार्यों के लिए लोगों को उत्तरदायी मानना पर्याप्त नहीं है, उन्हें उस उत्तरदायित्व के निर्वहन के लिए आवश्यक प्राधिकार प्रत्यायोजित करना भी आवश्यक है।

(7) नियंत्रण विस्तार का सिद्धांत—नियंत्रण विस्तार का सिद्धांत इस बात पर बल देता है कि पर्यवेक्षक अधीनस्थों की कुछ संख्या से अधिक को नियंत्रित नहीं कर सकता है। इस संबंध में उर्विक ने अनुभव किया कि "कोई भी पर्यवेक्षक पाँच से अधिक के कार्य का पर्यवेक्षण प्रत्यक्ष रूप से नहीं कर सकता है या अधिक से अधिक अधीनस्थों के कार्य का पर्यवेक्षण तब कर सकता है यदि उनका कार्य आपस में जुड़ा हुआ हो।" यह सिद्धांत मनोवैज्ञानिक अवधारणा "ध्यान का विस्तार" पर आधारित है। जब अधीनस्थों की संख्या अंकगणितीय ढंग से बढ़ती है, संबंधों के सभी संभव संयोजनों में गुणोत्तर ढंग से वृद्धि होती है, जिसके लिए पर्यवेक्षक के ध्यान की आवश्यकता हो सकती है। यद्यपि लेखकों के बीच नियंत्रण विस्तार की ठीक–ठीक सीमा के बारे में कोई सहमति नहीं है, फिर भी सर इआन इमिल्टन ने सीमा तीन या चार रखी है। कुछ लेखक आँकड़ों को दस या बारह रखते हैं। गुलिक उन विभिन्न कारकों की पहचान करता है जो इष्टतम विस्तार को प्रभावित कर सकते

हैं, विशेषकर अलग-अलग कार्यपालक की क्षमता, कार्य का स्वरूप, संगठन का स्थायित्व और जिनका पर्यवेक्षण किया जाता है, उनकी भौगोलिक निकटता है।

(8) कार्य विभाजन का सिद्धांत—कार्य विभाजन का सिद्धांत सुझाता है कि संगठन में दक्षता और प्रभाविकता लाने के लिए कार्य का विभाजन किया जाना चाहिए और उन लोगों को सौंपा जाना चाहिए जो उसमें विशेषज्ञ हैं। वास्तव में, गुलिक ने अनुभव किया कि कार्य विभाजन संगठन का आधारभूत सिद्धांत है और यह संगठन के अस्तित्व का हेतु है। आगे उसने अनुभव किया कि "प्रत्येक विशाल मात्रा या जटिल उद्योग को उसे आगे बढ़ाने के लिए बहुत से व्यक्तियों की आवश्यकता होती है।

प्रत्येक व्यक्ति अपनी-अपनी प्रवीणता, दक्षता और अभिरुचि में अलग-अलग होता है। एक ही व्यक्ति एक ही समय में दो स्थानों पर काम नहीं कर सकता है और वह एक ही समय में दो ड्यूटियाँ भी नहीं कर सकता है। इन कारणों से और भिन्न-भिन्न क्षेत्रों में बढ़ते हुए ज्ञान के संदर्भ में भी कार्य विभाजन और भिन्न-भिन्न प्रकार का कार्य भिन्न-भिन्न व्यक्तियों को सौंपना अपरिहार्य है। कार्य विभाजन से संगठन में उत्पादन और दक्षता में वृद्धि होती है।

तथापि, कार्य विभाजन की अपनी सीमाएँ हैं। गुलिक के अनुसार महत्त्वपूर्ण सीमाएँ हैं कार्य की मात्रा, प्रौद्योगिकी, रीति-रिवाज, भौतिक और जैविक सीमाएँ। यदि काम बहुत कम है तो उसका विभाजन नहीं हो सकता है। कार्य का विभाजन तभी हो सकता है जब उसे करने के लिए निपुणता संपन्न व्यक्ति उपलब्ध हो। विभाजित भागों के एकीकरण के बाद कार्य विभाजन होता है। गुलिक का कथन है कि कार्य-विभाजन और एकीकरण अपने प्रयासों से अपनी स्थिति में सुधार करना है जिससे मनुष्य जाति सभ्यता की प्रक्रिया में अपने-आपको आगे बढ़ाती है।

(9) समन्वय का सिद्धांत—यह सिद्धांत इस बात पर बल देता है कि जब कार्य विभाजित किया जाता है और भिन्न-भिन्न व्यक्तियों को सौंपा जाता है तो संगठन के नियत कार्यों को प्राप्त करने के लिए उस कार्य का समन्वय किया जाना चाहिए। समन्वय मूलतः संगठन में भिन्न-भिन्न व्यक्तियों द्वारा किए गए कार्य को एक साथ लाना है। विशेष रूप से मूनी ने इस सिद्धांत के महत्त्व पर बल दिया। उसने स्वीकार किया कि यह समन्वय था जो किसी भी मानव संगठन का आधारभूत सिद्धांत है।

वह आगे लिखता है, शब्द संगठन और सिद्धांत जो इसे नियंत्रित करते हैं, प्रत्येक प्रकार के सामूहिक मानव प्रयास में अन्योन्यक्रिया करते हैं, यहाँ तक कि जब इसमें दो से अधिक व्यक्ति शामिल होते हैं। यहाँ वह पत्थर हटाने के लिए दो व्यक्तियों के प्रयास का उदाहरण लेता है और कहता है कि "यहाँ हमारे पास समन्वय है, यह संगठन का प्रथम सिद्धांत है।"

(10) पदानुक्रम का सिद्धांत—पदानुक्रम निम्न स्तर के कार्मिकों पर उच्च स्तर के अधिकारियों का नियंत्रण निर्दिष्ट करता है। प्रशासनिक संरचना में पदानुक्रम का अभिप्राय कई अनुक्रमिक स्तरों या सोपानों का ग्रेडयुक्त संगठन है। पदानुक्रम को स्केलर सिद्धांत के रूप में भी जाना जाता है। पदानुक्रम संगठन में व्यक्तियों को क्रम में रखता है। यह संगठन में

कार्य सरल प्रवाह को सुकर भी बनाता है और आसान समन्वय नियंत्रण भी सुकर बनाता है। यह व्यक्तियों का उत्तरदायित्व नियत करता है और स्पष्ट करता है, कौन किसके प्रति उत्तरदायी है।

प्रासंगिकता (Relevance)—यद्यपि प्रशासन के सिद्धांतों की कटु आलोचना की गई है तथापि आज भी प्रासंगिकता को ज्ञात करने का प्रयास निम्नलिखित प्रकार से किया जा रहा है—

1. कार्यरत—प्रमुख सिद्धांत, जैसे—वर्तमान संगठनों में कार्य का विभाजन, समन्वय प्रत्यायोजन आदि कार्यरत हैं। संगठन इन सिद्धांतों का पालन किए बिना कार्य नहीं कर सकते हैं।

2. अध्यापन—इन सिद्धांतों को लोक प्रशासन और प्रबंधन के विद्यार्थियों को कॉलेजों तथा विश्वविद्यालयों में पढ़ाया जा रहा है।

3. विकल्प का अभाव—लोगों ने सिद्धांतों की आलोचना की है, परंतु वे इन सिद्धांतों का कोई विकल्प विकसित नहीं कर पाए हैं। वे बेहतर सिद्धांतों से उन्हें प्रतिस्थापित करने में असफल रहे हैं।

4. विकास हेतु आधार—प्रशासन के सिद्धांतों ने प्रशासन के बाद के सिद्धांतों के विकास के लिए आधार प्रदान किया है।

5. प्रासंगिक—संगठनों में हो रहे परिवर्तनों के अनुसार कुछ संशोधनों के साथ ये सिद्धांत वर्तमान संदर्भ में भी प्रासंगिकता प्राप्त कर सकते हैं।

6. महत्त्वपूर्ण योगदान—प्रशासन के सिद्धांतों ने प्रशासन सिद्धांत और पद्धति में महत्त्वपूर्ण योगदान किया है। ऐतिहासिक दृष्टि से इस सिद्धांत का आविर्भाव उस समय हुआ जब संगठन जटिल होते जा रहे थे और कुशलता तथा कम उत्पादन की समस्या से जूझ रहे थे। इस सिद्धांत से विशाल संगठन भी प्रभावी ढंग से कार्य करने के लिए सक्षम हुए।

यह समकालीन संगठनों की प्रशासनिक पद्धतियों को समझने में भी प्रासंगिक है। यद्यपि इसकी सीमायें हैं तथापि संगठनों का प्रयोग सिद्धांतों में जारी रहा। उनसे संगठन का निर्बाध कार्य सुकर हुआ।

सिद्धांतों से लाभान्वित होने के लिए इस सिद्धांत को उपयुक्त परिप्रेक्ष्य में समझना तथा अपेक्षित संशोधनों के साथ सामाजिक परिस्थिति में लागू करना आवश्यक है।

प्रश्न 3. प्रशासनिक विकास की समस्याओं का वर्णन कीजिए।

उत्तर— प्रशासनिक विकास की समस्याएँ (Problems of Administrative Development)—विकासशील देशों में प्रशासनिक विकास की कुछ समस्याएँ देखने को मिलती हैं। **एल. सलीम और फैजल** ने अपनी पुस्तक 'द इकलौजिकल ऑफ डेवलपमेंट एडमिनिस्ट्रेशन' में प्रशासनिक विकास से संबंधित निम्नलिखित समस्याओं का उल्लेख किया है—

(1) परिचालन समस्याएँ—विकासशील देशों में कार्यरत विभिन्न संगठनों, विभागों, आयोगों, अभिकरणों में कुछ परिचालन संबंधी समस्याएँ देखने को मिलती हैं। कुछ समस्याएँ निम्नलिखित हैं—

(i) विकासशील देशों में प्रशासन में कार्य के दोहराव की प्रवृत्ति देखने को मिलती है।
(ii) प्रशासनिक कार्य में सहयोग एवं समन्वय की कमी।
(iii) विभिन्न प्रशासनिक इकाइयों के कार्यों और उत्तरदायित्वों को लेकर भ्रांतियाँ।
(iv) विकासशील देशों में विकेंद्रीकरण की तुलना में केंद्रीकरण की प्रवृत्ति अधिक देखने को मिलती है।
(v) आधुनिक तकनीक एवं अपर्याप्त संगठनात्मक प्रबंधन।

(2) सेवीवर्ग समस्याएँ—वस्तुतः विभिन्न सोपानों और प्रशासकीय अभिकरणों में कार्यरत व्यक्ति ही प्रशासन का मूर्तरूप है। सेवीवर्ग सरकारी तंत्र का संचालन करता है। नीति, कानूनों, नियमों, योजनाओं को लागू करने का कार्य वास्तव में सेवीवर्ग ही करता है। इस प्रकार प्रशासन की संपूर्ण कार्यकुशलता की सफलता लोक-सेवा पर निर्भर करती है। अतः प्रत्येक देश में सेवीवर्गों का योग्य और कुशल होना अत्यंत आवश्यक है। देश का आर्थिक और सामाजिक विकास करने के लिए विशेष प्रकार का कौशल, ज्ञान, तकनीक की आवश्यकता होती है। समय के साथ सेवीवर्ग में चलने की क्षमता का होना आवश्यक है। सेवीवर्ग की प्रमुख समस्याएँ निम्नलिखित हैं—

(i) आर्थिक, सामाजिक, राजनीतिक और प्रशासनिक क्षेत्र में अपेक्षित ज्ञान और कौशल तकनीक की कमी।
(ii) कुशल निष्ठावान प्रशासकों की कमी।
(iii) तकनीकी और विशेषज्ञ प्रशासकों की कमी।
(iv) उचित प्रशिक्षण व्यवस्था की कमी।
(v) अधिकारी और कर्मचारियों के बीच दूरी एवं संचार की कमी।
(vi) जनसेवा का अभाव।
(vii) पदोन्नति, सेवा संबंधी शर्तों आदि का आकर्षित न होना।

(3) भर्ती की समस्याएँ—कुशल और सक्षम सेवीवर्ग की भर्ती कराना एक समस्या है। अतः भर्ती की प्रणाली सामयिक होनी चाहिए जिससे अच्छे सेवीवर्गों की भर्ती की जा सके। विकासशील देशों में लोक-सेवाओं में भर्ती यद्यपि योग्यता पर आधारित होती है किंतु वास्तव में ऐसा नहीं होता है। लोक-सेवा के सदस्यों में अभिप्रेरणा और मनोबल का अभाव होता है।

(4) भ्रष्टाचार की समस्याएँ—वैसे तो भ्रष्टाचार की समस्या विश्वव्यापी है, किंतु विकासशील देशों में विशेषकर भारत में एक ज्वलंत समस्या है। भ्रष्टाचार प्रशासन और समाज का अंग बन गया है। रोथवेल के अनुसार भ्रष्टाचार की प्रमुख समस्याएँ हैं—

(i) भ्रष्टाचार का बढ़ता रूप। (ii) भाई-भतीजावाद।
(iii) पक्षपात। (iv) रिश्वत आदि।

यदि हम चाहते हैं कि विकासशील देशों में प्रशासनिक विकास हो तो भ्रष्टाचार जैसी गंभीर समस्या पर नियंत्रण पाना आवश्यक है।

(5) प्रक्रियात्मक और व्यवहारात्मक समस्याएँ—विकासशील देशों में प्रशासकों में परिस्थिति के अनुसार बदलने की क्षमता कम होती है। इसमें कुछ प्रक्रिया संबंधी और कुछ व्यवहार से संबंधित समस्याएँ होती हैं। इससे संबंधित कुछ प्रमुख समस्याएँ निम्नलिखित हैं—

(i) नियमों और प्रक्रिया पर विशेष ध्यान।
(ii) कागजी कार्रवाई को अधिक महत्त्व।
(iii) स्वनिर्णय लेने का अभाव।
(iv) समस्त कार्य उचित माध्यम द्वारा।
(v) लालफीताशाही एवं अनावश्यक विलम्ब।
(vi) उत्तरदायित्व के प्रति उदासीनता एवं उससे बचने की प्रवृत्ति।
(vii) सब कुछ लिखित तथा औपचारिक तरीकों को प्राथमिकता।

(6) ऐतिहासिक समस्याएँ—विकासशील देशों में प्रशासनिक विकास से संबंधित पहली समस्या विरासत में प्राप्त ऐतिहासिक प्रशासनिक व्यवस्था है। पूर्व में अनेक ऐतिहासिक घटनाएँ घटित हुईं जिनके फलस्वरूप प्रशासनिक विकास रुक-सा गया था, प्रशासनिक विकास नहीं हो सका। इसके लिए सबसे प्रमुख कारण था—साम्राज्यवाद व उपनिवेशवाद। विकासशील देश अधिकतर साम्राज्यवाद के शिकार हो रहे हैं, इसलिए साम्राज्यवादी देशों ने साम्राज्यवादी प्रशासन को विरासत के रूप में विकासशील देशों के लिए छोड़ा। साम्राज्यवाद प्रशासन की मुख्य समस्याएँ थीं—जनता प्रशासन में दूरी, विकास की उपेक्षा, नियम और प्रक्रियाओं से लगाव, आत्मविश्वास का अभाव, नवीन विचार-भावना का अभाव, विकासात्मक कौशल, तकनीकी दक्षता रखने वाले प्रशिक्षित प्रशासकों की कमी, कार्य करने का परंपरागत तरीका आदि। ऐसी समस्याएँ भारत में ब्रिटिश काल में थीं और आज भी देखने को मिलती हैं। उपनिवेशवादी अधिकारी तंत्रीय प्रशासन की कुछ विशेषताएँ विकासशील देशों में आज भी लागू हैं।

(7) संगठनात्मक समस्याएँ—प्रत्येक देश अपने देश के प्रशासन को चलाने के लिए संगठनों का निर्माण करते हैं और वास्तव में विभिन्न कार्यों को संपन्न करने का कार्य संगठन ही करते हैं। संगठन की कुछ समस्याएँ होती हैं जो निम्नलिखित हैं—

(i) मध्य और निम्न स्तर की प्रशासनिक समस्याओं की ओर कम ध्यान देना।
(ii) मध्य स्तर में सेवीवर्ग की कमी।
(iii) सत्ता और नियंत्रण का अधिक केंद्रीकरण।
(iv) अत्यधिक अनावश्यक गोपनीयता, पारदर्शिता की कमी।
(v) अधिकारी और अधीनस्थ कर्मचारियों के बीच अपर्याप्त संपर्क एवं संचार की कमी।
(vi) कानून के अनुसार कार्रवाई और अधिक कागजी कार्रवाई।
(vii) अत्यधिक समितियों और आयोगों का गठन और उनकी सिफारिशों को न मानना।
(viii) अभिप्रेरणा, पहल शक्ति, नवीन तकनीक आदि का अभाव।

इकाई – 6

मैक्स वेबर का नौकरशाही सिद्धांत

प्रश्न 1. प्राधिकार के प्रकारों की विवेचना कीजिए।

अथवा

"मैक्स वेबर ने नौकरशाही की विशेषताओं की व्याख्या की और प्राधिकार को तीन आदर्श प्रकारों में वर्गीकृत किया।" चर्चा कीजिए। [Dec 2009, Q. 2.]

अथवा

वेबर द्वारा वर्णित विधिसम्मत–युक्तिमूलक नौकरशाही की विशेषताओं पर संक्षिप्त टिप्पणी प्रस्तुत कीजिए। [June 2009, Q. 5. (a)]

उत्तर— प्रशासनिक सिद्धांतों में मैक्स वेबर के नौकरशाही सिद्धांत, जिसे नौकरशाही का वैबेरियन मॉडल के नाम से जाना जाता है, का बहुत अधिक महत्त्व है। वेबर ने प्रभुत्व, नेतृत्व और प्राधिकार की वैधता के सिद्धांतों पर कार्य किया। वेबर ने प्राधिकार, शक्ति और नियंत्रण में विभेद किया। उसके लिए व्यक्ति शक्ति का दिखावा करने वाला कहा जा सकता है, यदि सामाजिक संबंध में उसकी इच्छा प्रतिरोध के बावजूद बाध्य की जा सकती है। शक्ति का इस प्रकार प्रयोग नियंत्रित होता है। प्राधिकार तब दिखाया जाता है, जब निश्चित विषय का आदेश विशिष्ट व्यक्तियों की ओर से आज्ञाकारिता स्पष्ट करता है। वेबर के लिए "प्राधिकार" समादेश की सत्तावादी शक्ति के समरूप है। प्राधिकार वास्तविकता की अवस्था है जहाँ व्यक्ति इच्छापूर्वक न्यायसंगत समादेशों का आदेश का पालन करता है क्योंकि वह मानता है कि मनुष्य अपनी स्थिति के कारण उसे आदेश दे सकता है। प्राधिकार को वैध ठहराने के लिए ग्राहक की ओर से आज्ञाकारिता की इच्छा होती है जबकि शक्ति के मामले में नहीं होती है।

(1) प्राधिकार के घटक (Components)—वेबर ने प्राधिकार के निम्नलिखित पाँच आवश्यक घटकों की पहचान की है—

(i) शासित का आचरण प्रभावित करने के लिए शासकों की इच्छा,

(ii) समादेश के उद्देश्यपरक मात्रा के अनुसार शासकों के प्रभाव का प्रमाण, और

(iii) व्यक्तिपरक स्वीकृति के अनुसार उस प्रभाव का प्रत्यक्ष या अप्रत्यक्ष प्रमाण जिससे शासित समादेश के अनुसार चलते हैं,

(iv) व्यक्ति या व्यक्तियों का निकाय, जो शासन करता है,

(v) व्यक्ति या व्यक्तियों का निकाय, जो शासित किया जाता है।

(2) संगठन में लोगों की श्रेणियाँ—प्राधिकार तभी तक अस्तित्व में रहता है जब तक शासितों द्वारा न्यायासिकता के रूप में स्वीकार किया जाता है। इसलिए प्रशासक या संगठन

केवल तभी शासन कर सकता है जब उसमें वैधता हो। विभिन्न संगठनों में प्राधिकार का विवेचन करते समय, वेबर ने निष्कर्ष निकाला कि "सभी प्रशासन का अभिप्राय प्रभुत्व" होता है। वेबर ने संगठनों में व्यक्तियों को चार प्रकारों में वर्गीकृत किया है—

(i) वे जो उस प्रभुत्व में भाग लेते हैं,
(ii) वे जो प्रकार्यों के प्रयोग के लिए स्वयं को तैयार स्वीकारते हैं,
(iii) वे जो समादेश के अनुसार चलने के आदी हैं, और
(iv) वे जो व्यक्तिगत रूप से विद्यमान प्रभुत्व जारी रहता हुआ देखने के इच्छुक हैं।

(3) प्राधिकार के प्रकार—चूँकि वेबर का मत था कि प्राधिकार का प्रयोग तब तक किया जा सकता है जब तक यह विधिसम्मत है। उसने प्राधिकार को प्रत्यक्ष प्राधिकार की वैधता के स्रोतों पर आधारित तीन प्रकारों में विभाजित किया है। वेबर ने प्राधिकार की वैधता को उसके दावों पर आधारित निम्नलिखित तीन "विशुद्ध" या "आदर्श" प्रकारों में वर्गीकृत किया है—

(क) परंपरागत प्राधिकार—यह "अति प्राचीन परंपराओं की पवित्रता में सुस्थापित विश्वास और उनके अधीन प्राधिकार का प्रयोग करने वालों की प्रस्थिति की वैधता पर आधारित है । युगों पुराने रीति रिवाजों, परंपराओं, प्रथाओं और विश्वासों के कारण इस प्रकार के प्राधिकार में समादेश का पालन किया जाता है जिन्होंने प्राधिकार का प्रयोग किया। वे नियमों के अधीन ऐसा करते हैं जो सदा विद्यमान रहते हैं, परंतु व्यक्तिगत विशेषाधिकार का प्रयोग भी कर सकते हैं। यह विशुद्धतः सामंतवादी, आनुवंशिक सामाजिक व्यवस्था का प्ररूप है, जिसके अधीन संगठन में राजपरिवार के अधिकारी, रिश्तेदार और राजभक्त होते हैं। इस प्ररूप के अधीन आज्ञाकारिता नियमों के प्रति नहीं होती है बल्कि शासक के प्रति होती है। परंतु उच्च अधिकारियों के प्रति नहीं, बल्कि सरदारों के लिए होती है। नए नियम बनाए नहीं जाते हैं, वे "ढाले" जाते हैं। कानून के प्रलेखों में केवल "परंपरा के प्रलेख अर्थात् पूर्व दृष्टांतों" के प्रलेख होते हैं। प्रतिरोध तब होता है जब सरदार के व्यक्ति या उसे स्टाफ के सदस्य के विरुद्ध संचालित किया जाता है। अभियोग है कि वह अपने प्राधिकार की परंपरागत सीमाओं का पालन करने में विफल रहा है।

परंपरागत प्राधिकार के अधीन व्यक्ति अपनी वंशागत हैसियत के कारण का उपभोग करता है। वे व्यक्ति, जो आदेशों का पालन करते हैं, "अनुयायी" (Followers) कहलाते हैं। वे शासक के प्रति व्यक्तिगत निष्ठा और पिछले लंबे समय से प्रतिष्ठित "हैसियत" (Status) के प्रति पवित्र सम्मान के कारण समादेशों का निर्वहन करते हैं। पद्धति इस वैधता को उस समय तक बनाए रखती है जब तक संगठन में रीति रिवाजों और परंपराओं का सम्मान किया जाता है।

(ख) करिश्माई प्राधिकार—यह "विशेष व्यक्ति की विशिष्ट या असाधारण पवित्रता, वीरता या अनुकरणीय चरित्र या आदर्शों। पैटर्नों या उसके द्वारा उद्घाटित या निश्चित आदेश

के प्रति निष्ठा पर आधारित होते हैं।" "करिश्माई" शब्द ईसाई धर्म की प्राचीन शब्दावली से लिया गया है। यहाँ यह नेता के अलौकिक देवी या असाधारण गुणों के लिए प्रयुक्त किया गया है। करिश्माईयों में जादूगर, पैगम्बर या सरदार का योद्धा या पार्टी और जनोत्तेजक के व्यक्तिगत मुखिया हैं। प्राधिकार के इस प्ररूप में आज्ञाकारिता को उचित ठहराया गया था क्योंकि आदेश देने वाले व्यक्ति का पवित्र या श्रेष्ठ चरित्र था। प्राधिकार के लिए वह प्रजा, नेता की अनुयायी है न कि "प्रजा"। वैधता का आधार केवल व्यक्तिगत करिश्मा है। वह अपने प्राधिकार का प्रयोग तब तक कर सकता है जब तक यह सिद्ध होता रहे कि वह मान्यता प्राप्त करता है और अनुयायियों को संतुष्ट कर सकता है।

इस प्राधिकार के अधीन नेता अपने शिष्यों या अनुयायियों को उनकी विशिष्ट अर्हताओं या प्रस्थिति के बदले अपने प्रति उनकी निष्ठा के आधार पर अपने अधिकारियों के रूप में चुनता है। ये "शिष्य अधिकारी" एक संगठन बनते हैं और क्रियाकलाप का उनका क्षेत्र तथा समादेश की शक्ति नेता की पसंद और नापसंद पर निर्भर करती है।

(ग) विधिसम्मत युक्तिमूलक प्राधिकार—यह इस पर आधारित है कि आदर्शों, नियमों की वैधता में विश्वास और ऐसे नियमों के अधीन समादेश जारी करने के लिए प्रबल प्राधिकार का अधिकार होता है। आज्ञाकारिता विधितः स्थापित अवैयक्तिक आदेश के लिए है। यह उन व्यक्तियों के लिए भी होता है जो अपने समादेशों की औपचारिक वैधता का प्रयोग अपने पद के कारण करता है और केवल पद के प्राधिकार के क्षेत्र के अंदर करता है। जो सदस्य अपने प्राधिकार के अधीन शक्ति का प्रयोग करते हैं, वे उच्च अधिकारी हैं और कानूनी आदेशों को बनाए रखने के लिए कानूनी प्रक्रियाओं के अनुसार नियुक्त या चुने गए हैं। संगठन एक सतत् प्रक्रिया है और इसके सभी सदस्य कुछ नियमों के अधीन हैं। वेबर कानूनी प्राधिकार को प्राधिकार के सबसे अधिक तर्कसंगत रूप के रूप में मानता है।

प्राधिकार के प्रति आज्ञाकारिता कुछ संबद्ध विश्वासों पर निर्भर करती है। वे हैं—
- (i) कानूनी संहिता बनाई जा सकती है जो संगठन के सदस्यों से आज्ञाकारिता का दावा कर सकती है,
- (ii) कानून निरपेक्ष नियमों की प्रणाली है, ये नियम खास मामलों के लिए प्रयुक्त किए जाते हैं और प्रशासन कानून की सीमाओं के अंतर्गत संगठन के हित की देखभाल करता है,
- (iii) प्राधिकार का प्रयोग करने वाला व्यक्ति भी इस अवैयक्तिक आदेश का पालन करता है,
- (iv) केवल "पदेन" सदस्य ही सदस्यों से कानून का पालन कराता है, और
- (v) आज्ञाकारिता उस व्यक्ति के प्रति नहीं होती है जो प्राधिकार धारण करता है बल्कि प्राधिकार के प्रति होती है जिसने उसे यह स्थिति प्रदान की है।

प्राधिकार के सभी तीनों प्ररूपों से वेबर कानूनी प्राधिकार को न केवल सर्वाधिक युक्तिसंगत प्राधिकार मानता है बल्कि प्राधिकार का सबसे अधिक दक्ष रूप भी है। वह नौकरशाही को प्राधिकार का विधिसम्मत युक्तिमूलक रूप मानता है।

वेबर द्वारा वर्णित विधिसम्मत युक्तिमूलक नौकरशाही के मॉडल में निम्नलिखित विशेषताएँ हैं–

(i) प्रत्येक अधिकारी और प्रत्येक कार्यालय प्राधिकार के पदानुक्रम (Hierarchy) का भाग है। उच्च अधिकारी या कार्यालय पर्यवेक्षण और निम्न अधिकारियों और कार्मिकों को अपील करने का अधिकार है।

(ii) अधिकारियों के पास ड्यूटियाँ करने के लिए अपने स्वयं के आवश्यक संसाधन नहीं होते हैं परंतु वे सरकारी संसाधनों के प्रयोग के लिए उत्तरदायी हैं। सरकारी कार्य और निजी कार्य सरकारी राजस्व और निजी आय को वस्तुतः पृथक् किया जाता है।

(iii) कार्यालयों को निजी संपत्ति के रूप में प्रयोग में नहीं लाया जा सकता है।

(iv) प्रशासन लिखित प्रलेखों के आधार पर संचालित किया जाता है।

(v) सरकारी कामकाज अविछिन्न (Continuous), विनियमित (Regulated) आधार पर संचालित किया जाता है।

(vi) प्रशासनिक एजेंसी अनुबंध नियमों के अनुसार कार्य करती है और इसका तीन सहसंबद्ध विशेषताओं द्वारा विभेद किया जाता है– *(क)* प्रत्येक अधिकारी की शक्तियों और कार्यों को अवैयक्तिक मानदंड के अनुसार परिभाषित किया जाता है, *(ख)* अधिकारी को अपना उत्तरदायित्व निर्वहन करने के लिए उपयुक्त प्राधिकार दिए जाते हैं और *(ग)* उसके अधिकार पर अनिवार्यताओं के उपायों को सही अर्थ में सीमित किया जाता है।

प्रश्न 2. मैक्स वेबर के नौकरशाही के तत्त्वों का वर्णन कीजिए।

उत्तर– प्रशासन के शास्त्रीय दृष्टिकोण में, नौकरशाही के वेबेरियन मॉडल को प्रमुख स्थान प्राप्त है, इस मॉडल के कुछ महत्त्वपूर्ण तत्त्वों का वर्णन निम्नलिखित हैं–

1. **क्षमता का क्षेत्र**–इसमें प्रकार्य निष्पादन करने की बाध्यता अंतर्निहित है जिसे श्रम के प्रणालीबद्ध विभाजन के भाग के रूप में अलग किया गया है। इसमें पदधारी को प्रकार्यों के निर्वहन के लिए आवश्यक प्राधिकार देने का प्रावधान भी शामिल है।
2. **पदानुक्रम**–वेबर के अनुसार प्रत्येक कार्यालय और प्रत्येक अधिकारी पदानुक्रम का भाग है। इस प्रणाली के अधीन निचले कार्यालय, उच्च कार्यालय के नियंत्रण के अधीन कार्य करते हैं। वह कार्यालय के संगठन में पदानुक्रम के सिद्धांत को अधिक महत्त्व देता है।
3. **व्यक्तिगत और सार्वजनिक उद्देश्यों का पृथक्कीकरण**–वेबर प्रशासन के उपायों के अपने स्वामित्व से अधिकारियों के पृथक्कीकरण की वकालत करता है। पदधारी अपनी कार्यालय पदवी को व्यक्तिगत कार्यों के लिए प्रयोग नहीं कर सकता। कार्यालय संपत्ति को वैयक्तिक संपत्ति से पृथक किया जाता है, साथ ही, अधिकारी कार्यालय संपत्ति के प्रयोग के लिए उत्तरदायी हैं।
4. **लिखित दस्तावेज (प्रलेख)**–लिखित प्रलेख वेबेरियन नौकरशाही के केंद्र हैं। सभी

प्रशासनिक कार्य, निर्णय और नियम लिखित रूप में रिकॉर्ड किए जाते हैं। ये प्रलेख लोगों के प्रति प्रशासन को उत्तरदायी बनाते हैं और भावी कार्रवाई के लिए सुलभ संदर्भ प्रदान करते हैं।

5. **एकतंत्री प्ररूप**—इसका अभिप्राय नौकरशाही द्वारा निष्पादित कुछ कार्यों को अन्य संगठनों द्वारा निष्पादित नहीं किया जा सकता है। कुछ कार्यों पर उनका एकाधिकार होता है और केवल प्राधिकृत अधिकारी उस कार्य को निष्पादित कर सकते हैं, उसे एक तंत्र के स्वरूप का बनाते हैं।
6. **अवैयक्तिक आदेश**—वेबर ने बल दिया कि अधिकारियों को अपनी ड्यूटियाँ वैयक्तिक तरीके में निष्पादित करनी चाहिए। अधीनस्थों के समादेश के प्रचालन और अवैयक्तिक क्रम में अपनी आज्ञाकारिता दोनों का अनुसरण करना चाहिए। मेर्टन के अनुसार "प्राधिकार" नियंत्रण की शक्ति जो स्वीकृत प्रस्थिति से प्राप्त होती है, कार्य में निहित होती है, न कि उस व्यक्ति विशेष में, जो सरकारी भूमिका निष्पादित करता है। यह संगठनों में निर्व्यक्तीकरण के बारे में परामर्श देता है।
7. **नियम**—नियम विधिसम्मत युक्तिमूलक प्राधिकार के कार्यकरण का आधार है। अधिकारी नियमों से बंधे होते हैं। नियम कार्यालय के संचालन को विनियमित करते हैं। उनके युक्तिमूलक अनुप्रयोग के लिए विशेषज्ञ प्रशिक्षण की आवश्यकता होती है। इस संबंध में मेर्टन ने अनुभव किया कि प्रारंभ में नियमों के पालन को माध्यम के रूप में माना गया था, यह अपने आप में ही समाप्त हो जाता है। नियम संगठन के लक्ष्यों की अपेक्षा अधिक महत्त्वपूर्ण होते हैं।

प्राधिकार के सभी प्ररूपों के लिए, वेबर ने लिखा "प्रशासनिक स्टाफ के अस्तित्व की वास्तविकता तथा सतत् कार्यकरण महत्त्वपूर्ण है। वास्तव में, यह ऐसे कार्यकलाप का अस्तित्व है जिसका साधारणतः अभिप्राय शब्द संगठन से है।" वेबर ने माना कि विशुद्ध या एकतंत्री नौकरशाही प्रशासनिक स्टाफ का सबसे अधिक युक्तिमूलक रूप है। उसने आगे अनुभव किया कि "यह परिशुद्धता में, स्थायित्व में और उसकी विश्वसनीयता में अन्य रूप की अपेक्षा अधिक श्रेष्ठ है। इसलिए यह संगठनों के प्रमुखों के लिए और इसके संबंध में काम करने वालों के लिए विशेष रूप से परिणामों की परिकलनीयता की उच्च मात्रा को संभव बनाता है। यह अंतिम रूप से गहन दक्षता और उसके प्रचालनों के विस्तार दोनों में श्रेष्ठ है और औपचारिक रूप से सभी प्रकार के प्रशासनिक कार्यों के लिए सक्षम है।"

औपचारिक तकनीकी दृष्टि से नौकरशाही प्रशासन के लिए सदा एकसमान होने वाले अन्य तथ्यों में सबसे अधिक युक्तिमूलक प्ररूप है। वेबर के अनुसार "आज सामूहिक प्रशासन की आवश्यकताओं के लिए यह (नौकरशाही) पूर्णतः अपरिहार्य है।" यह प्रशासनिक क्षेत्र में नौकरशाही और कलानुरागी के बीच एकमात्र विकल्प है। इसलिए वेबर का मत है कि युक्तिमूलक नौकरशाही तकनीकी दृष्टि से श्रेष्ठ और दक्षता की उच्च कोटि प्राप्त करने में सक्षम है।

प्रश्न 3. वेबर की नौकरशाही की सीमाओं की व्याख्या कीजिए।

उत्तर— मैक्स वेबर ने नौकरशाही पर ध्यान केंद्रित करते समय इस तथ्य को दृष्टिगत रखा था कि नौकरशाही में शक्ति के संचयन की सहज प्रवृत्ति होती है। इस शक्ति का स्रोत विशेष ज्ञान में देखा जा सकता है जिसे अधिकारी प्रदर्शित करते हैं। अपनी ड्यूटियों के दौरान उसने पर्याप्त ठोस ज्ञान अर्जित किया। उसमें से अधिकांश को गोपनीयता और गुप्तता (Confidentiality and Secrecy) के विचारों द्वारा कृत्रिम तौर पर प्रतिबद्ध किया जाता है। तथापि नौकरशाहीकरण अपरिहार्य है और नौकरशाहों ने शक्ति प्राप्त कर ली है। वेबर ने अधिकारियों द्वारा नियम के आधार पर किसी भी प्रकार की नौकरशाही का विरोध किया है।

नौकरशाही को शक्तियाँ अर्जित करने से रोकने के लिए वेबर ने प्राधिकार के तथा नौकरशाही के तंत्र के क्षेत्र को सीमित करने की कुछ क्रियाविधियों का सुझाव दिया। ये क्रियाविधियाँ निम्नलिखित पाँच मुख्य श्रेणियों में आती हैं—

1. **अव्यवसायी प्रशासन (Amateur Administration)**—व्यावसायिक प्रशासन के शक्तिशाली होने के कारण वेबर ने कुछ कार्यों में अव्यवसायी प्रशासन सम्मिलित करने का सुझाव दिया। ऐसे व्यक्तियों में नियंत्रण करने और सामान्य विश्वास प्राप्त करने के लिए जनता में पर्याप्त सम्मान होता है। परंतु यह प्रणाली विशेषज्ञता की आवश्यकता के आधार पर नहीं मापी जा सकी, जिसे आधुनिक समाज ने बताया और जहाँ व्यावसायिकों ने अव्यवसायी की सहायता की। यह सदैव व्यावसायिक है जो परिदृश्य पर शासन करते हैं।

2. **प्रत्यक्ष लोकतंत्र (Direct Democracy)**—नौकरशाही की शक्ति को नियंत्रित करने हेतु वेबर ने प्रत्यक्ष लोकतंत्र का सुझाव दिया, जहाँ अधिकारी विधानसभा द्वारा निर्देशित और उसके प्रति उत्तरदायी थे। प्रत्यक्ष लोकतंत्र का प्रयोजन पूरा करने के लिए अल्पकालिक पद, प्रत्याहान की स्थायी संभावना तैयार की गई थी। परंतु यह प्रणाली केवल छोटे संगठनों और स्थानीय सरकारों में लागू की जानी संभव है।

3. **प्रतिनिधित्व (Representation)**—नौकरशाही सीमित करने का एक अन्य तरीका व्यक्तियों के निर्वाचित प्रतिनिधियों के साथ नौकरशाही का प्राधिकार शेयर करना है। इस विधि को प्रयुक्त करने से नौकरशाही की शक्तियों पर नियंत्रण संभव है। परंतु यहाँ प्रतिनिधियों के नौकरशाहीकरण की संभावना है। तथापि वेबर का विचार है कि इस माध्यम से नौकरशाही को नियंत्रित करना संभव है।

4. **सहशासन (Collegiality)**—वेबर के अनुसार एकतंत्री प्रशासन में शासकीय पदानुक्रम की प्रत्येक अवस्था में निर्णय करने का उत्तरदायित्व एक व्यक्ति और केवल एक व्यक्ति के पास होता है। यह नौकरशाही को अधिक शक्तिशाली बनाता है। इसे रोकने के उद्देश्य से वेबर ने सहशासन के सिद्धांत में निर्णय करने की प्रक्रिया में अन्य को सम्मिलित करने का सुझाव दिया। वेबर की मान्यता है कि

नौकरशाही सीमित करने में सदा सहशासन की भूमिका महत्त्वपूर्ण होगी तथापि निर्णय की गति और उत्तरदायित्व के अधिकार के आधार पर इसमें कुछ कमियाँ हैं।

5. शक्तियों का पृथक्कीकरण (Separation of Powers)—शक्तियों के पृथक्कीकरण का अभिप्राय है दो अथवा दो से अधिक निकायों के मध्य उत्तरदायित्व और प्रकार्यों का विभाजन। उनके मध्य समझौते से निकलने वाले किसी भी निर्णय पर पहुँचना आवश्यक है। ऐसा करने से एक ही निकाय पर व्यक्ति द्वारा निर्णय के एकाधिकार से बचा जा सकेगा। वेबर ने इस प्रकार की प्रणाली को अस्थिर माना। प्राधिकारियों में से एक का अन्य पर नियंत्रण होना आवश्यक है।

उपर्युक्त विभिन्न उपायों से वेबर नौकरशाही की शक्ति को सीमित करने के प्रयास में था।

प्रश्न 4. नौकरशाही की भूमिका और बाध्यता पर एक टिप्पणी कीजिए।

उत्तर— अध्ययन की सुविधा की दृष्टि से विकास नौकरशाही की उनकी भूमिका के अनुसार तीन श्रेणियों में बाँटा जा सकता है जिनका वर्णन निम्नलिखित है—

1. उच्च स्तर नौकरशाही (वरिष्ठ प्रशासक)—उच्च प्रशासकों की संख्या कम होती है परंतु वे शासन के महत्त्वपूर्ण हिस्से हैं। समाज में महत्त्वपूर्ण कार्यों के फलस्वरूप वरिष्ठ प्रशासकों को सम्मान, प्रतिष्ठा तथा शक्ति प्राप्त होती है। लोक सेवा में वरिष्ठ प्रशासक उच्च पदों पर आसीन, प्रबंध तथा राष्ट्रीय विकास के प्रति उत्तरदायी एवं नीति-निर्माण में प्रभावी भूमिका निभाते हैं।

उच्च स्तर नौकरशाही द्वारा देश के विकास में निभायी जाने वाली भूमिका का अध्ययन करने का प्रयास किया जा रहा है। सर्वप्रथम, विकासशील देशों ने स्वतंत्र होने के पश्चात् जब सत्ता सँभाली तब उन्हें आर्थिक-सामाजिक विकास के अतिरिक्त अनेक समस्याओं का सामना करना पड़ा। राजनीतिक नेतृत्व को विकास योजना के व्यावसायिक पक्ष का ज्ञान नहीं होता है और न ही वे विशेषज्ञ होते हैं। ऐसी स्थिति में वरिष्ठ प्रशासकों की विकास नीति बनाने में भूमिका बढ़ जाती है। यह नाइजीरिया, भारत, पाकिस्तान आदि देशों के संबंध में सत्य है। अतः वरिष्ठ प्रशासक नीति-निर्माण, समन्वय और प्रशासनिक तंत्र के सुधार में महत्त्वपूर्ण भूमिका निभाते हैं। वित्तीय, प्रशासनिक, विकास आदि मसलों पर उनकी सलाह नीतियों के निर्माण में निर्णायक तत्व सिद्ध होते हैं। इस प्रकार नीति-निर्माण में वरिष्ठ प्रशासकों की निर्णायक भूमिका को चुनौती नहीं दी जा सकती। द्वितीय, वित्तीय और प्रशासनिक विषयों से संबंधित विभिन्न 'नीति विकल्पों' की सलाह देना वरिष्ठ प्रशासकों का उत्तरदायित्व है। अतः प्रशिक्षण की व्यवस्था करना भी वरिष्ठ प्रशासकों का एक अन्य महत्त्वपूर्ण दायित्व है। अंतिम, भारत में राजनीतिज्ञ वरिष्ठ प्रशासकों की भूमिका का अलग चित्र प्रस्तुत करते हैं। अधिकांश, राजनीतिज्ञ वरिष्ठ प्रशासकों को राजनीतिज्ञों के अधिदेश (Dictates) को लागू करने का साध

ान मानते हैं।

निष्कर्ष यह है कि वरिष्ठ प्रशासक नीति विश्लेषण और परामर्श के प्रति उत्तरदायी होते हैं। वे विभाग के प्रबंधन, कार्यक्रमों को लागू करने और उद्देश्य की प्राप्ति के लिए नेतृत्व प्रदान करते हैं। आज लोक सेवा के कृत्यक अधिक, जटिल और विविध होने के कारण वरिष्ठ प्रशासकों को समाज की बदलती हुई आवश्यकताओं को पूर्ण करने के लिए सक्षम और उपलब्धि–प्रवण (Achievements oriented) होना आवश्यक है।

2. मध्य स्तर नौकरशाही—मध्य स्तर नौकरशाही में संचालक, ब्लॉक विकास और पंचायत अधिकारी, सह–आयुक्त और प्रथम श्रेणी के तकनीकी अधिकारी आदि अधिकारीगण आते हैं जो आर्थिक–सामाजिक विकास में महत्त्वपूर्ण भूमिका निभाते हैं। मध्य स्तर नौकरशाही के पदाधिकारी राज्य, जिला और स्थानीय स्तर पर कार्यों में समन्वय स्थापित करते हैं। वे नीति–निर्माता और नीति–क्रियान्वयन इकाइयों के बीच संचार माध्यम के रूप में कार्य करते हैं। सच तो यह है कि विकास कार्यक्रमों और योजनाओं की सफलता मध्य स्तर नौकरशाही की कार्य करने की इच्छा क्षमता पर निर्भर है। इन कार्यों को करने के लिए निम्न स्तर नौकरशाही के साथ समन्वय बनाए रखते हैं। साथ ही निम्न स्तर नौकरशाही को कार्यों को करने का प्रशिक्षण प्रदान करते हैं। विकास कार्यों को संपन्न करना मध्य स्तर नौकरशाही का क्षेत्रीय उत्तरदायित्व भी होता है। फलस्वरूप, उनके पास निरीक्षण, परिवेक्षण और निर्देशन देने का दायित्व होता है। इसके अतिरिक्त वे विश्लेषण करके आँकड़े और अन्य उपयोगी सूचना नीति और योजनाओं के निर्माण के लिए सचिवालय और योजना निकायों को भेजते हैं। इसके साथ–साथ वे अन्य कार्यों को भी करते है।

3. निम्न स्तर नौकरशाही—नौकरशाही संगठन में सबसे अधिक संख्या निम्न स्तर नौकरशाही की होती है। विकास कार्यों में भूमिका की अनदेखी नहीं की जा सकती है। प्रथम, यही लोग सही मायनों में सरकारी कार्यों का संचालन करते हैं और जनता के संपर्क में आते हैं। ऐसे संपर्कों से विकास कार्यों में भागीदारी की भावना को प्रोत्साहन मिलता है जिससे लोक–सेवकों को स्थानीय माँगों और आवश्यकताओं की जानकारी प्राप्त होती है। दूसरे, इसी स्तर के लोक–सेवक जनता और संगठनों से कर और राजस्व की वसूली करते हैं। यही नौकरशाही कार्यक्रमों को बनाने के लिए आँकड़े एकत्र करके भेजते हैं। तीसरे, निम्न स्तर नौकरशाही के सेवीवर्ग नवीन तकनीकों को भी सीखते हैं और जिन पर लागू करना होता है उन्हें जानकारी उपलब्ध कराते हैं। परिवार नियोजन, स्वास्थ्य, पशुपालन, वातावरण संरक्षण, पोषण आदि के संबंध में वे अर्द्ध–विशेषज्ञ होते हैं। चौथे, शहर और ग्रामीण क्षेत्रों में दी जाने वाली विभिन्न कार्यक्रमों और परियोजनाओं को लागू करने का उत्तरदायित्व इसी नौकरशाही का होता है। ऐसी योजनाएँ हैं—राष्ट्रीय स्वास्थ्य नीति, नवीन शिक्षा नीति, परिवार नियोजन, राष्ट्रीय एकीकृत विकास कार्यक्रम, आदि। इस प्रकार योजनाओं और कार्यक्रमों को लागू करने में इनकी महत्त्वपूर्ण भूमिका होती है।

प्रश्न 5. मैक्स वेबर की नौकरशाही का आलोचनात्मक मूल्यांकन प्रस्तुत कीजिए।

उत्तर– यद्यपि वेबर नौकरशाही पर बल देते समय इस तथ्य से अवगत था कि नौकरशाही में शक्ति के संचयन की सहज प्रवृत्ति होती है। वेबेरियन नौकरशाही की आलोचना कई क्षेत्रों से हुई। परंतु आलोचना वेबेरियन मॉडल, उसकी युक्तता की अवधारणा, प्रशासनिक दक्षता, औपचारिकता और बदलती हुई परिस्थितियों में नौकरशाही की प्रासंगिकता के इर्दगिर्द घूमती है। वेबर द्वारा दावा की गई नौकरशाही की कुछ सुविधाएँ उसके अपने मॉडल के विपरीत हो गईं।

राबर्ट मेर्टन और अन्य समाजशास्त्रियों ने यह कहते हुए वेबर के मॉडल की युक्तता पर सवाल उठाए कि यह कुछ दुष्क्रिया परिणामों से हुआ है। मेर्टन कहता है कि नौकरशाही की संरचना विशेषकर उसका पदानुक्रम और नियम आसानी से परिणामों में हो सकते हैं, जो संगठन के उद्देश्य प्राप्ति के लिए हानिकर हैं। मेर्टन इस बात पर बल देता है कि नौकरशाही का अभिप्राय दक्षता है।

फिलिप सेल्जनिक (Phillip Selznick) संगठन में प्रकार्यों के विभाजन का उल्लेख करते हुए दिखाता है कि किस प्रकार उप इकाइयाँ अपने ही लक्ष्य निर्धारित करती हैं जो समग्र रूप में, संगठन से परस्पर विरोधी होते हैं। मेर्टन और सेल्जनिक दोनों ने दिखाया है कि वेबर द्वारा वर्णित औपचारिक संगठन की संरचना ऐसे विवरण के रूप में अपर्याप्त है कि वेबर की नौकरशाही की इस सीमा पर नौकरशाहों का व्यवहार स्पष्ट कैसे प्रकट हुआ।

टेलकॉट पार्सन (Talcott Parsons) ने वेबर की नौकरशाही के आंतरिक सामंजस्य पर संदेह व्यक्त किया। वेबर ने आशा की कि प्रशासनिक स्टाफ तकनीकी दृष्टि से श्रेष्ठ होगा तथा आदेश देने के लिए भी सही दिखाई देगा। पार्सन सोचता है कि यह सुनिश्चित करने के लिए सदा संभव नहीं है कि उच्चतर स्तर के प्राधिकार की तुल्यता का व्यावसायिक कुशलताओं से सुमेलन किया जाए।

एल्विन गोल्डनेर (Alvin Gouldner) और अन्य ने संगठन के सदस्यों द्वारा नियमों के अनुपालन की समस्या इतनी अधिक नहीं उठाई क्योंकि प्रशासनिक संरचना के अंदर ही अनौपचारिक प्रक्रियाएँ उत्पन्न हो रही थीं परंतु वे दशाएँ उठाईं जो संगठन से बाहर हो रही थीं जिनसे सदस्यों का व्यवहार तथा साथ ही नियम प्रभावित हो रहे थे, इस आलोचना ने अधिकारों के व्यवहार पर वातावरण के प्रभाव के पक्ष को प्रचारित किया। वेबेरियन मॉडल द्वारा इनकी उपेक्षा की गई।

बेन्डिक्स, (Bendix) वेबर के जीवनी लेखक ने इस मत के विपरीत यह उल्लेख किया कि साधारण, सामाजिक और राजनीतिक मूल्यों के प्रभाव के बिना नियम का पालन करना संभव है। रूडोल्फ ने वेबर के मॉडल की उसी अवधारणा का प्रश्न उठाया कि प्रशासन युक्तिमूलक मशीन है और अधिकारी केवल कार्यकर्त्ता मात्र हैं।

पीटर ब्लो (Peter Blau), जैसे आलोचकों ने विभिन्न स्थानों और अलग–अलग समय पर वेबेरियन मॉडल की प्रयोज्यता पर संदेह व्यक्त किया। दक्ष प्रशासन केवल तभी संभव है जब व्यक्ति की पहचान संगठन के प्रयोजन से कर सकते हैं और बदलती हुई परिस्थितियों के

अनुसार उसका व्यवहार स्वीकार कर सकते हैं। वेबर की नौकरशाही और मानव व्यवहार के बारे में उसकी मान्यता गै़र–पश्चिमी परिवेश में मान्य नहीं हो सकती है। जोसेफ़ ला पालोम्बरा का मत है कि विकासशील समाज प्रशासन के रूसी या चीनी मॉडल को वेबेरियन मॉडल की अपेक्षा अधिक प्रभावी पा सकते हैं।

एच.सी.क्रील (H.C. Creel) जैसे विद्वानों ने इसी विचार पर संदेह व्यक्त किया कि युक्तिमूलक नौकरशाही आधुनिक घटना है। उसने उल्लेख किया कि वेबेरियन मॉडल की प्रायः सभी विशेषताएँ 200 ई. पू. चीन में विद्यमान थीं।

सीमॉन और बर्नार्ड ने सिद्ध किया है कि प्रशासनिक दक्षता घट सकती है यदि हम वेबर के संरचनात्मक दृष्टिकोण का अनुसरण करते हैं। संगठनों में औपचारिक पद्धतियों के बदले अनौपचारिक संबंधों से दक्षता बढ़ाना संभव है।

आलोचकों ने नौकरशाही के आंतरिक सामंजस्य के बारे में वेबर के दावे और अधिकतम दक्षता प्राप्त करने की उसकी क्षमता पर संदेह व्यक्त किया। गोल्डर जिसने वेबर के आदर्श प्ररूप को आनुभाविक रूप से परीक्षण किया, आंतरिक विरोधाभास है, जैसे विद्या पर आधारित विशेषज्ञ के दावों और आज्ञाकारिता के बीच तनाव।

सीमॉन और मार्क (March) जिन्होंने गुलिक और उर्विक की भाँति वेबर को क्लासिकी चिंतकों में शामिल किया, अनुभव किया कि उसने संगठन में मानव व्यवहार की उपेक्षा की है। संगठन में अधिकतम दक्षता केवल नौकरशाही की संरचना पर उसके व्यवहार को ध्यान में रखे बिना बल देकर प्राप्त नहीं किया जा सकता है।

वेबर की आलोचना उस शक्ति की उसकी उपेक्षा के लिए भी की गई जिसे नौकरशाह ग्रहण करते हैं। फिलिप सेल्जनिक और अन्यों ने अनुभव किया कि नौकरशाह संगठन के उन्हीं लक्ष्यों की उपेक्षा करते हुए अपनी स्वयं की सामाजिक स्थिति से निरंतर पूर्व–व्यस्त रहते हैं।

वेबर का मॉडल विकास प्रशासन के संदर्भ में भी प्रसांगिक नहीं है। नियमों का कड़ाई से पालन के फलस्वरूप प्रशासन में विलम्ब और अदक्षता होती हैं। पदानुक्रम के पालन से संगठन में प्राधिकारवाद उत्पन्न होता है। रिकॉर्डों पर वेबर के आग्रह के कारण प्रशासन में बहुत अधिक औपचारिकता बढ़ती है।

इकाई – 7

नौकरशाही के आलोचक

प्रश्न 1. नौकरशाही को परिभाषित कीजिए और वेबर द्वारा प्रस्तुत नौकरशाही के मॉडल का आलोचनात्मक विश्लेषण कीजिए। [June 2008, Q. 4.]

अथवा

लोक रुचि दृष्टिकोण का इस्तेमाल करते हुए नौकरशाही की कार्य-प्रणाली का विश्लेषण कीजिए। [Dec 2010, Q. 8.]

उत्तर— नौकरशाही बीसवीं शताब्दी की देन नहीं है। यह विश्व के विभिन्न देशों में प्राचीन काल से ही विद्यमान थी। यह विश्व में सबसे प्राचीन जीवित रहने वाली संस्थाओं में से एक है। विन्सेंट डी. गोर्नी को प्रथम बार शब्द "ब्यूरोक्रेसी" (Bureaucracy) का प्रयोग करने का श्रेय प्राप्त है, परंतु फ्रेंच में इस शब्द को लोकप्रिय करने का श्रेय अपने उपन्यासों में करने के कारण बालजेक (Balzac) को जाता है। यद्यपि उसने इसका सामान्य पृष्ठभूमि के साथ व्यवस्थित रूप से वर्णन किया है और इसे "संभ्रम और हस्तक्षेपकर्त्ता के रूप में संक्षेप में, छोटे दुकानदार की पत्नी के रूप में महसूस किया गया।" विभिन्न लेखकों ने नौकरशाही के संदर्भ में निम्नलिखित विचार व्यक्त किए –

1. वर्ष 1792 में हमबोल्ट ने यह भय व्यक्त किया कि राज्य के प्राधिकार में वृद्धि के परिणामस्वरूप प्रशासन की प्रगति सुगम बनेगी और राज्य यांत्रिक तरीके से कार्य करना तथा व्यक्तियों को मशीनों के रूप में रूपांतरित करना आरंभ करेगा।
2. हमबोल्ट (Humboldt) के भय को 1821 में फ्राइहेर वाम (Freiherr Vom) ने प्रतिबिंबित किया। उसने अनुभव किया कि तत्कालीन प्रुशिया पर "बुरालिस्टों (Buralists) का शासन था, ज्ञान की पुस्तकें वेतन में दी जाती थीं। कोई सहायता नहीं थी और न ही संपत्ति।
3. स्टेन ने उनका वर्णन "जीवनहीन सरकारी मशीन" के रूप में किया है, जो राजकोष से अपना वेतन लेते थे और बन्द दरवाजों में अज्ञात, अनदेखे और निर्विकार मार्क्स कार्यालयों में शांत होकर लिखते रहते थे। वे अपने बच्चों को समान रूप से प्रयोज्य मशीन की तरह पालते थे।"

नौकरशाही के प्रारंभिक लेखकों द्वारा व्यक्त विचार ने लोगों को सरकार की ऐसे रूप में कल्पना करने के लिए बाध्य किया जहाँ शक्ति सामूहिक पदनाम के साथ अधिकारियों के हाथ में होती है। अंग्रेजी लेखकों और आलोचकों ने 18वीं शताब्दी के दौरान नौकरशाही पर अपने विचार व्यक्त किए।

कार्लाइल ने 1850 में नौकरशाही के विषय में टिप्पणी कर इसे "महाद्वीपीय कण्टक" (The Continental Nuisance) की संज्ञा दी।

नौकरशाही को विनियमित करने या नियंत्रित करने के लिए विद्यमान मशीनरी के प्रतिकार के रूप में अधिकाधिक नौकरशाही मशीनरी का सृजन किया गया।

जॉन स्टुअर्ट मिल (John Stuart Mill) ने 1848 में अनुभव किया कि नौकरशाही ही घटिया राजनीतिक जीवन के लिए उत्तरदायी है। जे.एस. मिल ने अपनी पुस्तक 'ऑन लिबर्टी' (1850) में नौकरशाही पर अपने विचार व्यक्त करते हुए कहा कि प्रशासनिक कार्यालय के नाम पर नौकरशाही राष्ट्र की प्रतिभा पर एकाधिकार के नाम पर नौकरशाही राष्ट्र की प्रतिभा पर एकाधिकार करती है, युवक अपने जीवन में प्रमुख महत्त्वाकांक्षा के रूप में इसमें प्रवेश पाने का विचार विकसित कर सकते हैं। शासक और शासित दोनों नौकरशाही के गुलाम बन जाते हैं और सुधार असंभव हो सकते हैं। इसकी इच्छा के विरुद्ध कुछ नहीं, कभी भी नहीं हो सकेगा।

नौकरशाही : वेबेरियन प्रतिमान (मॉडल) (Bureaucracy : Weberian Model)—नौकरशाही के अध्ययन में मैक्स वेबर का योगदान अतुलनीय है। उसने नौकरशाही का अध्ययन क्रमबद्ध प्रणाली में किया। उसने विधिकयुक्ति मूलक नौकरशाही और उन अधिकारों की विशेषताओं की विवेचना की जो नौकरशाही के महत्त्वपूर्ण घटक हैं।

मैक्स वेबर के विचार (Views of Max Weber)—यद्यपि प्रारंभिक लेखकों ने नौकरशाही पर चर्चा की थी, तथापि नौकरशाही के सिद्धांतों में वेबर का योगदान अधिक क्रमबद्ध और व्यवस्थित है। वेबर ने नौकरशाही को समझने के लिए रूपरेखा प्रस्तुत की। उसने नौकरशाही को प्राधिकार के विधिसम्मत युक्तिमूलक मॉडल के रूप में माना है, जिसका आधार अवैयक्तिकता, कानून के शासन, दृढ़ पदानुक्रम, लिखित प्रलेखन और निजी क्षेत्र से सरकारी कार्यालय का पृथक्कीकरण है। उसने नौकरशाही को सर्वाधिक सकारात्मक साधन के रूप में तथा इसे संगठन के सर्वाधिक दक्ष रूप में माना। परिशुद्धता, अविच्छिन्नता, अनुशासन, विश्वसनीयता वेबेरियन नौकरशाही की प्रमुख विशेषताएँ हैं। इन विशेषताओं ने उसे तकनीकी दृष्टि से संगठन का सर्वाधिक श्रेष्ठ और संतोषजनक नमूना बनाया।

संगठन के प्ररूप को दृष्टिगत रखे बिना, इस प्रकार की नौकरशाही उनके दक्षतापूर्वक कार्य करने के लिये आवश्यक है। वेबर के अनुसार एक बार समाज पर नौकरशाही का शासन स्थापित हो जाने पर उसके विकल्प के बारे में कभी भी नहीं सोचा जा सकता है। वेबर को यह विदित था कि एकतंत्री नौकरशाही में प्रशासनिक कार्यालय में उसके विशिष्ट ज्ञान के कारण शक्ति संचित करने की स्वाभाविक प्रवृत्ति होती है। इसी कारण वेबर ने नौकरशाही के प्राधिकार को सीमित करने हेतु निम्नलिखित क्रियाविधियों पर विचार किया—

1. सुशासन, 2. शक्तियों का पृथक्कीकरण,
3. अव्यवसायी प्रशासन, 4. प्रत्यक्ष लोकतंत्र और
5. प्रतिनिधित्व।

वेबेरियन नौकरशाही के आलोचक (Critics of Weberian Bureaucracy)

(1) **रोबर्ट मर्टन**—वेबर की युक्तिमूलक नौकरशाही की आलोचना और नियमों पर बहुत अधिक बल देना आत्मघाती हो सकता है। ग्रेड्युक्त कैरियर संरचना नौकरशाहों में सामूहिक परस्पर निर्भरता के विकास को प्रोत्साहन दे सकती है, जो किसी संरचनात्मक परिवर्तनों और नौकरशाही में सुधारों का विरोध कर सकता है। यह संगठन के उद्देश्यों अथवा हित के विपरीत नौकरशाही द्वारा निहित स्वार्थ उत्पन्न कर सकता है।

(2) **फिलिप सेल्जनिक**—इस संबंध में, फिलिप सेल्जनिक (Philip Selznic) के संगठन या प्रशासन की उप इकाइयों के कार्यकरण के बारे में व्यक्त विचार महत्त्वपूर्ण है। उसने अनुभव किया कि संगठन के प्रयोजन या उद्देश्य उस समय निष्फल हो जाते हैं, जब उप इकाइयाँ स्वयं के लिए भिन्न–भिन्न लक्ष्य निर्धारित करती हैं और अधिक व्यापक, संगठनात्मक और प्रशासनिक संरचना के लक्ष्यों के विपरीत कार्य करती हैं। उसने इसके निराकरण का सुझाव दिया है कि इसके लिए नए विभागों को स्थापित न करने के लिए बेहतर समन्वय होना चाहिए।

कार्यकरण में नौकरशाही की मानवीय विशेषताओं के प्रति वेबर द्वारा उपेक्षा के विरोध में मर्टन और सेल्जनिक ने कहा कि नौकरशाहों के हित, पूर्वाग्रह और भय उनके कार्यकरण पर प्रभाव डालेंगे, क्योंकि वे अन्य स्वार्थ समूह के सदस्य भी हैं।

(3) **टालकॉट पार्सन्स**—वेबर की कुछ रचनाओं का अनुवाद करने के साथ–साथ संपादन किया। उसने अनुभव किया कि वेबर उन व्यक्तियों में से है, जो आदेश जारी करने के लिए प्राधिकार प्रयुक्त करते हैं। पर व्यावसायिक दक्षता के मध्य अंतर की पहचान करने में असफल रहते हैं। दूसरे शब्दों में, उच्च पदों पर आसीन व्यक्ति में सदा व्यावसायिक दक्षता नहीं होती है। परिणामतः उन सदस्यों में भ्रम उत्पन्न हो सकता है जिन्हें उस व्यक्ति के आदेशों का पालन करना चाहिए जिसे आदेश जारी करने का अधिकार है या उस व्यक्ति का जिसे अधिक विशेषज्ञता और व्यावसायिक दक्षता प्राप्त है।

(4) **आल्विन गोल्डनेर**—आल्विन गोल्डनेर (Alvin Gouldener) ने नौकरशाहियों के दो प्ररूपों के मध्य अंतर किया है। उसने विश्लेषण किया कि लोग नौकरशाही और उसके आधारों का अनुपालन किस कारण करते हैं। दंड केन्द्रित नौकरशाही में संगठन के सदस्य आदेशों का पालन अनिच्छा से करते हैं। इसका कारण यह है कि नियम बाहरी समूह द्वारा थोपे जाते हैं। प्रतिनिधिक नौकरशाही में संगठन के सदस्य अपने स्वयं के हित के यथावश्यक नियमों को मानते हैं तथा उनका पालन करते हैं। गोल्डनेर ने नौकरशाही का अनुपालन करने के लिए उन आधारों (नौकरशाही के प्ररूप) को अग्रभाग में किया। दूसरे शब्दों में, लोग प्रतिनिधिक नौकरशाही का अनुपालन करते हैं और दंड–केंद्रित नौकरशाही की अवज्ञा करते हैं।

(5) फेन्सिस व स्टोन—आर.जी. फेन्सिस (R.G. Francis) और आर.सी. स्टोन ने अपनी पुस्तक 'सर्विस एवं प्रोसिजर इन ब्यूरोक्रेसी' (1956) में यह विचार व्यक्त किया कि यद्यपि संगठन की नौकरशाही से अवैयक्तिक रूप से कार्य करने और व्यवहार में नियमों का पालन करने की आशा की जाती है, तथापि वे संगठन में व्यक्तिशः आवश्यकताओं और परिस्थितियों के अनुसार अपनी कार्रवाई अपनाते हैं। दूसरे शब्दों में, नौकरशाही सदा अवैयक्तिक रूप से कार्य नहीं करती है। कारण, यह अपने नियमों और विनियमों के निष्पादन में कुछ का पक्ष लेती है।

(6) रूडोल्फ स्मेण्ड—इनके अनुसार यहाँ तक कि न्यायिक प्रणाली भी न्याय वितरण में निष्कपट नहीं होती है। इसने समाजवाद को यह शिकायत करने के लिए प्रोत्साहित किया कि उनकी न्यायिक प्रणाली भी बुर्जुआ न्याय करती है। यद्यपि वेबर ने यह अनुभव किया था कि नौकरशाही प्रकार में युक्तिमूलक है तथापि उसने संगठनात्मक कार्यकरण में प्रशासनिक युक्तता (Rationality) की सांस्कृतिक सीमाओं की उपेक्षा की।

(7) रीनहार्ड बेंडिक्स (Reinhard Bendix)—इनके मतानुसार किसी भी संगठन की दक्षता समझने हेतु सुस्थापित नियमों और मनुष्य के अनुभवों को जानना आवश्यक है। संस्कृति नौकरशाही की प्रशासनिक युक्तता पर प्रतिबंध लगाती है। अनेक सांस्कृतिक मान्यताएँ प्रशासन के क्षेत्र से बाहर हैं परंतु प्रशासन को अपने कार्यकरण को प्रभावित करना जारी रखना पड़ता है। इन पक्षों को नौकरशाही की वेबेरियन अवधारणा में उपयुक्त महत्त्व नहीं दिया गया है।

(8) पीटर ब्लाउ—पीटर ब्लाउ ने इस विषय का परीक्षण किया कि संयुक्त राज्य अमेरिका में संगठन के उद्देश्य प्राप्त करने में युक्तिमूलक नौकरशाही द्वारा औपचारिक विनियम किस प्रकार क्रियान्वित किए गए। उसने दो विभागों का परीक्षण कर यह पाया कि अधिकारियों के समूह, जिसने एक समूह से सहयोग किया और परामर्श किया। उसने उन अधिकारियों की अपेक्षा अधिक अच्छे संगठनात्मक उद्देश्य प्राप्त किए, जिन्होंने कठोर नियमों का दृढ़तापूर्वक पालन किया था। ब्लाउ के अनुसार कठोर नियमों का कठोरतापूर्वक पालन करने से अधिकारियों द्वारा कर्मचारियों की कार्यक्षमता प्राप्त नहीं की जा सकती।

दूसरे शब्दों में, नौकरशाही के लिए निम्नलिखित आवश्यक है—
1. समग्र रूप में विनिमय के उद्देश्यों की पहचान होना,
2. कुशल प्रशासन सुकर बनाने के लिए बदलती हुई परिस्थितियों के अनुसार व्यवहार अपनाना, जिससे संगठन के उद्देश्य प्राप्त किए जा सकें।

अनेक चिंतकों ने गैर-पश्चिमी समाजों की भिन्न परिस्थितियों के लिए प्रशासन के वेबेरियन मॉडल की अनुपयुक्तता प्रदर्शित की। वस्तुतः गरीब और संवेदनशील तथा रोगी की माँग के लिए व्यावसायिक नौकरशाही आवश्यक है, वेबर की युक्तिमूलक नौकरशाही नहीं।

(9) आर.बी. प्रेस्थस—आर.बी. प्रेस्थस के अनुसार मनुष्य की अभिप्रेरणा के बारे में अस्पष्ट धारणाएँ, जिनकी कल्पना वेबर ने की थी, गैर–पश्चिमी समाजों में नहीं पाई जा सकती हैं। दूसरे शब्दों में, वेबेरियन नौकरशाही विकासशील देशों के संदर्भ में मान्य नहीं है।

(10) डेलने व पालोम्बरा—इस प्रकार की राय अन्य समाज विज्ञानियों जैसे—डब्ल्यू. डेलने (W. Delaney) और जोजेफ ला पालोम्बरा (Joseph La Palambara) ने भी व्यक्त की।

डेलने ने आनुवांशिक प्रशासन का सुझाव दिया। इसी प्रकार ला पालोम्बरा ने अनुभव किया कि वेबेरियन और पश्चिमी प्रशासन मॉडल की अपेक्षा प्रशासन का रूसी अथवा चीनी मॉडल विकासशील देशों के लिए अधिक प्रभावकारी है।

(11) सीमॉन—हर्बर्ट सीमॉन ने प्रशासन विज्ञान पर अपनी क्लासिकी कृति 'एडमिनिस्ट्रैटिव बिहेवियर' (1945) में यह स्वीकार किया कि विभिन्न प्रकार की परिस्थितियों के लिए अनेक प्रकार की प्रशासनिक संरचनाएँ आवश्यक हैं और प्रशासन के वेबेरियन मॉडल के तथाकथित कालातीत सिद्धांत आधुनिक विश्व की निरंतर परिवर्तित होती हुई परिस्थितियों के लिए उपयुक्त नहीं हैं। वास्तव में मतों को अवधारणाओं और सिद्धांतों के परिष्करण के लिए होना चाहिए ताकि परिवर्तित होते हुए विश्व में प्रशासन प्रणाली बेहतर ढंग से स्पष्ट की जा सके।

प्रश्न 2. नौकरशाही के बारे में कार्ल मार्क्स के विचारों पर एक संक्षिप्त टिप्पणी कीजिए। **[June 2010, Q. 5. (b)]**

उत्तर— कार्ल मार्क्स के विचार—नौकरशाही पर कार्ल मार्क्स के विचारों का कोई स्पष्ट ब्यौरा देखने में नहीं आता है। परंतु उसने अपनी विभिन्न रचनाओं "क्रिटिक ऑफ हेगेलस फिलोसोफी ऑफ राइट" (1844) "दी जर्मन आइडियोलॉजी", "सिविल वार इन फ्रांस" में इस पर विचार प्रकट किए हैं और कुछ अन्य रचनाओं में मार्क्स ने नौकरशाही पर अपने विचार व्यक्त किए। मार्क्स ने पूँजीवादी प्रणाली में नौकरशाही और उसकी भूमिका का विश्लेषण किया। उसने राज्य क्रियाविधि के भाग के रूप में नौकरशाही पर विचार किया। उसने नौकरशाही की तथाकथित विशेषताओं, जैसे श्रेष्ठ ज्ञान, योग्यता सिद्धांत, नियम मानसिकता, निष्पक्षता आदि पर प्रहार किया। वह कहता है कि नौकरशाही "वास्तविक राज्य की काल्पनिक अवस्था है यह राज्य का आध्यात्मिकवाद है।" इसके फलस्वरूप प्रत्येक तथ्य के दो अर्थ हैं, एक वास्तविक और एक नौकरशाही, जैसे कि ज्ञान द्रुगुण है तो नौकरशाही वास्तविक। नौकरशाही में राज्य की सत्ता है, समाज का आध्यात्मिक अस्तित्व है, यह उसकी निजी संपत्ति है। यह राज्य प्राधिकार की निजी संपत्ति की भाँति कार्य करता है।

मार्क्स के अनुसार, "नौकरशाही की सामान्य भावना गुप्तता, रहस्य, पदानुक्रम के माध्यम से आंतरिक रूप से परिरक्षित और बाह्य रूप से संवृत्त निगम के रूप में है। मार्क्स आगे कहता है, "नौकरशाही का पदानुक्रम ज्ञान का पदानुक्रम है। उच्चतम बिंदु विशेष का ज्ञान निचले स्तर को सौंपता है जबकि दूसरी ओर ये सर्वव्यापक के बारे में ज्ञान का श्रेय होते हैं और इस प्रकार वे एक–दूसरे को धोखा देते हैं।

"राज्य की जागरूकता, इच्छा और शक्ति सामूहिक रूप में नौकरशाही विशिष्ट है, राज्य के अंदर बंद समाज है।" नौकरशाही की मनोवृत्ति राज्य की औपचारिक मनोवृत्ति है। इसलिए यह राज्य की औपचारिक मनोवृत्ति बनाता है। नौकरशाही अपने आपको राज्य का अंतिम लक्ष्य होने पर बल देता है। क्योंकि नौकरशाही अपने संतोष में अपने औपचारिक लक्ष्य बनाता है, यह सभी जगह वास्तविक उद्देश्यों से संघर्ष में आता है। इस प्रकार वह प्रस्तुत करने के लिए बाध्य है। संतोष के लिए औपचारिक क्या है और औपचारिक संतोष क्या है। राज्य के लक्ष्यों को ब्यूरो के लक्ष्यों में या ब्यूरो के लक्ष्यों को राज्य के लक्ष्यों में रूपांतरित किया जाता है। मार्क्स के उपर्युक्त प्रेक्षण प्रकट करते हैं कि नौकरशाही राज्य के हितों की और राज्य के वर्ग हित की रक्षा करती है। नौकरशाही सामाजिक रूपांतरण की प्रक्रिया में नकारात्मक साधन माना जाता है। मार्क्स के लिए राज्य का उन्मूलन नौकरशाही तंत्र के विनाश द्वारा संस्थागत रूप में प्राप्त होगा।

प्रश्न 3. नौकरशाही में समयानुसार बदलने की क्षमता पर नोट लिखिए।

उत्तर– भारत जैसे विकासशील देश में नौकरशाही संक्रमणकालीन चरण में है। साम्राज्यवादी युग में 'सामान्यवादी' कानून और व्यवस्था वाली नौकरशाही थी। परंतु अब विकास गतिविधियों के कारण विकासशील देशों में कार्यरत नौकरशाही में नवीन आवश्यकताओं के अनुसार बदलने की प्रवृत्ति देखने को मिलती है। नौकरशाही संगठनात्मक, प्रक्रियात्मक और अपने कार्यात्मक क्षेत्र में पहले की अपेक्षा बदली है। भले ही यह बदलाव मूल न होकर समय के अनुसार थोड़ा समायोजन ही क्यों न हो। विकासशील देशों में नौकरशाही के संगठन और कार्यों में जो परिवर्तन देखने को मिलता है वह मुख्यतः बाध्यता के कारण है। यह बाध्यता सामाजिक क्रांति के नवीन आदर्श, उद्देश्य, सोच जिसके कारण समाज का सामाजिक, आर्थिक, राजनीतिक विकास किया जा सके। आज समाज की मुख्य प्राथमिकता राष्ट्र तत्त्व और राष्ट्रीय अखण्डता की भावना उत्पन्न करने के साथ राष्ट्रीय विकास करना भी है। ऐसी परिस्थिति में नौकरशाही को समाकलनात्मक (Integrative role) निभाना चाहिए न कि केवल यंत्रीय रूप में (Instrumental)। दूसरे शब्दों में, अब नौकरशाही को विकास कार्यक्रमों में पहले की अपेक्षा सक्रिय भूमिका निभाने की आवश्यकता है। यह सक्रियता योजना और नीति बनाने तथा उन्हें लागू करने में ज्यादा आवश्यक है। पिछले 51 वर्षों का अनुभव यह बताता है कि भारत जैसे विकासशील देश में नौकरशाही की सोच, कार्य करने की प्रणाली

नौकरशाही के आलोचक

में बदलाव अवश्य आया है। यद्यपि यह बदलाव तीनों स्तर की नौकरशाही में हमारी मान्यताओं के अनुसार नहीं हुआ है। यह आशा की जाती है कि भविष्य में इस दिशा में और सुधार होगा।

भारत की नौकरशाही की कुछ अपनी बाध्यताएँ हैं जिनमें सुधार की अत्यंत आवश्यकता है। ये बाध्यताएँ हैं–प्रथम, नौकरशाही और राजनीतिज्ञों के बीच बढ़ता हुआ अपवित्र बंधन। भारत में लोकतंत्र का भविष्य बहुत कुछ 'पूर्ण संगठित नौकरशाही' के बढ़ते आकार को रोकने की क्षमता पर निर्भर करता है। परंतु यह उत्तरदायित्व आत्म-संतुष्टि और आधे सक्षम राजनीतिज्ञों के पास है, जो कानून की अपेक्षा विवेक द्वारा कार्य करते हैं। यद्यपि अधिकांश अध्ययन यह बताते हैं कि राजनीतिज्ञ परिवर्तन के समर्थक और प्रशासक समस्थिति बनाये रखने के पक्षधर हैं। यह धारणा पूर्व में प्रचलित मान्यता कि विकास कार्य में नौकरशाही बाधक है और उसमें परिवर्तन की आवश्यकता है। परिणामस्वरूप इन्दिरा गाँधी ने 'प्रतिबद्ध लोक सेवा' का समर्थन किया। अतः भारत में राजनीतिज्ञ और नौकरशाही के बीच बढ़ते हुए संबंध पर अंकुश लगाने की आवश्यकता है। द्वितीय मध्य और निम्न के नौकरशाही का व्यवहार जनता के प्रति अहंकारी और हठी होता है। नौकरशाही के इस अंहकार के कुछ कारण हैं–(1) ब्रिटिश परंपराओं का जीवित रहना, (2) नौकरशाही की यह भावना कि वे शासक वर्ग हैं, (3) नौकरशाही में उच्च वर्गों का वर्चस्व, (4) पश्चिमी शिक्षा जिसमें पश्चिमी शिष्टाचार को प्राथमिकता, (5) प्रशिक्षण में जनता की सेवा करने को कम महत्त्व देना और (6) अत्यधिक पुलिस शक्ति।

नौकरशाही में अहम् भावना के साथ-साथ यह सोच विद्यमान है कि वे उच्च वर्ग के हैं और स्वामी हैं न कि सेवक। वर्तमान नौकरशाही के कुछ दुःखित कारण हैं– (1) अपने कामों में संबद्ध रहने की कमी, (2) प्रत्येक के प्रति अधिक दोषदर्शी और निंदनीय दृष्टिकोण, (3) निर्णय लेने की जिम्मेदारी को गंभीरता से न लेना, (4) जनता से मिलने की अनिच्छा तथा प्रत्येक फाइल को गुप्त और छिपाकर रखना। मध्य और निम्न स्तर नौकरशाही में पर्याप्त भ्रष्टाचार व्याप्त है। भ्रष्टाचार हमारे समाज में कैंसर के समान प्रवेश कर गया है। यह राजनीतिज्ञ और नौकरशाही दोनों में देखने को मिलता है। अंतिम, इस स्तर पर नौकरशाही विकास कार्यों के प्रति आशानुरूप प्रतिबद्ध नहीं होती है। जनता से दूर रहते हैं।

प्रश्न 4. "जे. एस. मिल, मोस्का और मिशेल्स (Michels) ने नौकरशाही संबंधी वेबेरियन प्रतिमान की आलोचना की थी।" चर्चा कीजिए। [June 2009, Q. 2.]

उत्तर– जे. एस. मिल–जॉन स्टुअर्ट मिल (John Stuart Mill) ने 1848 में अनुभव किया कि घटिया राजनीतिक जीवन के लिए मुख्य कारण नौकरशाही है। जे. एस. मिल, जिसने अपनी पुस्तक "आन लिबर्टी" (1850) में नौकरशाही पर अपने विचार व्यक्त किए, अनुभव किया कि प्रशासनिक कार्यालय के नाम पर नौकरशाही राष्ट्र की प्रतिभा पर एकाधिकार करती है, युवक अपने जीवन में प्रमुख महत्त्वाकांक्षा के रूप में इसमें दाखिल होने का विचार विकसित कर सकते हैं। आगे उसने अनुभव किया कि शासक और शासित दोनों

नौकरशाही के गुलाम बन जाते हैं और सुधार असंभव हो सकते हैं तथा इसकी इच्छा के विरुद्ध कुछ नहीं कभी भी नहीं हो सकेगा।

प्रतिनिधिक सरकार (Representative Government) पर अपने विचारों का खुलासा करते समय मिल ने यह विचार व्यक्त किया कि नौकरशाही "अनुभव संचित करती है, प्रशिक्षित और सुविचारित परंपरागत सूत्र चाहती है और उनमें उपयुक्त व्यावहारिक ज्ञान की व्यवस्था करती है, जिन्होंने वास्तव में कार्यों का संचालन किया है।" मिल ने अनुभव किया कि नौकरशाही सूत्रों के अपने कठोर पालन के कारण अपनी स्वाभाविक मौत से मरती है और केवल प्रतिनिधिक स्वरूप की सरकारें ही उन सरकार चलाने वाले सामान्य योग्यता के व्यक्तियों से सृजनशील व्यक्तियों को सरकारी कार्य सौंप सकती है।

मोस्का और माइकेल्स—मोस्का और माइकेल्स बहुत महत्त्वपूर्ण चिंतक हैं जिन्होंने नौकरशाही की अवधारणा पर बल दिया और कुछ वेतनभोगी कर्मचारियों द्वारा अल्पतंत्री शासन के नए कोण में इसका विश्लेषण किया। उनके विचारों ने नौकरशाही की उस अवधारणा का विस्तार बढ़ाया जिसने वेबर को समाजशास्त्रीय संदर्भ में नौकरशाही का अध्ययन करने के लिए प्रेरित किया था।

नौकरशाही के अवधारणा पर मोस्का के विचार "दी रूलिंग क्लास" (1895) नामक उसकी क्लासिकी कृति में प्रकट हुए। उसने बताया कि संख्यात्मक दृष्टि से अल्पसंख्यक किस प्रकार सरकार में सहभागी होंगे और शासक वर्ग के रूप में उभरेंगे जिसे लोगों का बहुमत स्वीकार करेगा। मोस्का ने सरकार को दो प्ररूपों में वर्गीकृत किया, सामंती और नौकरशाही। सामंती राज्यों में शासक वर्ग सामान्य संरचना का प्रचालन करता है और सदस्य अर्थव्यवस्था, न्यायिक, प्रशासनिक या सैन्य क्षेत्रों में नानाविध कार्य करते हैं। वे शासित वर्ग पर प्रत्यक्ष रूप में अपने अधिकारों का प्रयोग करते हैं। नौकरशाही राज्य में नौकरशाही के माध्यम से शासक वर्ग में कार्यों का स्पष्ट रूप से विभाजन किया जाता है। उन्हें राष्ट्रीय कोष से अपना कार्य करने के लिए वेतन दिया जाता है। मोस्का ने अल्पसंख्यक शासन की अपरिहार्यता का उल्लेख किया, जो लोकतंत्र के सिद्धांत को अस्वीकारता है। सरकारी अधिकारी न केवल शासक वर्ग के भाग के रूप में देखे जाते हैं बल्कि वे आधुनिक राज्य की विशेषताएँ परिभाषित करने के भाग भी बनते हैं। शासक वर्ग समाज के हित और प्रतिभाओं की विविधता प्रतिबिंबित करता है। मोस्का का मत है कि निर्वाचित संसद नौकरशाही के ऊपर नियंत्रण का प्रयोग नहीं कर सकता है और समृद्धिशाली जनता और प्रशासन में प्रत्यक्ष रूप में प्रतिष्ठित परिश्रमी लोगों को शामिल करने का सुझाव दे सकता है। मोस्का के लिए नौकरशाही ऐसे सरकारी अधिकारियों की जटिल निकाय है जिन्हें वेतन राष्ट्र द्वारा दिया जाता है। कालांतर में नौकरशाहों ने विशेषज्ञता अर्जित की और कुछ ही समय में शासक वर्ग में शक्ति के केंद्र बन गए।

"पालिटिकल पार्टीज" (1911) पर माइकेल्स की पुस्तक ने आगे नौकरशाही पर मोस्का के विचारों को सविस्तार प्रतिपादित किया है। मोस्का और माइकेल्स के विचारों में पर्याप्त समानताएँ हैं। माइकेल्स का मत है कि नौकरशाही आधुनिक राज्य की आवश्यकता थी। राजनीतिक दृष्टि से प्रमुख वर्ग नौकरशाही निर्धारित करते हैं जबकि राजनीतिक दृष्टि से असुरक्षित मध्यम वर्ग सरकारी रोजगार की माँग करते हैं। इससे पता चलता है कि दोनों पक्ष अपने–अपने अस्तित्व के लिए एक–दूसरे से आपस में कैसे आदान–प्रदान और सहायता करते हैं। राजनीतिक दलों की भूमिका का विश्लेषण करते हुए माइकेल्स ने अनुभव किया कि सरकारों की भाँति, बड़े राजनीतिक दल भी संगठनात्मक गतिविधियों की देखरेख करने और व्यावसायिक दिशा में चलाने के लिए पूर्णकालिक वैतनिक अधिकारी भर्ती करते हैं। ये अधिकारी कालांतर में राजनीतिक दलों के प्रकार्यात्मक पहलुओं में विशेषज्ञ के रूप में उभरते हैं और नौकरशाही में नेतृत्व की स्थिति धारण करते हैं। माइकेल्स अनुभव करता है कि किसी भी विशाल संगठन को आधुनिक विश्व में अपने कार्यकलाप चलाने के लिए वैतनिक व्यक्तियों की आवश्यकता होती है। अतः अन्य संगठनों में नौकरशाही की भूमिका का विस्तार होता है।

मोस्का की भाँति माइकेल्स विभिन्न तरीकों का सुझाव देता है जिसके माध्यम से नौकरशाही की भूमिका सीमित की जा सकती है, इसमें मत संग्रह, श्रमिक संघवाद और अराजकतावाद शामिल है। अंत में, माइकेल्स ने निष्कर्ष निकाला कि कुलतंत्र के शासन का विरोध करना कठिन है।

अन्य महत्त्वपूर्ण चिंतक जिसने नौकरशाही पर अपने विचार व्यक्त किया, वाल्टर वेगहोट (Walter Bagehot) था। वेगहोट प्रशासन की अमेरिकी प्रणाली के विरुद्ध है, जो सत्तासीन दल के विचारों पर कार्य करती है और उसने इंगलिश प्रशासन की सराहना की, जो मंत्रियों के परिवर्तन के बावजूद कभी भी तदनुरूप नहीं बदलती है और वास्तव में नए व्यक्ति पदासीन होते हैं, सार्वजनिक राय की उत्तर देते हैं और प्रशासनिक प्रक्रिया को समृद्ध करते हैं। रामजे म्यूर ने अनुभव किया कि इंग्लैंड के स्थायी अधिकारियों ने नौकरशाही पर स्थायी प्रभाव छोड़ा।

गुस्ताव स्कमोलेर (Gustav Schmoller), जर्मन सामाजिक वैज्ञानिक जिसने प्रूशियन (Prussian) प्रशासनिक प्रणाली के इतिहास का संपादन किया और जर्मन अफसरशाही पर कई व्याख्यान दिए, उसने अनुभव किया कि प्रत्येक समाज में तीन घटक होते हैं, मत व्यक्त करते हुए स्कमोलेर ने कहा कि इसके विकास की चार अवस्थाएँ हैं। पहली अवस्था है, आदिकालीन अवस्था, जिसमें कार्यालय और समुदाय में लोगों की भूमिकाओं के बीच अंतर को देखना कठिन है। दूसरी अवस्था में, प्रशासनिक कार्यालयों की भर्ती, सामंती समाजों की भाँति वंशानुगत की जाती थी। तीसरी श्रेणी में, कार्यालयों को या तो एकमुश्त या अल्प अवधि के लिए चयन द्वारा भरा जाता था। दूसरी और तीसरी श्रेणियों में प्रवेश शासक अभिजात वर्ग के धनियों के लिए सीमित था। नेता के स्टाफ विकास की चौथी अवस्था दीर्घकालिक,

वैतनिक, पदानुक्रमिक व्यावसायिक कार्य वाले कैरियर संरचना पर आधारित था। स्कमोलेर ने अनुभव किया, नेता के स्टाफ के नौकरशाही विकास का चौथा रूप आधुनिक राज्य में अपरिहार्य है। यद्यपि स्कमोलेर की आलोचना नौकरशाही के खतरों को पहचानने के लिए की गई, परंतु उसके योगदान ने नौकरशाही की अवधारणा के पुनर्निर्धारण और पुनर्भाषित करने में सहायता की।

जो नौकरशाही उन्नीसवीं शताब्दी के दौरान इंग्लैंड और जर्मनी में प्रचलित थी उसके बीच बहुत विरोधाभास है। ये अंतर लोरेंज वान स्टीन द्वारा प्रकाश में लाए गए। "सहशासन" की अवधारणा पर आधारित जर्मन प्रणाली अधिकारियों के निकाय को शासकों को सलाह देने का उत्तरदायित्व और उसकी कार्रवाई के उत्तरदायित्व का भार सौंपती है। यह विभिन्न स्तरों पर विस्तृत चर्चा के बाद निर्णय लेता है, जो वास्तव में सामूहिक "सहशासन" के निर्णय करने की प्रक्रिया को विलंबित करता है। इंगलिश नौकरशाही प्रणाली अधिकतर व्यक्तिगत उत्तरदायित्व और संपूर्ण निर्णय करने की ड्राफ्टिंग और नोटिंग पर निर्भर करता है, जिसमें उत्तरदायित्व का निर्धारण सुनिश्चित किया जाता है।

नौकरशाही प्रणाली को ध्यान में रखे बिना जर्मन प्रणाली हो या इंगलिश प्रणाली हो, उसमें अपने कार्य और गतिविधियाँ फैलाने और उसकी संख्या बहुगुणित करने की प्रवृत्ति सदा रही है। चूँकि नौकरशाह अपनी लेखनी के माध्यम से अपने कार्यों का निष्पादन करता है, जो पहले मौखिक शब्दों से क्रियान्वित किए जाते थे। इसका तात्पर्य यह हुआ कि अब अधिक लेखनियों को प्रयोग में लाया गया, इससे नौकरशाही का विस्तार हुआ और नए कार्यों की शुरुआत हुई, जिन्हें पहले नागरिक क्षेत्र में प्रयुक्त किया जाता था। इसके परिणामस्वरूप सरकारी नौकरशाही की वृद्धि अव्यवस्थित रूप में हुई और नागरिकों पर शक्ति का अधिकार अर्जित किया।

अपने नागरिकों पर नौकरशाही की प्रसरणशील भूमिका और जनता के विरुद्ध किए गए अपराधों की ओर 1902 में जोजेफ ओल्सजेवस्की, पोलिश कानूनविद् का ध्यान आकर्षित किया गया। यद्यपि फ्रेंच नौकरशाही के बारे में टिप्पणियाँ करते समय सामाजिक वैज्ञानिक ली प्ले ने कहा कि नौकरशाही मूलतः कुछ मध्यम स्तरीय अधिकारियों में स्थित होती है, जो विस्तृत ब्यौरे से नौकरशाही को जटिल बनाते हैं और जनता की पहल का दमन करते हैं।

महत्त्वपूर्ण विषय जो उन्नीसवीं शताब्दी के लेखकों की रचनाओं से प्रकट हुआ है, उसे उस तरीके के आधार पर तीन समूहों में वर्गीकृत किया जा सकता है कि वे नौकरशाही को कैसे देखते हैं। पहले समूह ने राजनीति प्रणाली, जैसे राजशाही, लोकतंत्र या एकतंत्र को ध्यान में रखे बिना नौकरशाही को सरकार के रूप में देखा है। वे विनसेण्ट डी गोर्नी और मिल के विचारों के समर्थक हैं। दूसरे समूह ने नौकरशाही को जर्मन लेखकों, जैसे हीनजेन (Heinzen) और अन्य द्वारा समर्थित प्रशासकों के सहशासन के रूप में देखा है। तीसरा समूह ओल्सजेवस्की और ली प्ले (Olszewski and Le Play) द्वारा उल्लिखित वेतनभोगी स्थायी सिविल कर्मचारियों वाले अफसरशाही के विरुद्ध जनता के असंतोष को प्रकाश में लाया

है।

बीसवीं शताब्दी के दौरान नौकरशाही के अध्ययन की उपेक्षा की गई थी। फिर भी, उसी समय के दौरान लब्धप्रतिष्ठ चिंतकों द्वारा अधिक से अधिक बहस देखी गई। बहस दो विपरीत दृष्टिकोणों के इर्दगिर्द घूमती रही। पहला है—दक्षता के साधन के रूप में नौकरशाही और दूसरा है वह नौकरशाही जो प्रशासनिक दक्षता को बढ़ाती है। इसने नौकरशाही के पुराने सिद्धांत पर प्रभुत्व रखा। मिल, मोस्का, माइकेल्स से वेबर और मार्क्स तक राजनीतिक– सामाजिक चिंतकों ने नौकरशाही को अपनी सुस्थापित राजनीतिक धारणाओं को ध्यान में रखकर देखा और नौकरशाही पर अपने दृष्टिकोण का सविस्तार प्रतिपादन किया। यह कहना आवश्यक नहीं है कि शक्ति का प्रयोग समाज में संबंधों का निर्धारण करता है। लोगों का एक समूह सोचता है कि जो सत्ता में होते हैं और धार्मिक–धर्मनिरपेक्ष तथा आध्यात्मिक साधनों के माध्यम से अपनी शक्ति के प्रयोग को उचित ठहराते हैं, वे विश्वास करते हैं कि ईश्वर या समाज के लिए शक्ति का प्रयोग कर रहे हैं और सरकारी अधिकारी प्रयोजन का सहभाजन किया करते हैं। अन्य समूह विश्वास करता है कि शक्ति समाज में समूह के आर्थिक स्थान का शुद्ध परिणाम है और विश्वास करता है कि अधिकारी वर्ग प्रमुख वर्ग के आर्थिक हित समूह का प्रतिनिधित्व करने वाले एजेंट हैं।

नौकरशाह को प्रायः सरकार का वेतनभोगी कर्मचारी के रूप में देखा जाता है। व्यवहार में विरोधाभासी विकास हुआ है। वह व्यक्ति जिसने वैतनिक कर्मचारी नियुक्त किया है उसने सत्ता के केंद्र के रूप में कार्य करना आरंभ किया है और उसकी स्थिति समाज से प्राप्त नहीं हुई है, परंतु उसकी स्थिति उस शक्ति से आई है जिसे वह सरकार में ग्रहण करता है। प्रारंभ में नौकरशाही के बहुत प्रस्तावकों ने इसकी प्रत्याशा नहीं की थी। फिर भी, बाद के चिंतकों ने सरकार और समाज में नौकरशाह की शक्ति पर अधिक विस्तार से विचार–विमर्श किया।

प्रश्न 5. लेनिन और स्टालिन पर टिप्पणी प्रस्तुत कीजिए।

उत्तर– लेनिन और स्टालिन—जैसा कि मार्क्स मध्यमवर्गी नौकरशाही का सुधार करने या हटाने के लिए स्पष्ट वैचारिक ढाँचा प्रदान नहीं कर सका, बाद में मार्क्स की भाँति लेनिन ने भी वैसी ही बहुत–सी कठिनाइयों का सामना किया। प्रारंभ में उनके पास कोई ऐसा मार्गदर्शन नहीं था कि क्रांतिकारी पार्टी समाजवादी आधार किस प्रकार संगठित कर सकती है और समाजवादी राज्य को समाजवादी समाज के निर्माण के लिए मध्यमवर्गीय समाज बनाने के लिए मध्यमवर्गी नौकरशाही पर निर्भर होना पड़ता है। लेनिन ने यह स्पष्ट करने का उत्तरदायित्व लिया कि सामाजिक लोकतंत्र के अपेक्षिताओं के अनुकूल नौकरशाही को विघटित या सुधार किस प्रकार किया जा सकता है। लेनिन ने विनियम पर जोर दिया और उसके अनुयायियों में कोई अनुशासन ग्रहण करने वाला नहीं था। रोजा लक्समवर्ग इस सीमा तक बढ़ा कि उसने श्रमिक आंदोलन को नौकरशाही का गुलाम बनाने के लिए लेनिन की आलोचना की। कार्ल कोटस्की ने नौकरशाही की अपरिहार्यता स्वीकार करने और कामगारों

के हित में इसे मान्यता देने का सुझाव दिया।

लेनिन ने अपने आलोचकों को उत्तर दिया और नौकरशाही पर अपने विचार अपनी पुस्तक "दी स्टेट एंड दी रिवोल्यूशन" (1947) में व्यक्त किए जिसमें उसने पुरानी राज्य नौकरशाही विघटन करने की आवश्यकता व्यक्त की और राज्य के शिथिल होने तक सुदृढ़ केंद्रीय निर्धारण के साथ श्रमजीवी (सर्वहारा) के शासन की वकालत की। उसने कहा, अधिकारी तो होंगे परंतु नौकरशाह नहीं, जिसका अभिप्राय है; लोगों से और लोगों के ऊपर होने से विशेषाधिकृत व्यक्तियों को त्याग दिया जाएगा। यह नौकरशाही का सार है।" (एल्ब्रो, पृष्ठ 73) वास्तविकता में लेनिन ने जिसकी कल्पना की थी, वह नौकरशाही नहीं थी परंतु सर्वहारा प्रशासनिक तंत्र था (एल्ब्रो, पृष्ठ 74)। लेनिन ने ग्यारहवीं पार्टी कांग्रेस में स्वीकार किया कि पुरानी नौकरशाही तंत्र को नहीं हटाया जा सका। क्रांतिपूर्ण नौकरशाही की निरंतरता को स्वीकार करते हुए स्टालिन ने संदेह व्यक्त किया कि पार्टी राज्य तंत्र का नियंत्रण खो सकती है। 1930 में साम्यवादी पार्टी के सोलहवें कांग्रेस के दौरान स्टालिन ने स्वीकार किया कि नए साम्यवादी नौकरशाह हो सकते हैं जो कामगार वर्ग के हित के विरुद्ध कार्य कर सकते हैं और "यंत्र को स्वच्छ" करने का वचन दे सकते हैं।(एल्ब्रो, पृष्ठ 75)

नेता के बाद नेता की वचनबद्धताएँ सोवियत संघ में नौकरशाही नष्ट करने में अधिक प्रगति नहीं कर सकीं। ट्रास्की जो नौकरशाही का विखंडन करना चाहता था, उसकी लेनिन और स्टालिन से भिन्न राय थी, उसने "दी रिवोल्यूशन" (1937) में अनुभव किया कि सोवियत संघ में नौकरशाही के विनाश के बदले उसने "सोवियत संघ में विशेषाधिकृत और नियंता स्तर" अर्थात् नौकरशाही का उद्भव देखा (एल्ब्रो, पृष्ठ 76)। सोवियत संघ में नौकरशाही विखंडित करने के लिए सैद्धांतिक वचनबद्धता के बदले नौकरशाही एक नए वर्ग के रूप में जारी रही और श्रमजीवी वर्ग द्वारा उत्पादित अधिशेष का विनियोजन करती रही। यहाँ तक कि वह समाजवादी समाजों में भी फलती-फूलती रही। यह सब प्रकट करता है कि अपरिहार्य संस्था के रूप में नौकरशाही प्रत्येक प्रकार की प्रणाली- पूँजीवादी, समाजवादी और लोकतंत्र में जीवित रही।

इकाई – 8

मानवीय संबंध दृष्टिकोण

प्रश्न 1. एल्टॉन मायो द्वारा हॉथोर्न संयंत्र में किए प्रयोगों की चर्चा कीजिए। [Dec 2009, Q. 3.]

अथवा

"जॉर्ज एल्टॉन मायो को संगठन के मानवीय संबंध दृष्टिकोण के पथ–प्रदर्शकों में माना जाता है।" चर्चा कीजिए। [June 2010, Q. 3.]

उत्तर– जॉर्ज एल्टॉन मायो को संगठन के मानवीय संबंध दृष्टिकोण के पथ–प्रदर्शकों में माना जाता है। उसकी मुख्य परिकल्पना है कि नियोक्ता और कर्मचारियों के बीच संबंध मानवीय (Humanistic) होने चाहिए, न कि यंत्रवादी (Mechanistic)। कर्मचारियों और कामगारों को उत्पादन तंत्र के उत्पादन के कारकों और अंतर्बदल तत्त्वों के बदले सम्मान और स्वाभिमान सहित व्यक्ति के रूप में व्यवहार करना आवश्यक है। उसने अपने दृष्टिकोण को नैदानिक विधि (Clinical Method) कहा। उसने कई पुस्तकें प्रकाशित की तथा कई अनुसंधान लेखों का योगदान भी किया।

1920 के दशक के अंत में और 1930 के दशक के प्रारंभ में हार्वर्ड बिजनेस स्कूल ने एल्टॉन मायो और उसके सहायोगियों के नेतृत्व में वेस्टर्न इलेक्ट्रिक कंपनी के हॉथोर्न संयंत्र में अनुसंधान किया। यह अनुसंधान संगठन सिद्धांत में ऐतिहासिक घटना सिद्ध हुई। ऐतिहासिक खंड (Landmark Volume) "मैनेजमेंट एंड दी वर्कर" में विस्तार से इसका वर्णन किया गया है। मायो के कार्य से सामाजिक प्रणालियों के रूप में संगठनों की पहली क्रमबद्ध अवधारणा पर अनुसंधान हुआ और मशीन मॉडल की कुछ मूलभूत परिकल्पनाएँ समाप्त हुईं। कुल मिलाकर चार अध्ययन किए गए थे जिनका वर्णन निम्नलिखित है–

(1) प्रारंभिक प्रयोग–हॉथोर्न संयंत्र में अध्ययनों से पहले, मायो ने अपना पहला अनुसंधान टेक्सटाइल मिल में किया जिसे पहली जाँच के रूप में जाना गया। उसने 1923 में अपना अनुसंधान फिलाडेल्फिया के समीप टेक्सटाइल मिल में आरंभ किया। मिल के सभी कर्मचारियों को प्रबंध द्वारा सभी सुविधाएँ प्रदान की गई थीं। ये सुविधाएँ उच्चकोटि की और मानवीय स्वरूप की थीं। मिल को मॉडल संगठन के रूप में माना गया था। सभी विभागों में सामान्य श्रमिक परिवर्तन (अनुपस्थिति) का अनुमान लगभग 5 प्रतिशत लगाया गया था जबकि म्यूल स्पिनिंग विभाग में श्रमिक परिवर्तन लगभग 250 प्रतिशत था। उच्च श्रमिक परिवर्तन की इस समस्या का सामना करने के लिए इस विभाग में कर्मचारियों को कई प्रोत्साहन दिए गए थे। परंतु प्रोत्साहनों के बावजूद श्रमिक परिवर्तन में कमी नहीं आई। एल्टॉन मायो ने म्यूल स्पिनिंग विभाग की समस्या का अध्ययन किया।

उसके अध्ययन के माध्यम से एकत्र की गई सूचना के आधार पर मायो ने पर्याप्त विश्राम के अभाव को एक समस्या बताया। जो कामगारों में थकावट उत्पन्न कर रहा था।

अपने पहले प्रयोग में मायो ने अपना ध्यान थकावट, दुर्घटनाओं, उत्पादन स्तरों, विश्राम समय, कार्य दशाओं (Working Conditions) आदि पर केंद्रित किया।

महत्त्वपूर्ण निर्णयों में से एक निर्णय जिसे प्रबंधन ने लिया था कि विश्राम अवधियों का नियंत्रण स्पष्ट रूप से कामगारों के हाथ में था। इससे कामगारों के बीच परामर्श होता था। सामाजिक अंत:क्रिया आरंभ हुई। नई जागरूकता उत्पन्न हुई, कामगारों ने सामूहिक निर्णय लेने आरंभ किए। इससे "भीड़ परिकल्पना" (Rabble Hypothesis) का अनुमान उल्टा हो गया जिसमें स्वार्थ द्वारा प्रेरित असंगठित व्यक्तियों के झुंड के रूप में मानव जाति की कल्पना की जाती है।

हॉथोर्न अध्ययन–यह दृढ़ मत था कि कामगार के शारीरिक कार्य, पर्यावरण, कल्याण और उत्पादकता के बीच स्पष्ट कारण और प्रभाव संबंध विद्यमान है। यदि उचित संवातन, तापमान, प्रकाश अन्य शारीरिक कार्य दशाओं में सुधार और मजदूरी प्रोत्साहन योजनाएँ कामगारों को प्रदान की जाती हैं जो इसके बदले वे अधिक उत्पादन करेंगे, प्रबंधन की यह राय थी। इस मनोभाव पर विचार करते हुए जॉर्ज पेन्नाक के नेतृत्व में नेशनल अकादमी ऑफ साईन्स की राष्ट्रीय अनुसंधान परिषद् ने वेस्टर्न इलेक्ट्रिक कंपनी के हॉथोर्न संयंत्र में असुसंधान कार्यक्रम कामगारों से अलंकरण और दक्षता के बीच संबंधों की जाँच करने का निर्णय किया। वेस्टर्न इलेक्ट्रिक कंपनी ने 3500 पुरुष और महिलाएँ नियुक्त किए।

(2) महान अलंकरण प्रयोग (1924–27)–पहला अध्ययन, कर्मियों के दो समूहों के समानांतर प्रेक्षण पर आधारित था, एक परीक्षण समूह और दूसरा नियंत्रण समूह, इलेक्ट्रिकल उपकरण के उत्पादन संबंधी कार्य में लगे हुए थे, इन्होंने इन परीक्षणों में भाग लिया। अलंकरण के भिन्न–भिन्न स्तरों के आधार पर उत्पादन के स्तर की जाँच करने के लिए अध्ययन तैयार किया गया था। नियंत्रण समूह स्तर के सतत् अलंकरण और प्ररूप के साथ रहा जिससे दो समूह आरंभ हुए थे। जबकि परीक्षण समूह के कमरे में आवधिक रूप से प्रयोगात्मक परिवर्तन आरंभ किए गए थे। तब कार्य की दशाएँ धीरे–धीरे परिवर्तित की गईं जिनसे उत्पाद पर इस परिवर्तन का प्रभाव देखा जा सके। अनुसंधानकर्ताओं ने समूहों का प्रेक्षण किया और उत्पादन का सही–सही रिकॉर्ड रखा। दो वर्षों की अवधि में फैले अनुसंधान ने सिद्ध किया कि अलंकरण के स्तर पर ध्यान दिए बिना नियंत्रण और प्रायोगिक दोनों समूहों में उत्पादन बढ़ा। सामूहिक प्रोत्साहन योजना के बदले व्यक्तिगत उभरती दर योजना और जलपान की व्यवस्था शुरू की गई थी। इन सभी कारणों से उत्पादन में आगे और वृद्धि हुई। परिणामों से आश्चर्यचकित होकर अनुसंधान दल ने उपर्युक्त सभी विशेष अधिकार वापस लेने का निर्णय किया और इन प्रयोगों की प्रारंभिक दशाओं में ही वापसी लेने का निर्णय किया। कुछ अन्य समय के लिए उत्पादन में कुछ गिरावट हुई, परंतु शीघ्र ही यह तब किसी भी समय की तुलना में बढ़ा था। अनुसंधान दल परिणाम से पूर्णत: किंकर्त्तव्यविमूढ़ (Totally Puzzled)

था। अलंकरण परिकल्पना (Illumination Hypothesis) अस्वीकार की गई थी, प्रोत्साहन योजना, के बीच संबंध विश्राम काल आदि की उत्पादकता से कोई स्पष्ट प्रासंगिकता नहीं थी।

1927 में मायो को आगे अध्ययनों द्वारा समस्या को सुलझाने के लिए आमंत्रित किया गया। इन अध्ययनों में मायो ने फ्रिट्ज जुलेस रोइथिलस्बेरगर (Fritz Jules Roethlisberger) से सहयोग लिया। हॉथोर्न अध्ययनों के परिणामों का प्रतिपादन करने के बाद मायो की यह राय थी कि परीक्षण कक्ष में बालिकाएँ सामाजिक इकाई बन जाएँ और उनके प्रति अनुसंधान दल का ध्यान अधिक होने के कारण यूनिट ने परियोजना में सहभागिता की भावना विकसित की। विभिन्न स्पष्टीकरणों को हटाने के बाद उन्होंने मूल अलंकरण परियोजना की विफलता स्पष्ट करने के लिए निम्नलिखित दो परिकल्पनाओं का सुझाव दिया—

1. पहली परिकल्पना: व्यक्तिगत मजदूरी भुगतान प्रोत्साहन ने उत्पाद में वृद्धि को प्रेरित किया।
2. दूसरी परिकल्पना: पर्यवेक्षी तकनीकों में परिवर्तनों ने मनोवृत्ति और उत्पाद में सुधार किया।

टोली संयोजन परीक्षण कक्ष प्रयोग—उपर्युक्त दो परिकल्पनाओं का परीक्षण करने के लिए दो नए समूह बनाए गए थे। उन्हें अन्य सभी कामगारों से अलग विशेष परीक्षण कक्ष में रखा गया था। समूह का उजरती कार्य के आधार पर व्यक्तिगत प्रोत्साहन योजना (Individual Incentive Plan) पर रखा गया था। आरंभ में कुल उत्पादन में वृद्धि हुई और कुछ समय पश्चात् यह स्थिर हो गया। दूसरे समूह को, यद्यपि व्यक्तिगत प्रोत्साहन योजना पर रखा गया, विश्राम अवधियों में और कार्य के दौरान विभिन्न प्रयोगों में भी रखा गया। उत्पादन में परिवर्तन रिकॉर्ड किए गए।

इस समूह में 14 महीनों की अवधि में उत्पादन की औसत वृद्धि थी। अनुसंधान दल ने निष्कर्ष निकाला कि पहली परिकल्पना की पुष्टि नहीं की गई थी क्योंकि यह मजदूरी नहीं थी परंतु कुछ अन्य था जिससे दोनों समूहों में अधिक उत्पादन हुआ।

दूसरी परिकल्पना का परीक्षण करने के लिए वातावरण को अधिक आरामदायक और अनुकूल बनाया गया था। लड़कियों को साथी कामगारों और पर्यवेक्षकों से मुक्त रूप से घुलने-मिलने दिया गया था। पर्यवेक्षकों को लोकतंत्रमुखी पर्यवेक्षकों के रूप में व्यवहार करने के लिए कहा गया था। अन्य महत्त्वपूर्ण कारक था कि प्रबंधकीय व्यवहार संशोधित किए गए थे। मायो ने अनुभव किया कि कार्य संतोष बड़ी सीमा तक कार्यदल के औपचारिक सामाजिक पैटर्न पर निर्भर करता है। उसने कहा कि पर्यवेक्षण की शैली परिवर्तन ने कामगारों के मनोबल में वृद्धि की जिससे उत्पादन में वृद्धि हुई। पर्यवेक्षण, मनोबल (morale) और उत्पादकता के बीच यह कड़ी (Corner Stone) मानवीय संबंधों का आधार बनी।

(3) मानवीय मनोवृत्तियाँ और भावनाएँ (1928-31)—मायो और उसके दल ने आगामी अध्ययन 1928-31 के दौरान आरंभ किया। यह मानवीय मनोवृत्ति और भावनाओं (Human Attitudes and Sentiments) पर था। कामगारों को प्रबंधन के कार्यक्रमों

और नीतियों, कार्य दशाओं, उनके अधिकारी उनके साथ कैसा व्यवहार करते हैं, आदि पर अपनी पसंद और नापसंद के बारे में स्पष्ट रूप से और खुलकर व्यक्त करने के अवसर दिए गए। उन्होंने, 20,000 से अधिक कामगारों का साक्षात्कार लिया, प्रत्येक को रोजगार या दशा के किसी भी पहलू पर अपने स्वयं के विचार रखने या शिकायत करने के लिए पर्याप्त समय दिया गया। उन्होंने यह भी अनुभव किया कि मजदूरी बेहतर थी, यद्यपि मजदूरी का स्तर (स्केल) उसी स्तर पर रहा। ऐसा प्रतीत हुआ कि "Let Off Steam" के लिए अवसर था जिससे कामगारों को बेहतर अनुभव कराया गया, भले ही, परिवेश में कोई वस्तुगत परिवर्तन नहीं था। मायो और रोइथिलस्बेरगर के अध्ययन दल ने निम्नलिखित दो पहलुओं की पहचान की—

1. पहला, कामगारों ने उनसे कंपनी की समस्याओं पर सूचना एकत्र करने की विधि की सराहना की। उन्होंने सोचा, उनके पास देने के लिए महत्त्वपूर्ण सम्मतियाँ थीं और गौरव अनुभव किया कि प्रबंधन में उनकी बराबर की स्थिति थी। उन्होंने महसूस किया कि उन्हें स्वतंत्रता से अपने विचार व्यक्त करने की अनुमति थी और इससे वे संतुष्ट थे। वे इस भावना से प्रसन्न थे कि परिवेश में दशाएँ बेहतरी में बदलीं, यद्यपि ऐसा कोई परिवर्तन नहीं हुआ।

2. दूसरा, पर्यवेक्षकों की मनोवृत्ति में परिवर्तन था क्योंकि उन्होंने महसूस किया कि अनुसंधान दल ने उनके पर्यवेक्षण के तरीकों का पर्यवेक्षण निकट से किया और अधीनस्थों को अपने पर्यवेक्षकों के बारे में स्वच्छंदता से टिप्पणी करने की अनुमति दी गई।

मायो और उसका दल अंत में इस निष्कर्ष पर पहुँचा कि इन अप्रत्याशित जाँच निष्कर्षों के स्पष्टीकरण संगठन में कार्यरत औपचारिक सामाजिक बलों में निहित है। उन्हें विश्वास हो गया कि कामगारों को उनकी भावना और अनुभूतियों से पृथक नहीं किया जा सकता है, जो व्यक्ति के व्यक्तिगत इतिहास और संगठन में उसकी सामाजिक स्थिति के परिणाम हैं। इसलिए कार्य स्थान में व्यवहार स्पष्ट करने के लिए इस सीमित विचार से बाहर जाना आवश्यक था कि संगठन तो केवल आर्थिक और प्रौद्योगिकीय संरचना थी, संगठन को सामाजिक संरचना के रूप में भी देखा जाना था, "मानवीय संबंधों के जटिल जाल को भावनाओं की प्रणाली द्वारा साथ जोड़ना आवश्यक है।"

(4) सामाजिक संगठन (1931–32)—स्वाभाविक व्यवस्था में कार्य निष्पादन करने वाले कामगारों के समूह का प्रेक्षण वेस्टर्न इलेक्ट्रिक कंपनी में एल्टॉन मायो और उसके दल द्वारा किया गया यह अंतिम अध्ययन था। सामाजिक संगठन और कार्य समूह के अंतर्गत अंतरा–समूह बलों की संक्रिया का विस्तृत अध्ययन है। उन कामगारों के तीन समूह प्रेक्षण के लिए चुने गए जिनका कार्य परस्पर संबंधित थे। इसे "ही बैंक वायरिंग एक्सपेरिमेंट" के नाम से जाना जाता था। इस प्रयोग में, मजदूरी समूह प्रोत्साहन योजना के आधार पर दी जाती थी और प्रत्येक को समूह के कुल उत्पाद के आधार पर उसका शेयर मिलता था। अनुसंधान दल ने पाया कि कामगारों ने मानक उत्पादन के अपने ही मानक विकसित किए; जो प्रबंधन लक्ष्य

की अपेक्षा कम थे। परंतु उत्पादन की एक समान दर बनाए रखने के लिए उत्पादन नियंत्रण में रखा गया। कार्य समूह ने अत्यधिक एकीकृत सामाजिक संरचना विकसित की और विचलित सदस्यों को ठीक करने के लिए अनौपचारिक दबाव का प्रयोग किया। अपनी सामूहिक एकता के लिए निम्नलिखित आचारसंहिता का समर्थन किया गया—

1. किसी को पर्यवेक्षक से सहयोगी के बारे में कोई नकारात्मक बात नहीं करनी चाहिए। यदि वह करता है तो वह "Squealer" है।
2. किसी को बहुत अधिक कार्य नहीं करना चाहिए। यदि वह करता है तो "Rate Buster" है।
3. किसी को सामाजिक दूरी बनाए रखने का या अनौपचारिक कार्य करने का प्रयास नहीं करना चाहिए। यदि कोई निरीक्षक है, उदाहरण के लिए, उसे उस तरह कार्य नहीं करना चाहिए।
4. किसी को बहुत कम काम नहीं करना चाहिए। यदि कोई करता है तो वह "Chesler" है।

अध्ययन के बाद माओ और उसके दल ने कामगारों के निम्नलिखित विचारों की पहचान की—

1. कामगारों को अनुशासन के रूप में रखने के लिए पर्यवेक्षकों को प्राधिकार की पृथक श्रेणी के रूप में निर्धारित किया जाता है।
2. कामगारों ने अनुभव किया कि अनुसंधान दल के व्यवहार का प्रबंधन या संयंत्र की सामान्य आर्थिक दशाओं से कोई लेना–देना नहीं है।
3. दक्षता का तर्क भावनाओं के साथ सुचारु रूप से नहीं चल सकता है जो "सामाजिक प्रणाली" का आधार हो गया है।
4. उन्होंने सोचा कि विशेषज्ञ दक्षता के तर्क का अनुसरण करते हैं जिसमें उनके सामूहिक कार्य पर दबाव होता है।
5. कामगारों ने विभागोत्तर कार्मिक, जैसे "Efficiency Men" और अन्य "प्रौद्योगिकीविदों" के हस्तक्षेप को बाधा के रूप में महसूस किया।

मायो और दल ने निष्कर्ष निकाला कि—

1. हॉथोर्न अनुभव ने प्रबंधकीय दक्षता के नए मिश्रण का सुझाव दिया। तकनीकी कुशलताओं के अलावा, प्रबंधन को कामगारों की मानवीय स्थितियों को नियंत्रित करना चाहिए, प्रेरित करना चाहिए, उनका मार्ग प्रशस्त करना चाहिए और उनसे संवाद संपर्क रखना चाहिए।
2. उन्होंने अनुभव भी किया कि सामाजिक और मानव जीवन की कीमत पर तकनीकी प्रगति और वस्तुगत जीवन पर बल देना अच्छा नहीं है।
3. प्राधिकार की अवधारणा विशेषज्ञता के बदले सहयोग प्राप्त करने में सामाजिक कुशलता पर आधारित होनी चाहिए।
4. उद्योगों के तकनीकी और आर्थिक पहलुओं पर बल देते समय संगठनों के मानवीय

पक्ष को नहीं भूलना चाहिए।

प्रश्न 2. हॉथोर्न प्रयोगों के मुख्य निष्कर्ष पर एक नोट लिखिए।

[Dec 2008, Q. 5. (ख)]

उत्तर— *हॉथोर्न प्रयोगों के मुख्य निष्कर्षों का वर्णन निम्नलिखित है—*

1. हॉथोर्न प्रयोगों तथा अनुवर्ती अध्ययनों से अनौपचारिक संगठनों की खोज की गयी। यह परिणाम निकला कि कार्य स्थान पर विभिन्न सामाजिक तथा मनोवैज्ञानिक कारक कामगारों के संतोष तथा संगठनात्मक उत्पादन का निर्धारण करते हैं। तथापि मायो के प्रमुख सहयोगी फ्रिट्ज रोइथिलस्बेरगर का निष्कर्ष था। उसके अनुसार हॉथोर्न अध्ययनों से यह प्रकट हुआ कि उत्पादकता पर प्राथमिकता समूह के उत्पादन पर प्रभाव चाहे अधिक न हुआ हो पर काफी अवश्य हुआ। कारण, औपचारिक रूप से भौतिक वातावरण और आर्थिक लाभ कार्य से प्राप्त हुए।

2. निग्रो और निग्रो के अनुसार इसका आधार मायो के दल की ये खोजें थीं कि मानवीय संबंधों का निर्धारण विचारधारा या बाद के वर्षों के आंदोलन द्वारा हुआ। निग्रो ने कहा कि "अनुप्रयुक्त स्तर पर आंदोलन के उद्देश्य प्रबंधन को औपचारिक संगठन में गहन प्रविष्ट समस्याओं का निदान करने तथा समुचित हस्तक्षेप की युक्ति निकालने के लिए आवश्यक सामाजिक और मनोवैज्ञानिक अंतर्दृष्टि प्रदान करते थे। अतएव मानवीय संबंध कुशलता के विकास पर अधिक बल दिया गया था, जिससे अनौपचारिक और औपचारिक संगठनों के मध्य अंतर को प्रभावी ढंग से पाटने के लिए पर्यवेक्षकों की सहायता करेगा।

हॉथोर्न अध्ययन के आधार पर विद्वानों ने निम्नलिखित अवधारणाएँ निर्धारित की है—

1. **पुरस्कार और संस्वीकृति—**आर्थिक प्रोत्साहनों के बदले गैर-आर्थिक पुरस्कार, जैसे— सामाजिक पुरस्कार और सामूहिक स्वीकृतियाँ सुदृढ़ की प्रेरक हैं। वे कामगारों के व्यवहारों के मार्गदर्शन में महत्त्वपूर्ण भूमिका अदा करते हैं।

2. **पर्यवेक्षण—**पर्यवेक्षण उस समय प्रभावी होता है जब पर्यवेक्षक संगठन के उद्देश्यों के प्रति उनकी स्वीकृति सुनिश्चित करने के लिए समूह और उसके अनौपचारिक नेताओं को सम्मिलित करता है तथा उनसे परामर्श करता है। मानवीय संबंधों के विद्वानों के अनुसार प्रभावकारी संवाद और इसके साथ ही निर्णय करने की प्रक्रिया में कामगारों की सहभागिता की अनुमति देना प्रभावी पर्यवेक्षण की कुंजी है।

3. **लोकतांत्रिक पर्यवेक्षण—**कामगार उस अवस्था में प्रभावकारिता का उच्चतम स्तर प्राप्त करते हैं जब उन्हें अपने औपचारिक पर्यवेक्षकों से दबाव के बिना अपने कार्य स्वयं ही संपन्न करने की अनुमति प्राप्त होती है।

सहज प्रवृत्तियाँ (Innate Propensities)—मानवीय संबंधों की विचारधारा द्वारा संचालित विभिन्न अध्ययनों से सिद्धांत में निम्नलिखित सहज प्रवृत्तियों का विकास होता है।

4. **समूह—**संगठन में व्यक्तियों के व्यवहार पर मुख्य प्रभाव समूह मानदंड हैं। कामगार

एक व्यक्ति के रूप में कार्य या प्रतिक्रिया न कर समूह के सदस्य के रूप में कार्य करते हैं। उत्पादकता के मानकों का निर्धारण उत्पादकता के समूह कार्यपालक के प्रतिशोध के विरुद्ध ढाल का कार्य करता है। दोनों तरीकों में अनौपचारिक समूह कार्यपालक की शक्ति पर नियंत्रण के रूप में काम करता है।

5. **सामाजिक मानदंड**—संगठन की प्रभाविकता का स्तर सामाजिक मानदंडों के द्वारा निर्धारित किया जाता है। प्रशासन के सिद्धांत उदाहरणार्थ कार्य का विभाजन या कामगार की शारीरिक क्षमता उत्पादकता में विवेचनात्मक कारक नहीं है।

सहज प्रवृत्तियाँ (Innate Propensities)—मानवीय संबंधों की विचारधारा द्वारा संचालित विभिन्न अध्ययनों से सिद्धांत में निम्नलिखित सहज प्रवृत्तियों का विकास होता है—

1. **सहभागी**—पर्यवेक्षण की सर्वाधिक प्रभावकारी शैली उस समय निर्मित की जाती है जब प्रबंधक कार्य अनुसूची में प्रत्येक परिवर्तन लागू करने से पूर्व कार्य समूहों और उनके अनौपचारिक नेताओं से परामर्श करता है। मानवीय संबंध विचारधारा के अनुवर्ती सिद्धांतवादियों ने इसको सहभागी प्रबंधन का नाम दिया है। प्रबंधन की इस शैली से कामगार उन निर्णयों पर प्रभाव डाल सकता है जो उस पर प्रभाव डालता है और कामगारों की प्रभाविकता को उच्चतम स्तर तक ले जाते हैं।

2. **अनौपचारिक समूह की भूमिका**—कार्य संयंत्र में अनौपचारिक समूह अर्थात् कार्य परिस्थिति में लोगों का स्वाभाविक समूह पृथक-पृथक व्यक्ति के कार्य संबंधी स्वभाव और मनोभाव पर सुदृढ़ सामाजिक नियंत्रण को प्रयुक्त करता है। मानक संगठन में समूह व्यक्तियों के व्यवहार पर गहन प्रभाव डालता है।

3. **गैर-आर्थिक कारकों का महत्त्व**—गैर-आर्थिक कारक जैसे—सामाजिक पुरस्कार और स्वीकृतियाँ कामगार का अभिप्रेरण और कार्य तुष्टि के उनके स्तर के महत्त्वपूर्ण निर्धारक हैं। इसकी अपेक्षा आर्थिक प्रोत्साहन कार्य के अभिप्रेरकों के रूप में कम सशक्त है।

4. **मान्यता, सुरक्षा व अपनत्व की भावना का महत्त्व**—कामगार के मनोबल और उत्पादकता के निर्धारण में मान्यता, सुरक्षा और अपनत्व की भावना की आवश्यकता की भूमिका शारीरिक योग्यता या ऊर्जस्विता और शारीरिक दशाओं की अपेक्षा अधिक महत्त्वपूर्ण है जिसके अधीन वे कार्य करते हैं। दूसरे शब्दों में, उत्पादकता पर सामाजिक और मनोवैज्ञानिक कारकों का दृढ़ प्रभाव पड़ता है, केवल कार्य की दशाओं में नहीं।

5. **कार्य: सामूहिक क्रियाकलाप**—कार्य एक सामूहिक क्रियाकलाप है। कामगार प्रबंधन भिन्न-भिन्न व्यक्ति के बदले रूप और अनौपचारिक संगठनों के सदस्यों के रूप में स्वयं ही संगठन और कार्य प्रतिक्रिया कर सकते हैं।

6. **कामगार को मनुष्य के रूप में देखना**—कामगार मूलतः सामाजिक प्राणी है। उन्हें सर्वप्रथम मनुष्य के रूप में समझा जाना चाहिए। यदि उन्हें संगठन के सदस्य के रूप में समझा जाता है तो उनके मनोभाव और प्रभावकारिता को कार्य परिस्थिति के

आंतरिक व बाह्य दोनों से सामाजिक माँगों द्वारा अनुकूलित किया जाता है।

प्रश्न 3. उद्योगों में अनुपस्थितता का वर्णन कीजिए।

उत्तर— द्वितीय विश्वयुद्ध के दौरान, संयुक्त राज्य अमेरिका में अधिकांश उद्योगों में श्रमिक परिवर्तन 70 प्रतिशत से अधिक था। अनुपस्थिति तो सामान्य बात थी। इस परिस्थिति से चिंताग्रस्त होकर तीन उद्योगों के प्रबंधन ने मायो की उद्योगों में भारी श्रमिक परिवर्तन और अतर्कसंगत अनुपस्थिति की समस्या का अध्ययन करने तथा उपयुक्त उपचार सुझाने का अनुरोध किया। 1943 में अनुसंधान आरंभ हुआ।

मायो और उसके अध्ययन दल का अनुभव था कि एक उद्योग जिसमें श्रमिक परिवर्तन न्यूनतम और अनुपस्थिति नगण्य थी, यह स्पष्ट किया था कि कामगार दिन में किसी भी शिफ्ट के बिना समूह मजदूरी अर्जित करेंगे। किसी भी शिफ्ट में किसी भी कमी की घटना में मजदूरी में कटौती समान रूप से लागू होगी। परिणामतः सभी कामगार सचेत हुए और एक स्वाभाविक नेता के नेतृत्व में समूह गठित किया जिसने समूह की एकता के निर्माण में समय और शक्ति लगाई। यह सुनिश्चित करने का दायित्व कर्मचारियों का था कि उद्योग की उत्पादकता उच्च और कार्य अबाध रूप से होता रहे। मायो ने यह अध्ययन किया कि किस प्रकार एक अनौपचारिक समूह ने प्रबंधन से सहयोग करके उत्पादन के स्तर में वृद्धि करने में अपनी शक्ति और क्षमता की प्रमाणिकता दिखाई। इस मामले में सकारात्मक प्रक्रिया संभव थी। इसका कारण यह था कि पर्यवेक्षक और उसका स्टाफ अन्यथा बहुत व्यस्त था और विभाग में अन्य व्यक्ति कदाचित ही आता था। समस्त कार्य एक व्यक्ति के प्रभाव में था। उस व्यक्ति की कोई आधिकारिक प्रतिस्थिति नहीं थी। वह व्यक्ति दल से कामगारों को जोड़े रखने के लिए स्वाभाविक नेता के रूप में उभरकर आया था।

दो अन्य कारखानों की स्थिति में न तो वहाँ कोई अनौपचारिक समूह था और न ही कोई स्वाभाविक नेता, जो कि कामगारों को एक समूह में रख सकता। वे दल बनाने के अवसर में असमर्थ रहे, क्योंकि परिणामतः संबंधित उद्योगों के उत्पादन केंद्रों में अत्यधिक श्रमिक परिवर्तन अनुपस्थिति थी, उत्पादकता में भी भारी कमी आई।

प्रश्न 4. मानवीय संबंध बनाम क्लासिकी दृष्टिकोण का वर्णन कीजिए।

उत्तर— मानवीय संबंध बनाम क्लासिकी दृष्टिकोण—यद्यपि मानवीय संबंधों के लेखकों ने वैज्ञानिक प्रबंधन सिद्धांतवादियों की भाँति उत्पादन में ''प्रबंधन का महत्त्व स्वीकार किया, परंतु वे संगठन के बारे में उनके आधारभूत दृष्टिकोण में उनसे सहमत नहीं हैं जिसे वे औपचारिक संरचना के अलावा व्यक्तियों की सामाजिक प्रणाली, औपचारिक समूहों तथा अंतःसमूह संबंधों के रूप में विभेद करते हैं। मानवीय संबंध सिद्धांत को "नव क्लासिकी सिद्धांत" कहा जाता है, क्योंकि यह संगठन के न्यायसंगत मूल्यों के रूप में दक्षता और उत्पादकता स्वीकार करता है, यद्यपि यह इन मूल्यों को प्राप्त करने के लिए भिन्न तकनीकों के सेट पर निर्भर करता है। क्लासिकी और मानवीय दोनों सिद्धांत अपने उद्देश्यों में एक

समान हैं परंतु उन उद्देश्यों को पूरा करने के लिए अपनाए गए दृष्टिकोण में मतभेद हैं। मानवीय संबंध क्लासिकी दृष्टिकोण का अमानवीयकरण दृष्टिकोण हटाकर दक्षता और उत्पादकता के मूल्यों को अधिकतमीकरण करने का प्रयास करते हैं। निम्नलिखित पहलुओं में मानवीय संबंध सिद्धांत क्लासिकी सिद्धांत से भिन्न है—

(i) क्लासिकी सिद्धांत संरचना, व्यवस्था, औपचारिक संगठन, आर्थिक कारकों और योक्तिकता पर ध्यान केन्द्रित करता है। मानवीय संबंध दृष्टिकोण संगठन में व्यवहार की मुख्य व्याख्या के रूप में औपचारिक समूह की पहचान करता है।

(ii) क्लासिकी सिद्धांत औपचारिक संगठन संरचना पर बल देता है जिससे चार्टों और मैनुअलों में यथानिर्धारित कार्यों और कार्य विकास होते हैं। इसके विपरीत, मानवीय संबंध सिद्धांत का संबंध अनौपचारिक संगठन, अर्थात् संगठन के अंतर्गत अलग-अलग कामगारों के सामाजिक संबंध से है।

(iii) क्लासिकी सिद्धांत व्यक्ति का सूक्ष्म विचार लेता है और कामगारों को मशीन में विभिन्न दाँताओं के रूप में मानता है। इसके विपरीत, मानवीय संबंध सिद्धांत कामगारों को अनिवार्य रूप से सामाजिक प्राणी मानता है जो व्यक्ति अपने को व्यक्ति के बदले समूहों के सदस्यों के रूप में प्रबंधन, संगठन और कार्य की प्रतिक्रिया करता है।

(iv) कामगार की अभिप्रेरणा निर्धारित करने में आर्थिक पुरस्कार और कार्य की भौतिक दशाओं को क्लासिकी सिद्धांतवादियों द्वारा महत्त्वपूर्ण कारकों के रूप में माना गया है। इसके विपरीत सामाजिक मनोवैज्ञानिक पुरस्कारों और सामूहिक पुरस्कारों को मानव संबंधवादी द्वारा कार्य के लिए महत्त्वपूर्ण अभिप्रेरक के रूप में माना गया है।

(v) क्लासिकी सिद्धांत पर्यवेक्षण के अधिकारवादी शैली पर बल देता है, जबकि मानवीय सिद्धांत पर्यवेक्षण की लोकतांत्रिक प्रकार पर बल देता है।

पूर्ववर्ती चर्चा स्पष्ट रूप से दिखाती है कि क्लासिकी दृष्टिकोण और मानवीय संबंध दृष्टिकोण ने संगठन के दो विचारों को लिया है। यदि क्लासिकी सिद्धांत में लोगों के महत्त्व पर कम बल दिया गया है, तो मानवीय संबंध सिद्धांत औपचारिक संगठन के मूल्य पर कम बल दे सकता है। कोई भी दृष्टिकोण पूरी तरह से सही नहीं है, यद्यपि प्रत्येक अंशतः सही है।

वास्तव में, संगठन में कर्मचारियों के बीच में औपचारिक संरचना और अनौपचारिक संबंध दोनों हैं। एक संगठन के यह दोनों आकार एक-दूसरे के विपरीत नहीं हैं परंतु एक-दूसरे के समवर्गी हैं। अनौपचारिक संगठन सभी औपचारिक संगठनों में अवश्य विद्यमान होते हैं और सदा हानिकर नहीं होते हैं, वे सामूहिक कार्य और सहयोग को आसान बनाते हैं। मानवीय संबंध सिद्धांतवादी कहते हैं कि यदि प्रबंधन के लक्ष्य सामूहिक मानदंड के अनुरूप होते हैं तो सौहार्द और उच्च उत्पादकता के अधिक अच्छे अवसर होते हैं। परंतु, यदि प्रबंधन के लक्ष्य और तरीके उस समूह के साथ मनमुटाव में हैं तो प्रबंधन के लक्ष्यों को क्षति हो सकती है। इसलिए यह प्रबंधन के व्यापक हित में होगा कि अनौपचारिक सामाजिक प्रणाली और उसकी गतिशीलता को स्वीकार करे और प्रभाविकता बढ़ाने तथा दक्षता प्रोत्साहित करने के लिए औपचारिक तथा अनौपचारिक संगठन के बीच समन्वय विकसित करे।

इकाई – 9

संगठन में निर्णय करने पर हर्बर्ट ए. सीमॉन के विचार

प्रश्न 1. हर्बर्ट सीमॉन के विचारों के विशेष संदर्भ में निर्णयन कार्य परिभाषित कीजिए। [June 2008, Q. 5. (ख)][June 2009, Q. 3.]

अथवा

युक्तिमूलक निर्णयन कार्य पर टिप्पणी कीजिए। [Dec 2010, Q. 5. (a)]

उत्तर– सीमॉन ने निर्णयन प्रक्रिया का विश्लेषण कर लोक प्रशासन के क्षेत्र मे अभूतपूर्व योगदान दिया है।

युक्तिमूलक निर्णयन कार्य–सीमॉन का निर्णयन फॉर्मूला मानता है कि बुद्धिमान प्रशासक को क्रिया संभव मार्ग और उनके परिणामों का पूरा ज्ञान होता है और सभी अथवा उनमें से किसी भी समस्या पर सुसंगत जानकारी तक समान पहुँच होती है। परंतु वास्तविक विश्व में यह मामला विरले ही होता है क्योंकि प्रशासक निर्णयन कार्यों में बहुत से प्रतिबंधों के सामने कार्य करते हैं। विभिन्न प्रतिबंध जो विभिन्न तथ्यों और संगठनों की संरचनात्मक व्यवस्था के बारे में निर्णयकर्त्ता की अन्य जानकारी से उत्पन्न होते हैं, निम्न प्रकार हैं–

1. निर्णयकर्त्ता विरले ही परिभाषित समस्या के संभव समाधानों की पूरी श्रेणी जानता है।
2. प्रत्येक संभव वैकल्पिक रणनीति के परिणामों की उसकी जानकारी सीमित है।
3. उसकी सूचना अपर्याप्त है।
4. उसे पूरी तरह से प्रत्येक संभावना और उसके परिणामों की जाँच करने के लिए उसके पास पर्याप्त समय का अभाव है।
5. उन भावी घटनाओं के बारे में जानकारी का अभाव, जिसमें निर्णयन कार्य करेगा।
6. निर्णयकर्त्ता की आदतें, व्यक्तिगत विश्वास और बौद्धिक क्षमता।
7. अनौपचारिक समूहों के प्रभाव, परंपराएँ और व्यवहार संबंधी मानदंड।
8. संगठन संबंधी कारक, जैसे औपचारिक संगठन के नियम और प्रक्रियाएँ और व्यवहार संबंधी मानदंड।
9. बाहरी दबाव।

अत: निष्कर्ष यह निकलता है कि अधिक सामान्य परिस्थितियों में परिणाम का विश्लेषण करना अधिक सरल होता है और इसलिए अधिक अच्छा और तर्कसंगत निर्णय संभव होता है। जटिल परिस्थितियों में, जिनमें भिन्न–भिन्न प्रावस्थाओं में निर्णयों का विशाल नेटवर्क शामिल है, निर्णय करने में तर्कसंगति की क्षति होना संभव है। इसलिए सीमॉन इस बात पर बल देता है कि सभी निर्णयन कार्य तर्कसंगत रुचियों पर आधारित होने चाहिए। वह तर्कसंगति

को, "उन मूल्यों की कुछ प्रणाली के अनुसार वरीयता प्राप्त विकल्प से संबंधित मुद्दों के रूप में परिभाषित करता है जिससे व्यवहार के परिणामों का मूल्यांकन हो सके।" इसके लिए आवश्यक है कि निर्णयकर्त्ताओं को सभी उपलब्ध विकल्पों के बारे में जानकारी होनी चाहिए। निर्णयकर्त्ताओं को प्रत्येक विकल्प के परिणामों का भी अनुमान होना चाहिए।

सीमॉन स्पष्ट करता है कि तर्कसंगति के छः भिन्न–भिन्न प्रकार हैं, अर्थात् विषयपरक, व्यक्तिपरक, जानकारी (अभिज्ञ), सुविचारित, संगठनात्मक और व्यक्तिगत। सीमॉन तर्कसंगति के इन भिन्न–भिन्न प्रकारों में अंतर करता है। निर्णय हैं—

1. संगठनात्मक दृष्टि से तर्कसंगति उस सीमा तक है कि यह संगठन के लक्ष्यों के लिए प्रयत्न करता है।
2. वस्तुगत दृष्टि से जहाँ नियत परिस्थिति में निर्धारित मूल्यों के अधिकतमीकरण के लिए सही व्यवहार है।
3. व्यक्तिगत रूप से तर्कसंगति यदि निर्णय व्यक्ति के लक्ष्यों के लिए निदेशित किया गया है।
4. कोटि के लिए सुविचारित तर्कसंगति है कि उद्देश्यों के लिए उपायों का समायोजन सुविचारित ढंग से किया गया है।
5. व्यक्तिपरक दृष्टि से तर्कसंगति भारी निर्णय विषय के ज्ञान की अपेक्षा उपलब्धि को अधिकतम करते हैं।
6. अभिज्ञतापूर्वक तर्कसंगति जहाँ उद्देश्यों के लिए उपायों का समायोजन अभिज्ञता प्रक्रिया है।

प्रश्न 2. सीमॉन के संगठनात्मक प्रभाव के मॉडलों की व्याख्या कीजिए और उनके संगठनात्मक निर्णयन में योगदान का विश्लेषण कीजिए। [Dec 2008, Q. 3.]

उत्तर— संगठनात्मक प्रभाव के मॉडल—क्रियात्मक कर्मचारियों के सक्रियण पर शीर्ष प्रबंधन के निर्णय तब तक अप्रभावशाली रहते हैं, जब तक उन्हें नीचे की ओर तक सूचित नहीं किया जाता है। इस प्रक्रिया में ऐसे तरीकों की जाँच करना आवश्यक है जिनमें क्रियात्मक कर्मचारियों का व्यवहार प्रभावित हो सकता है। ये प्रमुख मोटे तौर पर दो श्रेणियों के अंतर्गत आते हैं— (1) प्रचालन कर्मचारी में स्वयं अभिरुचियों, आदतों और मनःस्थिति को दृढ़ करना, जो उसे उस निर्णय तक ले जा सके संगठन के लिए लाभप्रद है और (2) संगठन में अन्यत्र दिए गए निर्णयों को प्रचालन कर्मचारी पर थोपना। कर्मचारी में संगठनात्मक वफादारी और दक्षता का महत्त्व उसके मन में बिठाकर और अधिक आमतौर पर उसे प्रशिक्षित कर पहले प्रकार का प्रभाव कार्य कर सकता है। दूसरे प्रकार का प्रभाव मुख्यतः प्राधिकार पर और सलाहकारी और सूचना संबंधी सेवाओं पर निर्भर करता है। इस पर जोर नहीं दिया गया है कि ये श्रेणियाँ या तो व्यापक हैं या आपस में विशिष्ट हैं।

प्राधिकार—चेस्टर बर्नार्ड ने प्राधिकार की संकल्पना पर पर्याप्त ध्यान दिया। संगठनात्मक संस्कृति, प्राधिकार का मिथा ऐसे तरीके में बनाती है, अधीनस्थ कर्मचारी ऊपर के उच्च अधिकारियों से आने वाले आदेशों का निर्वहन उन पर किसी प्रकार का प्रश्न उठाए बिना करते हैं। प्राधिकार का प्रयोग करते समय उच्च अधिकारी उन्हें स्वीकार कराने का प्रयास नहीं करता है, परंतु तत्परता से आदेश की स्वीकृति की आशा करता है। फिर भी बर्नार्ड स्वीकार करता है कि प्राधिकार अधीनस्थों में निहित है जो उसे स्वीकार करते हैं न कि उच्च अधिकारियों में जो उनका प्रयोग कर रहे हैं। शायद प्राधिकार के इस निरंकुश पहलू पर अधिक बल दिया गया है। किसी भी स्थिति में, यदि प्राधिकार को अमुक बिन्दु से परे ले जाया जाता है जिसे अधीनस्थ के "स्वीकृति के क्षेत्र" के रूप में वर्णित किया जा सकता है, अवज्ञा इसके बाद आती है। स्वीकृति के क्षेत्र का विस्तार प्रतिबंधों पर निर्भर करता है जो प्राधिकार को अपने आदेश लागू करने के लिए उपलब्ध हैं। इस संबंध में शब्द "प्रतिबंध" की व्याख्या मोटे तौर पर सकारात्मक और तटस्थ प्रोत्साहन के लिए की जा सकती है जैसे प्रयोजन का समुदाय, आदत और नेतृत्व। प्रतिबंध कम से कम प्राधिकार की स्वीकृति प्राप्त करने में वैसा ही महत्त्वपूर्ण है जैसा कि शारीरिक या आर्थिक दंड है।

संगठनात्मक निष्ठा—किसी भी संगठन में उसके सदस्यों में उस समूह से अपनी पहचान बनाने की प्रवृत्ति होती है। यह मानव स्वभाव की महत्त्वपूर्ण विशेषता है। वे संगठन के हितों को ध्यान में रखकर निर्णय लेते हैं जिससे उनकी पहचान होती है। संगठन सदैव सदस्य की जानकारी का अच्छा उपयोग करता है। संगठन के प्रत्येक सदस्य को भी मूल्यों की सीमित श्रेणी प्राप्त होगी जो उत्तरदायित्व सुनिश्चित करने के लिए आवश्यक है। परंतु संगठनात्मक निष्ठा में समस्या यह है कि प्रत्येक व्यक्ति संगठन के संबंध में संकुचित दृष्टि रखता है और अधिक व्यापक संगठनात्मक हितों की उपेक्षा करता है। सीमॉन की राय है कि चूँकि कोई संगठन में जितना अधिक ऊँचाई पर जाता है, उतना ही अधिक व्यापक दृष्टिकोण की आवश्यकता होगी।

दक्षता के मानदंड—प्राधिकार का प्रयोग और संगठनात्मक निष्ठाओं का विभाग महत्त्वपूर्ण उपाय है जिनसे व्यक्ति के मूल्य क्षेत्र संगठन द्वारा प्रभावित किया जाता है। परंतु निर्णय करने की प्रक्रिया में तथ्यपरक निर्णय भी हैं। उन्हें दक्षता के मानदंड द्वारा प्रभावित किया जाता है। दक्षता की अवधारणा में वांछित लक्ष्य की प्राप्ति के लिए लघुतम पथ और सरलतम उपाय अंतर्निहित हैं। दक्षता मानदंड अधिकतर तटस्थ इस दृष्टि से होता है कि कौन से लक्ष्य प्राप्त किए जाते हैं। किसी भी प्रशासनिक एजेंसी के सदस्यों के निर्णयों पर आदेश "दक्ष हो" मुख्य संगठनात्मक प्रभाव है।

सलाह और सूचना—संगठन में सूचना प्रवाह भी निर्णन करने की प्रक्रिया को मूर्तरूप देने में महत्त्वपूर्ण है। व्यक्ति को उपलब्ध सलाह और सूचना तथ्यपरक निर्णयों को करने में महत्त्वपूर्ण निवेश है। जो संगठन प्रभावकारी सूचना सुकर करने में सक्षम है, वह न केवल

व्यवहार संबंधी रुचि को अनुकूल कर सकता है बल्कि निर्णय और कार्रवाई की एकरूपता भी सुनिश्चित करता है।

प्रशिक्षण—प्रशिक्षण एक युक्ति है, जो संगठन के सदस्यों को प्राधिकार या सलाह के लगातार प्रयोग को आवश्यकता के बिना संतोषजनक निर्णय लेने के लिए तैयार करता है। इस दृष्टि से प्रशिक्षण प्रक्रियाओं का विकल्प अधीनस्थ के निर्णयों के रूप में प्राधिकार या सलाह का प्रयोग है। यह संगठन के डिजाइन और लक्ष्यों के अनुसार अपने विवेक के प्रयोग के तरीके में व्यक्ति को सुसज्जित करता है। यह एक ऐसी भी युक्ति है जिसके माध्यम से सूचना और संगठन के लक्ष्य व्यक्ति तक पहुँचाए जाते हैं। प्रशिक्षण उसे अपने चिंतन के लिए सुलभ ढाँचा प्रदान कर सकता है, यह उसे "अनुमोदित" समाधान भी पढ़ा सकता है या उसे इस प्रकार शिक्षित कर सकता है जिसके अनुसार उसके निर्णय किए जाने हैं।

सीमॉन के संगठनात्मक प्रभाव के मॉडलों तथा उनके संगठनात्मक निर्णयन में अत्यधिक योगदान रहा है। निर्णयन व्यवहार के बहुत से मॉडल हैं। ये मॉडल निर्णयकर्त्ता की तर्कसंगति की सीमा निर्धारित करने का प्रयास करते हैं। मॉडल की श्रेणी पूर्ण तर्कसंगति से क्रमशः अर्थशास्त्री (आर्थिक व्यक्ति) और समाजशास्त्री (सामाजिक व्यक्ति) की पूर्ण तर्कसंगति तक है। सीमॉन ऐसे प्रशासनिक व्यक्ति के अधिक वास्तविक मॉडल विकसित करता है जो लगभग आर्थिक व्यक्ति से अलग होता है।

प्रशासनिक परिस्थितियों में व्यक्ति का व्यवहार संगठन के कारकों द्वारा अनुकूलित किया जाता है जैसाकि स्थिति, बाध्यताओं और ड्यूटियों, सार्वजनिक हित तथा नैतिक और आचरण की संभावित भूमिका से होता है। इसलिए प्रशासनिक व्यक्ति के लिए रुचि को अधिकतमीकरण करना अव्यावहारिक है। आर्थिक व्यक्ति अधिकतमीकरण करता है—उपलब्ध सभी विकल्पों से सबसे अच्छा विकल्प चुनता है, जबकि प्रशासनिक व्यक्ति न तो सभी संभव विकल्पों की सोच सकता है और न ही सभी संभव परिणामों का अनुमान कर सकता है। 'इष्टतम समाधानों' पर पहुँचने के प्रयास के बदले प्रशासनिक व्यक्ति "पर्याप्त अच्छा" या "किसी तरह हुआ" से संतुष्ट होता है। संतोषजनक मानदंड के उदाहरण से व्यापारी अधिक परिचित होते हैं और अधिकांश आर्थिक व्यक्ति अर्थशास्त्री अपरिचित होते हैं। ये हैं "मार्केट का शेयर", "पर्याप्त लाभ" और "उचित मूल्य"। आर्थिक व्यक्ति, अर्थशास्त्री "वास्तविक विश्व" पर उसकी सभी जटिलताओं के साथ विचार करता है। इसके अलावा, जैसा कि प्रशासनिक व्यक्ति प्रशासक स्वीकार करता है कि जिस विश्व की वह कल्पना करता है, वह वास्तविक विश्व का सरलीकृत रूप है, वह उस परिस्थिति के सामान्य चित्र का प्रयोग करके अपने विकल्प तय करता है जिन्हें वह सबसे अधिक प्रासंगिक और महत्त्वपूर्ण समझता है। इसलिए प्रशासनिक व्यक्ति, प्रशासक, "सभी संभव विकल्पों की परख" किए बिना अपेक्षाकृत अनुभव से अपना विकल्य तय करता है जो उसकी क्षमता पर कोई असामान्य कठिनाई पैदा नहीं करते हैं।" चूँकि सीमॉन के प्रशासनिक व्यक्ति (प्रशासक) के पास अधिकतमीकरण की योग्यता नहीं

है, वह सदा संतोषजनक हल पर समाप्त करता है। तथापि अधिकतमीकरण और संतोषजनक के बीच अंतर सापेक्ष है। कुछ दशाओं में संतोषजनक दृष्टिकोण भी अधिकतमीकरण करता है जबकि अन्य दशाओं में संतोषजनक और अधिकतमीकरण बहुत अधिक पृथक हैं।

प्रशासनिक व्यक्ति (प्रशासक) को चित्रित करने वाले मॉडल की रचना के बाद उन रुकावटों और बाधाओं को समझने के प्रयास किए जाते हैं जो, अधिकतमीकरण के मार्ग में आते हैं। सीमॉन के अनुसार, परिवर्तन के लिए प्रतिरोध, प्रस्थिति की इच्छा या विशेषज्ञता आदि द्वारा दुष्क्रिया अधिकतमीकरण को बाधित कर सकते हैं।

प्रश्न 3. दक्षता पर सीमॉन के विचारों पर एक नोट लिखिए।

उत्तर— निर्णय करने के तथ्यात्मक पक्षों में प्रशासक दक्षता के मानदंड द्वारा निर्देशित होना चाहिए। इस मानदंड के लिए यह आवश्यक है कि सीमित संसाधनों से परिणामों को अधिकतम किया जाये। दक्षता के मानदंड को उन वाणिज्यिक संगठनों के लिए उसका प्रयोग करना सरलतम समझा जाता है जिनका मुख्य लक्ष्य लाभ अर्जित करना है।

दक्षता के मानदंड के लिए समान लागत के निम्नलिखित दो विकल्पों की आवश्यकता होती है—

1. प्रथम, ऐसा विकल्प चुना जाता है जिससे संगठनात्मक उद्देश्यों को अधिक प्राप्त किया जा सके,
2. द्वितीय, जिस विकल्प से लागत कम की जा सके। इस "तुलन पत्र" दक्षता में स्थिति इस प्रकार होती है–
   (i) एक ओर आय का अधिकतमीकरण अंतर्निहित है। यदि लागत को नियत समझा जाता है और
   (ii) दूसरी ओर लागत का न्यूनतमीकरण है। यदि आय को नियत समझा जाता है।

वास्तव में व्यवहार में आय के अधिकतमीकरण और लागत के न्यूनतमीकरण को साथ-साथ समझा जाना चाहिए अर्थात् किसका वास्तव में अधिकतमीकरण किया जाना है। यह इन दोनों के मध्य अंतर है।

दक्षता के मानदंड का संगठन और संरक्षण दोनों के उद्देश्यों से निकट संबंध है—

(i) यह संगठनात्मक उद्देश्यों से संबद्ध है, जहाँ तक इसका संबंध 'उत्पाद' के अधिकतमीकरण से है।
(ii) इसका संबंध संरक्षण उद्देश्यों से है, जहाँ तक इसका संबंध निवेश की तुलना में उत्पाद के धनात्मक संतुलन से है।

जहाँ संसाधन, उद्देश्य और लागत सभी परिवर्ती हैं, वहीं संगठन के निर्णय विशुद्धतः दक्षता के तर्क से आधार पर नहीं हो सकते, जहाँ संसाधनों और संगठन के उद्देश्यों की मात्रा नियत है और प्रशासक के नियंत्रण के बाहर दक्षता प्रशासनिक विकल्प का नियंत्रक निर्धारक तत्त्व होता है।

सरकारी निर्णय की प्रक्रियाओं में सुधार हेतु प्रभावशाली युक्ति विधायी और प्रशासनिक दोनों के लिए बजट प्रलेख है। ये बजट संबंधी तरीकों में निम्नलिखित होंगे–

(i) नीति निर्माण और प्रशासनिक एजेंसियों के मध्य श्रम का प्रभावकारी विभाजन अधिक होने की अनुमति देना।

(ii) सामाजिक उत्पादन कार्यों पर और निर्णय करने में उनकी महत्त्वपूर्ण भूमिका पर ध्यान केंद्रित करना। अनुवर्ती वर्षों में सीमॉन ने दक्षता मानदंड का महत्त्व कम कर दिया क्योंकि उसने पाया कि यह केवल निम्नलिखित स्तर पर लागू होता है, उच्चतर स्तर के निर्णय स्वयं मापदंड और तुल्यता नहीं देते हैं।

प्रश्न 4. संगठन में रुचि और व्यवहार पर एक नोट लिखें।

उत्तर– संगठन में रुचि और व्यवहार–मानव व्यवहार में उन सभी खास क्रियाओं के चेतन और अचेतन चयन अंतर्निहित हैं जो व्यक्ति के लिए शारीरिक दृष्टि से संभव है और उन व्यक्तियों के लिए संभव है जिन पर वह प्रभाव और प्राधिकार का प्रयोग करता है।

शब्द "चयन" अर्थात् रुचि का चयन का संबंध कार्य के अन्य तरीकों की तुलना में कार्य के तरीके के लिए वरीयता से है जो नीति निर्माता के लिए खुला होता है। बहुत से मामलों में चयन प्रक्रिया में केवल सुस्थापित सहज क्रिया शामिल होता है, अर्थात् रुचि और कार्य प्रत्यक्ष रूप से जुड़े होते हैं। उदाहरण के लिए, टाइपिस्ट अंगुली से किसी खास कुंजी पर आघात करता है क्योंकि सहजक्रिया मुद्रित पृष्ठ पर अक्षर और इस खास कुंजी के बीच स्थापित हुई है। यहाँ क्रिया, कम से कम कुछ दिशा में युक्तिसंगत है (अर्थात् लक्ष्यमुखी), फिर भी चेतनता या सावधानी का कोई तत्त्व अंतर्निहित नहीं है।

अन्य मामलों में चयन स्वयं "योजना" या "डिजाइन" कार्यकलाप नाम के कार्यकलाप की जटिल शृंखला का परिणाम है। उदाहरण के लिए, यदि हम पुल का निर्माण करना चाहते हैं तो इंजीनियर व्यापक विश्लेषण के आधार पर निर्णय करेगा कि पुल विशेष अमुक और अमुक डिजाइन का होना चाहिए। उसके डिजाइन के आधार पर आगे संरचना को ब्यौरेवार योजनाओं द्वारा क्रियान्वित किया जाएगा, इन सभी क्रियाओं का पुल निर्माण करने वाले व्यक्तियों द्वारा व्यवहार की पूरी शृंखला का मार्गदर्शन करेगी अर्थात् शेष कार्यकलाप डिजाइन के अनुसार तैयार किए जाएँगे।

निर्णयन प्रक्रिया में अवस्थाएँ–सीमॉन स्पष्ट करता है कि निर्णयन समस्या परिभाषा की, विकल्पों के विकास की, विकल्पों के मूल्यांकन और समाधान चयन की प्रक्रिया है। निर्णयन प्रक्रिया में कार्यकलाप के रूप में तीन महत्त्वपूर्ण प्रावस्थाएँ अंतर्निहित हैं। उन पर चर्चा निम्नलिखित प्रकार से की जा सकती है–

(क) आसूचना क्रियाकलाप अवस्था–इस अवस्था में निर्णय लेने के लिए अवसर प्राप्त करना अंतर्निहित है। इसलिए संगठन के प्रमुखकों के लिए संगठन के परिवेश

का विश्लेषण करना और समझना आवश्यक है। वह हल किए जाने वाली समस्या की पहचान से आरंभ करना चाहिए। ऐसी समस्या की पहचान से निर्णय की आवश्यकता स्थापित होती है। समस्या निर्धारण में आसूचना कार्यकलाप अंतर्निहित है।

(ख) डिजाइन कार्यकलाप अवस्था—एक बार जब हल की जाने वाली समस्या की पहचान हो जाती है, प्रशासक सभी संभव प्रक्रियाओं या रणनीतियों या विकल्पों की खोज शुरू करता है तथा प्रत्येक विकल्प में अंतर्निहित लाभ और हानि की तथा समस्याओं की पहचान करता है जिनसे परिभाषित समस्या का समाधान प्राप्त हो सके। इस दूसरी अवस्था को डिजाइन क्रियाकलाप कहा जाता है।

(ग) रुचि क्रियाकलाप अवस्था—एक बार जब विकल्प तैयार किए जाते हैं प्रशासक तीसरी अवस्था अर्थात् सभी उपलब्ध वैकल्पिक प्रक्रियाओं के भिन्न-भिन्न परिणामों और लागतों का आलोचनात्मक दृष्टि से मूल्यांकन करना आरंभ करता है। निर्णयन प्रक्रिया में अंतिम अवस्था आरंभ होती है जब सभी विकल्पों की मजबूती और कमजोरी निश्चित हो जाती है और सबसे अधिक उपयुक्त उपलब्ध विकल्प चुनते हैं जिससे न्यूनतम लागत पर उद्देश्य की प्राप्ति हो सकती है।

निर्णयन प्रक्रिया में उपर्युक्त अवस्थाओं के लिए कुछ दक्षताएँ, जैसे परख, सृजनात्मकता, परिणामात्मक विश्लेषण और अनुभव आवश्यक है। यद्यपि विकल्पों के चयन में बहुत कम समय व्यतीत किया जाता है, परंतु बहुत अधिक समय निर्णयन प्रक्रिया में अन्य सम्बद्ध क्रियाकलाप पर व्यतीत हो रहा है।

प्रश्न 5. निर्णयन कार्य में मूल्य और तथ्य की महत्त्वपूर्ण भूमिका का वर्णन कीजिए।

उत्तर— क्रिया की प्रक्रिया की प्रभाविकता उन लक्ष्यों को प्राप्त करने में उस निर्णय की क्षमता पर निर्भर करती है जो निश्चित किए गए हैं। सही रुचि का चयन व्यक्ति की पसंद से सम्बद्ध होता है। यह "मूल्यों" के प्रश्न से जुड़ा है। क्रिया की प्रणाली की प्रभाविकता निश्चित समय में उपलब्ध सूचना पर निर्भर करती है। यह "तथ्यों" से संबंधित है। "मूल्य" पसंद या वरीयता की अभिव्यक्ति है। इसे केवल व्यक्तिपरकता के साथ मान्य स्वीकारा जा सकता है। दूसरी ओर, तथ्य वास्तविकता का विवरण है। यह केवल दृष्टव्य उपायों द्वारा सिद्ध हो सकता है। रुचि या निर्णय में तथ्य और मूल्य दोनों अंतर्निहित हैं। वे निर्णय में अंतर्निहित नैतिक और तथ्यात्मक तत्त्वों के विश्लेषण करने में मानदंड स्पष्ट करते हैं।

प्रत्येक संगठन का प्रयोजन होता है। संगठन के व्यक्ति का निर्णयन कार्य लक्ष्यों या उद्देश्यों की प्राप्ति के लिए सप्रयोजनीय होता है। लक्ष्यों की प्राप्ति के लिए संगठन की यह सप्रयोजनीयता निर्णयन कार्य के पैटर्न में एकीकरण लाती है, जिसके अभाव में प्रशासन निरर्थक हो सकता है। यदि प्रशासन में लोगों के समूह द्वारा "कार्य करवाना" शामिल है तो

प्रयोजन यह निर्धारण करने में निदेश देता है कि क्या किए जाने हैं और क्या नहीं किए जाने चाहिए।

वे प्रयोजन या विधि की तुलना में वृहत्तर निर्णयों के अनुप्रयोग के अनिवार्यतः उदाहरण हैं। प्रक्रिया में यहाँ तक कि छोटे से छोटे निर्णय भी, जो निश्चित क्रियाओं को नियंत्रित करते हैं। सीमान एक चलते हुए व्यक्ति का उदाहरण देता है। वह प्रक्रिया का वर्णन निम्न प्रकार करता है—

पैदल चलने वाला कदम लेने के लिए अपनी टाँग की माँसपेशियों को सिकोड़ता है। वह अपने गंतव्य स्थान की ओर बढ़ने के लिए कदम उठाता है, वह अपने गंतव्य स्थान डाक बाक्स की ओर अपना पत्र डालने जा रहा है; वह दूसरे व्यक्ति को कुछ सूचना देने के लिए पत्र भेज रहा है, और आदि-आदि। प्रत्येक निर्णय में लक्ष्य का चयन और उसका सम्बद्ध व्यवहार अंतर्निहित है; यह लक्ष्य किसी अन्य अधिक दूरवर्ती लक्ष्य का मध्यवर्ती हो सकता है और आदि-आदि। जहाँ तक निर्णयों का अंतिम लक्ष्यों के चयन की ओर अग्रसर होने का संबंध है, तो उन्हें "मूल्य परख" कहा जाएगा, जहाँ तक वे इस प्रकार के लक्ष्यों के क्रियान्वयन में शामिल होते हैं, इन लक्ष्यों को "वास्तविक परख" कहा जाएगा।

उदाहरण के लिए, स्थानीय निकाय का बजट बनाने में परिषद् को यह निर्णय करना होता है कि राशि किस मद को आवंटित होनी चाहिए, यह प्राथमिकताओं पर निर्भर करता है। ये निर्णय कि अधिक राशि सड़कों या पार्कों को दी जाए या शिक्षा या स्वास्थ्य को, ये "मूल्य परख" से आपस में जुड़े हुए हैं। एक बार जब प्राथमिकता निर्धारित हो जाती है तब क्रियान्वयन मुख्यतया "वास्तविक परखों" पर निर्भर करता है। उदाहरण के लिए, सड़क की लंबाई, संयोगी बिंदु, सड़क की किस्म आदि वास्तविक परख से संबंधित निर्णय हैं।

मूल्य निर्णय और वास्तविक निर्णय नहीं होते हैं। मूल्य और तथ्य केवल आधार और घटक हैं, जिन्हें परस्पर सम्बद्ध किया जाता है। हमारे सामने समस्याएँ मूल्य निर्णय या वास्तविक निर्णय के रूप में नहीं आती हैं।

प्रश्न 6. "प्रशासनिक व्यवहार पर सीमॉन के विचारों पर अनेक विद्वानों ने प्रश्न उठाए हैं?" इस कथन की समीक्षा कीजिए।

उत्तर— प्रशासन और निर्णयन पर सीमॉन के विचारों पर कई विद्वानों ने प्रश्न उठाए हैं। पहला, वे सीमॉन के इस विचार से सहमत नहीं हैं कि दक्षता प्रशासनिक संगठनों का सर्वाधिक महत्त्वपूर्ण लक्ष्य है। वे निर्दिष्ट करते हैं कि विभिन्न हितों की संतुष्टि, सामान और सेवाओं का उत्पादन, संसाधनों का संघटन और सबसे अधिक युक्तिसंगत तकनीकों का प्रयोग भी समान रूप से महत्त्वपूर्ण उद्देश्य हैं।

दूसरा, उन्होंने आपत्ति की कि उन मूल्यों का बहिष्कार, जो नीति निर्माण के अनिवार्य अंग हैं, यांत्रिक, नेमी और अनावश्यक पहलुओं के लिए लोक प्रशासन के अध्ययन को

सीमित कर सकते हैं। उसका तथ्य–मूल्य द्विभाजन, आलोचना तर्क, एक तरीके में क्लासिकी लेखकों के राजनीति–प्रशासन द्विभाजन के समरूप हैं। वे इस राय के हैं कि सीमॉन का तथ्य आधारित प्रशासनिक सिद्धांत लोक प्रशासन की अपेक्षा व्यापार प्रशासन के लिए प्रासंगिक है। बहुत–सी सरकारी कार्रवाइयों के परिणामों और उनकी लागतों को मापने में कठिनाइयाँ हैं।

तीसरा, सीमॉन निर्णय करने की भूमिका को महत्त्व देता है और प्रशासनिक व्यवहार का विश्लेषण करने में सामाजिक, राजनीतिक, आर्थिक और सांस्कृतिक कारकों की भूमिका को पृष्ठिका में रखता है। यद्यपि संगठनात्मक स्थिति में निर्णयन कार्य महत्त्वपूर्ण परिवर्ती हैं, परंतु यह अकेले संगठन का पूरा चित्र स्पष्ट करने के लिए पर्याप्त नहीं है।

चौथा, सीमॉन निर्णयन कार्य में युक्तता को महत्त्व देता है। परंतु निर्णयन कार्य एक प्रक्रिया है जिसमें युक्तता और अयुक्तता दोनों अंतर्निहित हैं। सीमॉन निर्णय करने में सहज बुद्धि, परंपरा और विश्वास को पहचानने में विफल होता है। उसका संगठन "तुष्टिकरण" की अवधारणा का प्रयोग करता है। अवधारणा का प्रयोग उन सभी निर्णयों को उचित ठहराने के लिए प्रयुक्त किया जाता है जो इष्टतम से कम हैं।

अंत में, यह कहा जाता है कि सीमॉन का युक्तिसंगत निर्णयन मॉडल कल्पना मात्र रहता है और इसलिए वास्तविक विश्व में अप्राप्य आदर्श है। प्रशासन के व्यावहारिक जगत में विस्तृत अनुसंधान प्रक्रियाएँ व्यावहार्य नहीं हो सकता है क्योंकि सदैव रुख प्रलोभन की अपेक्षा तत्काल निर्णय और कार्रवाई की माँग है। इसके अलावा, सीमॉन के संगठन की आलोचना भी सामान्य तौर पर व्यापक रूप में की जाती है, यद्यपि यह रूपरेखा प्रदान करता है, परंतु यह संगठन योजनाकारों का मार्गदर्शन करने के लिए पर्याप्त ब्यौरे नहीं देता है।

इकाई – 10

संगठन संरचना, प्रक्रियाएँ और कार्यकरण

प्रश्न 1. संगठन को परिभाषित कीजिए और इसकी विशेषताओं पर प्रकाश डालिए। [Dec 2008, Q. 4.][Dec 2010, Q. 4.]

उत्तर— वर्तमान समय में संगठन शब्द अनेक संदर्भों में प्रचलित हो चुका है। 'संगठन' शब्द 'सम्' उपसर्ग तथा 'गठन' शब्द से मिलकर बना है। 'सम' उपसर्ग का तात्पर्य मिल-जुलकर अच्छे ढंग से कार्य करना होता है। इसमें तीन तत्त्व निहित हैं— *(क)* यह कार्य निश्चित उद्देश्य की पूर्ति के लिए किया जाता है। *(ख)* इसमें सहयोग की भावना होती है। *(ग)* यह अनेक व्यक्तियों द्वारा किया जाता है। 'गठन' का अर्थ व्यवस्था से है। व्यवस्था का आशय विशेष रूप से व्यक्तियों तथा कार्यों की स्थिति है। इसमें व्यक्ति विशेष स्थिति में रहते हुए अपने लिये निर्धारित कार्य करते हैं। इस प्रकार संगठन उद्देश्य-प्राप्ति के लिए किये जा रहे कार्य की एक ऐसी योजना की ओर निर्देश करता है जिसे सफल बनाने का व्यक्तियों के एक समूह ने निश्चय कर लिया हो और जिसकी प्राप्ति के लिए सामूहिक रूप से प्रयत्नशील हों। उदाहरणार्थ, एक विश्वविद्यालय के संगठन में कुलपति, महाविद्यालय में प्राचार्य, आचार्य, विभागाध्यक्ष, प्रवक्ता, छात्र, कुलसचिव तथा कार्यालयों के अधिकारी एवं कर्मचारी अपने लिये निर्धारित अनेक कार्य-प्रशासन, प्रबंधन, अध्यापन, अध्ययन आदि के कार्य करते हैं। इन सबका सामान्य लक्ष्य शिक्षा, अनुसंधान और उसका प्रसार करना होता है जो एक निश्चित योजना के अनुसार परस्पर मिलकर संपन्न करते हैं। **कन्साइज ऑक्सफोर्ड डिक्शनरी** के अनुसार "to organize" शब्द का अर्थ 'तैयार करना तथा चालू अवस्था में रखना' है। अतः संगठन एक ऐसा ढाँचा या संरचना (structure) होता है जिसमें अनेक व्यक्ति मिलकर सहयोगपूर्वक कार्य करते हैं। इन सब व्यक्तियों द्वारा किये जाने वाले कार्य पहले से निश्चित होते हैं। ये परस्पर एक दूसरे से संबंध और तालमेल रखते हुए कार्य करते हैं। यह कार्य जितनी अधिक योजनाबद्ध रीति से किया जायेगा उतना ही अधिक अच्छा संगठन होगा।

प्रबंधकीय दृष्टिकोण में संगठन के दो अर्थ लगाये जाते हैं— *(1)* संगठन एक प्रक्रिया के रूप में तथा *(2)* संगठन के ढाँचे के रूप में। संगठन प्रबंधन की एक ऐसी प्रक्रिया है जो सामूहिक उद्देश्यों की प्राप्ति के लिए भिन्न-भिन्न प्रतिभाओं व योग्यताओं के धनी व्यक्तियों को आपस में मिलाती है और उन्हें सुनिश्चित संबंधों समन्वय तथा संचार के द्वारा एक संगठन में बाँधती है। प्रक्रिया के रूप में, संगठन एक गतिशील तत्त्व है क्योंकि इसमें कार्यों का निर्धारण तथा वर्गीकरण, अधिकारों व दायित्वों का बँटवारा तथा पारस्परिक संबंधों का निर्धारण संगठन के आंतरिक एवं बाहरी वातावरण तथा संगठनकर्ताओं के अनुभव और ज्ञान के

अनुसार निरंतर बदलता रहता है। संगठन के ढाँचे के रूप में, संगठन मूलतः ऐसे व्यक्ति का समूह है जो औपचारिक संबंधों द्वारा संस्था के उद्देश्यों की प्राप्ति हेतु साथ मिलकर प्रयत्न करते हैं। संगठन के ढाँचे को परिभाषित करने से, एक ओर इसमें समन्वय तथा संतुलन बनाया जा सकता है और दूसरी ओर इसमें सम्मिलित विभिन्न व्यक्तियों के व्यवहार की पूर्वानुसेयता (Predictability of behaviour) को बढ़ाया जा सकता है। साथ ही, इसके फलस्वरूप संगठन में संलग्न विभिन्न व्यक्तियों के कार्यों पर प्रभावशाली नियंत्रण भी रखा जा सकता है, क्योंकि किसी भी व्यक्ति की लापरवाही अलग से जानी जा सकती है।

परिभाषा—संगठन के उपर्युक्त आवश्यक स्वरूप को ध्यान में रखकर विभिन्न विद्वानों ने इसकी परिभाषा निम्न प्रकार की है—

1. **मूने**—के मतानुसार, "सामान्य उद्देश्य की प्राप्ति के लिए बनाया गया प्रत्येक मानवीय संघ संगठन कहलाता है।"
2. **प्रो. वाइट**—के कथनानुसार "निश्चित लक्ष्य की प्राप्ति को सरल बनाने के लिए कार्यों एवं उत्तरदायित्वों का विभाजन ही संगठन है।"
3. **साइमन**—के शब्दों में, "संगठन का तात्पर्य एक ऐसे योजनाबद्ध तथा सामूहिक प्रयत्न से है जिसमें प्रत्येक व्यक्ति का एक निश्चित कार्यक्रम होता है और जिसे वह कर्त्तव्य की भावना से करता है।"
4. **एम.मार्क**—ने संगठन के संरचनात्मक पहलू पर अधिक बल देते हुए लिखा है कि "संगठन का अभिप्राय एक ऐसे ढाँचे से है जिसका विकास सरकार ने मुख्य निष्पादक और उसके प्रशासकीय सहायकों द्वारा निश्चित लक्ष्यों को प्राप्त करने के लिए किया है।"
5. **मिलवार्ड**—ने संगठन के मानवीय पक्ष पर बल देते हुए कहा है, "कोई संगठन अपने–आप में कुछ भी नहीं करता है, संगठन का निर्माण करने वाले व्यक्ति ही उसका वास्तविक कार्य करते हैं।"

संगठनों की प्रमुख विशेषताएँ निम्नलिखित हैं—

1. मनुष्यों का अभिज्ञेय समूहन (Identifiable Aggregation of Human Beings)— संगठन मनुष्यों का अभिज्ञेय समूहन है। अभिज्ञेय संभव है। कारण यह है कि मानव समूह यादृच्छिक (Random) एकत्रित व्यक्तियों की संख्या मात्र न होकर उन व्यक्तियों का समूह है जो परस्पर संबद्ध हैं। अभिज्ञेय समूहन का अभिप्राय यद्यपि यह नहीं है कि सभी व्यक्ति परस्पर व्यक्तिगत रूप से जानते हैं। कारण, बड़े संगठनों में यह संभव नहीं है। व्यक्तियों का अभिज्ञेय समूह संगठन की सीमा को निर्धारित करता है। इस प्रकार की सीमा संगठन के तत्त्वों को अपने परिवेश में अन्य तत्त्वों से पृथक करती है। अंतःक्रिया की मात्रा संगठन की सीमा की प्रवेश्यता के आधार पर सोची जा सकती है। यह सीमा के आर–पार लोगों और सूचना दोनों के प्रवाह से संबंधित है।

2. सुविचारित और सतर्क निर्माण (Deliberate and Conscious Creation)—
संगठन सुविचारित और सतर्कता से निर्मित मानव समूह है—
 (i) यह इस बात की अपेक्षा करता है कि संगठन और उसके सदस्यों के मध्य संबंध संविदात्मक है। वे संगठन में संविदा के माध्यम से प्रवेश करते हैं और उन्हें परिवर्तित किया जा सकता है जहाँ संगठन उन्हें नहीं चाहता है।
 (ii) संगठन, पदोन्नति, पदावनति और स्थानांतरण द्वारा अपने कार्मिकों का पुनः संयोजन भी कर सकता है।
 (iii) संगठन अपने सदस्यों की तुलना में लंबे समय तक रह सकता है।
 (iv) मानव समूह की सुविचारित और सतर्क रचना अल्पकालिक संबंध रखने वाले अल्पकालिक या केन्द्रित भीड़ जैसे जनसमूह और सामाजिक इकाइयों के मध्य अंतर करती है।

3. सप्रयोजन रचना (Purposive Creation)—
संगठन सप्रयोजन रचना है। इसका अभिप्राय है निश्चित उद्देश्य की प्राप्ति करना। उद्देश्यों पर समूह के सदस्यों द्वारा पारस्परिक सहमति होती है। संगठनात्मक उद्देश्य वांछित परिस्थितियाँ हैं, जिन्हें प्राप्त करने हेतु संगठन प्रयास करता है। ऐसा संगठन आवश्यकताओं और उनकी पूर्ति के मध्य मध्यवर्ती तत्त्व है। संगठन की सफलता और असफलता का मापन उसके उद्देश्यों की प्राप्ति के आधार पर किया जाता है।

4. कार्य का समन्वय (Coordination of Activities)—
संगठन सदस्यों के निकट से संबद्ध कार्यों का समन्वय करता है—
 (i) समन्वय आवश्यक है, क्योंकि सभी सदस्य साधारण तथा स्वीकृत लक्ष्यों में योगदान करते हैं।
 (ii) समन्वय का उद्देश्य कार्य है न कि व्यक्ति। कारण यह है कि केवल व्यक्तियों के कुछ ही कार्य विशेष उद्देश्य प्राप्ति के लिए प्रासंगिक होते हैं। इस दृष्टि से संगठन के कार्य और भूमिकायें निर्धारित करनी चाहिए, जिन्हें लक्ष्य प्राप्त करने के लिए पूरा किया जाना चाहिए।

5. संरचना (Structure)—
व्यक्ति के कार्यों के समन्वय के लिए संरचना आवश्यक है, जिससे बहुत से व्यक्ति नियुक्त किए जाते हैं। संरचना निम्नलिखित कार्य करती है—
 (i) प्राधिकार के विभिन्न केंद्रों का प्रावधान करती है।
 (ii) संगठन में व्यक्तियों के प्रयासों का समन्वय तथा नियंत्रण करती है।
 (iii) उसके उद्देश्यों की ओर उन्हें निर्देशित करती है। बड़ी संख्या में व्यक्तियों के मध्य समन्वय, नियंत्रण, मार्गदर्शन तथा विभिन्न व्यक्तियों या समूह के कार्यों का समय निर्धारण करना कुछ प्रकार के उपायों के बिना संभव नहीं है। यह भी प्राधिकार का पदानुक्रम है और संगठन विशेष के आकार और स्वरूप पर आधारित करता है। संगठन में प्राधिकार के अनेक केंद्र हो सकते हैं।

6. मानदंड (Norms)—प्रत्येक संगठन के व्यवहार के कतिपय निश्चित मापदंड और मानक होते हैं। वे संगठन के प्रत्येक सदस्य पर लागू होते हैं। कर्मचारियों से यह आशा की जाती है कि वे उन मापकों या मानदंडों के अनुसार कार्य करेंगे। व्यवहार को पुरस्कार या दंड की प्रणाली द्वारा नियंत्रित किया जाता है। संगठन के मानदंड सदस्यों पर बाध्यकारी बल है। वांछनीय व्यवहार को पुरस्कृत किया जाता है। इसके विपरीत अवांछनीय व्यवहार को दंडित किया जाता है।

ये विशिष्टताएँ संगठन को अन्य सामाजिक इकाइयों से पृथक करती हैं। अनेक आधुनिक संगठन विशाल और जटिल हो सकते हैं।

निकल्सन हेनरी के अनुसार संगठन की विशेषताएँ निम्नलिखित हैं—
(i) ये अर्थपूर्ण जटिल मानव सामूहिकताएँ (Collectivities) हैं।
(ii) ये गौण या अवैयक्तिक (Secondary or Impersonal) संबंधों द्वारा पहचानी जाती हैं।
(iii) ये विशेषीकृत और सीमित लक्ष्य हैं।
(iv) ये टिकाऊ सहयोगशील कार्यों द्वारा पहचानी जाती हैं।
(v) ये वृहत्तर सामाजिक प्रणाली में समाकलित किए जाते हैं।
(vi) ये अपने परिवेश के लिए सेवाएँ और उत्पाद उपलब्ध करते हैं।
(vii) ये अपने परिवेश से विनिमय पर निर्भर हैं।

प्रश्न 2. संगठन के विभिन्न प्ररूपों का वर्णन कीजिए।

उत्तर— सरल और विवरणात्मक वर्गीकरण आकार पर आधारित—लघु, मध्य; बड़ा और विशाल; स्वामित्व पर आधारित—सार्वजनिक, निजी और मिश्रित, कानून रूप पर आधारित—विभाग, निगम। स्वायत्त निकाय, कंपनी संयुक्त स्टॉक कंपनी और सहकारी; संक्रिया के क्षेत्र के आधार पर स्थानीय, उपक्षेत्रीय, राष्ट्रीय और अंतर्राष्ट्रीय हो सकता है। व्यापार और सार्वजनिक दोनों प्रबंधनों के संपूर्ण आकार पर विचार करते हुए विद्वानों ने विश्लेषणात्मक मानदंड पर आधारित संगठनों का वर्गीकरण करने की विभिन्न योजनाओं की पहचान करने के प्रयास किए। उदाहरण के लिए, **पार्सन्स** ने उनके कार्यों के आधार पर संगठनों के चार प्ररूप विनिर्दिष्ट किए हैं। जो हैं: (1) आर्थिक संगठन; (2) राजनीति संगठन; (3) समाकलनात्मक (Integrative) संगठन; (4) पैटर्न अनुरक्षण (Pattern Maintenance) संगठन। **हगज** निम्नलिखित रूपों में संगठनों का एक अन्य वर्गीकरण प्रस्तुत करता है: (i) स्वयंसेवी संघ; (ii) सैन्य संगठन; (iii) लोकोपकारी (Philanthropic) संगठन; (iv) निगम (Corporation) और (v) पारिवारिक व्यापार।

ब्लाऊ और स्कॉट (Blau and Scott) ने संगठनों के वर्गीकरण के आकार के रूप में संगठन के उत्पाद के लाभभोगी को लिया है। इस आधार पर संगठन को चार श्रेणियों में रखता है: (1) पारस्परिक लाभ संगठन; (2) व्यापार संगठन; (3) सेवा संगठन और (4) सार्वजनिक

कल्याण संगठन। एट्जिओनी (Etzioni) ने संगठनों के वर्गीकरण करने को आधार के रूप में अनुपालन प्रयुक्त किया है। थाम्पसन और टूडन के वर्गीकरण निर्णय निर्माण कूटनीति पर आधारित हैं। ये वर्गीकरण बहुत बड़ी मात्रा में विविधता दिखाते हैं। वह आगे सुझाव देता है कि संगठनों का कोई एक ही प्ररूप (Topology) वर्गीकरण नहीं है। फिर भी, प्ररूप वर्गीकरण की चार व्यापक श्रेणियों की पहचान की गई है। जिनका वर्णन निम्नलिखित है–

1. संगठनों का खुला या बंद मॉडल–परंपरागत रूप से संगठनों का बंद मॉडल संभवतः लोक प्रशासनविदों की विचारधारा पर सबसे बड़ा प्रभाव है। मॉडल के बहुत नाम हैं–नौकरशाही, पदानुक्रमिक, औपचारिक, युक्तिमूलक और प्रक्रियावादी उनमें से कुछ नाम हैं और कम से कम तीन क्रम परिवर्तन या विचारधाराएँ है जो इस ढाँचे में हैं–नौकरशाही सिद्धांत, वैज्ञानिक प्रबंध और प्रशासनिक प्रबंध।

बंद मॉडल की भाँति खुले मॉडल के भी बहुत नाम है–सहशासन, प्रतियोगिता, मुक्त बाजार, अनौपचारिक, स्वाभाविक और सुव्यवस्थित प्रमुख हैं। खुली प्रणाली मॉडल में तीन धाराएँ या विचारधाराएँ है– (1) मानवीय संबंध विचारधारा, (2) संगठक के विकास का अधिक नया क्षेत्र और (3) साहित्य जो संगठन को अपने परिवेश में कार्य करती हुई इकाई के रूप में देखता है।

2. अनुपालन पर आधारित–आधार या संगठनात्मक पारिस्थितिकी के रूप में अनुपालन संगठनों की आंतरिक संरचना पर विचार करती है। अनुपालन में एक व्यक्ति द्वारा दूसरे व्यक्ति को कुछ करने के लिए कहना या निर्देश करना अंतर्निहित है। व्यक्तियों में संगठनात्मक संबंध के कारण संगठन में उनका व्यवहार किसी व्यक्ति के नियंत्रण में होता है।

3. प्राथमिक लाभभोगी आधारित–ब्लाऊ और स्काट ने उत्पाद के प्राथमिक प्राप्तकर्त्ता पर आधारित संगठनात्मक पारिस्थितिकी का सुझाव दिया है। इस प्रकार चार प्रकार के संगठनों का उद्‌भव हुआ: पारस्परिक लाभ संघ, व्यापार संगठन, सेवा संगठन और सार्वजनिक कल्याण संगठन।

4. प्रकार्य या प्रयोजन पर आधारित–समाज के भिन्न–भिन्न प्रकार के प्रकार्य होते हैं। उनमें से प्रत्येक की अलग–अलग विशेषताएँ हैं और इन कार्यों का निष्पादन करने वाले व्यक्तियों की ओर से भिन्न–भिन्न प्रयासों की आवश्यकता होती है। इनमें से अधिकांश कार्यों का निष्पादन सामाजिक संस्थाओं द्वारा किया जाता है, जिनमें अधिकांश संगठनात्मक रूप ग्रहण कर लेते हैं। इस प्रकार भिन्न–भिन्न प्रयोजनों और कार्यों को करने वाले बहुत से संगठन होते हैं। **पार्सन्स** ने इस प्रकार के चार आधारभूत कार्यों की पहचान की है: आर्थिक, राजनीतिक, समाकलात्मक और पैटर्न अनुरक्षण। परिणामतः समाज में कार्यों पर आधारित चार प्रकार के संगठन विद्यमान हैं।

प्रश्न 3. संगठन संरचना की विस्तारपूर्वक चर्चा कीजिए।

उत्तर– संगठन संरचना नियत कार्यों, रिपोर्टिंग और प्राधिकार संबंधों की प्रणाली है। इसके अंतर्गत संगठन का कार्य किया जाता है। इस प्रकार संरचना निम्नलिखित कार्य करती है–

(1) संगठन के क्रियाकलापों के रूप और कार्यों को निश्चित करती है।

(2) संरचना स्पष्ट करती है कि संगठन के भाग परस्पर में कैसे ठीक बैठते हैं, जैसा कि

संगठन चार्ट से स्पष्ट है।

(3) संगठन की संरचना का प्रयोजन संगठन के लक्ष्यों को प्राप्त करने के लिए आदेश देना और कर्मचारियों के कार्यों का समन्वय करना है।

सुव्यवस्थित प्रयास का आधार है कि लोग अलग–अलग कार्य करने की अपेक्षा परस्पर एक साथ काम करके अधिक प्राप्ति कर सकते हैं।

1. संरचना को अपने लक्ष्यों तक पहुँचने के लिए संगठन के विभिन्न कार्य या आवश्यक प्रक्रियाएँ विदित होनी चाहिए।
2. उसे उत्पाद का अपेक्षित स्तर प्राप्त करने के लिए विभाजित कार्यों का संयोजन और समन्वय करना चाहिए।
3. कार्य का जितना अधिक अंतर्विभाजन किया जाता है, सहयोग की उतनी ही अधिक आवश्यकता होती है। प्रत्येक संगठन संरचना का इन दो आधारभूत अपेक्षिताओं से संबंध रहता है। विभिन्न तरीके, जिनमें वे ऐसा करते हैं, वे हैं एक संगठन की संरचना में दूसरे संगठन की संरचना से भिन्नता।

विश्लेषण (Analysis)–संगठन संरचना का विश्लेषण निम्नलिखित तीन तरीकों से किया जा सकता है–

1. प्रथम, उसके विन्यास या उसके आधार और आकृति का परीक्षण किया जा सकता है।
2. द्वितीय, उसके क्रियात्मक पक्षों या विशेषताओं, जैसे–विशेषज्ञ कार्यों, नियमों और विनियमों का पृथक्करण और निर्णय करने के तरीकों का विश्लेषण दिया जा सकता है।
3. तृतीय संगठन के अंतर्गत उत्तरदायित्व और प्राधिकार के वितरण की जाँच की जा सकती है।

1. संरचनात्मक विन्यास (Structural Configuration)–संगठन की संरचना का वर्णन प्रायः उसके संगठन चार्ट के अनुसार किया जाता है। पूरा संगठन चार्ट संगठन में समस्त पदों, प्राधिकार पैटर्न, रिपोर्टिंग संबंधों और औपचारिक संचार की पंक्तियों को दिखाता है। संगठन चार्ट छोटे–छोटे कार्य समूहों में समूहित पदों को प्रकट करता है और विभागों में संयोजित किया जाता है, जो परस्पर मिलकर संगठन का विन्यास या आकार बनाता है।

2. संरचना, केंद्रीकरण और विकेंद्रीकरण (Structure, Centralisation and Decentralisation)–संगठन संरचना के कुछ महत्त्वपूर्ण पक्ष संगठन चार्ट पर नहीं होते हैं। इस प्रकार विन्यास संबंधी चार्ट पर्याप्त भिन्न हैं। संरचनात्मक नीतियाँ, जैसे–निर्णयन का केन्द्रीकरण और नियम तथा विनिमय संक्रिया वह प्रभाव डालती है। वे इस बात को निर्धारित या सीमित करते हैं बाकी कर्मचारी अपने संगठनात्मक कार्यकलापों में किस प्रकार व्यवहार करते हैं–

(1) कुछ संगठनों में अतिप्रवण पदानुक्रम होता है।

(2) इसके विपरीत अन्य थोड़े विशाल विस्तार और कम स्तरों के साथ समतल

पदानुक्रम होता है।

(3) कुछ संगठनों में निर्णय करने का प्राधिकार संगठन के पदानुक्रम के शीर्ष पर संकेन्द्रित किया जाता है।

(4) अन्य सभाओं में यह अधिक विकेंद्रीकृत होता है। लगातार निर्णय करने में सहभागिता के अनुसार केंद्रीकरण पर विवेचना की जाती है।

विकेंद्रीकरण संगठनों में निम्न स्तर के कर्मचारी निर्णयन में सहभागी होते हैं। परंतु संगठन में निर्णय करना इसकी अपेक्षा अधिक जटिल है कि साधारण केन्द्रीकृत वर्गीकरण क्या निर्दिष्ट करते हैं–

1. कुछ निर्णय अपेक्षाकृत नेमी स्वरूप के होते हैं, उनमें केवल निर्णय नियम के अनुप्रयोग की आवश्यकता होती है। ये निर्णय क्रमादेशित निर्णय (Programmed Decisions) है।

2. गैर–नेमी निर्णय अक्रमादेशित निर्णय (Non-programmed Decisions) हैं।

क्रमादेशित और अक्रमादेशित निर्णयों के मध्य यह अंतर केंद्रीकरण और विकेंद्रीकरण को भी धुँधला कर सकता है। निष्कर्षतः सार्वजनिक संगठनों में अतिप्रवास पदानुक्रम होते हैं, जिनमें निर्णय करने में केंद्रीकरण की अत्यधिक मात्रा होती है।

3. औपचारिकीकरण : मानक प्रचालन प्रक्रियाएँ (Formalization : Standard Operating Procedure-SOPs)–औपचारिकीकरण वह श्रेणी है जिसके आधार पर नियम और प्रक्रियाएँ कर्मचारियों के कार्यों और गतिविधियों को आकार प्रदान करते हैं। औपचारिकीकरण का प्रयोजन इस बात का पूर्वानुमान और नियंत्रण करना है कि कर्मचारी कार्य पर किस प्रकार व्यवहार करते हैं। नियम प्रक्रियाएँ स्पष्ट और अस्पष्ट दोनों हो सकते हैं।

(1) **स्पष्ट नियम व प्रक्रियाएँ**–कार्य विवरणों, विशिष्ट नीति निर्णयों और कार्यालय ज्ञापनों के क्रियान्वयन के संबंध में समय–समय पर जारी की गई सिविल सेवा संहिताओं, कार्यालय मैनुअलों और सरकारी आदेशों में निर्धारित किए जाते हैं। धन संग्रह करने में या व्यय करते समय पालन करने के लिए वित्त संहिताएँ तरीके और प्रक्रियाएँ निर्धारित करती हैं। नियम और प्रक्रियाएँ एजेंसी या कर्मचारी के विवेकाधिकार को नियंत्रित रखती हैं।

(2) **अस्पष्ट नियम**–अस्पष्ट नियम किसी तरीके में कार्य करते रहने के दौरान कालांतर में कर्मचारी के अभ्यस्त होने के साथ–साथ विकसित होते हैं। ये अलिखित होने पर भी कार्य किए जाने के लिए सुस्थापित तरीके हैं। ये कर्मचारी के व्यवहार पर उतने ही प्रभाव के साथ मानक प्रचालन प्रक्रिया बन जाते हैं जितने लिखित नियम होते हैं। सार्वजनिक उत्तरदायित्व की आवश्यकताएँ पूरी करने की आवश्यकता नियमों और प्रक्रियाओं का औपचारिकीकरण और अनुपालन इन्हें अनिवार्य बना देती है।

अधिक औपचारिकीकृत संगठनों में नियमबद्ध कार्यों का अनुपात अधिक होने के साथ–साथ नियम उल्लंघन के लिए सहिष्णुता कम होती है। औपचारिकीकरण संपूर्ण संगठन में कार्यों की अभिकल्पना पर प्रभाव डाल सकती है, जैसे कि संक्रियाओं के नियंत्रण और सार्वजनिक अपेक्षिताओं

की आवश्यकता में वृद्धि होती है। यह अन्य पक्षों के महत्त्वीकरण के लिए तर्कसंगत है।

नियम प्रायः प्रत्येक संगठन में किसी न किसी रूप में विद्यमान होते हैं। उन्हें कितनी दृढ़ता से किया जाता है यह एक संगठन से दूसरे संगठन में भिन्न–भिन्न होता है। संगठन के अंदर भी यह भिन्न–भिन्न होता है। यह औपचारिक संगठन में अच्छे अधिकारी के परख नियमों के अपवादों के संबंध में उपयुक्त निर्णय करने में निहित है।

4. उत्तरदायित्व और प्राधिकार (Responsibility and Authority)–उत्तरदायित्व और प्राधिकार संगठन संरचना के विन्यास संबंधी और संक्रिया संबंधी दोनों पक्षों से संबद्ध है। प्रायः इस संबंध में कुछ भ्रम है कि प्रबंधकों के उत्तरदायित्व और प्राधिकार वास्तव में क्या है तथा ये दो शब्द परस्पर कैसे संबंधित हैं।

(1) **उत्तरदायित्व (Responsibility)**–उत्तरदायित्व की परिभाषा इस प्रकार की जा सकती है, "इस प्रत्याशा से ऐसा कुछ करना अनिवार्य है कि कुछ कार्य या उत्पाद परिणाम होगा" जैसे–एक प्रबंधक अमुक तारीख तक कर्मचारी से नए कार्यक्रम के लिए प्रस्ताव लिखने और प्रस्तुत करने की आशा कर सकता है। अतएव कर्मचारी प्रस्ताव तैयार करने का उत्तरदायित्व है।

(2) **प्राधिकार (Authority)**–प्राधिकार वह शक्ति है जिसे विशिष्ट संगठनात्मक संदर्भ में वैध प्रमाणित किया गया है। इसमें प्रत्याशित निष्कर्षों की पूर्ति हेतु संसाधनों को प्रयुक्त करने का वैध कानूनी अधिकार सम्मिलित है। प्राधिकार की उत्पत्ति संगठन के कानूनी ढाँचे में होती है। प्राधिकार उत्तरदायित्व से जुड़ा है। कारण यह है कि कतिपय परिणामों के लिए उत्तरदायी मुख्य कार्यपालक या प्रबंधक के पास परिणाम प्राप्त करने के प्राधिकार होने चाहिए। उत्तरदायित्व और प्राधिकार के मध्य संबंध की समानता होनी चाहिए। दूसरे शब्दों में, संसाधनों की तुलना में प्राधिकार पर्याप्त होने चाहिए। उसी स्थिति में मुख्य कार्यपालक या प्रबंधक उसके लिए निर्धारित उत्पाद अनुमान पूरा कर सकेंगे। परंतु प्राधिकार और उत्तरदायित्व महत्त्वपूर्ण तरीकों में भिन्न होते हैं। उत्तरदायित्व नीचे पद श्रृंखला या अन्य को प्रायोजित नहीं किया जा सकता है। इसके विपरीत प्राधिकार किये जा सकते हैं।

प्राधिकार संगठन में 'शीर्ष–तल' प्रक्रिया है। दूसरे शब्दों में, प्राधिकार शीर्ष पर उत्पन्न होता है। तत्पश्चात यह निम्न दिशा की ओर प्रायोजित किया जाता है। कारण यह है कि शीर्ष पर मुख्य कार्यपालक और प्रबंधक उपयुक्त सोचते हैं। चेस्टर बर्नार्ड के वैकल्पिक परिप्रेक्ष्य में प्राधिकार का उद्‌भव व्यक्ति में आरंभ होता हुआ देखा गया है जो इस बात का चयन कर सकता है कि ऊपर से आए निर्देशों का अनुसरण किया जाए या नहीं। इस परिप्रेक्ष्य को प्राधिकार का 'स्वीकृति सिद्धांत' कहते हैं। इसका कारण यह है कि इसका अभिप्राय है कि प्रबंधक के निर्देश देने और अनुपालन की आशा करने के अधिकार को अधीनस्थ स्वीकार करते हैं।

5. संरचना के शास्त्रीय विचार (Classical View of Structure)–'संगठन संरचना' के प्रारंभिक विचारों में संगठन विन्यास के तत्त्वों और उप–संस्तुतियों के प्रचालन का संयोजन करते हैं कि संगठन की संरचना किस प्रकार की जानी चाहिए। इन विचारों को प्रायः

'शास्त्रीय संगठन सिद्धांत' कहा गया है। आदर्श नौकरशाही पर मैक्स वेबर के विचार, हेनरी फेयोल के शास्त्रीय व्यवस्थापन सिद्धांत और रेनसिस लिकेर्ट के मानव संगठन विचार सम्मिलित हैं। यद्यपि तीनों दृष्टिकोण सार्वदेशिक हैं, तथापि उनकी समस्याओं और संरचनात्मक विवरणों में पर्याप्त अंतर है। अतएव संगठन के शास्त्रीय विचार संगठन संरचना के महत्त्वपूर्ण तत्त्वों को सम्मिलित करते हैं। अतः प्रत्येक विचार भिन्न–भिन्न तरीकों में और अन्य प्रबंधन तत्त्वों से इन मुख्य तत्त्वों को जोड़ते हैं। ये तीनों शास्त्रीय विचार विशिष्ट हैं कि प्रारंभिक लेखकों ने संगठन प्राधिकार के व्यापक दृष्टिकोण का निर्धारण करने के ऐसे प्रयास किए जो सभी परिस्थितियों में सर्वश्रेष्ठ हों।

6. संगठन डिजाइन के लिए प्रासंगिकता दृष्टिकोण (Contingency Approaches to Organisation Design)—संगठन के डिजाइन कठोर नौकरशाही से लचीली मैट्रिक्स प्रणाली तक काफी भिन्न–भिन्न हैं। संगठन डिजाइन के अधिकांश सिद्धांत निम्नलिखित दृष्टिकोण ग्रहण करते हैं—

(1) **सार्वदेशिक दृष्टिकोण**—सार्वदेशिक दृष्टिकोण वह है जिसके विवरण या प्रस्ताव किसी भी परिस्थिति में कार्य करने के लिए डिजाइन किए गए हों। क्लासिकी दृष्टिकोण सभी सार्वदेशिक दृष्टिकोण हैं।

(2) **प्रासंगिक दृष्टिकोण**—यह दृष्टिकोण सुझाव देता है कि संगठनात्मक दक्षता कई तरीकों में प्राप्त हो सकती है। प्रासंगिकता डिजाइन में विशिष्ट दशाएँ, जैसे—पर्यावरण, प्रौद्योगिकी और संगठन का कार्यबल संरचना को निर्धारण करती है।

वेबर, फेयोल और लिकेर्ट (Likert) ने ऐसा संगठन डिजाइन प्रस्तावित किया है जो संगठन और उसके परिवेश के प्रयोजनों से स्वतंत्र हो। इनमें से प्रत्येक दृष्टिकोण ने व्यवस्थापन प्रक्रिया और प्रबंध पद्धति की हमारी जानकारी में योगदान किया है। तथापि कालांतर के सिद्धांतवादियों ने यह तर्क दिया है कि उनमें से कोई भी व्यापक रूप से प्रयोज्य नहीं है। अनेक प्रासंगिकता डिजाइनों ने दशाओं या प्रासंगिक कारकों को विनिर्दिष्ट करने के प्रयास किए। प्रासंगिक कारकों में निम्नलिखित वस्तुएँ शामिल हैं, जिनमें संगठन कार्य करता है—

(1) संगठन की रणनीति,

(2) प्रौद्योगिकी,

(3) पर्यावरण,

(4) संगठन का आकार तथा

(5) सामाजिक पद्धति।

यह निर्णय कि संगठन संरचना का डिजाइन किस प्रकार बनाता है, अनेक कारकों पर आधारित है। प्रमुख प्रासंगिकता कारकों का वर्णन निम्न प्रकार है—

1. रणनीति (Strategy)—रणनीति में संगठनात्मक लक्ष्यों को प्राप्त करने हेतु आवश्यक योजनाएँ और कार्रवाइयाँ होती हैं। संरचना के तीन प्रमुख निर्धारक कारक हैं—

(1) संरचनात्मक आवश्यकताएँ पर्यावरण,

(2) प्रौद्योगिकी और

(3) आकार अर्थात् संगठन।

2. आकार (Size)—संगठन अनेक तरीकों में मापा जा सकता है। प्रायः इसे निम्नलिखित के आधार पर मापा जाता है—

(1) कर्मचारियों की संख्या,

(2) संगठन की परिसंपत्ति का मूल्य,

(3) उसका बजट और उत्पादकता,

(4) व्यापार का कुल मूल्य (उद्यम के मामले में),

(5) सेवित ग्राहकों की संख्या,

(6) भौतिक क्षमता।

छोटे संगठनों की तुलना में बड़े संगठनों में अधिक जटिल संरचनाएँ होने की प्रवृत्ति विद्यमान होती है।

3. प्रौद्योगिकी (Technology)—संगठनात्मक प्रौद्योगिकी उन सूचना और संचार प्रौद्योगिकियों सहित यांत्रिक और बौद्धिक प्रक्रियाओं से संबंधित है जो निवेश को उत्पाद में रूपांतरित करते हैं।

(1) छोटे संगठनों में सरंचना मुख्य रूप में प्रौद्योगिकी पर आधारित है।

(2) बड़े संगठनों में जटिल क्रियाकलाप का समन्वय करने की आवश्यकता अधिक महत्त्वपूर्ण है।

4. संगठनात्मक परिवेश (Organisational Environment)—संगठनात्मक परिवेश संगठन के बाहरी तत्त्वों और प्रक्रियाओं से संबंधित है। इसमें निम्नांकित सम्मिलित है जो संगठन की सीमाओं से बाहर हैं—

(1) लोग,

(2) अन्य संगठन,

(3) राजनीतिक, आर्थिक और सामाजिक कारक,

(4) प्रक्रियाएँ,

(5) विशेषकर हितलाभ समूह,

(6) राजनीतिक दल तथा

(7) यूनियन आदि।

(क) सामान्य परिवेश में उन आयामों और कारकों के व्यापक समूह सम्मिलित हैं, जिनके अंतर्गत राजनीतिक–विधि, प्रौद्योगिकीय, आर्थिक और अंतर्राष्ट्रीय कारकों सहित संगठन कार्य करता है।

(ख) नियत कार्य परिवेश में वे विशिष्ट संगठन, समूह और व्यक्ति सम्मिलित हैं, जो कार्यवाही के आधार पर प्रभाव डालते हैं। भारत जैसे देशों में सिविल सेवा यूनियनें

इस प्रकार के प्रभाव का महत्त्वपूर्ण स्रोत बनाती हैं।
(ग) परिवेश संबंधी अनिश्चितता उस स्थिति में होती है जब मुख्य कार्यपालक या प्रबंधकों को परिवेश संबंधी घटनाओं और संगठन पर उनके प्रभाव के संबंध में सूचना कम होती है या जब ऐसे तत्त्वों पर उनका नियंत्रण नहीं होता जैसे नवीन प्रौद्योगिकी का प्रभाव या विश्वव्यापी क्षेत्र में कीमतों का उतार–चढ़ाव (जैसे तेल की कीमतें) ऐसे कारकों को दृष्टिगत रखते हुए अनेक भिन्न–भिन्न संरचनात्मक डिजाइनों में संगठनों को उन बहुत से आकस्मिक कारकों को, जिनका वे सामना करते हैं, अपनाने का सुझाव दिया गया है।

नवीन दृष्टिकोण (New Approaches)—क्रियाविधिक संरचना मुख्यत: पदसोपानिक है–
(1) अंत: क्रियाएँ और संचार विशिष्ट रूप से ऊर्ध्वाधर है।
(2) अनुदेश शीर्ष से आते हैं।
(3) ज्ञान और निपुणता शीर्ष पर केंद्रित हैं।
(4) संगठन को टिकाऊ बनाए रखने के लिए निष्ठा और आज्ञाकारिता आवश्यक है।
(5) नेटवर्क की भाँति सुव्यवस्थित संरचना की स्थापना की जाती है।
(6) अंत: क्रियाएँ और संचार क्षैतिज हैं।
(8) ज्ञान वहाँ रहता है जहाँ कहीं संगठन के लिए यह अधिकतम उपयोगी है और संगठन के कार्यों के लिए कर्मचारियों को वचनबद्ध होने की आवश्यकता होती है।

संगठन डिजाइन के लिए सामाजिक–तकनीकी प्रणाली दृष्टिकोण संगठन को एक ही प्रबंधन प्रणाली में तकनीकी और सामाजिक उप प्रणालियों का समाकलन करने के लिए संरचित खुली प्रणाली के रूप में देखता है। मिण्ट्जवर्ग का संरचना विवरण संरचनात्मक आवश्यकताओं, लोगों या नियमों पर ध्यान केंद्रित न कर उन तरीकों पर बल देता है जिनमें कार्यकलापों को समन्वित किया जाता है। उसके विचार में संगठन संरचना यह प्रतिबिंबित करता है कि कार्यों को किस प्रकार विभाजित तथा समन्वित किया जाता है। मिण्ट्जवर्ग ने पाँच प्रमुख तरीकों का वर्णन किया है जिनमें निम्नलिखित के द्वारा कार्यों का समन्वय किया जाता है–
(1) पारस्परिक समायोजन द्वारा,
(2) प्रत्यक्ष पर्यवेक्षण द्वारा,
(3) कामगारों (या निवेश) की निपुणता के मानवीकरण द्वारा,
(4) कार्य प्रक्रियाओं के द्वारा और
(5) उत्पाद।

उपर्युक्त पाँच विधियाँ संगठन के अंदर पास–पास हो सकती है।

मैट्रिक्स संगठन डिजाइन (Matrix Organization Design)—मैट्रिक्स संगठन डिजाइन प्रत्येक के लाभ प्राप्त करने हेतु दो भिन्न–भिन्न डिजाइनों के मध्य मिश्रण करता है। विशिष्ट ढंग से सम्मिश्रित उत्पाद या विभागीकरण योजना और प्रकार्यात्मक संरचना है। मैट्रिक्स संरचना संगठन संरचना को लचीला होने योग्य बनाने का प्रयास करता है। आंतरिक

तथा बाहरी दबाव दोनों को समन्वित प्रत्युत्तर देता है।

वास्तविक संगठन उन दो या अधिक संगठनों के मध्य अस्थायी गठबंधन है जो विशिष्ट कार्य प्रारंभ करने के लिए साथ बांधता है।

समकालीन संगठन डिजाइन पर निर्णय (Decisions on Contemporary Organization Designs)—डिजाइन संगठनों को वर्तमान विस्तार और संगठनों के वैकल्पिक रूप विकल्पों की व्यापक श्रेणी प्रदान करता है।

संगठन डिजाइनकर्त्ता के प्रमुख कार्य निम्न प्रकार हैं—
(1) नियत कार्यों और संगठनात्मक परिस्थितियों की जाँच करना,
(2) संगठन से ऐसे रूप का डिजाइन करना जो उसकी आवश्यकताओं की पूर्ति करे।

समकालीन विकल्पों की आंशिक सूची में निम्नलिखित दृष्टिकोण शामिल हैं—
(1) संगठन का आकार कम करने का दृष्टिकोण,
(2) आकार ठीक करने का दृष्टिकोण,
(3) संगठन की पुनः इंजीनियरिंग का दृष्टिकोण,
(4) ठीक आधारित संगठन का दृष्टिकोण तथा
(5) वास्तविक संगठन का दृष्टिकोण।

ये दृष्टिकोण प्रायः निम्नलिखित का प्रयोग करते हैं—
(1) पूर्ण गुणवत्ता प्रबंधन,
(2) कर्मचारी सशक्तीकरण,
(3) कर्मचारी भागीदारी और सहभागिता,
(4) बल में कमी,
(5) प्रक्रिया नवीनीकरण और
(6) गठबंधनों का नेटवर्क।

पुनः इंजीनियरिंग दृष्टिकोण लागत, समय और सेवा की व्यवस्था में प्रमुख लाभ प्राप्ति हेतु संगठनात्मक प्रक्रियाओं का पूर्णरूपेण पुनः डिजाइन का प्रयास करता है। संगठन के पुनर्विचार का अभिप्राय पूर्णतः भिन्न तरीकों में संगठन डिजाइन पर विचार करना है, संभवतः पिरामिड के रूप में संगठन के शास्त्रीय विचार भी त्यागना है।

विद्यमान डिजाइन रणनीति के मुख्य विषय पर आधारित हैं—
(1) प्रौद्योगिकीय और पर्यावरण परिवर्तनों के प्रभाव,
(2) लोगों का महत्त्व और
(3) ग्राहकों से संपर्क करने की आवश्यकता की अवधारणा। प्रौद्योगिकी और पर्यावरण में इतनी द्रुत गति से परिवर्तन हो रहा है कि अधिक लंबे समय तक कोई भी संगठन संरचना उपयुक्त नहीं होगी। केवल इलेक्ट्रॉनिक सूचना संसाधन, प्रेषण और प्रतिनयन में विकास

द्वारा प्राप्त लाभ इतना विशाल है कि निम्नलिखित की समीक्षा बार–बार करना आवश्यक है–

(1) कर्मचारी संबंध,

(2) सूचना वितरण और

(3) कार्य समन्वय।

सार्वजनिक एजेंसियों द्वारा उत्पादों और सेवाओं की आउटसोर्सिंग का सहारा भी प्रभाव संरचनात्मक डिजाइन पर होता है। वस्तुतः कोई भी तरीका सर्वश्रेष्ठ नहीं है।

संगठनात्मक संरचनाओं के डिजाइन में अनेक कारकों के प्रभाव पर विचार करना चाहिए, जैसे–

(1) सामाजिक तकनीकी प्रणालियाँ,

(2) रणनीति,

(3) संरचनात्मक अनिवार्यताएँ,

(4) सूचना और संचार प्रौद्योगिकियों में परिवर्तन,

(5) भूमंडलीय महत्त्व,

(6) लागत कारक और

(7) सेवा वितरण में नागरिकों के प्रति उत्तरदायित्व की चिंता।

उपर्युक्त संगठनात्मक डिजाइन के कुछ दृष्टिकोण परस्परवादी होने के साथ–साथ एक–दूसरे के पूरक होते हैं।

प्रश्न 4. संगठन के महत्त्व का वर्णन कीजिए।

उत्तर– *संगठन के महत्त्व को निम्नलिखित प्रकार से स्पष्ट किया जा सकता है–*

1. विकास, विस्तार एवं विविधता–एक सुदृढ़ संगठन विकास, विस्तार एवं विविधता का आधार है। संगठन एक ऐसे ढाँचे का निर्माण करता है, जिसके अंतर्गत संबंधित उपक्रम का स्वतः ही विकास होता है। आधुनिक युग में प्रत्येक उपक्रम को अपनी क्रियाओं का विकास एवं विस्तार करना पड़ता है। यह कार्य संगठन द्वारा संभव होता है। जैसे–जैसे किसी उपक्रम का विकास होता जाता है वैसे ही संगठन का महत्त्व बढ़ता जाता है। यदि एक उपयुक्त संगठन हो तो बढ़ते हुए कर्मचारियों को उसमें कार्यरत किया जा सकता है और अतिरिक्त कार्यों का आरंभ किया जा सकता है, अन्यथा उसमें विश्रृंखलता आ जायेगी। आंतरिक संरचना के कारण उत्पादन में विविधता भी लायी जा सकती है। संगठनात्मक सिद्धांतों का विवेकशील कार्यान्वयन किसी व्यापारिक संस्था के लगातार बढ़ते हुए विस्तार को प्रोत्साहित करता है।

2. प्रबंधकीय कार्यकुशलता में वृद्धि–एक सुदृढ़ संगठन प्रबंधों की कार्यकुशलता बढ़ाने में महत्त्वपूर्ण भूमिका अदा करता है। विभिन्न कार्यों को वैज्ञानिक आधार पर बँटवारा, कार्य की आवश्यकता के अनुरूप कर्मचारियों की भर्ती, विकेंद्रीकरण के कारण निम्न प्रबंधकीय स्तर पर कर्मचारियों की क्षमता का अधिकाधिक उपयोग तथा उच्चस्तरीय प्रबंधकों को महत्त्वपूर्ण

विषयों पर विचार एवं मनन के लिए अधिक समय का उपलब्ध होना, कार्य की पुनरावृत्ति को रोकना, कर्मचारियों में मधुर संबंध स्थापित करना, मितव्ययता की प्राप्ति आदि अनेक ऐसे कारण हैं, जिनसे प्रबंधकीय कार्यक्षमता में वृद्धि होती है। प्रबंधन सुचारु रूप में चलता है, यदि संगठन की स्पष्ट रूप में व्याख्या की गयी हो, विधिवत् हो, निश्चित हो तथा प्रबंधकों की सहायतार्थ उपयुक्त क्रियात्मक समूह उपलब्ध किया गया हो। श्रेष्ठ संगठन उपक्रम के समस्त कर्मचारियों, उनकी योग्यताओं एवं गुणों का पूरा-पूरा लाभ उठाता है। साथ ही साथ निम्न प्रबंधन स्तर के लोगों में कार्य का विभाजन करके उच्च प्रबंधन को अपेक्षाकृत अधिक महत्त्वपूर्ण कार्य करने का सुअवसर प्रदान करता है।

3. प्रभावी समन्वय—किसी भी संस्था में प्रभावी समन्वय स्थापित करने में संगठन का महत्त्वपूर्ण योगदान होता है। संगठन संबंधी रचना से विभिन्न विभागों, उपविभागों, स्थितियों, कृत्यों (action) कार्यों तथा क्रियाओं के मध्य समन्वय स्थापित किया जाता है। इससे एक ओर तो उपक्रम की कुशलता में वृद्धि होती है तथा दूसरी ओर निर्धारित लक्ष्यों को प्राप्त करना सरल हो जाता है।

4. अच्छे मानवीय संबंध—ठोस सिद्धांतों पर निर्मित एक संगठन मानवीय संबंधों में सामंजस्य लाता है। जहाँ उत्तरदायित्वों को विवेकपूर्ण ढंग से बाँटा जाता है, जहाँ प्रभुत्व और दायित्व में सही संबंध होते हैं और जहाँ व्यक्ति की प्रतिभा का वस्तुनिष्ठ और व्यावहारिक मूल्यांकन होता है, वहीं विभिन्न व्यक्ति कार्य-संतोष (Job-satisfaction) का अनुभव करते हुए आनंद प्राप्त करते हैं। यह सत्य है कि वहाँ गुणों को पहचाना और सक्षमता को सराहा जाता है। भेदभाव को दूर रखा जाता है। तब किसी के दिल में जलन नहीं होती, क्योंकि सभी को अपनी प्रतिभा और क्षमता के अनुसार श्रेय मिलता है।

5. कार्यों को व्यवस्थित करना—व्यक्तियों का समूह छोटा ही क्यों न हो उसके कार्यों को व्यवस्थित करने के लिए एक संगठन की आवश्यकता होती है। संगठन, उपक्रम में प्रत्येक व्यक्ति का कार्य तथा स्थान निर्धारित करता है। जिससे बड़े-बड़े उपक्रमों में हजारों कर्मचारियों के कार्यरत होते हुए भी समस्त काम व्यवस्थित ढंग से चलता रहता है। व्यवस्था का ही दूसरा नाम संगठन है। संगठन का अभाव अव्यवस्था को जन्म देता है।

6. सृजनात्मकता, पहलपन तथा नव-प्रवर्तन—प्रभुत्व सौंपना, निर्णय लेने का विकेंद्रीकरण और कार्य के क्षेत्र को निश्चित करना—इससे कर्मचारियों को अपनी योग्यता और प्रतिभा दिखाने का विशेष अवसर मिलता है। इस प्रकार का एक ठोस संगठन प्रबंधकों में सृजनात्मकता, पहलपन और नव-प्रवर्तन शक्ति को प्रेरित करता है। उन प्रबंधकों को नये लक्ष्यों को पाने और नये आयाम छूने का अवसर मिलता है और नवीन विधियों से कार्य करने की प्रेरणा मिलती है। एक ठोस संगठन प्रतिभा की पहचान तथा उसके श्रेय देने का क्षेत्र प्रदान करता है और सृजनात्मकता दिखाने वाले कर्मचारियों को समय-समय पर विभिन्न प्रेरणाएँ प्रदान करता है।

7. प्रबंधकीय कर्मचारियों का प्रशिक्षण तथा विकास—आधुनिक व्यवसाय के अत्यधिक जटिल हो जाने के कारण प्रबंधन व्यवस्था का विकास बहुत अधिक महत्त्वपूर्ण हो गया है। एक अच्छा संगठन योग्य कर्मचारियों को नौकरी के साथ ही प्रशिक्षण देने का विस्तृत

क्षेत्र प्रदान करता है। प्रबंधन प्रशिक्षणार्थी नियुक्ति के बाद विभिन्न कार्यों से संबंधित प्रबंधकों के साथ जोड़े जा सकते हैं जैसे क्रय कर्मचारी, बाजार में कार्यरत कर्मचारियों के साथ एवं वित्त व्यवस्था का कार्य करने वाले प्रबंधकों के साथ संबद्ध किये जा सकते हैं, जिससे वे उन विभिन्न कार्यों का प्रशिक्षण लेकर व्यावहारिक दृष्टि से पूर्ण जानकारी पा सकते हैं। नये स्फूर्तिमान कर्मचारियों का प्रवेश और उनका उचित प्रशिक्षण तथा विकास एक संगठन को जीवंत शक्ति प्रदान करता है। प्रबंधकीय व्यवस्था से जुड़ने वाले कर्मचारियों की रुचि, उनका प्रशिक्षण और फिर उन्हें विशिष्ट विभाग का पद भार सौंपना–इन सबसे बड़ा संतुलन और सामंजस्य है। प्रशिक्षण प्राप्त कर्मचारियों को उनकी योग्यतानुसार प्रबंधकीय पदों पर नियुक्त किया जा सकता है। इसके साथ–साथ उन्हें विभिन्न प्रकार के दायित्व सौंपकर उनकी प्रतिभा का विकास किया जा सकता है और समय–समय पर उनकी कार्यकुशलता का परीक्षण भी किया जा सकता है।

8. विशिष्टीकरण—संगठन एक माध्यम है, जिसके माध्यम से विशिष्टीकरण संभव होता है। इसके अंतर्गत विभिन्न व्यक्तियों में कार्य का विभाजन, उनकी योग्यतानुसार हो जाता है। एक ही कार्य को करते–करते वे उसके विशेषज्ञ बन जाते हैं। इसके परिणामस्वरूप उनके प्रयत्नों का अधिकतम लाभ उठाया जा सकता है। विशिष्टीकरण से कर्मचारियों की कार्यक्षमता बढ़ती है और अधिक उत्पादन का मार्ग प्रशस्त होता है। यह कहना अतिशयोक्ति नहीं होगी कि तकनीकी ज्ञान में वृद्धि अन्वेषण के क्षेत्र में प्रगति तथा रहन–सहन के स्तर को ऊँचा उठाने में विशिष्टीकरण ने एक अत्यंत महत्त्वपूर्ण भूमिका निभायी है।

प्रश्न 5. संगठन के क्या लक्ष्य हैं?

उत्तर— सुविचारित और सप्रयोजन रचना होने के कारण संगठनों के कुछ लक्ष्य हैं। लक्ष्य अंतिम परिणाम हैं जिनके लिए संगठन प्रयास करता है और इन अंतिम परिणामों को मिशन, प्रयोजन, लक्ष्य, उद्देश्य, टार्गेट आदि भी कहा जाता है। यद्यपि इन आधारों पर कुछ अंतर है, उन्हें अंतर्बदल रूप में भी प्रयुक्त किया जा सकता है।

शीर्ष प्रबंधन अपने प्रयोजन/लक्ष्यों को परिभाषित कर और लक्ष्यों को प्राप्त करने के लिए रणनीति तैयार कर संगठन की दिशा का निर्धारण करता है।

लक्ष्यों का संस्थापन परिभाषित प्रयोजन को नियत, परिमेय निष्पादन लक्ष्यों में बदलता है। संगठन के लक्ष्य वे उद्देश्य हैं जिन्हें प्रबंधन प्रयोजन प्राप्त करने का प्रयास करता है। लक्ष्य लोगों को साथ–साथ कार्य करने के लिए प्रेरित करता है। यद्यपि प्रत्येक व्यक्ति के लक्ष्य संगठन के लिए महत्त्वपूर्ण हैं, फिर भी, यह संगठन का समग्र लक्ष्य है जो सबसे अधिक महत्त्वपूर्ण है। लक्ष्य संगठन को सदस्यों का ध्यान और क्रियाओं पर फोकस करके अपने पथ पर रखता है। वे संगठन को दूर दृष्टि भी प्रदान करता है। लोक प्रशासन में व्यापक लक्ष्य मैक्रो या सरकारी स्तर पर हो सकते हैं इसके बाद माइक्रो या विभागीय या एजेंसी स्तर पर लक्ष्य होते हैं। चूँकि लक्ष्यों को कानूनी रूप से गठित निकायों द्वारा तैयार किया जाता है, इसलिए

उनकी सामाजिक वैधता होती है। लक्ष्यों के बारे में लोक प्रशासन में दो प्रमुख समस्याएँ हैं। एक, लोक प्रशासन के बहु उद्देश्य हैं परंतु वे सदा परस्पर सम्बद्ध नहीं होते हैं। दूसरा, लक्ष्यों को सदा बारीकी से तैयार नहीं किया जाता है, उनके बारे में कुछ अस्पष्टता, संदिग्धता या विशिष्टता का अभाव रहता है, इससे नीचे पदानुक्रम में विवेकाधिकार की गुंजाइश रहती है।

लोक प्रशासन में संगठनात्मक लक्ष्यों की एक अन्य विशेषता यह है कि व्यापक नीति विवरणों और वास्तविक प्रचालन लक्ष्यों के बीच प्रायः अंतर होता है। नीति विवरण बहुधा सरकार के अभिप्रायों या सामान्य प्रयोजनों का वर्णन करता है जैसा कि सार्वजनिक विवरणों में मुख्य कार्यपालक द्वारा अन्य आधिकारिक घोषणाओं में प्रस्तुत किया जाता है। जबकि संबंधित विभागों/एजेंसियों के बजट में परिलक्षित क्रियात्मक लक्ष्य प्रायः संगठन के माध्यम से प्राप्त करने के प्रयास किए जाते हैं। वे हमसे कहते हैं कि एजेंसी वास्तव में क्या करने का प्रयास कर रही है, इसे ध्यान में रखे बिना कि सरकारी नीति विवरण क्या हैं। क्रियात्मक लक्ष्यों को संशोधित किया जाता है, उन्हें कम किया जाता है या बढ़ाया जाता है, यह बजट संबंधी कठिनाइयों या अन्य समस्याओं पर निर्भर होता है।

संगठनात्मक लक्ष्यों के निर्धारक कारक—बहुत से ऐसे कारक हैं जिन्हें सार्वजनिक संगठनों में लक्ष्यों को निर्धारित करने के लिए संघर्ष से गुजरना पड़ता है। वे प्रायः अनवरत सौदा करने, सीखने—अर्थात् अनुकूली प्रक्रियाओं का परिणाम हैं जिसमें आंतरिक और बाह्य पर्यावरण संबंधी कारक महत्त्वपूर्ण भूमिका निभाता है। संगठनात्मक लक्ष्यों के निर्धारक कारकों को निम्नलिखित में समूहित किया जा सकता है—

(1) पर्यावरण संबंधी निर्धारक कारक,

(2) राजनीतिक दल या वैचारिक निर्धारक कारक, और

(3) संगठनात्मक/नौकरशाही निर्धारक कारक।

संगठनात्मक लक्ष्यों के निर्धारण में मुख्य तत्त्वों में से एक तत्त्व परिवेश है, जिसमें संगठन के लक्ष्यों के दावे के साथ विभिन्न दबाव समूह, लॉबियाँ, सिविल सोसाइटी समूह और मीडिया शामिल हैं। संबंधित एजेंसी प्रक्रियाएँ परिवेश से ऐसे निवेशों का संसाधन करती हैं। इसलिए परिवेश इन तरीकों को प्रभावित करता है जिसमें एजेंसी/विभाग अपने लक्ष्य तय करता है। दूसरा, राजनीतिक दल के अपने लक्ष्य हैं, इनमें उत्तर जीवितता की रणनीति, प्रगति या चुनाव जीतना भी शामिल हैं। उनकी प्राथमिकताएँ भी होती हैं जो उनकी विचारधारा/दल के घोषणापत्र या उनके राजनीतिक घटकों या समर्थकों के वायदों पर आधारित होते हैं। तीसरा, एजेंसियों के अपने स्वयं के मिशन भी होते हैं जिनका समर्थन विशिष्ट समूह करता है। एजेंसी का प्रचालन करने वाले नौकरशाह विशेषज्ञता और सूचना पर आधारित निदेश प्रदान करते हैं। उनके अपने हैसियत या शक्ति के व्यक्तिगत लक्ष्य होते हैं जो लक्ष्य निर्धारण के लिए निवेश होते हैं। इस प्रकार सार्वजनिक संगठनों में लक्ष्य कई स्रोतों द्वारा निर्धारित किए जाते हैं।

इकाई – 11

सामाजिक–मनोवैज्ञानिक दृष्टिकोण: क्रिस आर्गिरिस के विचार

प्रश्न 1. क्रिस आर्गिरिस के मनुष्य के व्यक्तित्व के बारे में विचारों पर टिप्पणी कीजिए। [June 2010, Q. 4.][Dec 2010, Q. 5. (b)]

उत्तर– आर्गिरिस को महान मनौवैज्ञानिक और संगठनात्मक सिद्धांतवादी के रूप में माना जाता है जिसने संगठन का अध्ययन मनोविज्ञान के दृष्टिकोण से किया है, वह संगठन से व्यक्तियों के संबंध पर ध्यान केन्द्रित करता है। आर्गिरिस अनुभव करता है कि संगठन में कार्य करने वाले व्यक्तियों का व्यक्तित्व का प्रभाव समग्र रूप से संगठन के कार्यकरण पर पर्याप्त रूप में होता है। वह स्वीकार करता है कि मनोवैज्ञानिक ऊर्जा के विकास को अधिक ज्यादा महत्त्व दिया जाना चाहिए जोकि आवश्यक रूप से मानवीय आचरण के आधार बनाती है। प्रत्येक व्यक्ति के पास आवश्यकताओं का समूह है और संतुष्टि को प्राप्त करने के लिए यह आवश्यक ऊर्जा को छोड़ती है। आवश्यकता जितनी अधिक होगी, ऊर्जा की मात्रा भी उतनी ही अधिक होगी। व्यक्ति चुनौती का सामना करने में अपनी पूरी शक्ति लगा सकता है यदि वह संभावित संतुष्टि का सुनिश्चित अनुभव करता है कि यदि चुनौती का सामना सफलतापूर्वक हो जाता है तो वह उसे प्राप्त कर सकेगा। उसके अनुसार प्रभावकारी प्रबंधन प्रणाली का लक्ष्य व्यक्तिगत अंतःशक्तियों के और अंतर्वैयक्तिक संबंधों के पूरे विकास पर होना चाहिए। केवल व्यक्तियों द्वारा मनोवैज्ञानिक शक्ति की वृद्धि के माध्यम से तथा संगठन में भिन्न–भिन्न कर्मचारियों में बेहतर समन्वय के माध्यम से अधिक प्रभावशाली संगठनात्मक निष्पादन प्राप्त हो सकता है।

आर्गिरिस के व्यक्तित्व मॉडल की व्यवहार संबंधी विचारधारा को प्रमुख योगदान के रूप में माना जाता है। उसके अनुसार संगठन को ऐसा परिवेश प्रदान करना चाहिए जिसमें व्यक्ति शिशु अवस्था से व्यक्तिगत या मनोवैज्ञानिक परिपक्वता तक अपना व्यक्तित्व विकसित कर सकता है। आर्गिरिस दावा करता है कि इसमें प्रगति शैशव काल (Infancy) से आगे की ओर प्रौढ़ (Maturity) अवस्था तक सात विकास अवस्थाएँ हैं।

1. शिशु निष्क्रियता (Infant Passivity) से प्रौढ़ कार्यकलाप (Adult Activity) की ओर।
2. निर्भरता से सापेक्षिक स्वतंत्रता।
3. सीमित व्यवहार से बहुत भिन्न–भिन्न व्यवहार।
4. दोषपूर्ण (Erratic), सतही (Shallow) और अल्प रुचि से अधिक स्थिर और गहरी रुचि।

5. अल्पकालिक सापेक्ष महत्त्व से दीर्घकालिक सापेक्ष महत्त्व
6. अधीनस्थ सामाजिक स्थिति से समान या उच्च कोटि की सामाजिक स्थिति।
7. आत्म-बोध के अभाव से आत्म-बोध और आत्म-नियंत्रण।

ऐसे बच्चों की भाँति जो दूसरों पर निर्भर हैं और यह नहीं जानता है कि उसकी माँगें दूसरे को कैसे प्रभावित करती हैं, अप्रौढ़ व्यक्ति के कार्यकलापों को अधिकतर दूसरों द्वारा नियंत्रित किया जाता है। प्रौढ़ व्यक्ति सक्रिय, स्वतंत्र है और आत्म नियंत्रित है। आर्गिरिस के अनुसार व्यक्तिगत या मनोवैज्ञानिक प्रौढ़ता तब प्राप्त होती है जब व्यक्ति परिणामों का अनुमान लगा लेने और लगातार हितों का अनुसरण करने तथा वरिष्ठों के समान या अन्य क्या स्वीकार करते हैं उत्तरदायित्व ग्रहण करने की क्षमता अर्जित कर लेता है। इस प्रकार की प्रगति से, ऐसा अंत:शक्ति युक्त व्यक्ति संगठन की चुनौतियों का सामना करने में अपनी पूरी शक्ति प्रस्तुत करेगा।

प्रश्न 2. संगठन में अंतर्वैयक्तिक क्षमता का महत्त्व बताइए।

उत्तर— अंतर्वैयक्तिक क्षमता की कमी से लोग एक दूसरे पर विश्वास नहीं करते हैं, वे अपने कार्यों के लिए कोई न कोई बहाना ढूढ़ लेते हैं, वे अपने पुराने तौर तरीकों पर चिपके रहते हैं और नए तरीकों को नहीं आजमाते हैं, वे अपने ही विचारों के बारे में ईमानदार होने में अनिच्छुक महसूस करते हैं; वे अपने आपको सीमित नेमी कार्यों तक सीमित रखते हैं। व्यवहार में खुलापन और कार्य के प्रति वचनबद्धता का अभाव है। अंतर्वैयक्तिक क्षमता बढ़ाने की दृष्टि से, आर्गिरिस ने व्यवहार के चार विशिष्ट प्ररूप निर्धारित किए हैं—

1. अपने विचारों और भावनाओं का उत्तरदायित्व स्वीकार करना,
2. अपने ऊपर और नीचे व्यक्तियों के विचारों और भावनाओं के प्रति खुलापन दिखाना,
3. नए विचारों और भावनाओं से प्रयोग करना, और
4. अन्यों को उनके विचारों और भावनाओं को स्वीकार करने, दिखाने और प्रयोग करने में सहायता करना।

अंतर्वैयक्तिक क्षमता के संदर्भ में, आर्गिरिस कहता है कि शीर्ष प्रबंधकों को उनकी भावनाओं को प्रकट करने के बारे में या अन्य व्यक्तियों की भावनाओं के बारे में ईमानदारी से करने में अनिच्छुक नहीं होना चाहिए।

प्रश्न 3. टी-समूह पर नोट लिखिए।

उत्तर— प्रभावकारी प्रबंधन का लक्ष्य व्यक्तिगत व्यक्तित्व का पूर्ण विकास होना चाहिए। कर्मचारियों के प्रशिक्षण पर अधिक ध्यान दिये जाने से अधिक प्रभावी निष्पादन हो सकता है।

आर्गिरिस के अनुसार प्रशिक्षण कर्मचारी को स्वयं को तथा काम पर अपनी स्थिति को समझने के लिए सक्षम बनाता है।

टी–समूह तकनीक इस प्रकार की प्रयोगशाला तकनीक है, जिसमें कर्मचारियों को प्रभावी सामूहिक कार्यकरण को सीखने का अवसर प्रदान करते हेतु तैयार किया जाता हैं तकनीक को मनौवैज्ञानिक सफलता, आत्मसम्मान (Self-esteem) और अंतर्वैयक्तिक क्षमता में वृद्धि करने के अनुभव प्रदान करने के लिए भी तैयार किया जाता है। आर्गिरिस के अनुसार संवेदनशील प्रशिक्षण निरंकुश नेतृत्व के लिए शिक्षा नहीं है। इसका उद्देश्य प्रभाविकता, वास्तविक केंद्रित नेतृत्व का विकास करना है। सर्वाधिक संवेदनशील प्रशिक्षण जो कर सकता है, वह है–कतिपय अनभिप्रेत परिणामों और उसके नेतृत्व की लागतें देखने के लिए तथा अन्य नेतृत्व शैलियाँ, यदि वह चाहता है, विकसित करने में व्यक्ति की सहायता करना। परंपरागत प्रशिक्षण कार्यक्रमों की अपेक्षा टी–समूह सत्रों का उद्देश्य ऐसे वातावरण का सृजन करता है जिसमें सहभागी पदानुक्रम विस्मृत हो जाते हैं और निर्णय करने के लिए वितरणात्मक नेतृत्व का प्रयोग किया जाता है।

प्रश्न 4. "क्रिस आर्गिरिस की औपचारिक संगठन की आलोचना का बड़ा महत्त्व है।" विश्लेषण कीजिए। **[Dec 2009, Q. 4.]**

उत्तर– आर्गिरिस ने संगठन की आवश्यकताओं और व्यक्ति के व्यक्तित्व के विकास के मध्य असंगति (अनुरूपता) (Incongruencies-Inconsistencies) उत्पन्न करने के लिए संगठन के शास्त्रीय सिद्धांत की आलोचना की है। उनके मतानुसार औपचारिक संगठनात्मक सिद्धांत अपेक्षाकृत स्वस्थ व्यक्तियों की माँग करता है जो उनकी आवश्यकताओं के अनुरूप नहीं हैं। निराशा, संघर्ष, विफलता और अल्पकालिक संभावनायें इस आधारभूत असंगति के परिणाम हैं। उसके लिए औपचारिक संगठन की प्रवृत्ति कार्यों को न्यूनतम विशेषज्ञ नेमी तक कम करने की होती है। पर्यवेक्षकों की श्रृंखला के माध्यम से इस प्रकार के कार्य करने वाले व्यक्ति को निर्देश देने और नियंत्रित करने पर बल दिया जाता है। परिणामतः औपचारिक संगठन में विशेषज्ञ और उपइकाइयाँ संगठन और उसके सदस्यों के हितों को दृष्टिगत रखे बिना अपने ही लक्ष्यों का अनुसरण करते हैं।

विशेषतायें (Characteristics)–उपर्युक्त प्रकार के औपचारिक संगठन के व्यक्ति की विशेषतायें निम्नलिखित हैं–

1. वे अग्रदृष्टा (Forward Looking) नहीं हैं,
2. वे निष्क्रिय हैं, सृजनशील नहीं हैं,
3. वे अपना संबंध केवल अपने कार्य की कठिनाइयों तक सीमित रखते हैं।

इस प्रकार की स्थिति में कार्यपालक अधिक निरंकुश और निर्देशात्मक हो सकते हैं। उनके अत्यधिक नियंत्रण के परिणामस्वरूप कर्मचारी सहभागिता के किसी भी अवसर से वंचित हो जाते हैं। इससे पारस्परिक अवश्विास की भावना में वृद्धि होती है। कर्मचारी और निम्न स्तर के प्रबंधक प्रबंधन नियंत्रण को दंड के साधन के रूप में देख सकते हैं। अतः

प्रबंधन/नियंत्रण महत्त्वपूर्ण निर्णयों में कर्मचारियों की सहभागिता की कमी और नियंत्रण–प्रणालियों के प्रयोग जैसे कार्य–अध्ययन और लागत–लेखाकरण से युग्मित औपचारिक संगठन के सिद्धांत व्यक्तियों की पहल और सृजनशीलता सीमित करते हैं।

मुख्य परिकल्पनायें (Main Hypotheses)—आर्गिरिस ने व्यक्ति पर औपचारिक संगठन के प्रभाव के संबंध में कतिपय प्रस्ताव तैयार किए हैं। इस संबंध में उनकी मुख्य परिकल्पनाएँ (Hypotheses) निम्नलिखित हैं—

1. **सहमति की कमी**—व्यक्ति की आवश्यकताओं तथा औपचारिक संगठन की प्रारंभिक माँगों के मध्य सहमति की कमी है। इसके परिणामस्वरूप परस्पर विरोधी स्थिति उत्पन्न हो सकती है। कारण, व्यक्ति अनुभव करता है कि वह अपनी व्यक्तिगत आवश्यकताएँ पूरी नहीं कर सकता है और उसी समय संगठन की माँगें पूरी कर सकता है। इससे व्यक्ति विभिन्न प्रकार की प्रतिक्रियाएँ कर सकता है—

(1) काम छोड़ने के संबंध में सोचना,

(2) सूचना दिये बिना छुट्टी लेना,

(3) संगठन की अपेक्षाओं की उपेक्षा करना,

(4) संगठन में पक्षपात व रुचि का अभाव और

(5) अंत में संघर्ष और तनाव की अवस्था का बने रहना।

उपर्युक्त आधार पर वह सोचना आरंभ करता है जिसके बदले कुछ संगठनात्मक समस्याएँ हो सकती हैं।

2. **निराशा का विकास**—औपचारिक संगठन की कठोरताएँ संगठन में सहभागियों में निराशा को विकसित कर सकती है। लाभप्रद अस्तित्व के लिए उनकी इच्छा और आत्माभियोग संतुष्ट नहीं हो सकता है। सहभागियों की ओर से परिणामी निराशा से कम परिपक्व व्यवहार के कारण आक्रमण और विद्वेष हो सकता है।

3. **मनोवैज्ञानिक विफलता**—कुछ प्रबंधन प्रतिक्रियाएँ मनोवैज्ञानिक विफलता की भावना को उत्पन्न कर सकती हैं, जिनका परिणाम निम्नलिखित हो सकता है—

(1) कार्य में रुचि की क्षति,

(2) आत्मविश्वास की क्षति,

(3) दूसरों पर दोषारोपण की प्रवृत्ति,

(4) कार्य के स्तर में गिरावट,

(5) आसानी से छोड़ने की प्रवृत्ति और

(6) अधिक विफलता का भय।

उपर्युक्त स्थितियों के परिणामस्वरूप कामगार निम्न प्रकार व्यवहार कर सकता है—

(i) वह जानकारी से या अनजाने में अपने स्वयं के कार्य से बचने का निर्णय करता है या

(ii) वह स्थिति की प्रतिपूर्ति (Compensate) के लिए अधिक धन की माँग कर सकता है।

आर्गिरिस का दावा है कि व्यक्तियों की आवश्यकताओं की प्रवृत्ति औपचारिक संगठन की माँग की अधिकतम अभिव्यक्ति के अनुकूल नहीं है। इस प्रकार अनौपचारिक संगठन दो के मध्य संघर्ष और उसके परिणामस्वरूप निराशा कमजोर करने के लिए उत्पन्न होते हैं। अनौपचारिक संगठन अनेक प्रयोजनों की पूर्ति करते हैं, निष्कर्षत:—

1. यह प्रबंधक के प्रति व्यक्तिशः कर्मचारी की स्वतंत्रता की भावना, विनम्रता, अधीनीकरण और निष्क्रियता में कमी करता है।

2. दूसरा, अनौपचारिक संगठन उसे स्पष्ट रूप से आक्रमण और विद्वेष से उन तनावों के अंतर्राष्ट्रीयकरण करने की अपनी भावना व्यक्त कर सकता है जो निम्नलिखित के द्वारा उत्पन्न किए गए हैं—
   (1) औपचारिक संगठन,
   (2) निदेशात्मक नेतृत्व,
   (3) प्रबंध नियंत्रण,
   (4) छद्म मानवीय संबंध (Pseudo-human) कार्यक्रम।

3. अपने समाज निर्माण में सहायक–स्वयंमर (Self-feeding) होने के कारण अनौपचारिक संगठन व्यक्तिशः कर्मचारी को अपनी संस्कृति और मूल्यों से अपना समाज बनाने में सहायता प्रदान करता है जिसमें वह मनोवैज्ञानिक आश्रय और स्थिरता बनाए रखने के सुदृढ़ आश्रय पाता है, जिस दौरान वह औपचारिक संगठन में समायोजित करता है और अपनाता है।

आर्गिरिस के अनुसार, "अनौपचारिक समुदाय बनाकर वह अनौपचारिक संगठन को प्रभावित करने में सक्रिय भूमिका भी निभा सकता है।" आर्गिरिस ने कहा है कि अनौपचारिक संगठन अस्तित्व में न होने पर कर्मचारी स्वयं को पूर्णतः तनाव में पाता है। आर्गिरिस ने एक महत्त्वपूर्ण विचारणीय तथ्य प्रस्तुत किया है कि अनौपचारिक संगठन व्यक्तिशः कर्मचारी को औपचारिक संगठन से बचाने का रक्षात्मक साधन न होकर इसके विपरीत तनाव का स्रोत भी हो सकता है। इस प्रकार उनके मानसिक स्वास्थ्य पर नकारात्मक प्रभाव डाल सकता है।

समाधान (Suggestions)—आर्गिरिस ने कुछ समाधान सुझाये हैं जिनसे औपचारिक संगठन और व्यक्ति के मध्य असहमति दूर की जा सकती है या कम की जा सकती है। इन प्रस्तावित समाधानों का विवरण निम्नलिखित है—

1. **नौकरियों में वृद्धि**—नौकरियों को घटाने की बजाय बढ़ाना। नौकरियाँ विषय में बढ़ाई जानी चाहिए और विविधता में वृद्धि होनी चाहिये। इससे निम्नांकित परिणाम प्राप्त होंगे—
   (1) कर्मचारियों में रुचि उत्पन्न होगी,
   (2) उत्तरदायित्व की भावना भी उत्पन्न होगी,
   (3) उन प्रतिबंधों को समाप्त किया जाना चाहिए जो संघर्ष, निराशा और असफलता की भावना उत्पन्न करता है।

2. **प्रबंधन व नेतृत्व को प्रोत्साहन**—प्रबंधन और शक्ति के मध्य असहमति कम करने का एक अन्य उपाय सहभागी प्रबंधन और नेतृत्व को प्रोत्साहित करना है। आर्गिरिस का सुझाव है कि केवल प्रौढ़ व्यक्तियों को ही प्रबंधकीय और नेतृत्व के पदों के लिये चुना जाना चाहिए। व्यक्ति या समूह परिपक्व (प्रौढ़) न होने पर अंतर्निहित चुनौतियों का सामना नहीं कर पाते।
3. **नेतृत्व का विकास**—आर्गिरिस ने वास्तविक नेतृत्व के विकास का समर्थन किया है जहाँ नेता को निर्णय करने के लिए अनुमान लगाने पर निर्भर न होकर पर्याप्त समझ की आवश्यकता होती है। शीर्ष प्रबंधकों को अपने उच्चतर या निम्नतर कर्मचारियों को अपनी वास्तविक भावना दिखाने में भयभीत नहीं होना चाहिए। उन्हें एक–दूसरे के संबंध में इस प्रकार या तरीके में रचनात्मक दृष्टि से बोलने का प्रयास करना चाहिए जो ईमानदार और उपयोगी है।

समीक्षा (Estimate)—क्रिस आर्गिरिस को प्रथम ऐसा प्रबंधन चिन्तक होने का श्रेय प्राप्त है जिसने व्यक्ति और संगठन के समाकलन का प्रयास किया। आर्गिरिस ने "व्यक्ति और संगठन का समाकलन" विचार प्रस्तुत कर वैकल्पिक संगठनात्मक ढाँचा प्रदान करने का प्रयास किया है, जो मनुष्य में स्वाभाविक शक्ति और क्षमताओं को दृष्टिगत रखता है। व्यक्ति और व्यक्ति का समाकलन करने वाला संगठन पिरामिडीय नहीं होगा, वरन् यह समस्त संगठन की भाँति व्यवहार करेगा। इसके अतिरिक्त संगठन में प्रबंधन को उसके आधारभूत मूल्यों के अनुरूप किया जाएगा। इन मूल्यों का विस्तार इस प्रकार की व्यवहार्य आंतरिक प्रणाली के विकास को सम्मिलित करने के लिए किया जा सकता है, जो बाहरी परिवेश को अपनाने की क्षमता से युक्त हो।

प्रश्न 5. भावी संरचनाओं के गठन पर एक संक्षिप्त नोट प्रस्तुत कीजिए।

उत्तर— आर्गिरिस ने भिन्न–भिन्न प्रयोजनों के लिए भिन्न–भिन्न संगठनों का सुझाव दिया है। उसके अनुसार भविष्य के संगठन परंपरागत और आधुनिक दोनों रूपों के मिश्रण होंगे। वह भिन्न–भिन्न (Pay offs) के साथ संगठन के अलग–अलग मिश्रणों का सुझाव देता है।

1. **पिरामिडीय संरचना (A Pyramidal Structure)**—संगठन का पिरामिडीय प्ररूप से सीमित नेमी कार्यों के निष्पादन की आशा की जाती है। यह उन गैर नवाचारी कार्य के लिए प्रभावी हो सकते हैं जिनके लिए कम आंतरिक वचनबद्धता की आवश्यकता होती है।
2. **रूपांतरित औपचारिक संगठनात्मक संरचना (An Adapted Formal Organisational Structure)**—संशोधित औपचारिक संगठनात्मक संरचना रेनसिस लिकर्ट (Rensis Lilert) के सहभागी संरचना के सदृश्य है। संरचना का यह प्ररूप अधिक प्रभावी है क्योंकि उच्च अधिकारियों को अपने स्वयं निर्णय लेने के विकल्प के साथ अधीनस्थ सहभागिता की अधिक गुंजाइश देता है।

3. **परिभाषित परंतु सहभागी संरचना (Define But Participative Structure)**—इस संरचना में प्रत्येक कर्मचारी को समान अवसर मिलते हैं और उसके अपने कार्य क्षेत्र के अंतर्गत जो किया गया है उस पर उसका अधिक नियंत्रण होता है। यह उन स्थितियों में प्रयुक्त किया जाता है जिनमें सामूहिक प्रोत्साहन, नए उत्पाद विकास, अंत: विभागीय संक्रिया आदि होते हैं।

4. **मैक्ट्रिक्स संगठन (Matrix Organisation)**—इस किस्म के संगठन में प्रत्येक कर्मचारी की परिभाषित शक्ति और उत्तरदायित्व होता है। उसे अपने कार्य के क्षेत्र के अंदर अधिक नियंत्रण और उनके बारे में निर्णयों में अधिक सहभागिता प्राप्त होती है। मैक्ट्रिक्स संगठन में उच्च अधिकारी और अधीनस्थ कर्मचारी में संबंध समाप्त किए जाते हैं और व्यक्तियों में स्वअनुशासन प्रयुक्त किया जाता है। प्रत्येक कर्मचारी को कार्य के स्वरूप को प्रभावित करने की शक्ति प्राप्त है। इस प्रणाली के अधीन परियोजना दल सभी संबद्ध प्रबंधकीय प्रकार्यों, जैसे विनिर्माण, विपणन, वित्त आदि का निरूपण और निष्पादन करता है। सभी सदस्य सुसंबद्ध टीम के रूप में काम करते हैं। टीम को उसके कार्य समाप्ति पर विघटित किया जाता है। परियोजना टीम के नेतृत्व को प्रबंधन दृष्टिकोण से सामंजस्य रखना आवश्यक होता है। नेता को आंतरिक परिवेश समझने के लिए कर्मचारियों की सहायता के अलावा अंत:समूह संघर्ष निपटाने में समर्थ होना चाहिए।

इकाई – 12 सामाजिक–मनोवैज्ञानिक दृष्टिकोण: अब्राहम मैस्लो और फ्रेडेरिक हेर्जबर्ग के विचार

प्रश्न 1. अब्राहम मैस्लो के आवश्यकता सिद्धांत का आलोचनात्मक मूल्यांकन कीजिए। [Dec 2008, Q. 8.]

अथवा

"अभिप्रेरण में अब्राहम मैस्लो का योगदान आज के समय में भी महत्त्वपूर्ण है।" चर्चा कीजिए। [June 2009, Q. 4.]

उत्तर– आवश्यकता सिद्धांत के पदानुक्रम (Hierarchy of Theory of Wants)–मैस्लो ने मनुष्य की आवश्यकताओं को पदानुक्रम के रूप में देखा है। आवश्यकताएँ आरोही क्रम में आरंभ होकर निम्नतम से उच्चतम होती हैं। आवश्यकता सेट पूरा हो जाने के उपरांत अन्य सेट की आवश्यकता उत्पन्न होती है। मानव प्रणाली जीव की आवश्यकता पूर्ति में लगा रहता है। भूख की सहज प्रवृत्ति के द्वारा अभिप्रेरण के सिद्धांत की व्याख्या करना संभव नहीं है। युक्तियुक्त अभिप्रेरण सिद्धांत मनुष्य के आधारभूत लक्ष्यों पर ध्यान केंद्रित करता है। मानव व्यवहार एक से अधिक आवश्यकताओं को प्रतिबिंबित करता है। अभिप्रेरणों के वर्गीकरण का आधार सहज प्रवृत्ति या अभिप्रेरित व्यवहार को भड़काने के बदले लक्ष्य होना चाहिए। जिस स्थिति में मनुष्य प्रतिक्रिया करता है, वह अभिप्रेरण सिद्धांत का मान्य बिंदु है, परंतु सदैव स्थिति के बदले व्यक्ति के व्यवहार पर होना चाहिए।

मैस्लो ने मनुष्य की आवश्यकताओं को प्रबलता के अनुक्रम में रखा है–

(1) निम्नतम छोर पर शारीरिक और सुरक्षा आवश्यकताएँ हैं।

(2) आत्म प्रत्यक्षीकरण आवश्यकता उच्चतम छोर पर है।

(3) इनके मध्य सामाजिक और आत्मसम्मान आवश्यकताएँ हैं।

निम्नतर क्रम पर आवश्यकताएँ पूरी हो जाने के उपरांत उच्चतर क्रम आवश्यकताएँ उत्पन्न होती हैं। मैस्लो के द्वारा प्रस्तुत महत्त्व के आरोही क्रम में निर्धारित मनुष्य की आधारभूत आवश्यकताएँ निम्नलिखित हैं–

1. **शारीरिक आवश्यकताएँ (Physical or Bodily Wants)**–शारीरिक आवश्यकताएँ मानव जीवन को स्थायी बनाए रखने के लिए आधारभूत आवश्यकताएँ हैं। भोजन, पानी, वस्त्र, आश्रय, नींद और यौन तुष्टि शारीरिक आवश्यकताएँ हैं। मनुष्य इनके अभाव में जीवित नहीं रह सकता है। मैस्लो ने स्वीकार किया है कि जब तक ये आवश्यकताएँ जीवन को बनाए रखने के लिए आवश्यक मात्रा तक पूरी नहीं की जाती हैं उस समय तक अन्य आवश्यकताएँ लोगों को अभिप्रेरित नहीं करेंगी।

2. सुरक्षा या बचाव आवश्यकताएँ (Security/Safety or Protection Wants)—सुरक्षा या बचाव आवश्यकताएँ शारीरिक आवश्यकताओं का अनुसरण करती हैं। ये आवश्यकताएँ लोगों को शारीरिक खतरे और काम, संपत्ति, भोजन, वस्त्र या आश्रय खोने के भय से मुक्त रहने के लिए सक्ष्म बनाती हैं।

3. संबंधन या स्वीकृति आवश्यकताएँ (Assent or Approval Wants)—मनुष्य के सामाजिक प्राणी होने के कारण उन्हें दूसरों से स्वीकृति पाने के लिए संबंध की आवश्यकता होती है। वे अन्य से संबंध स्थापित करने की इच्छा के साथ ही उनसे ही पारस्परिक संबंध स्थापित करना चाहते हैं।

4. सम्मान की आवश्यकताएँ (Wants of Prestige/Respect)—जब लोग अपनी संबंधन आवश्यकताओं की पूर्ति करना आरंभ करते हैं, वे अन्य द्वारा सम्मान दिया जाना चाहते हैं। ऐसी आवश्यकता निम्न प्रकार के संतोष उत्पन्न करती है—

(1) शक्ति, (2) आत्मविश्वास, (3) सामाजिक स्थिति और (4) प्रतिष्ठा आदि।

5. आत्म–प्रत्यक्षीकरण की आवश्यकता (Want of Self-perception or Introspection)—आवश्यकताओं के अनुक्रम में सर्वोच्च आत्म–प्रत्यक्षीकरण की आवश्यकता है। यह वैसा होने की इच्छा है जिसके लिए उसमें क्षमता है। यह उसकी अंतःशक्ति को अधिकतम करने की तथा कुछ की पूर्ति करने की इच्छा है।

आत्म–प्रत्यक्षीकरण (Self-perception)—मैस्लो ने स्वीकार किया है कि आत्म–प्रत्यक्षीकरण उसके अनुक्रम में उच्चतम आवश्यकता है, प्रश्न है कि आत्म–संप्रत्यक्षीकृत व्यक्ति कौन है?

विशेषताएँ (Characteristics)—आत्म–संप्रत्यक्षीकृत व्यक्ति में निम्नलिखित विशेषताएँ होती हैं—

(1) उनके व्यक्तित्व में झूठ, कपट और बेईमानी का पता लगाने की असामान्य योग्यता होती है।
(2) उनमें परस्पर आलोचना का दोष और विकृत लज्जा और चिंता नहीं होती है।
(3) उसमें सृजनशीलता और मौलिकता होती है।
(4) उनमें जीवन का प्रयोजन और मिशन होता है,
(5) वे जीवन के आधारभूत अनुभव से उल्लास, अंतः प्रेरणा और शक्ति प्राप्त करते हैं।
(6) वे जीवन की दौड़–धूप और कार्य के अपने प्रयासों में गोपनीयता, सम्मान, स्वायत्तता और स्वतंत्रता पसंद करते हैं।
(7) वे जीवन के अनुभव से उत्साह, प्रेरणा और शक्ति प्राप्त करते हैं।
(8) उनमें मानव जाति के लिए पहचान, सहानुभूति और स्नेह की गहरी भावना होती है।
(9) वे कुछ लोगों से अंतर्वैयक्तिक संबंध स्वीकार करते हैं।
(10) वे लोकतांत्रिक होते हैं।
(11) वे लक्ष्यों और साधनों तथा सही–गलत के मध्य अंतर कर सकते हैं।

आधारभूत आवश्यकताओं की विशेषताएँ (Characteristics of Basic Necessities/Wants)—मनुष्य की आधारभूत आवश्यकताओं की आरोही क्रम में पहचान करने के उपरांत मैस्लो ने इन आधारभूत आवश्यकताओं की विशेषताओं का वर्णन किया है—

1. पहला, अनुक्रम न तो कठोर है न ही बिल्कुल पृथक है दूसरे शब्दों में, आवश्यकताओं के अनुक्रम में कोई दृढ़ता नहीं है। जैसे कुछ लोग शारीरिक आवश्यक कार्यों की अपेक्षा सम्मान आवश्यकताओं को वरीयता देते हैं। इसके अतिरिक्त, निम्नतम छोर पर आवश्यकता पूरी होने पर विशेष आवश्यकता का भी उद्भव अचानक नहीं होता है।
2. दूसरा, आधार आवश्यकताएँ उन समाजों और संस्कृतियों को दृष्टिगत रखे बिना एक समान और उभयनिष्ठ होती हैं, जिनमें वे रहते हैं।
3. तीसरा, मानव व्यवहार विविध आवश्यकताओं का प्रतिबिम्ब है और अकेले एक ही परिवर्ती या आवश्यकता के द्वारा प्रभावित नहीं हो सकता है।
4. सभी व्यवहारों को केवल आधारभूत आवश्यकताओं के द्वारा निर्धारित नहीं किया जा सकता है।
5. पूरी हुई आवश्यकता आवश्यक रूप से अभिप्रेरक नहीं होती है।

मैस्लो के सिद्धांत की उपयोगिता (Utility of Maslow's Theory)—यद्यपि मैस्लो के सिद्धांत के पदानुक्रमिक पहलू संदेहास्पद है और प्रायः स्वीकार्य नहीं हैं, तथापि मनुष्य की आधारभूत आवश्यकता और उसका निर्धारण करने में वह उपयोगी है।

अनुभूतिक्षम प्रबंधकों के लिए मैस्लो के सिद्धांत के अनुप्रयोग के लिए स्थितिपरक या प्रासंगिक दृष्टिकोण उपयुक्त है। क्या आवश्यक है, यह व्यक्तित्व पर निर्भर होगा, इसके लिए व्यक्तिशः कर्मचारियों की आवश्यकताओं और अभाव को देखना चाहिये।

1. किसी भी मामले में अनुभूतिक्षम प्रबंधकों को यह विस्तृत नहीं करना चाहिये कि अधिकांश व्यक्तियों की विशेषकर विकसित समाज में, ऐसी आवश्यकताएँ होती हैं जो मैस्लो के पदानुक्रम के पूरे स्पेक्ट्रम में व्याप्त होती हैं।
2. मैस्लो की आवश्यकताओं के अनुक्रम में इस बात पर बल दिया गया है कि व्यक्ति को उच्चतर आवश्यकताओं की तुष्टि के लिए आगे बढ़ने से पहले अपनी आधारभूत आवश्यकताएँ पूरी करनी चाहिए।
3. मैस्लो ने पूरी की जाने वाली आवश्यकताओं की वृहद श्रेणी की ओर ध्यान आकर्षित किया है।
4. प्रबंधक को नोट करना चाहिए कि कामगारों की आधारभूत आवश्यकताएँ पूरी होनी चाहिए, तथापि अन्य आवश्यकताएँ भी हैं। पूरी की गई आवश्यकताओं की जरूरत समाप्त होने पर आवश्यकताएँ अपनी उपस्थिति व्यक्त करती हैं।

आलोचनात्मक मूल्यांकन (Critical Estimate)—सामाजिक-मनोवैज्ञानिक अनुसंधान में मैस्लो का अपनी आवश्यकता अनुक्रम में योगदान युगान्तकारी घटना है। अभिप्रेरण के लिए आधुनिक प्रबंधन दृष्टिकोण पर उसके सिद्धांत ने व्यापक प्रभाव डाला।

मैस्लो के विचारों की आलोचना निम्नलिखित आधारों पर की गयी है–

1. सर्वप्रथम, आलोचकों ने मैस्लो के आवश्यकता अनुक्रम सिद्धांत की आलोचना उसके अनुसंधान आँकड़ों की जटिलता, वैधता और आवश्यकताओं के अनुक्रम के आधार पर की है।
2. आलोचकों ने मैस्लो के सिद्धांत की वास्तविकताओं पर अनुसंधान ने इन आवश्यकताओं के अनुक्रमिक पक्षों की परिशुद्धता के संबंध में संदेह प्रकट किया है तथापि आधारभूत आवश्यकताओं के उसके निर्धारण पर्याप्त उपयोगी हुए हैं।
3. आवश्यकताओं के अनुक्रम की आलोचना लावलेर और सुटल (Lawler and Suttle) के अनुसंधान, दो भिन्न–भिन्न संगठनों में मैस्लो के इस सिद्धांत का समर्थन नहीं करते हैं कि मनुष्य की आवश्यकताएँ अनुक्रम के अनुरूप होती हैं, पर अनुसंधान कर्त्ता यह नोट अवश्य करते हैं कि आवश्यकताओं के दो स्तर अर्थात् जैविक और अन्य आवश्यकताएँ हैं और अन्य आवश्यकता केवल उसी समय उत्पन्न होती है जब जैविक आवश्यकताएँ पर्याप्त रूप से पूरी की जाती हैं। उनका अनुसंधान यह निर्दिष्ट करता है कि उच्चतर स्तर पर आवश्यकताओं की शक्ति व्यक्तियों के अनुसार भिन्न–भिन्न होती है जैसे कुछ व्यक्तियों में सामाजिक आवश्यकताएँ प्रबल होती हैं तो अन्य व्यक्तियों में आत्म–प्रत्यक्षीकरण आवश्यकताएँ अत्यधिक दृढ़ होती हैं।
4. अनुक्रम की आलोचना में पोर्टर ने अपने अध्ययन में यह ज्ञात किया है कि आवश्यकताएँ अनुक्रम का अनुसरण नहीं करती हैं। विशेषकर उस समय जब निम्नतर स्तर की आवश्यकता पूरी हो जाती है। उसने ज्ञात किया है कि सभी स्तरों पर प्रबंधकों की सुरक्षा और सामाजिक आवश्यकताएँ समान हैं। मैस्लो के अनुक्रम में तीन श्रेष्ठ आवश्यकताएँ प्रबंधकों की सुरक्षा और सामाजिक आवश्यकताएँ प्रबंधकीय श्रेणियों से भिन्न हैं। कारण, उच्चतर स्तर के प्रबंधकों की अपेक्षा निम्न स्तर के प्रबंधकों की आवश्यकताओं की पूर्ति निश्चित रूप से अधिक या कम त्रुटिपूर्ण है।

   इसी प्रकार, हॉल और नौगाइम (Hall and Nougaim) को पाँच वर्षों की अवधि में प्रबंधकों के समूह को सम्मिलित करते हुए मैस्लो के सिद्धांत के अपने अध्ययन में अनुक्रम का कोई दृढ़ साक्ष्य नहीं मिला। जैसे–जैसे प्रबंधक संगठन में प्रगति करते हैं, उनका शारीरिक और सुरक्षा के अनुसार आवश्यकताओं का महत्त्व कम होने लगता है और उनकी संबंधन, सम्मान और आत्म–प्रत्यक्षीकरण की आवश्यकताओं में वृद्धि होने लगती है। आवश्यकताओं का ऊर्ध्व संचालन कैरियर विकास से होता है निरंतर आवश्यकताओं की पूर्ति से नहीं होता है।
5. आत्म–प्रत्यक्षीकरण की अवधारणा और मैस्लो द्वारा वर्णित उनके दृष्टांतों की भी आलोचना हुई है। आलोचकों के अनुसार उन्होंने अध्ययन के लिए अपनाई गई अपनी क्रियाविधि का सविस्तार प्रतिपादन नहीं किया है।

दूसरे, आत्म–प्रत्यक्षीकृत व्यक्ति की विशेषताओं की सूची में अनेक विरोधाभास और परस्पर व्यापी विशिष्टताएँ हैं।

कोफेर और एप्पली (Cofer and Apply) के अनुसार आत्म–प्रत्यक्षीकरण पर बल देने से उसके निम्नलिखित दोष प्रकट होते हैं–

(1) उसकी अवधारणा की अस्पष्टता,

(2) उसकी भाषा की अशुद्धता,

(3) उसके प्रमुख दावे से संबंधित साक्ष्य की अपर्याप्तता।

6. **वाभा और बर्डवेल (Wabha and Birdwell)** ने अनुसंधान अध्ययनों के आधार पर प्रकट किया है कि मैस्लो का सिद्धांत मान्य नहीं है। कारण, आवश्यकताओं की दो प्राथमिक विचारधाराएँ (स्कूल) हैं, पाँच नहीं। इसका कोई स्पष्ट प्रमाण नहीं है कि मनुष्य की आवश्यकताएँ पाँच सुस्पष्ट श्रेणियों में वर्गीकृत की गई हैं या इन श्रेणियों को विशेष अनुक्रम में संरचित किया गया है। इसके कुछ प्रमाण हैं कि संभवतः आवश्यकताओं के दो प्ररूप हैं–कर्मी और संवृद्धि आवश्यकताएँ। यद्यपि यह श्रेणीकरण सदा व्यावहारिक नहीं है।

7. **नैश (Nash)** के अनुसार मैस्लो का सिद्धांत रोचक है परंतु मान्य नहीं है। मैस्लो के अच्छे विचार थे, परंतु मैस्लो के आवश्यकता अनुक्रम के साथ यह समस्या है कि इसे उन प्रबंधकों के लिए व्यावहारिक मार्गदर्शन में परिवर्तित नहीं किया जा सकता है जो लोगों को उत्पादनकारी बनाने का प्रयास कर रहे हैं। मैस्लो के सिद्धांत की आलोचना अधिकांश रूप से अनुसंधान समर्थन के अभाव में हुई। यह आवश्यकताओं के अनुक्रम पर विवाद के संबंध में और आत्म–प्रत्यक्षीकरण के अस्पष्ट स्वरूप के संबंध में था।

प्रश्न 2. फ्रेडरिक हर्जबर्ग के अभिप्रेरण–स्वच्छता सिद्धांत की चर्चा कीजिए।

[June 2008, Q. 6.][Dec 2010, Q. 6.]

उत्तर– फ्रेडेरिक हर्जबर्ग अमेरिकी मनोवैज्ञानिक है। उसने निम्न प्रकार से विचार स्पष्ट किए हैं–

(1) उसने प्रबंधकीय सिद्धांत और पद्धति के परंपरागत विवेक पर प्रश्न उठाया है।

(2) उसने कार्यस्थल पर मनुष्य के अभिप्रेरण की समस्या का अध्ययन किया। वस्तुतः हर्जबर्ग के कार्य का केंद्रीय क्रोड द्वितीय विश्व युद्ध से निकलता है जहाँ उसने यह अनुभव किया कि समाज उस समय उन्मादी हो जाता है जब उन्माद से स्वस्थचित्त संचालित होते हैं।

(3) उसके अनुसार स्वस्थचित्तता को चरित्र और नैतिकता के मानवीय संतोष का पोषण करने के लिए उतना ही अधिक व्यावसायिक ध्यान आवश्यक है जितना व्यक्तित्व में अंतरों के लिए त्रुटिपूर्ण दिखाने के लिए होता है।

(4) हर्जबर्ग का उल्लेख है, "उन्मादी को भी देखभाल और क्षतिपूर्ति की आवश्यकता होती है परंतु उनकी उन्मादी क्रियाओं को कभी भी नैतिक रूप से उदासीन रणनीति से सुदृढ़ नहीं किया जाना चाहिए। मेरे सिद्धांतों का बल स्वस्थ चित्त रखने की रणनीतियों पर है।"

प्रमुख रचनाएँ (Main Works)—फ्रेडेरिक हर्जबर्ग के मुख्य कार्य निम्न प्रकार हैं—

(1) दी मोटिवेशन टू दी वर्क (1959), (सहलेखक)

(2) वर्क एंड दी नेचर ऑफ मैन (1966),

(3) दी मैनेजरियल च्वाइस : टू दी एफिसिएंट एंड टू बी ह्यूमैन (1976)।

अपने अभिप्रेरण सिद्धांत के विकास में, हर्जबर्ग पर अब्राहम मैस्लो, डगलॉस मैकग्रेगॉर और क्रिस आर्गिरिस के लेखों का प्रभाव पड़ा। उसने कार्य पर सार्थक अनुभव और मानसिक स्वास्थ्य के मध्य संबंध का विश्लेषण किया। उसके अनुसार समस्त व्यक्तियों की आवश्यकताओं के निम्नलिखित दो सेट होते हैं—

(1) पीड़ा का परिहार करना,

(2) मनोवैज्ञानिक रीति से प्रगति करना।

अभिप्रेरण स्वच्छता सिद्धांत (Motivation Theory)—हर्जबर्ग ने संयुक्त राज्य अमेरिका के पिट्सबर्ग क्षेत्र में लगभग नौ कंपनियों से दो सौ इंजीनियरों और लेखाकारों के कार्य अनुभव के आधार पर अभिप्रेरण सिद्धांत प्रतिपादित किया है। इन लोगों को उस समय अनेक बार सोचने के लिए कहा गया था, जब उन्होंने अपने कार्यों के संबंध में अपवाद स्वरूप अच्छा या खराब अनुभव किया। उनकी प्रतिक्रियाएँ शीर्षक के अनुसार यह निर्धारित करने के लिए वर्गीकृत की गयीं कि किस प्रकार की घटनाओं से कार्य में संतुष्टि और कार्य में असंतुष्टि होती है।

अनुसंधान में निम्नलिखित का संयोजन प्रयुक्त किया गया है—

(1) क्रांतिक घटना तकनीक,

(2) पूर्व प्रभावी पैटर्न साक्षात्कार और

(3) संतोष विश्लेषण।

उद्देश्य (Objectives)—अनुसंधान के मुख्य उद्देश्य निम्नलिखित थे—

(1) उन कारकों की पहचान करना, जिनसे कार्य के प्रति सकारात्मक और नकारात्मक मनोवृत्ति हो सकती है।

(2) कार्य निष्पादन, उत्पाद, मानसिक स्वास्थ्य आदि पर इन मनोवृत्तियों के प्रभावों का अध्ययन करना।

अध्ययन इस बात पर केंद्रित किया गया था कि क्या कार्य संतुष्टि प्रकट करने के लिए भिन्न-भिन्न प्रकार के कारक उत्तरदायी थे। यह अध्ययन इस अवधारणा को प्रमाणित करता है। स्पष्टतः हर्जबर्ग का अनुसंधान अभिप्रेरण के पीछे कारकों अर्थात् कार्य संतुष्टि और कार्य

असंतुष्टि के निर्धारकों को स्पष्ट करने का दावा करता है। उसके सिद्धांत में कार्य असंतुष्टि दोनों के लिए निम्न प्रकार पाँच सुदृढ़ निर्धारकों की पहचान की गयी है–

1. **कार्य संतुष्टि के निर्धारक**–कार्य संतुष्टि के सुदृढ़ पाँच निर्धारक कारक इस प्रकार हैं–

(1) उपलब्धि,

(2) मान्यता,

(3) कार्य का स्वयं का आकर्षण,

(4) उत्तरदायित्व और

(5) प्रगति।

2. **कार्य असंतुष्टि के निर्धारक**–कार्य असंतुष्टि के सुदृढ़ पाँच कारक इस प्रकार हैं–

(1) कंपनी की नीति और प्रशासन,

(2) पर्यवेक्षण,

(3) वेतन,

(4) अंतर्वैयक्तिक संबंध और

(5) कार्य दशाएँ।

उपर्युक्त समूहों का निम्नलिखित रूप से नामांकन किया जा सकता है–

(1) अभिप्रेरक कारकों का प्रथम समूह "अभिप्रेरक" है। उनमें संतुष्टि की भावना प्रदान करने की संभावना है।

(2) अनुरक्षण–कारकों का दूसरा समूह "अनुरक्षण" या स्वच्छता कारक है।

यद्यपि उनकी उपस्थिति संगठन में लोगों को अभिप्रेरित नहीं करेगी। तथापि उन्हें विद्यमान होना चाहिए, अन्यथा असंतोष उत्पन्न होगा।

इस प्रकार, कार्य मनोवृत्तियों और कारकों, आतंरिक तथा बाह्य के दो सेटों का आविर्भाव हुआ। कारकों के पृचोयुक्त का कार्य संतोष के प्रति योगदान है, तथापि प्रत्यक्ष रूप से अभिप्रेरण नहीं हो सकता है। इन कारकों की अनुपस्थिति का परिणाम असंतुष्टि में हो सकता है। इसके विपरीत, कार्य संतुष्टि कारक उस समय असंतोष की उत्पत्ति का कारण नहीं होते जब ये अनुपस्थित होते हैं। परंतु ये संतुष्टि की ओर से चलते हैं, जब ये उपस्थित होते हैं। हर्जबर्ग ने सकारात्मक तथा नकारात्मक असंतुष्टों के मध्य अंतर किया है तथा उनमें सफलता के प्रभाव के कारणों का पता किया है। इसी प्रकार का कार्य अमेरिकी उद्योग ने पर्यवेक्षकों के लिए मानवीय संबंधों और मजदूरी प्रोत्साहन प्रणालियों द्वारा कर्मचारियों को प्रेरित करने के अपने प्रयासों में किया है। हर्जबर्ग ने उन तरीकों का भी सुझाव दिया जिनमें अभिप्रेरण कार्य करने के लिए सुदृढ़ हो सकता है। हर्जबर्ग का मत है कि स्वच्छता कारक ने स्वास्थ्य जोखिमों को समाप्त करने के लिए कार्य किया, न कि उपचारी कारकों के लिए। यह निवारक कारक है। इसी प्रकार, यदि कार्य के संदर्भ में हानिकारक कारक हैं तो उनसे घटिया कार्य की मनोवृत्ति की उत्पत्ति होती है। स्वच्छता कारकों में सुधार सकारात्मक कार्य मनोवृत्तियों की बाधाओं को हटाने का कार्य करते हैं। नीचे दी गई तालिका में स्वच्छता और अभिप्रेरण जिज्ञासुओं की विशेषताएँ प्रकट की गई हैं–

सामाजिक–मनोवैज्ञानिक दृष्टिकोण: अब्राहम मेस्लो और फ्रेडेरिक हेर्जबर्ग के विचार 129

स्वच्छता और अभिप्रेरण की विशेषताएँ–

स्वच्छता जिज्ञासु	अभिप्रेरण जिज्ञासु
1. परिवेश के स्वरूप द्वारा अभिप्रेरित	1. कार्य के स्वरूप द्वारा अभिप्रेरित।
2. उसके कार्य के संदर्भ, जैसे– (i) वेतन, (ii) पर्यवेक्षण, (iii) कार्य दशाएँ, (iv) दशा कार्य सुरक्षा, (v) कम्पनी नीति और प्रशासन, (vi) सहयोगी कर्मचारियों के विभिन्न पक्षों से तात्कालिक और प्रबल असंतोष।	2. घटिया स्वच्छता कारकों के लिए अधिक सहिष्णुता।
3. संतोष की अतिप्रतिक्रिया जब स्वच्छता कारकों का सुधार न किया जाये।	3. कम असंतोष जब स्वच्छता कारक सुधारना आवश्यक हो।
4. संतोष की अल्प अवधि जब स्वच्छता कारकों का सुधार किया जाये।	
5. स्वच्छता कारकों में सुधार हेतु संतोष की अतिप्रतिक्रिया।	5. स्वच्छता कारकों में सुधार के लिए [illegible]
6. उपलब्धि से कम संतोष की अनुभूति होती है।	6. उपलब्धि से बहुत संतोष की अनुभूति होती है।
7. प्रतिभा के कारण कार्य में सफलता प्राप्त कर सकता है।	7. अत्यधिक सफल हो सकता है।
8. 'सांस्कृतिक' कौशल प्राप्त करने के लिए प्रवृत्त। (क) वह अति उदारवादी या अति रूढ़िवादी हो सकता है (ख) वह प्रबन्धन दर्शन का समर्थक है। (ग) स्वयं शीर्ष प्रबन्धन की अपेक्षा शीर्ष प्रबन्ध की भाँति अधिक करता है।	8. प्रणालियों पर विश्वास करने के साथ–साथ विचार करता है।
9. व्यावसायिक रूप से अनुभव से लाभ नहीं होता है।	9. [illegible] वृद्धि से अनुभव से लाभान्वित [illegible] है।
10. काम और सामान्यतः जीवन के सकारात्मक गुणों का बोधवर्ती।	10. प्रायः काम और जीवन के प्रति सकारात्मक भावनाएँ रखता है।
11. असंतोष की अतिप्रतिक्रिया जब स्वच्छता कारकों को सुधारा न जाये।	11. कम असंतोष जब स्वच्छता कारक सुधारने आवश्यक हो।

हर्जबर्ग ने स्वच्छता कारकों और अभिप्रेरकों के मध्य अंतर किया है। संगठन में उन्नत स्वच्छता कारकों में कम असंतोष हो सकता है। उन्नत कार्य परिस्थिति संतोषक न होने के कारण प्रेरक नहीं है। इसी प्रकार अभिप्रेरक की कमी से असंतोष नहीं हो सकता वरन् इससे संतोष की अनुपस्थिति हो सकती है। संतोष और असंतोष नहीं हो सकता वरन् इससे संतोष की अनुपस्थिति हो सकती है। संतोष और अंसतोष दोनों इस दृष्टि से भिन्न हैं कि वे भिन्न–भिन्न प्रकार से कार्य करते हैं–

(1) यदि असंतोष को कम किया जाना है तो स्वच्छता कारकों पर ध्यान दिया जाना चाहिए।

(2) यदि संतोष को बढ़ाया जाना है तो अभिप्रेरकों पर ध्यान दिया जाना चाहिए।

हर्जबर्ग ने अभिप्रेरण का द्विकारक सिद्धांत प्रदान किया है। स्वच्छता कारक निम्न स्तर की आवश्यकताओं को तृप्त करके न्यूनतम निष्पादन प्राप्त करने के लिए आवश्यक है तथापि संगठन में निष्पादन का श्रेष्ठ स्तर प्राप्त करने के लिए अभिप्रेरक आवश्यक है।

प्रश्न 3. अब्राहम मैस्लो के विचार पर संक्षिप्त टिप्पणी प्रस्तुत कीजिए।

उत्तर– मैस्लो एक मनोवैज्ञानिक (Maslow as a psychologist)–अब्राहम मैस्लो को मानव व्यवहार समझने में रुचि थी। इस दिशा में अधिक अनुसंधान के कारण उसका प्रारंभिक कैरियर मनोवैज्ञानिक रूप से प्रारंभ हुआ। उसने मनोविश्लेषण के माध्यम से मानव व्यवहार को समझने का प्रयास किया। मेस्लो ने साकल्यवाद संबंधी मनोविज्ञान (Holistic Psychology) अवधारणा का विकास किया है। इसे "तीसरी शक्ति" कहा गया है, अन्य दो–व्यवहारवाद और मनोविश्लेषण हैं। मैस्लो ने अपना मुख्य प्रयास व्यक्तित्व के क्षेत्र में किया है। उसका तर्क है कि अब तक मनोविज्ञान ने मानव कमजोरी पर ही ध्यान केंद्रित कर मानव शक्तियों की उपेक्षा की है।

मानव स्वभाव (Human Nature)–मैस्लो का दावा है कि अनिवार्यतः मानव स्वभाव अच्छा होता है। जैसे–

(1) मानव व्यक्ति परिपक्वता के माध्यम से विकसित होता है।

(2) सृजनशील क्षमता अधिक तेजी से स्पष्ट होती है।

(3) यदि मनुष्य दुखी है तो दोष परिवेश पर होता है, जो उन्हें ऐसा बनाता है।

(4) मनुष्य मूल रूप से विनाशकारी या हिंसक नहीं है। वह हिंसक उसी स्थिति में होता है जब आंतरिक स्वरूप में दुःखी किया जाता है।

मैस्लो का परिचय (Introduction of Maslow)–मैस्लो का जन्म न्यूयार्क में 1908 में हुआ। उसने विस्कॉनसिन (Wisconsin) यूनिवर्सिटी से मनोविज्ञान में स्नातकोत्तर उपाधि और पी–एच.डी. की। उसने न्यूयार्क में ब्रूकलेन (Brooklyn) कॉलेज और ब्राण्डीज (Brandies) यूनिवर्सिटी के संकायों (Faculties) में कार्य किया। वे 1967–68 के लिए अमेरिकन ह्यूमनिस्ट एसोसिएशन के अध्यक्ष चुने गए।

रचनाएँ (Works)–मैस्लो के मुख्य कार्य निम्नलिखित हैं–

1. मोटिवेशन एंड पर्सनेल्टी (1954),
2. टूवर्ड ए साइकोलॉजी ऑफ बींग (1962),
3. दी साइकोलॉजी साइंस : ए रिकानसेन्स (1966),
4. न्यूनॉलेज इन ह्यूमन : वैल्यूज (1970),
5. दी फर्दर रीचेज ऑफ ह्यूमन नेचर (1971) और
6. डोमिनेन्स, सेल्फ इस्टीम, सेल्फ एक्यूलाइजेशन : जर्मिनल पेपर्स ऑफ ए.एच. मैस्लो (1973 में रिचर्ड जे. लॉरी)।

इसके अतिरिक्त उसने पत्रिकाओं और पुस्तकों में अनेक अनुसंधान लेख प्रकाशित किए। प्रारंभ में मैस्लो के लेखों ने अन्य नैदानिक और व्यक्तित्व मनोवैज्ञानिकों में रुचि उत्पन्न की तथापि संगठन सिद्धांत पर कोई प्रभाव न डाल सका। प्रबंधकों और प्रशासकों ने मैस्लो के विचारों का अध्ययन मैकग्रोगॉर द्वारा प्रचारित करने के बाद ही किया।

आवश्यकता की अवधारणा (Concept of Want)—अब्राहम मैस्लो ने आवश्यकता की अवधारणा पर आधारित तीन आधारभूत प्रस्तावों को प्रस्तुत किया—

(1) मनुष्य अभावग्रस्त (Wanting) जीव है। उसकी सदैव कुछ न कुछ आवश्यकता होती है जो उसे कुछ करने के लिए प्रेरणा देती है।

(2) आवश्यकता का अनुक्रम होता है, उन्हें प्राथमिकता के आधार पर क्रम से रखा जाता है ताकि अधिक आधारभूत आवश्यकताओं की संतुष्टि पहले हो सके। पहले पूर्ति किये जाने हेतु इससे अधिक आधारभूत आवश्यकताओं के अनुसार प्राथमिकता के क्रम में रखे जाते हैं।

(3) "मनुष्य केवल अपनी पूरी नहीं हुई आवश्यकताओं द्वारा प्रेरित किया जाता है। शारीरिक और सुरक्षा संबंधी आवश्यकताएँ पूरी हो जाने पर प्रेम और स्नेह तथा अपनत्व की आवश्यकताएँ उत्पन्न होती हैं। इनमें उपलब्धि, पर्याप्तता, ख्याति, मान्यता, महत्त्व, प्रशंसा तथा पसंद की इच्छा सम्मिलित है।

अब्राहम मैस्लो के अनुसार, "आत्म प्रत्यक्षीकरण का संबंध मनुष्य की आत्मतुष्टि, मनुष्य की इच्छा से है, अर्थात् इच्छा को मूर्त रूप देने की वृत्ति से है, जो संभवतः उसमें है। इस प्रवृत्ति को इस प्रकार व्यक्त किया जा सकता है–वह इच्छा अधिकाधिक होती है, जो ऐसी वस्तु के लिए हो सकती है जिसे करने में सक्षम हो।"

मानव व्यवहार—मानव व्यवहार का विश्लेषण उनकी क्रियाओं और उनके पीछे प्रयोजनों के आधार पर किया जा सकता है। मानव अभिप्रेरण के संबंध में ये मान्यताएँ सिग्मंड फ्रायड के द्वारा प्रतिपादित किये गये विचारों के ही अनुरूप है। सामाजिक मनोविज्ञान ने मानव व्यवहार के माध्यम से मानव आवश्यकताओं और उद्देश्यों का विश्लेषण करने में नया पथ दिखाया है। मैस्लो के मानव अभिप्रेरण सिद्धांत ने अध्ययन और बाल अभिप्रेरणा के विश्लेषण के ढाँचे का प्रबंध किया है। मैस्लो के अनुसार, "अभिप्रेरण सिद्धांत व्यवहार सिद्धांत का पर्याय नहीं है। अभिप्रेरण व्यवहार के निर्धारकों की केवल एक श्रेणी है, जबकि व्यवहार प्रायः सदैव अभिप्रेरित किया जाता है। यह सदैव प्रायः जीवन वैज्ञानिक दृष्टि से, सांस्कृतिक दृष्टि से और स्थितिपरक दृष्टि से भी निर्धारित किया जाता है।" सर्वाधिक व्यापक रूप से उल्लिखित अभिप्रेरण सिद्धांतों में मैस्लो की आवश्यकताओं का पदानुक्रम सिद्धांत प्रमुख है।

इकाई – 13

सामाजिक-मनोवैज्ञानिक दृष्टिकोण– डॉग्लास मैकग्रेगोर और विक्टर व्रूम के विचार

प्रश्न 1. अभिप्रेरण के संबंध में डॉग्लास मैकग्रेगोर के विचारों के विशेष संदर्भ में अभिप्रेरण को परिभाषित कीजिए। [June 2010, Q. 6.]

अथवा

डॉग्लास मैकग्रेगोर के सिद्धांत 'x' और सिद्धांत की 'y' मान्यताओं का आलोचनात्मक विश्लेषण कीजिए। [Dec 2009, Q. 6.]

उत्तर– अभिप्रेरण सभी संगठनों के लिए महत्त्वपूर्ण है। वैज्ञानिक प्रबंधन ने कार्य संगठनों में लोगों को अभिप्रेरित करने के लिए वित्तीय प्रोत्साहन प्रयोग करने का प्रयास किया। तब मानवीय संबंधों के निष्कर्ष आए जिसमें कार्य अभिप्रेरण के लिए वित्तीय प्रोत्साहन के अलावा कार्य पर सुरक्षा और कार्य दशाओं पर बल दिया गया। 1960 के दशक के प्रारंभ में जो कार्य अभिप्रेरण संबद्ध थे, उन्होंने नया सैद्धांतिक दृष्टिकोण खोजना और अनुप्रयोग के लिए नई तकनीक विकसित करना आरंभ किया। इन दृष्टिकोणों में से कुछ ने उन आवश्यकताओं के प्रकारों की पहचान करने का प्रयास किया जो लोगों की थीं और वे किस तरीके से पूरी हो सकती हैं ताकि लोग अभिप्रेरित हो सकें। ये सिद्धांत "अभिप्रेरण का संतोष सिद्धांत" के नाम से जाने जाते हैं। मैस्लो (Maslow) ने आवश्यकता अनुक्रम का सिद्धांत का सुझाव दिया, हर्जबर्ग (Herzberg) ने द्वि-कारक (Two-factor) सिद्धांत का प्रस्ताव किया; मैक क्लेण्ड ने शक्ति, संबंधन और उपलब्धित अभिप्रेरणों पर बल दिया और एल्डरफेर ने तीन कोर आवश्यकताओं के समूह–अस्तित्व, संबद्धता और संवृद्धि (Existence, Relatedness and Growth-ERG) का प्रस्ताव किया। (ERG मॉडल)

आवश्यकता किसी भी ऐसी वस्तु की होती है जिसे व्यक्ति चाहता है या अपेक्षा करता है। अधिकांश लोगों की बहुत विभिन्न आवश्यकताएँ होती हैं। इन आवश्यकताओं को दो समूहों में वर्गीकृत किया जा सकता है–प्राथमिक और गौण आवश्यकताएँ। प्राथमिक आवश्यकताएँ वे वस्तुएँ हैं जिन्हें लोग अपने आपको जीवित रखने के लिए चाहते हैं, जैसे–भोजन, जल और आश्रय। इस प्रकार की आवश्यकताएँ स्वाभाविक और शारीरिक आधारित हैं। दूसरी ओर, गौण आवश्यकताएँ मनोविज्ञान आधारित अधिक होती हैं और उस परिवेश तथा संस्कृति से सीखी जाती हैं जिसमें वह रहता है। उदाहरणों में उपलब्धि, स्वायत्तता, शक्ति, आदेश, संबंधन और जानकारी की आवश्यकताएँ शामिल हैं। गौण आवश्यकताएँ बहुधा संगठनात्मक व्यवस्थाओं में उत्पन्न होती हैं इसलिए उन पर विचार करना महत्त्वपूर्ण है, जब अभिप्रेरित व्यवहार का परीक्षण कर रहे हों। उदाहरण के लिए, यदि लोगों को उनके संगठन

से उनके मनोवैज्ञानिक अनुबंध से संतुष्ट किया जाना है तो संगठन द्वारा प्रदान किए गए प्रोत्साहन उनकी अपनी विशिष्ट आवश्यकताओं के अनुरूप होने चाहिए।

आवश्यकता सिद्धांत अभिप्रेरण पर सर्वाधिक समकालीन विचारधारा का प्रारंभन बिंदु है, यद्यपि इन सिद्धांतों की आलोचना भी हुई। आवश्यकता सिद्धांत का बुनियादी आधार, पिछले लागू किए गए अभिप्रेरण ढाँचे से, यह सामंजस्य है कि मनुष्य मूलतः एक या अधिक महत्त्वपूर्ण आवश्यकताओं या आवश्यकता श्रेणियों में कमियों द्वारा अभिप्रेरित होते हैं। आवश्यकता सिद्धांतवादियों ने उन आवश्यकताओं की पहचान करने और वर्गीकरण करने के प्रयास किए हैं जो लोगों के लिए सबसे अधिक महत्त्वपूर्ण हैं।

सबसे अधिक ज्ञात सिद्धांत में आवश्यकताओं का अनुक्रम और अस्तित्व, संबद्धता और संवृद्धि का ERG सिद्धांत हैं।

विद्वानों ने अभिप्रेरण में अंतर्निहित प्रक्रिया भी ज्ञात करने का प्रयास किया है। इससे अभिप्रेरण के प्रक्रिया सिद्धांतों का आविर्भाव हुआ। इन सिद्धांतों का संबंध उन संज्ञानात्मक पूर्ववृत्तों से अधिक है जो अभिप्रेरण या प्रयास में किए जाते हैं और उस तरीके में किए जाते हैं जिसमें वे एक–दूसरे को प्रभावित करते हैं। व्रूम संयोजकता कर्षणशक्ति और संभावना पर आधारित कार्य अभिप्रेरण के सिद्धांत का प्रस्ताव करता है। व्रूम के मॉडल में पोर्टर और लॉलेर कुछ परिष्करण करते हैं और अपना स्वयं का मॉडल सुझाते हैं। व्यवहारवादी इन मॉडलों के लिए निष्पक्षता की अवधारणा जोड़ते हैं और "कार्य अभिप्रेरण का निष्पक्षता सिद्धांत" सुझाते हैं।

कुछ विद्वान कार्य अभिप्रेरण को मनुष्य के स्वभाव से जोड़ने का प्रयास करते हैं। यद्यपि ये प्रस्ताव कार्य अभिप्रेरण तक सीमित नहीं हैं, फिर भी वे कार्य अभिप्रेरण समझने में कुछ गहरी जानकारी देते हैं। इस समूह में प्रमुख सिद्धांत X के मैकग्रेगोर के सिद्धांत हैं।

अभिप्रेरण के विभिन्न सिद्धांत विभिन्न परिप्रेक्ष्य से अभिप्रेरण की समस्याओं के पास पहुँचते हैं परंतु उनमें से सभी संबंध एक जैसे सेटों पर बल देते हैं। ये संबंध व्यक्तिगत, उसकी आवश्यकताओं, उसकी इस कल्पना से संबंधित हैं कि वह अपनी आवश्यकताएँ पूरी कैसे करते हैं और क्या उसकी आवश्यकता संतुष्टि न्यायसंगत है। इन सभी सिद्धांतों की प्रासंगिकता विशेष संदर्भों में है और जब संदर्भ बदलता है वे कार्य नहीं कर सकते हैं क्योंकि वे सर्वव्यापक सिद्धांत नहीं हैं, जिन्हें सभी स्थितियों में अनुप्रयुक्त किया जा सके।

डेटायट में जन्में डॉग्लास मैकग्रेगोर एक प्रबंधन संस्थान में इंडस्ट्रीयल मैनेजमेंट के प्रोफेसर थे। सिद्धांत X और सिद्धांत Y का प्रतिपादन करके उन्होंने प्रबंधन के विद्यार्थियों को बहुमूल्य योगदान दिया है।

सिद्धांत X और सिद्धांत Y

मैकग्रेगोर के अनुसार सिद्धांत में व्यक्तियों के अभिप्रेरण के प्रबंधन की कार्रवाई में मानव व्यवहार और मानव प्रकृति से संबंधित कुछ मान्यताएँ, सामान्यीकरण और परिकल्पनाएँ

अंतर्निहित हैं। ये मान्यताएँ मानव व्यवहार का अनुमान लगाने का कार्य करती हैं। मनुष्य को प्रभावित करने वाले जटिल कारकों के कारण मानव व्यवहार की बुनियादी मान्यताएँ पर्याप्त रूप में भिन्न हो सकती हैं। मैकग्रेगोर इन मान्यताओं को दो विपरीत दिशाओं में प्रस्तुत करता है: सिद्धांत X और सिद्धांत Y।

मैकग्रेगोर के अनुसार सिद्धांत X के अंतर्गत जो मान्यताएँ आती है उनका वर्णन निम्नलिखित हैं–

1. औसत व्यक्ति आलसी है और यथासंभव कम से कम काम करता है।
2. लोगों में महत्त्वाकांक्षा का अभाव है, उत्तरदायित्व नापसंद करते हैं और बिस्तर पर लेटे रहना पसंद करते हैं।
3. लोग स्वभावतः आत्मकेंद्रित होते हैं और संगठनात्मक आवश्यकताओं के प्रति उदासीन रहते हैं।
4. लोग परिवर्तन विरोधी हैं।
5. अधिकांश लोग भोले भाले और नासमझ होते हैं।

सिद्धांत X नियंत्रण और निर्देशन की परंपरागत अवधारणा पर आधारित है। इसे परंपरागत रूप में "पुरस्कार और दंड का प्रयोग" (The Carrot and the Stick) सिद्धांत के नाम जाना जाता है और व्यावहारिक रूप में मानवीय संबंधों के लिए क्रियाविधिक दृष्टिकोण पर आधारित है। मानव स्वभाव के बारे में इन विचारों को मानने वाले प्रबंधक नियंत्रण निर्माण करने तथा अपने कर्मचारियों का पर्यवेक्षण निकटता से करने का प्रयास करते हैं। वे अनुभव करते हैं कि गैर–जिम्मेदार और नासमझ कर्मचारियों से निपटने के लिए बाहरी नियंत्रण सबसे अधिक उपयुक्त है। मैकग्रेगोर का मत है कि मानव स्वभाव के बारे में इन मान्यताओं ने आमूल–चूल रूप से परिवर्तन नहीं किया है यद्यपि व्यवहार संबंधी पैटर्नों में पर्याप्त परिवर्तन हुआ है। वह तर्क देता है कि यह परिवर्तन मानव स्वभाव में परिवर्तनों के कारण नहीं है परंतु औद्योगिक संगठनों, प्रबंध दर्शन, नीति और पद्धति में परिवर्तनों के कारण हुआ है।

हॉथोर्न अध्ययनों, लिकेर्ट के अनुसंधान निष्कर्षों और अन्य व्यवहार संबंधी अध्ययनों ने सुझाया है कि सिद्धांत X की मान्यताएँ सार्थक रूप से स्पष्ट नहीं हो सकती हैं। मैकग्रेगोर स्वयं सिद्धांत X की मान्यता पर संदेह करता है। मानव अभिप्रेरण के बारे में मान्यताएँ संगठन के उद्देश्यों के प्रति कार्य करने के लिए कर्मचारियों को अभिप्रेरित करने में असफल रही हैं। वह कहता है "अभिप्रेरण का पुरस्कार और दंड का प्रयोग" (The Carrot and the Stick) सिद्धांत, जो सिद्धांत X के साथ–साथ जाता है, कुछ स्थितियों में पर्याप्त अच्छा कार्य करता है।" परंतु यह "सिद्धांत कदापि कार्य नहीं करता है जब व्यक्ति पर्याप्त वास्तविकता के स्तर पर पहुँच जाता है और मुख्य रूप से उच्च आवश्यकताओं द्वारा अभिप्रेरित होता है।" मैकग्रेगोर कहता है कि सिद्धांत X मानव स्वभाव को स्पष्ट करने में असफल रहा है। मैकग्रेगोर का सामान्यीकरण है कि "जब तक सिद्धांत X की मान्यताएँ प्रबंधकीय रणनीति को प्रभावित

करना जारी रखती है, हम पता लगाने में असफल होंगे, औसत मनुष्य की केवल क्षमताओं का उपयोग होने दें।"

सिद्धांत Y की मान्यताएँ—मैकग्रेगोर समाकलन के सिद्धांत के साथ वैकल्पिक "सिद्धांत Y" प्रस्तुत करता है जो निदेशन और नियंत्रण की परंपरागत अवधारणाओं को प्रतिस्थापित करता है। सिद्धांत Y विपरीत विचार अपनाता है और मानता है कि

1. लोग संगठनात्मक आवश्यकताओं के प्रति स्वभाव से प्रतिरोधी नहीं होते हैं।
2. लोगों में उत्तरदायित्व विकसित करने और ग्रहण करने की सुप्त क्षमता होती है।
3. लोगों को प्रबंधन लक्ष्यों के प्रति अभिप्रेरित किया जा सकता है।
4. प्रबंधन को मामलों की व्यवस्था करनी चाहिए ताकि लोग अपने संगठनात्मक उद्देश्यों के माध्यम से अपने लक्ष्य प्राप्त कर सके।

सिद्धांत Y की मान्यताएँ प्रबंधन में नए दृष्टिकोण का सुझाव देता है। यह प्रबंधन और कर्मचारियों के सहयोगात्मक प्रयास पर बल देता है। प्रयास न्यूनतम मात्रा में नियंत्रण और निदेशन से अधिकतम उत्पाद प्राप्त करना है। साधारणतः संगठनात्मक लक्ष्यों और व्यक्तिगत लक्ष्यों के बीच कोई सुस्पष्ट अंतर नहीं होता है। इसलिए उन कर्मचारियों का प्रयास जो उनके सर्वोत्तम हित में हैं, संगठन के हित में भी हैं।

सिद्धांत Y मानता है कि लोगों को अधिक अच्छा कार्य निष्पादन के लिए प्रोत्साहित किया जा सकता है और इसलिए शक्ति का अधिक विकेन्द्रीकरण, उत्तरदायित्व का प्रत्यायोजन, कार्य वृद्धि, कर्मचारी सक्रिय रूप से भाग लेता है।

सिद्धांत Y परिवेश सृजन सहित संबंधों के स्वरूप से पूर्व व्यवस्था उत्पन्न करता है, जो संगठनात्मक उद्देश्यों की वचनबद्धता को प्रोत्साहित करता है और जो उन्हें प्राप्त करने में पहल, प्रवीणता और स्वनिर्देशन के अधिकतम प्रयोग के अवसर प्रदान करता है। यह सिद्धांत मानव संगठनों की अन्योन्याश्रय और सहभागी प्रबंधन को स्वीकार करता है। सिद्धांत Y का केंद्रीय सिद्धांत है कि व्यवहारों का समाकलन प्रबंधन में मुख्य प्रक्रिया है। समाकलन की अवधारणा व्यक्ति की और संगठन के व्यक्तियों की आवश्यकताओं को प्रतिबिंबित करता है।

आलोचनात्मक मूल्यांकन—प्रशासन की परंपरागत अवधारणा के बारे में मैकग्रेगोर की अस्वीकृति पर प्रश्न उठाया गया है। परंपरागत अवधारणाएँ, जैसे नियंत्रण और निर्देशन, जो अस्वीकार किए गए हैं, अभी भी मानव अभिप्रेरण समझने के लिए बहुत महत्त्वपूर्ण हैं। सिद्धांत X जिसका मैकग्रेगोर समर्थक नहीं है, क्योंकि वह नियंत्रण की युक्ति पर जोर दे सकता है, इसका कुछ महत्त्व है। अभिप्रेरण के उन सभी अनुसंधानों और सिद्धांतों के बावजूद जो हाल ही के वर्षों में आगे आए हैं, यह नहीं भूलना चाहिए कि "पुरस्कार और दंड का प्रयोग" (The Carrot and the Stick) सिद्धांत अभी भी सुदृढ़ है और इसलिए लोगों को अभिप्रेरित कर सकता है। मैकग्रेगोर के सिद्धांत द्वारा विशाल मात्रा में किए गए अनुसंधानों का परीक्षण इसने कभी भी नहीं किया है। डॉग्लास मैकग्रेगोर मानव अभिप्रेरण सिद्धांत को रचनात्मक योगदान

करता है। वह मानव व्यवहार के बारे में अंतर्निहित को अस्वीकार करता है जिन पर औपचारिक संगठन निर्मित किया गया है और मानव अभिप्रेरण की अधिक पर्याप्त जानकारी पर आधारित सिद्धांत Y प्रस्तुत करता है। आधुनिक संगठनों के प्रबंधकीय चिंतन पर उसके सिद्धांत का व्यापक प्रभाव रहा है। सिद्धांत Y "आर्थिक व्यक्ति" के मिथ और निर्देशन तथा नियंत्रण की परंपरागत अवधारणाओं का खंडन करता है।

मानव अभिप्रेरण वर्तमान अनुसंधान सिद्धांत Y से भी परे गए हैं परंतु इसका यह अभिप्राय नहीं है कि यह सिद्धांत अप्रासंगिक है। मैकग्रेगोर स्वयं अपने सिद्धांत को नवपरिवर्तन के लिए खुला निमंत्रण कहता है। नेतृत्व, प्रबंध विकास कार्यक्रम पर और व्यावसायिक प्रबंधक विकसित करने पर उसके विचार वर्तमान सिद्धांत पद्धतियों के लिए पर्याप्त महत्त्वपूर्ण हैं।

प्रश्न 2. विक्टर व्रूम के प्रत्याशा सिद्धांत की चर्चा कीजिए। [June 2009, Q. 8.]

अथवा

विक्टर व्रूम के प्रत्याशा सिद्धांत और संगठनात्मक प्रक्रियाओं में इसके निहितार्थों का वर्णन कीजिए। [Dec 2008, Q. 6.]

उत्तर– विक्टर व्रूम के विचार–संतोष सिद्धांत मूलतः निम्नलिखित तीन मान्यताओं पर आधारित है–

(1) सभी कर्मचारी एक समान हैं,

(2) सभी स्थितियाँ एक समान हैं और

(3) कर्मचारियों को अभिप्रेरित करने का केवल एक ही श्रेष्ठतम तरीका है, वह है आवश्यकताओं को पूरा करना।

संतोष सिद्धांत की मान्यताओं के विपरीत अनुभवमूलक साक्ष्य के आधार पर व्यापक अध्ययनों के बाद अनेक सिद्धांत विकसित किये गये हैं।

प्रत्याशा सिद्धांत (Expectancy Theory)–अभिप्रेरण का संतोष सिद्धांत लोगों की आवश्यकताओं और उनकी प्राथमिकताओं पर आधारित है। इन सिद्धांतों की आलोचना करते हुए व्रूम ने एक वैकल्पिक सिद्धांत प्रस्तुत किया है, जिसका आधार अभिप्रेरण प्रक्रिया है। उसने अपने प्रत्याशा सिद्धांत के माध्यम से अभिप्रेरण के संबंध में हमारी जानकारी में पर्याप्त योगदान किया। आधारभूत प्रत्याशा सिद्धांत मॉडल का आविर्भाव एडवर्ड टॉलमैन और कुर्ट लेविन के कार्यों से हुआ। तथापि विक्टर व्रूम को कार्य स्थान में सर्वप्रथम अभिप्रेरण सिद्धांत को प्रयुक्त करने का श्रेय प्राप्त है। यह सिद्धांत निश्चित करता है कि व्यक्ति वैकल्पिक व्यवहारों में से किस प्रकार चुनते हैं। प्रत्याशा सिद्धांत का आधार यह है कि हम किसी वस्तु को कितना चाहते हैं और हम किस प्रकार सोच सकते हैं कि हमें इसकी प्राप्ति होनी है।

व्रूम के प्रत्याशा सिद्धांत को मुख्य रूप से संतोष सिद्धांत की तुलना में प्रक्रिया सिद्धांत के रूप में वर्गीकृत किया जा सकता है। इसका कारण यह है कि यह गतिशील अवस्था में

परिवर्तियों के मध्य संबंधों की पहचान करने का प्रयास करता है क्योंकि वे व्यक्तिगत व्यवहार पर प्रभाव डालते हैं। यह प्रणालियों का अभिविन्यास संतोष सिद्धांत के प्रत्यक्ष विरोध में हैं, जिसने अधिकांशतः अभिप्रेरित व्यवहार के सहसंबंधों को विनिर्दिष्ट करने का प्रयास किया है। प्रत्याशा सिद्धांत में यह निवेशों के मध्य संबंध है जो स्वयं निवेशों के बदले आधारभूत केंद्रीय बिंदु है। व्रूम ने मूल्य प्रत्याशा और बल की अवधारणाओं के चतुर्दिक अपने अभिप्रेरण मॉडल का विकास किया है।

व्रूम का प्रत्याशा सिद्धांत रुचि, व्यवहार की संज्ञानात्मक अवधारणाओं और क्लासिकी आर्थिक सिद्धांत पर आधारित है। व्रूम का मत है कि लोगों को उस सीमा तक कुछ लक्ष्यों को प्राप्त करने के लिए अभिप्रेरित किया जाता है कि वे आशा करते हैं कि उनकी ओर से कुछ कार्रवाइयाँ लक्ष्य प्राप्त करने में उनकी सहायता करेंगी। व्रूम के मॉडल का निर्माण मूल्य, प्रत्याशा और बल की अवधारणाओं के इर्दगिर्द किया गया है। उसकी मान्यता है कि कार्रवाई के वैकल्पिक पथों में व्यक्ति द्वारा किये गये विकल्प व्यवहार एक ही समय में होने वाली मनोवैज्ञानिक घटनाओं में विधि–सम्मत रूप से संबद्ध है। व्रूम की बल की अवधारणा मूल रूप से अभिप्रेरण के समान है। यह प्रत्याशा द्वारा गुणा किया गया संयोजकत्व के गुणनफल के बीजीय जोड़ में दिखाया जा सकता है।

व्रूम का प्रत्याशा सिद्धांत नीचे दिए गए चित्र में प्रस्तुत किया गया है–

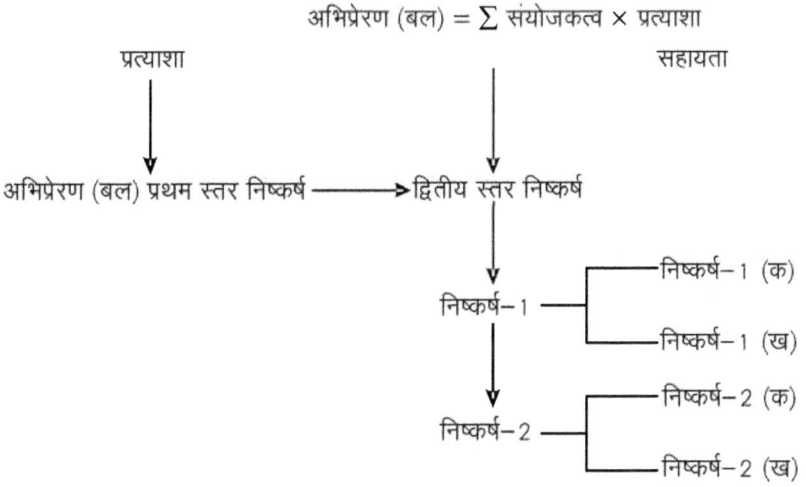

अभिप्रेरण (बल) $= \sum$ संयोजकत्व $\times$ प्रत्याशा

संयोजकत्व (Valency)–संयोजकत्व उन विभिन्न परिणामों या प्रोत्साहनों की वांछनीयता या प्राथमिकताओं की मात्रा से संबंधित है जो उसे उपलब्ध है। इनमें मूल्य, प्रोत्साहन, मनोवृत्ति और प्रत्याशित उपयोगिता सम्मिलित है। व्यक्ति कार्य के निष्पादन में प्रयास करने का निर्णय करने से पूर्व उपलब्ध विभिन्न विकल्पों और उससे संबद्ध परिणामों (पुरस्कारों) को देखता है। अतएव संयोजकत्व, पुरस्कारों के लिए उसके आकर्षण के संबंध में व्यक्ति की इच्छा की शक्ति को प्रतिबिंबित करता है तथापि वह कार्रवाई के विशेष कारण भी स्वीकार करता है।

हंट और बिल के अनुसार भी संयोजकत्व किसी विशिष्ट परिणाम के लिये व्यक्ति की इच्छा की शक्ति है और प्रोत्साहन या पुरस्कार से संबद्ध व्यक्ति सापेक्ष मूल्य है। संयोजकत्व की अवधारणा स्पष्ट करने हेतु उन्होंने पदोन्नति का उदाहरण लिया है। उदाहरणार्थ, व्यक्ति अपने संगठन में पदोन्नति चाहता है तथा अनुभव करता है कि उसका कार्य निष्पादन अन्य से श्रेष्ठ है। पदोन्नति प्राप्त करने में उसके लिए यह सकारात्मक कारक होगा। इसका उसके प्रथम स्तर का निष्कर्ष श्रेष्ठ, औसत या घटिया निष्पादन है और द्वितीय स्तर का निष्कर्ष पदोन्नति है।

इस व्यक्ति का पूर्ण या प्रथम स्तर का निष्कर्ष अर्थात् उच्च कार्य निष्पादन के लिए द्वितीय स्तर के निष्कर्ष अर्थात् पदोन्नति के सम्पादित संबंध के कारण सकारात्मक संयोजकत्व आवश्यक है। अतएव व्यक्ति पदोन्नति पाने के लिए श्रेष्ठ कार्य निष्पादन करने के लिए अभिप्रेरित होगा। श्रेष्ठ कार्य निष्पादन प्रथम स्तर का निष्कर्ष है। यह पदोन्नति अर्थात् द्वितीय स्तर का निष्कर्ष प्राप्त करने में सहायता प्रदान करता है।

प्रत्याशा (Expectancy)–प्रथम दृष्टि में संयोजकत्व में सहायता निवेश के रूप में प्रत्याशा के समान ही लग सकती है, पर वे भिन्न–भिन्न हैं। सहायता से प्रत्याशा अंतर करती है, वह प्रथम स्तर के निष्कर्षों के लिए किए जाने वाले प्रयासों से संबद्ध है, इसके विपरीत सहायता का संबंध दूसरे स्तर के निष्कर्षों से है।

(1) प्रत्याशा का मूल्यांकन प्रयास और कार्य निष्पादन के मध्य संबंधों की संभावना से किया जाता है। अतएव उसके मानों की सीमा 0 (शून्य) और 1 (एक) के मध्य होती है।

(2) यदि इस बात की संभावना नहीं दिखाई पड़ती है कि प्रयास वांछित कार्य निष्पादन स्तर प्राप्त करने के लिए उसकी सहायता करेगा तो प्रत्याशा 0 (शून्य) है।

(3) इसके विपरीत यदि यह इस बात से आश्वस्त है कि कार्य पूरा हो जायेगा और वह वांछित कार्य निष्पादन स्तर प्राप्त कर लेगा तो प्रत्याशा मान 1 (एक) है।

इस प्रकार व्यक्ति की प्रत्याशा इन दो छोरों अर्थात् 0 से 1 के मध्य रहेगी। अतः यह कहा जा सकता है कि अभिप्रेरित होने पर प्रत्याशा भी संयोजकत्व की भाँति उच्च होनी चाहिए।

प्रत्याशा = प्रथम स्तर के निष्कर्षों की प्राप्ति हेतु किए जाने वाले प्रयास। (यह मान लिया जाये कि प्रयासों से कार्य का निष्पादन होता है।)

साधनता (Instrumentality) उद्देश्य पूर्ति का माध्यम (Medium of Objective Fulfilment)–साधनता कार्य निष्पादन के प्रत्येक स्तर (प्रत्याशा) के लिए व्यक्तियों के निष्कर्षों (पुरस्कारों) से संबंधित है। यह इस प्रकार के प्रश्नों का उत्तर देने में सहायता करती है, "क्या मैं उस स्थिति में पुरस्कृत किया जाऊँगा, जब मैं कार्य निष्पादन अच्छा करता हूँ?" साधनता व्यक्ति द्वारा प्रत्येक संभव निष्पादन निष्कर्ष विकल्पों के लिये की गई संभावनाएँ हैं, जैसा कि उसने पहले निष्पादन के भिन्न–भिन्न स्तरों के प्रयासों के लिये विभिन्न स्तरों की संभावनाएँ नियत की थीं।

प्रथम उदाहरण में, साधनता उच्च कार्य निष्पादन (प्रथम स्तर निष्कर्ष) और पदोन्नति (द्वितीय स्तर निष्कर्ष) के मध्य व्यक्ति के संदर्भ की अनुभूति से संबंधित है। निष्कर्षः अनुभूति

की गई साधनता व्यक्तिपरक अनुभूति है–

(1) यदि व्यक्ति यह अनुभव करे कि उसका कार्य निष्पादन उपयुक्त ढंग से पुरस्कृत किया जायेगा तो अनुभूत साधनता सकारात्मक होगी।

(2) यदि व्यक्ति यह अनुभव करे कि कार्य निष्पादन से उसके प्रतिफल पर कोई अंतर नहीं होता तो साधनता कम होगी।

(3) यदि पाठक स्वयं के निर्णय करने की प्रक्रिया के संबंध में विचार करे कि वह परीक्षा के लिए या सत्र पत्र लिखने के लिए अध्ययन में कितना प्रयास करता है तो वह अभिप्रेरण के व्रूम मॉडल पर आधारित उत्तर प्राप्त करेगा।

सिद्धांत के निहितार्थ (Implied Meaning of the Theory)—इस सिद्धांत में अनेक महत्त्वपूर्ण विशेषताएँ हैं–

1. **जटिलता**—एक विशेषता यह है कि यह कार्य अभिप्रेरण में व्यक्तिशः अंतरों को स्वीकार करने के साथ–साथ यह सुझाव देता है कि अभिप्रेरण मैस्लो के या हर्जबर्ग के एकपक्षीय मॉडलों की अपेक्षा जटिल प्रक्रिया है।
2. **संबंध**—यह व्यक्तिशः और संगठनात्मक लक्ष्यों के मध्य संबंध स्पष्ट करता है।
3. **हंट और हिल के अनुसार**—यह मानने के स्थान पर किस विशिष्ट आवश्यकता की संतुष्टि कुछ तरीके में संगठनात्मक उद्देश्य पर प्रभाव डाल सकती है, यह ज्ञात किया जा सकता है कि कर्मचारियों के लिये विभिन्न द्वितीय स्तर निष्कर्ष (कामगारों के लक्ष्य), विभिन्न प्रथम स्तर निष्कर्षों (संगठनात्मक उद्देश्य) की साधनता, उनकी प्राप्ति और प्रत्याशाओं के लिए कितने महत्त्वपूर्ण हैं, जो प्रथम स्तर निष्कर्षों पर प्रभाव डालने के लिए कर्मचारियों की योग्यता के संबंध में हैं।

व्रूम का सिद्धांत उस विचार के अनुरूप है कि प्रबंधक का कार्य विभिन्न स्थितियों में अंतर को दृष्टिगत रखते हुए, कार्य निष्पादन के लिए वातावरण तैयार करना है। इसके अतिरिक्त यह सिद्धांत उद्देश्यों द्वारा प्रबंधन के अनुकूल है।

आलोचना (Criticism)—*व्रूम के सिद्धांत की आलोचना निम्नलिखित प्रकार की गयी है–*

1. व्रूम के सिद्धांत का अनुसंधान करना और व्यवहार में प्रयोग करना कठिन कार्य है। यही कारण है कि ब्रूम में सिद्धांत का परीक्षण करने के लिये विशेष रूप से केवल कुछ अनुसंधान अध्ययन तैयार किए गए हैं।
2. व्रूम स्वयं अधिकांश रूप से अपने सिद्धांत के निर्माण से पहले किए गए अनुसंधानों पर निर्भर हैं।
3. सैद्धान्तिक दृष्टिकोण से व्रूम मॉडल सही दिशा में एक कदम है। हाँ, यह अवश्य है कि प्रबंधक को उसकी अभिप्रेरण समस्या के समाधान में व्यावहारिक सहायता प्रदान नहीं करता है।

□□

इकाई – 14

खुली और सहकारी प्रणाली

प्रश्न 1. प्रतिबद्ध प्रणाली के अंतर्गत तीन मुख्य मॉडलों का वर्णन कीजिए।

[June 2008, Q. 7.][June 2009, Q. 6.]

उत्तर– प्रतिबद्ध प्रणाली दृष्टिकोण औपचारिक संगठन के सिद्धांत पर आधारित है। प्रतिबद्ध प्रणाली के अंतर्गत तीन मुख्य मॉडल हैं–(अ) वैज्ञानिक प्रबंध, (ब) प्रशासनिक प्रबंध और (स) वेबेरियन नौकरशाही। ये विचार पद्धतियाँ तर्कसंगत मॉडल पर आधारित थी जिनके अनुसार प्रणाली प्रतिबद्ध की जा सकती है या यदि प्रतिबद्धता पूरी नहीं थी तो कम से कम इस पर कार्यरत बाहरी शक्तियों का अनुमान लगाया जा सकता है।

प्रतिबद्ध मॉडल की विशेषताएँ–प्रतिबद्ध मॉडल के अधीन कार्य को प्रणालीबद्ध ढंग से भिन्न–भिन्न घटकों में विभाजित किया जाता है जो मानकीकृत कार्य विधियों का अनुसरण करते हैं। प्रणाली को ऐसे तरीके में नियोजित किया जाता है कि इसके किसी भी भाग के लिए त्रुटिपूर्ण कार्य करने की कोई गुंजाइश नहीं होती है। इसलिए सभी कार्यों को बाहरी परिवेश से पृथक रखा जाता है। मॉडल उन मानवीय कारकों को ध्यान में नहीं रखता है जिनका संगठन पर दबाव होने की संभावना होती है।

(अ) वैज्ञानिक प्रबंधन–फ्रेड्रिक टेलर के नेतृत्व में वैज्ञानिक प्रबंधन आंदोलन द्वितीय विश्वयुद्धोत्तर औद्योगिक व्यवस्था पर छाया रहा। उसकी कृति "प्रिन्सिपल्स ऑफ साइंटिफिफ मैनेजमेंट" शीर्षक से 1911 में प्रकाशित हुई। वैज्ञानिक प्रबंधन आंदोलन जो बीसवीं शताब्दी में फला–फूला आज भी उद्योग में लगातार प्रयोग में है। वैज्ञानिक प्रबंधन आंदोलन का अपना बौद्धिक मूल अमेरिका के व्यावसायिक एवं अभियांत्रिकी महाविद्यालय में हैं। इस दृष्टिकोण का फोकस संगठनात्मक दक्षता और उत्पादन वृद्धि सुधारने पर है। यह मुख्यत: विनिर्माण और उत्पादन कार्यों पर फोकस करता है। यह अपने मानदंड के रूप में आर्थिक दक्षता का प्रयोग करता है और तकनीकी तर्क पर आधारित प्रक्रियाओं की योजना बनाकर अधिकतम दक्षता प्राप्त करने का प्रयत्न करता है। महत्त्वपूर्ण कदम मानक निर्धारण करने और यह सुनिश्चित करने के लिए नियंत्रण प्रयोग करना है कि मानक तकनीकी तर्क के अनुरूप हैं। वैज्ञानिक प्रबंधन को समय और गति अध्ययनों के रूप में अधिक जाना जाता है। इस दृष्टिकोण का बल यौक्तिकता पर है। वैज्ञानिक प्रबंधन ने इस मान्यता पर आधारित संगठन की वैचारिक प्रतिबद्धता प्राप्त करने का प्रयास किया कि लक्ष्य ज्ञात है और कार्य आवृत्तीय है। टेलर ने प्रत्येक कार्य के अपेक्षित समय की मात्रा निर्धारित करने के लिए समय और गति पर आधारित कार्यों को मानकीकृत करने का प्रयत्न किया। टेलर के अनुसार कार्य

पूरा करने का एक यही सबसे अच्छा तरीका है। उसने प्रत्येक कार्य के लिए अपेक्षित समय का अध्ययन करने के लिए प्रत्येक कार्य को खंडों में विभाजित करना आरंभ किया। इस प्रकार उसने समय और गति अध्ययनों से कार्यों, औजारों और तकनीकों का मानकीकरण करने का प्रयास किया।

टेलर इस अवधारणा को बेथलेहेम स्टील कंपनी में अपने प्रयोगों से प्रदर्शित किया, जब उसके प्रयोगों के फलस्वरूप प्रति व्यक्ति प्रति दिन कच्चे लोहे का लदान बढ़ा। टेलर के वैज्ञानिक प्रबंधन का सर्वव्यापक संदेश और प्रासंगकिता सरकार की प्रणाली के बावजूद थी। कार्यविधियों का मानकीकरण उन्नत दक्षता की कुँजी थी। टेलर के अनुसार, "यह केवल विधियों का मानकीकरण लागू करना, श्रेष्ठ उपकरण और कार्य दशा अपनाना लागू करना और सहयोग लागू करना है जिससे यह अधिक तेज कार्य करने के आश्वस्त हो सकता है। और मानकों को अपनाना लागू करने की तथा इस सहयोग को लागू करने की ड्यूटी केवल प्रबंध पर होती है।"

जैसा कि वाल्डो (1948) उल्लेख करता है—"वैज्ञानिक प्रबंधन और लोक प्रशासन आपस में सामान्य परिदृश्य के संबद्ध पहलू हैं: अर्थात् मनुष्य की चिंताओं की सदा विस्तारित होने वाली श्रेणी के लिए विज्ञान की प्रणालियों और भावना बढ़ाने के सामान्य आंदोलन प्रशासन सिद्धांत पर टेलरवाद का प्रभाव वास्तव में दूरगामी है।

(ब) प्रशासनिक प्रबंधन आंदोलन—वैज्ञानिक प्रबंधन आंदोलन से प्रेरणा लेने वाले प्रशासनिक प्रबंधन आंदोलन ने मास्टर प्लान के अनुसार कार्य विभाजित किया। गुलिक और उर्विक (1969) में लोग प्रशासन के सिद्धांत निर्धारित किए जिनका व्यापक उपयोग था क्योंकि उन्हें वैज्ञानिक सिद्धांतों पर आधारित माना गया था।

संगठन विषयक उनके सिद्धांत का सार कार्य के विभाजन और संपूर्ण से उसके भागों के समन्वय में प्रस्तुत है। इसे निम्नलिखित तरीके से पूरा किया जा सकता है—

1. संगठन के अनुसार, अर्थात् व्यक्तियों के कार्य विभाजनों को परस्पर में मिलाकर उन्हें आबंटित करना जो प्राधिकार की संरचना में नियुक्त किए गए हैं, ताकि अधीनस्थों को उच्च अधिकारियों के आदेशों द्वारा उद्यम में शीर्ष से निम्न स्तर तक पहुँच कर कार्य का समन्वय हो सके।
2. विचारधारा का प्रभुत्व, अर्थात् "उन व्यक्तियों की बुद्धि और इच्छा में प्रयोजन की बौद्धिक एक निष्ठता का विकास" है, जो समूह के रूप में साथ काम कर रहे हैं, ताकि प्रत्येक कामगार अपनी ही इच्छा से काम करेगा, अपने कार्य को कुशलता और उत्साह से समग्रता में रखेगा।

प्रशासनिक प्रबंध सिद्धांतवादियों ने प्रशासनिक मशीनरी के लिए सभी प्रकार की प्रक्रियाएँ तैयार कीं। उन्होंने कार्य की व्यवस्था और कार्यकलापों के विभाजन तथा समन्वय पर बल दिया है। उन्होंने लोक प्रशासन के सिद्धांतों का निर्धारण अवधारणाओं के विभिन्न भावों जैसे

नियंत्रण के विस्तार और प्रभुत्व में एकता का विवरण देते हुए किया। नियंत्रण के विस्तार का संबंध अधीनस्थों की उस संख्या से है जिनका प्रभावी ढंग से नियंत्रण पर्यवेक्षक कर सकता है। समादेश की एकता का अभिप्राय है कि एक कामगार का एक ही अधिकारी होना चाहिए यदि उसे अपने कार्य संतोषजनक ढंग से करने हैं। गुलिक और उर्विक भी लोक प्रशासन के सात सिद्धांतों का POSDCoRB का प्रस्ताव करते हैं जिनका वे समर्थन करते हैं अर्थात्

1. योजना (Planning), *2*. संगठन (Organisation), *3*. कर्मचारी (Staffing), *4*. निदेशन (Directing), *5*. समन्वय (Coordinating), *6*. रिपोर्टिंग (Reporting) और *7*. बजट निर्माण (Budgeting)।

प्रशासनिक प्रबंधन संगठन की इकाइयों, जैसे उत्पादन, आपूर्ति, कार्मिक और अन्य इकाइयों के बीच संगठनात्मक संबंध पर फोकस करता है। उसके तर्क के अनुसार दक्षता, कार्यों में विशेषज्ञता और उन्हें विभागों में समूहन द्वारा अधिकतम किया जा सकता है।

(स) वेबेरियन नौकरशाही–तर्कसम्मत या प्रतिबद्ध प्रणाली दृष्टिकोण पर आधारित तीसरा महत्त्वपूर्ण मॉडल वेबेरियन नौकरशाही सिद्धांत है। मैक्स वेबर तीन प्रकार के प्राधिकारों की पहचान करते हैं– (1) परंपरागत, (2) करिश्माई और (3) विधिक तर्कसम्मत। उनमें तर्कसम्मत प्राधिकार तर्कसम्मत विधिक नियमों की वैधता में स्थापित किया गया है। वेबेरियन मॉडल पदानुक्रमिक संरचना में अधिकार क्षेत्र के अनुसार कार्यालयों को परिभाषित कर वैचारिक प्रतिबद्धता प्राप्त करता है। वेबेरियन सिद्धांत स्टाफिंग और संरचना पर तथा कार्यों की सभी श्रेणियों के लिए नियम स्थापित करने पर भी ध्यान केंद्रित करता है। वेबर ने नौकरशाही प्रणाली को "युक्तिसंगत" पाया क्योंकि यह उसमें काम करने वाले कर्मचारियों के व्यवहार की प्रतिपाद्यता आश्वस्त करती है। नौकरशाही संगठन का डिजाइन, "युक्तिसंगत" तरीके में कार्य करने के लिए बनाया जाता है क्योंकि पूरा किए जाने वाले कार्यों को अत्यधिक विशेषकृत कार्यों में विभाजित किया जाता है। इसलिए प्रणाली अत्यधिक प्रतिपाद्य और विश्वसनीय है क्योंकि यह नियमों के सख्त अनुपालन को प्रोत्साहित करती है। संगठनात्मक स्वभाव आगे इसे सुदृढ़ करता है। फिर भी, नव परिवर्तन और प्रयोग के बदले अनुशासन और नियमों के अनुपालन पर अधिक बल होता है।

इसलिए तर्कसंगत प्राधिकार तर्कसंगत–विधिक नियमों में स्थापित किया गया है। तर्कसंगत–विधिक प्राधिकार प्रणाली का आविर्भाव विशिष्टतापरक परंपरावादी संरचना के विघटन पर निर्भर है। इसका समकरण प्रभाव भी है, जब जन्म और सामाजिक श्रेणी पर आधारित सुविधा प्राप्त प्रस्थिति विश्वव्यापक मानदंडों का मार्ग प्रशस्त करती है। परंपरागत और करिश्माई प्राधिकार प्रणालियों से भिन्न जहाँ आज्ञाकारिता व्यक्ति पर थोपी जाती है, विधिक युक्तिसंगत प्राधिकार के अधीन आज्ञाकारिता अवैयक्तिक व्यवस्था के प्रति है। फिर भी, जैसा हेण्डर्सन और पार्सन्स (1947) उल्लेख करता है कि किसी भी ऐतिहासिक मामले की जाँच, उनके "विशुद्ध" रूप में इन तीन आदर्श प्ररूपों का पालन करते हुए, वेबर द्वारा नहीं किया गया है।

संगठन के अन्य रूपों से भिन्न, नौकरशाही विधिक युक्तिसंगत प्राधिकार प्रणाली पर आधारित है। नौकरशाही प्रशासन की विशिष्ट विशेषताएँ हैं: सुपरिभाषित क्षमता सहित पदानुक्रम रूप से व्यक्तिगत कार्यालय, तकनीकी क्षमता, विशेषज्ञ ज्ञान और योग्यता मानदंड के आधार पर चयन, "सार्वजनिक" प्रभाव क्षेत्र से "व्यक्तिगत" का पृथक्करण, धन में भुगतान वेतन और अनुशासनिक प्रयोजनों के लिए क्रियाविधि।

प्रश्न 2. खुली प्रणाली दृष्टिकोणों का विस्तार से वर्णन कीजिए।

[June 2009, Q. 6.][Dec 2010, Q. 10. (a)]

उत्तर– यद्यपि प्रतिबद्ध प्रणाली दृष्टिकोण का बाह्य दबाव से संगठन के पृथक्करण में विश्वास है, तथापि यह खुली प्रणाली दृष्टिकोण के संगठनों को वृहत्तर परिवेश के भाग के रूप में मानता है। तर्क यह प्रस्तुत किया जाता है कि कार्य को पूर्णतः जलरोधी घटक के रूप में पृथक करना संभव नहीं है। खुली प्रणाली का आधार यह मानता है कि मनुष्यों को मशीन की भाँति काम करने के लिए क्रमादेशित नहीं किया जा सकता है। इसके बनाये संगठन को लक्ष्यों के प्राप्त करने में अपना यथासंभव योगदान करने हेतु प्रेरित किया जाना चाहिए।

चुनौतियाँ (Challenges)–मानवीय संबंध विचार पद्धति ने वैज्ञानिक प्रबंधन की निम्नांकित विचारधारणाओं को चुनौती दी है कि–

(1) कारखाने अनिवार्य रूप से उत्पादन प्रणालियों के सिवाय कुछ नहीं हैं।

(2) कामगारों से मशीन की भाँति कार्य करने के लिए कहा जा सकता है।

खुली प्रणाली दृष्टिकोण जिसकी पहचान भी स्वाभाविक प्रणाली मॉडल के रूप में भी की गई है, उपर्युक्त प्रतिबद्ध प्रणाली दृष्टिकोण को चुनौती के परिणामस्वरूप उत्पन्न हुआ। स्वाभाविक प्रणाली मॉडल के रूप में जटिल संगठन को इस प्रकार के अन्योन्याश्रित भागों के रूप में देखा गया है जो परस्पर मिलकर संपूर्ण बनाते हैं। प्रत्येक भाग संपूर्ण के लिए कुछ योगदान करता है। इसके बदले में पूर्ण वृहत्तर परिवेश से अन्योन्याश्रित है। प्रणाली की उत्तरजीवितता मूल लक्ष्य है, भागों के मध्य संबंध का निर्धारण विकासात्मक प्रक्रिया द्वारा किया जाता है।

यद्यपि दुष्क्रिया हो सकती है, परंतु मान्यता यह है कि उल्लंघनकारी भाग या तो शुद्ध सकारात्मक योगदान उत्पन्न करने के लिये अनुकूलन बनेंगे अन्यथा विकल्पतः स्वयं पृथक हो जायेंगे। यदि ऐसा न हो सके तो प्रणाली का ह्रास हो जायेगा। प्रतिबद्ध प्रणाली ने संगठन को पर्यावरणीय परिवर्तियों के प्रभाव से बंद कर दिया है। खुली प्रणाली जो सहयोगशील प्रणाली भी है विभिन्न भागों में अंतःक्रिया करती है। खुली प्रणाली अपना ध्यान परिवर्तियों पर केंद्रित करती है जो अनौपचारिक मानदंडों आदि द्वारा युक्तिसंगत मॉडलों; जैसे–भावनाओं, गुटों का सामाजिक नियंत्रण आदि में सम्मिलित नहीं किये जाते। अनौपचारिक या खुली प्रणाली के संगठनों को स्वाभाविक सत्ता के रूप में मान्यता प्रदान की जाती है, जो परिवेश से

अंत:क्रिया करने की प्रणाली को अनुमति देकर और उपयुक्त रूपांतरण कर जटिल संगठनों के कार्य करने के लिये आवश्यक है।

हॉथोर्न प्रयोग (The Howthorne Experiment)—शिकागो, संयुक्त राज्य अमेरिका में स्थित वेस्टर्न इलेक्ट्रिक कंपनी के हॉथोर्न संयंत्र में एल्टॉन मायो द्वारा संचालित हॉथोर्न अध्ययनों ने उस तरीके में महत्त्वपूर्ण संकेत दिए जिसमें विद्वान संगठनों को देखते थे। हॉथोर्न संयंत्र के प्रयोग महिला कामगारों के दो समूहों के इर्दगिर्द केंद्रित थे। वे दोनों समूह एक जैसे कार्य करते थे। दोनों समूहों से अलग-अलग कमरों में भिन्न-भिन्न स्तर के प्रकाश में काम करवाया गया। परंतु अनुसंधानकर्ताओं ने प्रेक्षण किया कि उनके कार्य स्थानों में प्रकाश के भिन्न-भिन्न स्तर होने के बावजूद उत्पादन में कोई अंतर नहीं था। उन्होंने निष्कर्ष निकाला कि इस तथ्यों को जिनका वे प्रेक्षण कर रहे थे, उसके बारे में कामगारों को जानकारी थी, इसका दोनों समूहों पर प्रभाव था। इससे अनुसंधानकर्ताओं ने यह परिणाम निकाला कि मशीन की तरह उनके साथ व्यवहार करने के बदले कामगारों पर अधिक ध्यान देने से अधिक उत्पादकता हो सकती थी।

प्रमुख योगदानों में से एक जो इन अनुसंधान प्रयासों से प्रकट हुआ, वह था, अनौपचारिक संगठन का आविर्भाव, कामगारों के व्यवहार को आकार देने में समूहों की भूमिका का महत्त्व उजागर करना। हॉथोर्न अध्ययन ने संगठन के क्षेत्र को परिवर्तियों के पूरे नए सेट के परीक्षण के लिए खोला जो कार्य परिवेश को प्रभावित कर सकता है और जिन्हें प्रतिबद्ध सिद्धांतवादियों द्वारा उपेक्षित किया गया था।

आवश्यकताओं का अनुक्रम—कालांतर में मानव अभिप्रेरण के सिद्धांत अनुसंधान के विशेष क्षेत्र बने। अब्राहम मैस्लो का "आवश्यकताओं का अनुक्रम" सिद्धांत इस क्षेत्र में प्रारंभिक कार्य है। मैस्लो के अनुसार आवश्यकताओं की पाँच श्रेणियाँ हैं जिन्हें पूरा किया जाना आवश्यक है। वे हैं– (1) शारीरिक आवश्यकताएँ, (2) सुरक्षा और बचाव आवश्यकताएँ, (3) सामाजिक आवश्यकताएँ, (4) सम्मान आवश्यकताएँ और (5) स्व-कार्यान्वयन आवश्यकताएँ। शारीरिक आवश्यकताएँ, मनुष्य की आवश्यकता प्रणाली के आधार बनाते हैं जिनमें जीवित रहने की मूलभूत आवश्यकताएँ, जैसे भोजन, पानी, और वस्त्र शामिल हैं। जब शारीरिक आवश्यकताएँ पूरी हो जाती हैं, बचाव और सुरक्षा आवश्यकताओं का नया सेट पूरा किया जाना होता है। इनके बाद सम्मान और मान्यता की आवश्यकता की पूर्ति आती है जिसे अहम् आवश्यकता भी कहा जाता है। स्वयं कार्यान्वयन की यह आवश्यकता श्रेष्ठता और मान्यता की इच्छा द्वारा प्रेरित होती है।

मानवतावादी संगठन—क्रिस आर्गिरिस नौकरशाही-पिरामिडीय मूल्यों की तुलना करता है, जो प्रतिबद्ध प्रणाली संगठनों पर मानवीय लोकतांत्रिक मूल्य प्रणाली से खुली प्रणाली संगठन पर प्रभुत्व रखता है। वह इस निष्कर्ष पर पहुँचता है कि यद्यपि नौकरशाही मूल्यों से सतही और शंकाशील संबंध हो सकते हैं, मानवतावादी अथवा लोकतांत्रिक मूल्य अंत: समूह सहयोग और संगठनात्मक प्रभाविकता बढ़ाते हैं।

प्रिज्मीय–सेला मॉडल–फ्रेड रिग्ज (Fred Riggs) ने विकासशील देशों के प्रशासनिक उपप्रणाली का विश्लेषण करने के लिए प्रिज्मीय–सेला मॉडल बनाया। उसका प्रिज्मीय–सेला मॉडल अंत:संबद्ध अवधारणाओं की श्रृंखला पर आधारित है। रिग्ज समाजों को अविकसित या प्रकार्यात्मक रूप से विसंगठितों से विभेदीकरण के स्तर पर रखता है जिनकी संरचनाएँ विवर्तित या प्रकार्यात्मक रूप से विशिष्ट समाजों में उन प्रकार्यों की कम संख्या में भी बहुत से प्रकार्य निष्पादित करती हैं, जिनमें प्रत्येक प्रकार्य की तदनुरूपी संरचना होती है। प्रिज्मी समाज एक संरक्रांतिक (Transitional) समाज है।

सेला (Sala) स्पेनिश भाषा का शब्द है जिसका अर्थ ऐसा कार्यालय है जो विशेषीकृत प्रशासनिक कार्यों का विलय परंपरागत प्रकार्यों से करता है। उदाहरण के लिए, सरकारी कार्यालय घर पर व्यक्तिगत कमरा हो सकता है जिससे कार्यालय के कार्य और पारिवारिक कार्य दोनों किए जाते हैं। प्रिज्मी समाज की पहचान विजातीयता से भी की जाती है। इसका संबंध परंपरागत और आधुनिक पद्धतियों और तत्त्वों या पद्धतियों तथा मानदंडों के भिन्न–भिन्न प्रकारों के मिश्रण की साथ–साथ उपस्थिति से है। निर्माण अभी भी प्रिज्मी समाजों की एक अन्य विशेषता है। इसका संबंध उपस्थिति और वास्तविकता या औपचारिक रूप से निर्धारित और प्रभावी ढंग से अभ्यस्त व्यवहार के बीच अंतर से है।

सहयोगात्मक प्रणाली–खुली प्रणाली मॉडल की चर्चा, चेस्टर बर्नार्ड द्वारा यथा प्रस्तुत सहयोगात्मक दृष्टिकोण के महत्त्व पर प्रकाश डाले बिना अपूर्ण होगी। बर्नार्ड के अनुसार संगठन अधिक बड़े प्रणाली समाज का भाग है। संगठन अपने परिवेश के साथ निकट अंत:क्रिया में होता है। बर्नार्ड प्राधिकार की अवधारणा परिभाषित करने में सहमतिजन्य दृष्टिकोण अपनाता है, जो अधीनस्थों की स्वीकार्यता पर स्थापित होता है। केंद्रीय से सहयोगात्मक प्रणाली संचार चैनल है, जिन्हें खुला रहना आवश्यक है ताकि कार्यपालक, संगठनात्मक उद्देश्यों के संप्रेषण और कर्मचारियों की आवश्यकताओं को जानने के लिए प्रभावी ढंग से संप्रेक्षण कर सके। ये लिखित, मौखिक या प्रेक्षणात्मक हो सकते हैं। इसके अलावा, प्राधिकार उसी तरह संगठन द्वारा अपनाई गई संचार प्रणाली पर अत्यधिक निर्भर है जैसा कि इससे काम करने वाले व्यक्तियों की व्यक्तिगत मनोवृत्ति और सहयोग पर भी होता है। संगठन में कार्यरत व्यक्तियों द्वारा प्राधिकार की स्वीकृति निम्नलिखित कारकों पर निर्भर होती है– (क) संदेश स्पष्ट और बोधगम्य होने चाहिए, (ख) वे संगठन के लक्ष्यों और उद्देश्यों के समरूप होने चाहिए, (ग) वे कर्मचारियों के व्यक्तिगत हितों के अनुरूप होने चाहिए और (घ) उन्हें ऐसे तरीके में बनाया जाए कि संगठन में कार्य करने वाले व्यक्तियों को अभिप्रेरित करें। इस प्रकार प्राधिकार संचार प्रणाली से और संगठन से कार्यरत व्यक्तियों में सहयोग की भावना से भी निकटता से गुँथी हुई है। सहयोगात्मक मॉडल के कोर पर संगठन चलाने में सहयोगी प्रबंधन और प्रबंधन तथा कर्मचारियों की पारस्परिक निर्भरता है। इसके अलावा, संगठन औपचारिक और अनौपचारिक अंत:क्रियाओं का और संबंधों का मिश्रण है।

प्रश्न 3. विभेदीकरण के माध्यम से विकास किस प्रकार संभव है?

उत्तर— वेबर के वैचारिक दृष्टिकोण में आवश्यक तत्त्व "विभेदीकरण" (Differentiation) की अवधारणा है। वह स्वीकार करता है कि पूर्ण रूप से विकसित नौकरशाही उतनी ही दक्ष होगी जितनी उत्पादन की यांत्रिक प्रक्रिया होती है। इसी प्रकार, पदधारी के सरकारी हितों से व्यक्तिगत हित पृथक्करण के फलस्वरूप दोनों के बीच स्पष्ट विभेद हो सकता है। जब यह होता है, अधिकारी प्रेम और घृणा या पूर्वग्रह से ऊपर उठ सकते हैं और इस प्रकार अपने ग्राहकों से अपने व्यवहार में निष्पक्ष हो सकते हैं। इससे ग्राहक कौन है, इस पर ध्यान दिए बिना कानून का तर्कसम्मत प्रयोग हो सकेगा।

विभेदीकरण में निम्नलिखित अवस्थाएँ अंतर्निहित होंगी—

(क) कार्यालय का पदानुक्रमिक संगठन;

(ख) कानूनों का संहिताकरण;

(ग) निम्न स्तर से उच्च स्तर में अपीलें;

(घ) कानूनों, नियमों और प्रशासनिक विनियमों द्वारा शासित निश्चित और सरकारी आधिकारिक क्षेत्र;

(ङ) निश्चित सरकारी ड्यूटियाँ;

(च) समादेश देने के लिए प्राधिकार का स्थायी विस्तरण;

(छ) अपेक्षित अर्हताओं के व्यक्तियों का कार्यालय के लिए चयन। मैक्स वेबर संबद्ध प्रेक्षण करने के लिए आगे कहता है।

"पूर्ण रूप से विकसित नौकरशाही क्रियाविधि की तुलना ठीक उन अन्य संगठनों से करते हैं जो ठीक–ठीक उत्पादन के गैर मशीनी विधियों से मशीन करती है। परिशुद्धता, गति, स्पष्टता, फाइलों की जानकारी, निरंतरता, विवेक, एकता, दृढ़ अधीनीकरण, घर्षण और सामग्री और व्यक्तिगत लागत में कमी, ये दृढ़ता से नौकरशाही प्रशासन में इष्टतम बिंदु तक उठाए जाते हैं।

वेबर के नौकरशाही सिद्धांत के दूरगामी प्रभाव थे। यह इस आशा पर आगे बढ़ा कि विश्व में कहीं भी युक्तिसंगत नौकरशाही संगठन विकसित हो सकते हैं। इसका कोई कारण नहीं था कि इस यांत्रिक युक्ति को किसी भी देश में आयात क्यों नहीं किया जा सका। वेबेरियन मॉडल ने औपचारिक युक्तिसंगत, अर्थात् व्यक्तियों के बीच संबंध में भी प्रमात्रात्मक गणना की संभावना में विश्वास के महत्त्व को उजागर किया है। अनुशासन द्वारा औपचारिक प्राधिकार के प्रयोग के लिए एक समान और पूर्वानुमेय प्रतिक्रियाओं की विश्वसनीयता नेतृत्व के लिए संभव है।

सभी तीनों दृष्टिकोणों अर्थात्, वैज्ञानिक प्रबंधन, प्रशासनिक प्रबंधन और वेबेरियन नौकरशाही में उनकी सर्वव्यापक प्रासंगिकता उभयनिष्ठ है। सभी तीनों मॉडलों का अंतिम उद्देश्य उन्नत दक्षता है। प्रत्येक प्रतिबद्ध प्रणाली रणनीति द्वारा दक्षता प्राप्त करने का प्रयास करता है। उदाहरण के लिए, वैज्ञानिक प्रबंधन योजनाबद्ध क्रियाविधियों और निर्धारित लक्ष्यों द्वारा मुख्यतया उत्पादन कार्यों पर ध्यान केंद्रित करता है।

प्रशासनिक प्रबंधन मॉडल ऐसे संरचनात्मक संबंधों द्वारा आर्थिक दक्षता प्राप्त करने का प्रयास करता है जो इसके कई घटकों (उदाहरणार्थ – उत्पादन, कार्मिक और आपूर्ति) के बीच विद्यमान है। बल विभागों में समूहन किए जा रहे विशेषज्ञ कार्यों पर हैं जो बदले में सिद्धांतों, जैसे नियंत्रण के विस्तार पर आधारित उत्तरदायित्व के नियतन को सुकर बनाएगा। प्रशासनिक प्रबंधन उस विशेषज्ञता, विभागीकरण और नियंत्रण को प्राप्त करता है, मास्टर प्लान का अनुसरण करता है।

वेबेरियन नौकरशाही के मामले में फोकस स्टाफिंग और संरचना पर है। कार्यालय को अति अधीनस्थ संबंध के नियत पैटर्न और नियमों और विनियमों के दृढ़ अनुपालन पर संगठित किया जाता है। इस प्रकार सभी तीन मॉडल संस्कृतियों के संपर्क में अपनी तकनीकें प्रयोग करने की संभावना प्रस्तुत करते हैं। वे लोकतांत्रिक और गै़र–लोकतांत्रिक विकसित और विकासशील देशों में प्रयुक्त हो सकते हैं। उनके लिए नियंत्रित दशाएँ आवश्यक हैं और सभी अन्य कारक स्वीकार करते हैं।

□□

इकाई – 15

प्रणाली दृष्टिकोण–डेविड इस्टॉन और चेस्टर बर्नार्ड के विचार

प्रश्न 1. प्रणाली दृष्टिकोण का अर्थ बताइए।

उत्तर– आधुनिक संगठन में आकार, जटिलता और कार्य की मात्रा में व्यापक वृद्धि देखी जा सकती है। वर्तमान में संगठन राष्ट्रीय सीमाओं से परे जा रहा है। ऐसे बढ़े हुए परिदृश्य को स्पष्ट करने के लिए संगठन का प्रणाली दृष्टिकोण महत्त्वपूर्ण हो जाता है।

प्रणाली दृष्टिकोण: अर्थ–प्रणाली तत्त्वों का अंतःसंबद्ध सेट है जो समग्र के रूप में कार्य करता है। प्रणालियों का सिद्धांत सबसे भौतिक विज्ञान में विकसित किया गया था, परंतु बाद में इसका विस्तार अन्य विधाओं, जैसे राजनीति विज्ञान, लोक प्रशासन आदि में किया गया। प्रणाली का विभेद तीन गुणधर्मों से किया जाता है। पहला, यह स्वयं अपने ही अंदर होने वाली अंतःक्रियाओं का सेट है। दूसरा, इन अंतःसंबद्ध क्रियाकलापों या तत्त्वों का अपने इर्द–गिर्द सीमा का सेट है। परिवेश प्रणाली का तीसरा सेट बनाता है। प्रणाली का सबसे अधिक महत्त्वपूर्ण क्रियाकलाप प्रशासनिक व्यवस्था और विभिन्न उपतंत्रों के बीच संतुलन बनाए रखना है।

प्रणाली दृष्टिकोण के अनुसार प्रशासन का वर्णन ऐसे तंत्र के रूप में किया गया है जिसमें उपतंत्र, संरचना, लोग, क्रिया और अंतःक्रियाएँ होती हैं जिनसे कतिपय प्रक्रियाएँ निष्पादित की जा सकती हैं। प्रशासनिक प्रणाली को तीन विशिष्ट प्रक्रियाओं–निवेश, संसाधन सामग्री मात्रा और निर्गम–में विभाजित किया गया है। प्रणालियों की संरचना इन तीनों प्रक्रियाओं के बीच अंतःक्रियाएँ करती हैं। परिवेश संबंधी बल प्रशासनिक तंत्र को प्रभावित करते हैं।

प्रश्न 2. राजनीतिक प्रणाली का विश्लेषण करने के लिए डेविड ईस्टॉन के प्रणाली दृष्टिकोण के अनुप्रयोग की चर्चा कीजिए।

उत्तर– डेविड ईस्टॉन के विचार की उपयोगिता (Utility)–प्रणाली सिद्धांत ने सार्वजनिक नीति को राजनीतिक प्रणाली के रूप में प्रस्तुत किया है। इसकी उपयोगिता निम्न प्रकार हैं–

(1) यह नीति निर्माण प्रक्रिया समझने में सहायक है।

(2) प्रणाली दृष्टिकोण परिवेश, राजनीतिक प्रणाली और सार्वजनिक नीति के मध्य संबंध स्पष्ट करने में भी हमें सहायता प्रदान करता है।

विश्लेषण (Analysis)–डेविड ईस्टॉन ने राजनीतिक प्रणाली के अपने विश्लेषण में उल्लेख किया है कि राजनीतिक प्रणाली के "मूल्यों के सत्तावादी आवंटन" में संलग्न समाज

का वह एक भाग है। नीति–निर्माताओं द्वारा माने गए मूल्य उन नीति विकल्पों को समझने में आधारभूत रूप से महत्त्वपूर्ण माने जाते हैं, जो बनाए गए हैं। नीति–निर्माण प्रक्रिया तंत्र पर निर्णयकर्ताओं द्वारा निर्धारित मूल्य और विचारधारा का प्रभाव पड़ता है। राजनीति प्रणाली जो माँगें और सहायता निवेशों के रूप में परिवेश से प्राप्त करती है। प्रणाली के अंतर्गत परिवर्तन प्रक्रिया से गुजरती है और उत्पादन का रूप ग्रहण करती है।

पुनर्निवेश क्रियाविधि का विकास किया जाता है जिससे उत्पादकों के प्रभाव और परिणाम निवेश के रूप में प्रणाली में वापस रखे जाते है। ईस्टॉन के अनुसार राजनीतिक प्रणाली जटिल चक्रीय संक्रिया है, जहाँ प्रक्रियाओं का सेट है जो नेमी मामले के रूप में निवेशों का उत्पादन में परिवर्तन करता है।

ईस्टॉन के अनुसार प्राधिकारी राजनीतिक प्रणाली में सार्वजनिक नीतियों का निर्माण करते हैं। नीति विश्लेषण से सार्वजनिक नीति के कारणों और परिणामों का वर्णन और विवेचन किया जा सकता है। ईस्टॉन के अनुसार नीति निर्माण प्रक्रिया "ब्लैक बॉक्स" पर है जो समाज की माँगों को नीति में परिवर्तित करता है।

नीति–निर्माण व निर्णयन (Policy Making and Decision Making)– नीति–निर्माण तथा निर्णयन को प्रत्यक्ष रूप से जोड़ा जाता है, पर यह निर्णय करने के समान नहीं है। नीति निर्माण में निर्णय करना अंतर्निहित नहीं है। प्रत्येक निर्णय में यह आवश्यक नहीं कि वह नीति बने। निर्णय करने में प्रायः निम्नलिखित शामिल हैं–

(1) समस्या की पहचान,

(2) संभव विकल्पों का सावधानीपूर्वक विश्लेषण और

(3) कार्रवाई के लिए एक विकल्प का चयन।

अंत में अंगीकृत नीति निर्णय प्रशासनिक कार्रवाई के दौरान दिशा प्रदान करते हैं।

एंडर्सन के अनुसार "नीति निर्माण" सरकारी अधिकारियों द्वारा किए गए निर्णय हैं जो सार्वजनिक नीति कार्रवाइयों को दिशा और संतोष प्राधिकृत करते हैं या देते हैं। इनमें निम्नलिखित निर्णय शामिल हैं–

(1) कार्यकारी आदेश जारी करना,

(2) प्रशासनिक नियम घोषित करने के निर्णय या

(3) कानूनों की महत्त्वपूर्ण व्याख्या करने के निर्णय।

साधारण रूप में नीति विश्लेषण को कार्यक्रम के प्रभाव की जाँच और मूल्यांकन द्वारा संगठनात्मक प्रभाविकता मापने की तकनीकी माना जा सकता है।

समाज की बढ़ती हुई जटिलता के कारण सार्वजनिक नीति के क्षेत्र ने पर्याप्त महत्त्व ग्रहण किया है। सार्वजनिक नीति विगत से भविष्य में सामाजिक प्रणाली के ले जाने के लिए महत्त्वपूर्ण क्रियाविधि है।

प्रश्न 3. प्रणाली दृष्टिकोण के संबंध में चेस्टर बर्नार्ड के विचार बताइए।
[Dec 2009, Q. 7.]

अथवा

"चेस्टर बर्नार्ड को आधुनिक प्रशासनिक विचारधारा का श्रेष्ठ सिद्धांतवादी माना जाता है।" टिप्पणी कीजिए। [June 2010, Q. 7.]

उत्तर— चेस्टर बर्नार्ड को आधुनिक प्रशासनिक विचारधारा के श्रेष्ठ सिद्धांतवादी के रूप में श्रेय प्राप्त है। उसने प्रबंधकीय प्रकार्यों तथा प्रक्रियाओं के विश्लेषण में सामाजिक अवधारणाएँ आरंभ की। टेलर और उसके सहयोगी व्यक्तिशः कार्य दक्षता सुधारने पर ध्यान केंद्रित कर रहे थे। बर्नार्ड ने व्यक्ति से सहयोगात्मक प्रयासों की चेष्टा और कार्यकारी प्रकार्यों से निष्कर्ष आरंभ किया। उसने निम्नलिखित पर विचार प्रकट किये—

(1) अभिप्रेरण,
(2) कार्यकारी नेतृत्व,
(3) प्राधिकार,
(4) संगठनात्मक निर्णय,
(5) राष्ट्रीय योजना आदि।

ये विचार संगठनात्मक प्रक्रिया पर जटिलता की गहरी पैठ है। यही कारण है कि उसके योगदान ने संगठनात्मक सिद्धांत को समृद्ध किया है। उसने निम्नलिखित व्यापक मुद्दों के महत्त्व पर प्रकाश डाला है—

(1) औपचारिक और अनौपचारिक संगठनात्मक इकाइयाँ,
(2) प्रकार्यात्मक विस्तार,
(3) बाहरी परिवेश से संगठन का संबद्ध और
(4) व्यक्ति और संगठन के मध्य संतुलन संबंध।

1. सहयोगशील प्रणाली के रूप में संगठन (Organization as Cooperating System)— बर्नार्ड के अनुसार संगठन ऐसी प्रणाली है जो बड़ी प्रणाली अर्थात् समाज के अधीन है। उसने संगठन को सामाजिक प्रणाली के रूप में स्वीकार किया है। उसके लिए सभी संगठन राज्य और चर्च को छोड़कर आंशिक प्रणालियाँ हैं क्योंकि वे अधिक वृहत प्रणाली पर आधारित हैं।

चेस्टर बर्नार्ड ने संगठन की परिभाषा "दो या अधिक व्यक्तियों के अभिज्ञतापूर्वक समन्वय किए गए कार्यों या शक्तियों की प्रणाली" के रूप में की है। उसके अनुसार संगठन अस्तित्व में उस समय आता है जब निम्नलिखित हो—

(क) व्यक्ति एक-दूसरे से संप्रेषण कर सकते हैं,
(ख) वे क्रिया में योगदान करने के इच्छुक हैं और
(ग) वे उभयनिष्ठ प्रयोजन को पूरा करते हैं।

संचार (संप्रेषण), उत्सुकता और उभयनिष्ठ प्रयोजन संगठन के तीन तत्त्व हैं।

संगठनों की मुख्य चिंता परिवर्तित होती हुई स्थिति को अपनाना है। संगठन सहयोगशील प्रणाली है। सहयोग का जन्म उन प्रयोजनों को पूरा करने के लिए व्यक्ति की आवश्यकता में होता है, जिन्हें वह अकेले प्राप्त नहीं कर सकता है। अतएव संगठन अन्य व्यक्तियों का सहयोग लेता है।

प्रोत्साहन (Incentive)—औपचारिक संगठन में सहयोगात्मक प्रयास की पूर्ति करने के लिए प्रोत्साहन का प्रश्न भी महत्त्वपूर्ण है। वास्तविक संतोष व्यक्ति को संगठन के लिए अपने प्रयासों का योगदान करने के लिये प्रोत्साहन देता है।

प्रोत्साहन दो प्रकार के हैं–

(1) सामग्री या वस्तुगत प्रोत्साहन जिसमें वेतन की शर्तें और पदोन्नति के अवसर आदि हैं।

(2) सामग्री से भिन्न प्रोत्साहन जिसमें सम्मान और विशेषाधिकारों सहित पदास्थिति का अनुक्रम और संगठन के गौरव, अनुरक्षण, सामुदायिक भावना आदि सम्मिलित हैं।

2. प्राधिकार की अवधारणा (Concept of Authority)—बर्नार्ड के अनुसार प्राधिकार "औपचारिक संगठन में संप्रेषण (आदेश) के स्वरूप जिसके फलस्वरूप संगठन के सहयोगियों या सदस्यों द्वारा उस कार्य के नियंत्रण के रूप में स्वीकार किया जाता है, जिसे वे करते हैं।" इस प्रकार प्राधिकार के दो पक्ष है–

(1) प्रथम, व्यक्तिपरक पक्ष व्यक्तिगत आधिकारिक रूप में संदेश की स्वीकृति और

(2) द्वितीय, वस्तुपरक पक्ष संदेश का स्वरूप जिसके कारण वह स्वीकार किया गया है।

व्यक्ति संदेश को केवल अधिकार रूप में उसी स्थिति में स्वीकार कर सकता है, यदि निम्नलिखित चार शर्तें प्राप्त होती हैं–

(क) वह संदेश को समझता है।

(ख) उसे अपने निर्णय के समय विश्वास होता है कि यह संगठन के प्रयोजन के अनुरूप नहीं है।

(ग) अपने निर्णय के समय वह इसे समग्र रूप में अपने व्यक्तिगत हित के अनुरूप मानता है।

(घ) उसमें मानसिक तथा शारीरिक रूप से इसका पालन करने का सामर्थ्य है।

प्राधिकार पर चेस्टर बर्नार्ड की टिप्पणियाँ मौलिक हैं। उनका महत्त्व गहन है। प्राय: प्रशासन के प्राधिकार को शीर्ष पर उत्पन्न होने वाला सोचा जाता है बर्नार्ड के अनुसार प्राधिकार अधीनस्थों की स्वीकृति या सहमति पर प्रमाणित होता है। आदेश में प्राधिकार का होना अधीनस्थों पर निर्भर करता है, जिन्हें यह संबोधित है।

3. मतभेद के क्षेत्र (Zone of Indifference)—प्राधिकार के चतुर्दिक "मतभेद का क्षेत्र" है। चेस्टर बर्नार्ड ने उसे क्रिया का क्षेत्र कहा है, जिसमें "मतभेद के क्षेत्र" के रूप में कार्य करने के लिए उच्च अधिकारी स्वतंत्र है। इस शब्द के क्षेत्र का आकार और स्वरूप उस मात्रा के अनुसार अधिक विशाल या संकीर्ण होगा जिस तक अभिप्रेरण उस कार्य के भार से

अधिक हो, जो संगठन के प्रति व्यक्ति निष्ठा का निर्धारण करता है। अधिक प्रोत्साहनों की प्रभाविकता के आधार पर मतभेद का क्षेत्र विस्तृत किया जा सकता है। पर्याप्त प्रोत्साहन के अभाव में आदेशों की श्रेणी सीमित होगी। अतः कार्यपालक को केवल वही आदेश जारी करने चाहिए जो क्षेत्र के अंतर्गत आते हैं और स्वीकार्य हैं।

4. अनौपचारिक संगठन (Informal Organisations)—प्रशासनिक सिद्धांत में चेस्टर बर्नार्ड का एक प्रमुख योगदान अनौपचारिक संगठन की उसकी व्याख्या है। उसने अनौपचारिक संगठनों की परिभाषा "व्यक्तिगत संपर्कों और अंतः क्रियाओं तथा लोगों के सहचारी समूहन के एकत्रीकरण" के रूप में की है।

अनौपचारिक संगठन वह संरचना है, जो आकार में कम है, स्वरूप में अस्थायी तथा उन अंतः क्रियाओं तथा संबंधों को सम्मिलित करता है जो किसी संयुक्त प्रयोजन के बिना होते हैं तथा किसी भी औपचारिक संगठन के भाग नहीं होते।

5. कार्यपालक के प्रकार्य (The Functions of the Executive)—बर्नार्ड के अनुसार कार्यपालक के अनिवार्य कार्यों के अंतर्गत–संचार की प्रणाली प्रदान करना, आवश्यक प्रयास प्राप्त करने को प्रोत्साहित करना तथा प्रयोजन तैयार करना और परिभाषित करना समाहित है।

संगठनात्मक संचार अनुरक्षण के प्रथम कार्य के दो घटक हैं–

(1) संगठनात्मक स्थिति की परिभाषा इसके लिए संगठन चार्ट, ड्यूटियों के विनिर्देश, कार्य का विभाजन आदि आवश्यक हैं। इसके लिए उन लोगों की भर्ती, जिनके पास उपयुक्त योग्यता है, प्रोत्साहन प्रदान करना आदि।

(2) कार्मिक प्रणाली का अनुरक्षण करना।

प्रश्न 4. संगठन का खुली प्रणाली के रूप में वर्णन कीजिए।

उत्तर— संगठन सिद्धांत प्रणाली दृष्टिकोण उसकी संपूर्णता में प्रणाली के रूप में संगठन अध्ययन पर बल देता है। प्रणाली के रूप में संगठन कई उपभागों या उपघटकों की रचना है, जबकि एक ही समय में परिवेश संबंधी अति प्रणाली द्वारा भी प्रभावित होती है, जिसमें आर्थिक, सामाजिक, राजनीतिक और प्रौद्योगिकीय प्रभाव शामिल हैं। संगठन एक खुली प्रणाली है और यह लगातार अपने परिवेश (Environment) से अंतःक्रिया करता है। इस अंतःक्रिया में यह परिवेश से निवेश लेता है और निर्गम के रूप में संशोधित निवेश का संसाधन करता है जो तब परिवेश को निर्यात किए जाते हैं। सरलतम खुली प्रणाली में निवेश, रूपांतरण प्रक्रिया और उत्पादन होता है जो इस प्रकार दर्शाया जाता है।

निवेश $\Rightarrow$ रूपांतरण प्रक्रिया $\Rightarrow$ उत्पादन

कोई भी प्रणाली निवेश, रूपांतरण प्रक्रिया और उत्पादन के बिना जीवित नहीं रह सकती है। निवेश तीन प्रकार के होते हैं जिन्हें संगठन परिवेश से लेता है—सामग्री, ऊर्जा और सूचना।

निवेशों को व्यक्तियों और मशीनों द्वारा उत्पादन में परिवर्तित किया जाता है। संगठन परिवर्तन की प्रक्रिया के माध्यम से निर्मित उत्पादन का निर्यात करता है। इन उत्पादनों को आगे निवेश आयात करने के लिए वापस परिवेश में दिया जाता है। यह प्रक्रिया चक्र की भाँति चलती है।

संगठनों के प्रणाली दृष्टिकोण यह समझने के लिए उपयोगी ढाँचा प्रदान करते हैं कि संगठन के तत्त्व अपने में और अपने परिवेश से अंत: क्रिया कैसे करते हैं। यदि प्रशासक इन अंत: क्रियाओं को नहीं समझते हैं तो वे अपने परिवेश की उपेक्षा कर सकते हैं या अपने संगठन के अंदर महत्त्वपूर्ण अंत:संबंधों की अनदेखी करते हैं। प्रणालियों के परिप्रेक्ष्य प्रशासकों की सहायता करते हैं, संगठन के विभिन्न तत्त्वों के प्रवाह और अंत: क्रिया की संकल्पना करते हैं, जैसे ही वे प्रणाली में, अपने रूपांतरण और परिवेश में पुनः प्रवेश करते हैं।

आज के नाटकीय रूप से परिवर्तित हो रहे परिवेश में, खुली प्रणाली दृष्टिकोण प्रासंगिक और अर्थपूर्ण बन रही है। संगठन खाली स्थान में नहीं होते हैं। वे विश्व से बाहरी शक्तियों जैसे संस्कृति, प्रौद्योगिकीय परिवर्तन, राजनीति, प्राकृतिक और मानव संसाधन के तथा आर्थिक ढाँचा के भी अधीन होते हैं। ये सभी बाहरी परिवेश बनाते हैं। प्रशासक का कार्य संगठनात्मक उद्देश्यों की पूर्ति में इन परिवर्तियों का एकीकरण करता है। इसका अभिप्राय है कि आधुनिक प्रशासक को प्रणाली विश्लेषणकर्ता होना चाहिए।

प्रणाली दृष्टिकोण साहित्य का प्रतिनिधिक लेखक डेविड ईस्टॉन है। उसने सार्वजनिक नीति-निर्माण के लिए इस दृष्टिकोण को अपनाया। चेस्टर बर्नार्ड ने सभी संगठनों को प्रणाली के रूप में माना, जो वृहत्तर प्रणाली के अधीन हैं, जैसे समाज। राजनीतिक और प्रशासनिक प्रणालियों का विश्लेषण करने के लिए प्रणाली दृष्टिकोण के अनुप्रयोग पर डेविड ईस्टॉन और चेस्टर बर्नार्ड के विचारों पर विस्तृत चर्चा किए जाने की जरूरत है।

इकाई – 16

अधिगम संगठन की अवधारणा

प्रश्न 1. 'अधिगम संगठन' से आप क्या समझते हैं। अधिगम संगठनों के परिचालन पर प्रकाश डालिए। [Dec 2008, Q. 10. (ख)][Dec 2009, Q. 9.]

अथवा

परंपरागत बनाम अधिगम संगठन पर एक टिप्पणी कीजिए।

[June 2008, Q. 10. (क)]

उत्तर— उन्नत सूचना प्रौद्योगिकी तथा पूर्ण गुणवत्ता प्रबंधन प्रतिस्पर्द्धा पूर्ण भूमंडलीय अर्थव्यवस्था में प्रवेश पाने के लिए आधुनिक संगठनों के लिए आवश्यक है। सफलता के लिये तथा प्रतिस्पर्धात्मक लाभ प्राप्ति के लिए संगठनों को आज और कल अधिगम संगठन होना आवश्यक है। अधिगम संगठन की अवधारणा सर्वप्रथम व्यापार प्रबंधन में आरंभ की गई थी। तत्पश्चात लोक प्रशासन के क्षेत्र में इसे प्रयोग करने के प्रयास आरंभ किए गए।

'संगठनात्मक अधिगम' और 'अधिगम संगठन' इन दोनों शब्दों का प्रयोग एक दूसरे के स्थान पर किया जाता है। अनेक लेखकों के अनुसार यह कथन असंभव है कि पूर्ण अधिगम संगठन कैसा दिखाई देता है। अधिगम संगठनों में लगातार परिवर्तन होते हैं या प्रत्येक अधिगम संगठन विशिष्ट उद्देश्यों को प्राप्त करने के लिए भिन्न होना चाहिए। बहुत से लेखक 'अधिगम संगठन' की कुछ परिभाषा प्रस्तुत करने के साथ-साथ संश्लेषण करते हैं। तथापि अधिकांश संश्लेषण और परिभाषाओं में समानताओं की अपेक्षा असमानताएँ अधिक हैं। उदाहरण के लिए, **वाटकिन्स (Watkins)** और **मार्सिक (Marsick)** ने अधिगम संगठन की परिभाषा इस प्रकार की है, "जो लगातार सीखता है और अपने आपको रूपांतरित करता है।" **सेंगे (Senge)** के अनुसार, "यह ऐसा संगठन है जो स्पष्ट जानकारी के अतिरिक्त नेमी अनुसंधान प्रक्रिया के माध्यम से अधिक सरलतापूर्वक समस्याएँ हल करने के लिए लगातार विस्तार कर रहा है।" इसके विपरीत, अविश्लेषणीय समस्याओं के लिए गैर–नेमी (Non-routine) अनुसंधान प्रक्रिया आवश्यक होती है जो अनुक्त ज्ञान पर अधिक निर्भर करता है।

संगठन साहित्य में व्यावसायिक निम्नलिखित चार पृथक प्ररूपों में अधिगम संगठन शब्द का प्रयोग करते हैं—

(1) संगठनात्मक अधिगम,

(2) कार्य अधिगम,

(3) अधिगम परिवेश और

(4) अधिगम संरचना।

आर्गिरिस का योगदान (Contribution of Argyris)—तथापि शब्द अधिगम संगठन के वर्तमान प्रयोग के प्रारंभ करने का श्रेय क्रिस आर्गिरिस और उसके सहयोगियों को प्राप्त है। उन्होंने 'एकल लूप' और 'दूसरा लूप' अधिगम के मध्य अंतर किया।

एकल लूप (Single-Loop) (पारा)—इस अधिगम में ज्ञात उद्देश्यों को प्राप्त करने हेतु संगठन की क्षमता अंतर्निहित है। इसका संबंध नेमी और व्यवहार संबंधी अधिगम से है। एकल लूप में संगठन अपनी आधारभूत मान्यताओं में उल्लेखनीय परिवर्तन के बिना सीख रहा है।

दुहरा लूप (Double-Loop)—यह अधिगम संगठन के उद्देश्यों के स्वरूप और उनके चतुर्दिक मूल्यों और विश्वासों का पुनर्मूल्यांकन करता है। इस प्रकार के अधिगम में संगठन की संस्कृति परिवर्तन करना भी अंतर्निहित है। दुहरे लूप में संगठन के अधिगम में निम्नांकित समाहित हैं—

(1) कैसे सीखना है या, (2) उसकी अधिगम क्रियाविधि कैसी है?

अन्य विचारकों का योगदान (Contribution of Other Thinkers)—पीटर सेंगे और उसके सहयोगियों का योगदान इस प्रकार है—

(1) उन्होंने प्रणाली सिद्धांत परिप्रेक्ष्य से अधिगम संगठन की विशेषता बनाई।

(2) अनूकूली (Adaptive) अधिगम तथा उत्पादक (Generative) अधिगम के मध्य महत्त्वपूर्ण अंतर किया। दोनों में अनुकूली अधिगम अधिक सरल है। यह अधिगम संगठन की प्रथम अवस्था है अर्थात् परिवेश संबंधी परिवर्तनों के अनुकूल होना।

उत्पादक अधिगम में सृजनशीलता और नवीकरण अंतर्निहित है। इसमें निम्नलिखित भी सम्मिलित हैं–

(1) परिवर्तन के अनुकूलन के बाद भी आगे जाना और

(2) प्रत्याशित परिवर्तन।

उत्पादनकारी प्रक्रिया से संगठन के अनुभवों और उस प्रक्रिया से सीखने का पूर्णतः पुनर्गठन होता है।

अधिगम संगठनों का परिचालन (Functioning of Learning Organisation)—अधिगम संगठन को प्रबंधन के वास्तविक व्यवहार में अनेक तरीकों से परिचालित किया जा सकता है। उदाहरण के लिए—

(1) प्रबंधकों को नए विचारों को सुग्राह्य होना चाहिए तथा

(2) उन्हें निकटता से नियंत्रित क्रिया की इच्छा से बचाना चाहिए।

अनेक संगठनों की प्रवृत्ति कार्य को उसी प्रकार से करने की होती है, जैसा कि उन्होंने पहले किया है। अधिगम संगठन इस ढाँचे को तोड़कर अपने कर्मचारियों को वस्तुओं को भिन्न तरीके से देखने का प्रशिक्षण देते हैं।

संगठनों में अधिगम प्रक्रिया को कार्यान्वित करने का अन्य तरीका प्रबंधकों में यथाक्रम विचार–क्रिया को विकसित करना है। इसमें असंबद्ध भागों की श्रृंखला के स्थान पर समग्र

रूप में समस्याओं, घटनाओं और आँकड़ों के मध्य संबंध देखने की क्षमता निहित होती है।

अधिगम संगठन अपने कर्मचारियों को विरोध के स्रोतों की पहचान करना सिखाते हैं। इसके अतिरिक्त कुशलता एवं तत्परतापूर्वक कार्य संचालन करना भी सिखाते हैं। प्रबंधकों को यह सिखाना चाहिए कि अपने लोगों के व्यक्तित्व संघर्ष या राजनीतिक अंतर्कलह के स्थान पर अपनी शक्ति को असहमति समाधान की दिशा में किस प्रकार मोड़ा जा सकता है।

सृजनशीलता को विकसित करना (To Develop Creativity)—अधिगम संगठनों की एक अन्य पद्धति, कार्मिकों में सृजनशीलता विकसित करना है। सृजनशीलता समस्या के निवारण करने और निर्णय करने का विशिष्ट दृष्टिकोण उत्पन्न करने की क्षमता है। सृजनशीलता में असफलता को स्वीकार करने की तत्परता भी सम्मिलित है। अधिगम संगठन असफलता को पुनर्निवेश के अवसर के रूप में देखते हैं। उनके अनुसार असफलता भविष्य की सृजनशीलता में योगदान करती है। प्रबंधक सहयोगपूर्ण परिवेश उपलब्ध कराकर इस व्यवहार को प्रोत्साहन देते हैं।

व्यक्तिगत क्षमता की भावना का विकास करना (To Develop the Feeling of Individual Capacity)—दूसरी पद्धति व्यक्तिगत क्षमता (Personal Efficacy) की भावना को विकसित करना है, जैसा कि व्यक्तिगत और संगठनात्मक मूल्यों की जागरूकता तथा समस्या समाधान के लिए सक्रिय दृष्टिकोण से देखा जाता है। अधिगम संगठनों में संगठन अपने मिशन तथा मूल्यों की भावना को स्पष्ट रूप से व्यक्त करते हैं। उस समय कार्मिकों को अपनी पहचान और मूल्यांकन का अवसर प्रदान किया जाता है। इससे कर्मचारियों को इन दो के मध्य बेहतर समझने तथा संबंध के लिये कार्य करने में सहायता प्राप्त होती है। तत्पश्चात कार्मिकों को अन्य पर अपने व्यवहार के प्रभावों का मूल्यांकन करना सिखाया जाता है। यह कार्य उनकी अपनी प्रभाविकता को अधिक से अधिक करने हेतु होता है। प्रक्रिया में यह भी सिखाया जाता है कि चरम स्थिति पर पहुँचने से पूर्व समस्याओं का समाधान किस प्रकार करना है। यह सोपान–दर–सोपान दृष्टिकोण कर्मचारियों को प्रारंभ में ही समस्या के समाधान करने में तथा उनकी पुनरावृत्ति रोकने की दृष्टि से स्थितियों का विश्लेषण करने और मूल्यांकन करने में सहायता प्रदान करता है। अधिगम संगठनों से अंतिम पद्धति सहानुभूति और संवेदनशीलता की भावना को मन में स्थिर करना है। कार्मियों को दीर्घकालिक आयाम में अंतर्वैयक्तिक संबंधों पर ध्यान देना सिखाया जाता है। प्रबंधकों या विभागों में असहमति होने की स्थिति में इस विरोध से निरंतर समस्याएँ उत्पन्न हो सकती हैं।

मध्यम मार्ग (The Golden Mean)*—अधिगम संगठन निम्न मार्ग अपनाते हैं—*

(1) अपने कार्मियों की गलतफहमियों के स्रोतों पर चर्चा करना,

(2) व्यक्तिशः दोष नियत करने को वर्जित करना,

(3) पारस्परिक समस्या और

(4) एक–दूसरे में विश्वास बनाए रखने पर चर्चा करना। उपर्युक्त पग उठाकर इन संबंधों को सुदृढ़ बनाना सिखाते हैं। यह पूर्व लक्ष्यी, सुस्पष्ट दृष्टिकोण इस बात को सुनिश्चित करता

है कि कार्मिक संगठनात्मक समस्या समाधान करने के साथ कार्य करते हैं।

परंपरागत संगठन बनाम अधिगम संगठन (Traditional Organisation Versus Learning Organisation)—सेंगे के अधिगम संगठनों और परंपरागत संगठनों के मध्य अंतरों का उल्लेख किया है। जो नीचे तालिका में प्रस्तुत किये गये हैं। ये अंतर यह प्रकट करने में सहायक हैं कि अधिगम संगठन महत्त्व किस कारण प्राप्त कर रहे हैं और अब निरंतर बढ़ रही संख्या में उद्यम उत्पादक अधिगम परिवेश विकसित करने में कार्य कर रहे हैं।

प्रकार्य	परंपरागत संगठन	अधिगम संगठन
समग्र निर्देशन का निर्धारण करना	शीर्ष प्रबंधक वर्ग द्वारा दिशा-निर्देश प्रदान किया जाता।	ये सहभागिक दिशा-निर्देश हैं जो अनेक स्थानों से उभर सकते हैं। पर शीर्ष प्रबंधन पर यह सुनिश्चित करने का उत्तरदायित्व है कि यह दिशा निर्देश विद्यमान रहते हैं और पोषित किए जाते हैं।
विचारों का निरूपण और क्रियान्वयन करना	शीर्ष प्रबंधन निर्णय करता है कि क्या किया जाता है। शेष संगठन इन विचारों पर कार्य करता है।	विचारों का निरूपण और क्रियान्वयन केवल शीर्ष पर न होकर संगठन के समस्त स्तरों पर होता है।
संगठनात्मक चिंतन का स्वरूप	प्रत्येक व्यक्ति पर अपने स्वयं के कार्य का उत्तरदायित्व है। व्यक्तिगत क्षमता विकसित करने पर ध्यान दिया जाता है।	कार्मिक (Personnel) अपने कार्यों के अतिरिक्त उन तरीकों को भी समझते हैं जिसमें अनेक कार्य अन्य कार्मिक के कार्य से परस्पर संबद्ध होते हैं तथा प्रभाव डालते हैं।
विरोध समाधान करना	विरोधों का समाधान शक्ति और पदानुक्रमिक प्रभाव का प्रयोग कर किया जाता है।	विरोधों का समाधान संपूर्ण संगठन में कार्मिक के सहयोगात्मक अधिगम और दृष्टिकोणों के एकीकरण के प्रयोग से किया जाता है।
नेतृत्व और अभिप्रेरण करना	(1) नेता की भूमिका संगठन की दिशा स्थापित करना है। (2) यथोचित पुरस्कार और दंड देना है. (3) कर्मचारियों के क्रियाकलाप पर समग्र नियंत्रण बनाये रखना है।	(1) नेता की भूमिका संपूर्ण उद्यम में सशक्तीकरण और करिश्माई नेतृत्व के माध्यम से सहयोगात्मक दृष्टिकोण निर्मित करना है। (2) कार्मिकों का सशक्तीकरण करना है। (3) वचनबद्धता की प्रेरणा देना है। (4) प्रभावकारी निर्णयन को प्रोत्साहन देना है।

प्रश्न 2. संगठनों के प्रबंधन में आधुनिक प्रवृत्तियों पर एक संक्षिप्त टिप्पणी प्रस्तुत कीजिए। **[June 2009, Q 10. (b)]**

उत्तर— वर्तमान संगठनात्मक परिवेश विगत के संगठनों के परिवेश से अलग है। भूमंडलीय प्रतिस्पर्धा, सूचना प्रौद्योगिकी, गुणवत्ता सेवा क्रांति, पर्यावरण में विविधता और नैतिकता ये सभी मुद्दे संगठनों को अपने दृष्टिकोण में बदलाव लाने के लिए बाध्य कर रहे हैं।

संगठनों के प्रबंधन में आधुनिक प्रवृत्तियों का वर्णन निम्नलिखित है—

1. **सूचना प्रौद्योगिकी**—पिछले दो दशकों के दौरान सूचना प्रौद्योगिकी (Information Technology) में नाटकीय परिवर्तन हुए हैं। इसका समग्र संगठन संरचना पर नाटकीय प्रभाव भी हुआ है और व्यक्तिशः कार्यों की पुनः परिकल्पना की गई है। सूचना प्रौद्योगिकी से आज के संगठनों में संतोष बढ़ा है और आकार घटा है। उदाहरण के लिए इलेक्ट्रॉनिक मेल (ई–मेल) से प्रत्येक व्यक्ति सीधे किसी अन्य व्यक्ति से संप्रेषण कर सकता है। इस प्रकार अनुक्रमों के स्तरों और समादेश की लंबी शृंखला की आवश्यकता समाप्त हो जाती है। दूसरे शब्दों में, संगठन में संतोष उत्पन्न होता है। संगठन का आकार कम होने पर सूचना प्रौद्योगिकी का प्रभाव है। आकार कम करना (Downsizing) संगठन में लोगों की संख्या घटाने की प्रक्रिया है। इसके अलावा संगठन संरचना पर इसका विपुल प्रभाव भी उस तरीके पर हुआ है जिससे आज के संगठन अपना कार्य संचालन कर रहे हैं। यह संगठन के प्रबंधन में कागज रहित क्रांति लाया है। इलेक्ट्रॉनिक डाटा इंटरचेंज (इलेक्ट्रॉनिक आँकड़ा विनिमय) इसका अच्छा उदाहरण है। यह ऐसी प्रक्रिया है जिसमें ग्राहक, आपूर्तिकर्त्ता और विनिर्माता सीधे कम्प्यूटर से कम्प्यूटर आधार पर संप्रेषण कर सकते हैं। इसके फलस्वरूप इलेक्ट्रॉनिक आँकड़ा विनिमय ने कुछ कार्यों को समाप्त किया, प्रचालन समय घटाया, कर्मचारियों को सशक्त किया और उत्पादकता तथा लाभ दोनों में वृद्धि की है।

सूचना प्रौद्योगिकी की एक अन्य आकस्मिक महत्त्वपूर्ण नई खोज है जो अब लोगों के अपने कार्य करने के तरीके में परिवर्तन आरंभ कर रही है, यह तंत्रिका नेटवर्क है जो कम्प्यूटर सॉफ्टवेयर और चित्रों का संयोजन है जो मस्तिष्क के कार्यों का अनुकरण करने में सक्षम है। ये "मस्तिष्क" नेटवर्कों को इस समय उभरती हुई सूचना प्रौद्योगिकी के सबसे अधिक महत्त्वपूर्ण प्रकारों में से एक माने जाते हैं और ये उस तरीके पर प्रभाव डालने जा रहे हैं जिस तरीके से इस समय और आने वाले वर्षों में काम किया जाना है।

2. **पूर्ण गुणवत्ता प्रबंधन (Total Quality Management-TQM)**—व्यापक रूप से प्रचारित दृष्टिकोण है जो ग्राहकों की आशाओं को पूरा करने का प्रयास कर रहा है। पूर्ण गुणवत्ता प्रबंधन तकनीकों सहित ऐसी संगठनात्मक रणनीति है जो ग्राहकों को उत्कृष्ट कोटि के उत्पादन और सेवाएँ प्रदान करता है। पूर्ण गुणवत्ता प्रबंधन तकनीकें कर्मचारी केंद्रित हैं और सभी ग्राहकों को उत्कृष्ट सेवाएँ प्रदान करने के लिए निमित्त हैं। पूर्ण गुणवत्ता प्रबंधन तकनीकें जो विशेष रूप से संगठनात्मक व्यवहार के लिए प्रासंगिक हैं, पुनर्निर्माण निर्देश

चिह्नांकन और सशक्तीकरण हैं। इन तकनीकों का संक्षिप्त वर्णन निम्नलिखित है—

3. पुनर्निर्माण (Reengineering)—इसमें संक्रियाओं की पूर्णतः पुनः अभिकल्पना अंतर्निहित है, इसमें कार्यों का विश्लेषण किया जाता है और यह पूछा जाता है कि इस कार्य को वर्तमान कार्य प्रक्रिया का संशोधन करने के बाद सबसे अधिक दक्षतापूर्वक कैसे किया जा सकता हैं पुनर्निर्माण प्रक्रिया पूर्वग्रह रहित प्रारंभ होती है और प्रारंभ से अंत तक कार्य की योजनाएँ बनती है। पिछली कार्य प्रक्रियाओं और नियमों को छोड़कर पुनर्निर्माण से संगठन अदक्षता का उन्मूलन करता है और उत्पादकता बढ़ाता है।

यद्यपि बहुत से भिन्न–भिन्न दृष्टिकोण हैं, फिर भी दृष्टिकोण को कई सोपानों में विभाजित किया जा सकता है। इन सोपानों में से प्रत्येक का लक्ष्य दक्षता और निष्पादन सुधारना है। पुनर्निर्मित प्रक्रिया में कर्मचारियों को कार्य निर्वहन के नए तरीके से प्रशिक्षित करना आवश्यक है।

4. निर्देश चिह्नांकन (Benchmarking)—निर्देश चिह्नांकन कार्य और सेवा विधियों की तुलना करने की प्रक्रिया है, इसमें उन परिवर्तनों की पहचान करने के लिए सबसे अच्छी पद्धतियों और परिणामों से तुलना की जाती है जिससे उच्च गुणवत्ता के उत्पादन हो सके।

निर्देश चिह्नांकन से संगठनों को कई लाभ होते हैं। पहला, संगठन सुधार की रणनीतियों की पहचान के प्रयोजन से अन्य सफल संगठनों से अपनी तुलना कर सकते हैं। दूसरा, निर्देश चिह्नांकन से संगठन दूसरों से सीख सकते हैं। तीसरा, संगठन को वह दर्शाते हुए परिवर्तन की आवश्यकता उत्पन्न करने में सहायता मिलती है कि प्रक्रियाएँ और कार्य को कैसे बदला जाना चाहिए और संसाधनों का पुनः आबंटन कैसे किया जाना चाहिए।

5. सशक्तीकरण (Empowerment)—संगठनात्मक व्यवहार का अध्ययन और अनुप्रयोग सशक्तीकरण के पुनर्निर्माण या निर्देश चिह्नांकन की अपेक्षा सशक्तीकरण से अधिक प्रत्यक्ष रूप से जुड़ा हुआ है। सशक्तीकरण किसी के अपने कार्य क्षेत्र के अंदर किसी अन्य से स्वीकृति प्राप्त किए बिना निर्णय करने का प्राधिकार है। यद्यपि यह प्रक्रिया प्रत्यायोजित प्राधिकार के सदृश्य है, फिर भी इसकी दो विशेषताएँ हैं जो सशक्तीकरण को विशिष्ट बनाती हैं। एक है कि कार्मिकों को अपनी पहल शक्ति प्रयोग करने के लिए प्रोत्साहित किया जाता है। दूसरा है, कि कर्मचारियों को केवल प्राधिकार ही नहीं दिया जाता है बल्कि संसाधन भी दिए जाते हैं ताकि वे निर्णय कर सकें और देख सकें कि उसे क्रियान्वित किया गया है।

प्रश्न 3. अधिगम संगठन की धारणा में योगदान करने वाले वर्तमान समय के संदर्भ में परिवर्तनों का विश्लेषण कीजिए।

उत्तर— अधिगम संगठन की धारणा में योगदान करने वाले वर्तमान समय के परिवर्तनों का वर्णन निम्नलिखित प्रकार है—

(क) सुग्राह्यता—मान्यता यह है कि प्रबंधकों को नये विचारों के प्रति सुग्राही होना चाहिए

तथा निकटता नियंत्रित करने की क्रिया की इच्छा से बचना चाहिए। अनेक संगठनों में कार्य को परंपरागत तरीके से करने की प्रवृत्ति होती है। अधिगम संगठन इस ढाँचे को तोड़कर अपने कर्मचारियों को वस्तुओं को भिन्न तरीके से देखने का प्रशिक्षण देते हैं।

(ख) **यथाक्रम विचार–क्रिया का विकास**—प्रबंधकों में यथाक्रम विचार–प्रक्रिया का विकास संगठनों में अधिगम प्रक्रिया को कार्यान्वित करने का दूसरा तरीका है। इसमें समग्र रूप में समस्याओं, घटनाओं और आँकड़ों के मध्य संबंध देखने की क्षमता सम्मिलित है। अधिगम संगठन अपने कर्मचारियों को विरोध के उन स्रोतों की पहचान करना सिखाते हैं जो उन्हें अन्य कार्मिकों, इकाइयों और विभागों तथा विचार–विमर्श करने में हो सकते हैं तथा कुशलता एवं तत्परतापूर्वक कार्य संचालन करना भी सिखाते हैं। प्रबंधकों को यह सिखाना चाहिए कि अपनी शक्ति को असहमति समाधान की ओर किस प्रकार मोड़ा जा सकता है।

(ग) **सृजनशीलता का विकास**—सृजनशीलता समस्या निवारण और निर्णय करने का विशिष्ट दृष्टिकोण उत्पन्न करने की क्षमता है। सृजनशीलता में असफलता को स्वीकार करने की तत्परता भी सम्मिलित है। अधिगम संगठन के अनुसार असफलता पुनर्निवेश का अवसर है। यह भविष्य की सृजनशीलता में योगदान करता है। प्रबंधक सहयोगपूर्ण परिवेश प्रदान कर इस व्यवहार को प्रोत्साहन देते हैं।

(घ) **व्यक्तिगत क्षमता**—अधिगम संगठन अपने मिशन और मूल्यों की भावना को स्पष्ट रूप से व्यक्त करते हैं। तत्पश्चात् कार्मिकों को अपनी पहचान और मूल्यांकन का अवसर दिया जाता है। इससे कर्मचारियों को इन दो के मध्य बेहतर समझने तथा संबंध के लिए कार्य करने में सहायता मिलती है। तत्पश्चात् कार्मिकों को अन्य पर उनके व्यवहार के प्रभावों का मूल्यांकन करना सिखाया जाता है, ताकि उनकी अपनी प्रभाविकता अधिकतम हो सके।

(ङ) **सहानुभूति की भावना का विकास**—सहानुभूति और संवेदनशीलता की भावना को आत्मसात करना अधिगम संगठन की एक अन्य विशेषता है। कार्मिकों को दीर्घकालिक आयाम में अंतर्वैयक्तिक संबंधों पर ध्यान देना सिखाया जाता है, क्योंकि विभागों में असहमति होने की स्थिति में इस विरोध से निरंतर समस्याएँ हो सकती हैं।

इकाई – 17

नई संगठनात्मक संस्कृति

प्रश्न 1. संगठनात्मक संस्कृति को परिभाषित कीजिए। नई संगठनात्मक संस्कृति को सृजित करने के प्रयासों की चर्चा कीजिए।

[June 2008, Q. 8.][June 2010, Q. 8.]

उत्तर– संगठनों का यह जटिल अंतःसंबंधित पर्यावरण तथा लगातार नवीकरण 'अधिगम संगठन अथवा सीखने वाले संगठन' (Learning Organisation) शब्द की बढ़ती हुई लोकप्रियता में बदल गया है। इस अवधारणा में मूल विशेषता संगठन का दृष्टिकोण है जो 'आत्म–चिंतन' और नवीन ज्ञान को सृजित करने तथा उसका प्रयोग करने में सक्षम है। **प्रेहलेद** और **हैमेल** (1990) ने 'संगठन की सामूहिक अधिगम की रचना करने वाली मूल सक्षमताओं' का विकास करने पर बल दिया है। यह नवीन संगठनों की संस्कृति के विकास का संवर्द्धन करने के लिए संगठनों के लिये इसे आवश्यक बनाता है और निरंतर अधिगम के लिए कार्यनीतियाँ तैयार करता है।

संगठनात्मक संस्कृति का अर्थ (Meaning of Organisational Culture)–प्रत्येक संगठन एक पृथक संगठनात्मक संस्कृति के कारण भिन्न व अद्‌भुत होता है। सांस्कृति विशेषताएँ अन्य की अपेक्षा अधिक समय तक बनी रहती हैं और परिवर्तन के प्रयासों का विरोध करती हैं। यह सब एक संगठन के गतिशील स्वरूप को स्पष्ट कर सकता है। कर्मचारियों के व्यवहार में एकरूपता या समानता दृष्टिगोचर होती है। इसका तात्पर्य है वह तरीका जो कि कर्मचारी –

(1) सोचते हैं, (2) अनुभव करते हैं, (3) समान ढंग से व्यवहार करते हैं।

कर्मचारियों में अस्पष्ट सहमति प्रत्येक संगठन को बाँधे रखती है और इसकी संस्कृति की रचना करती है। अर्थात् कर्मचारी संस्कृति के प्रति आकृष्ट होते हैं और संगठन की संस्कृति की भी रचना करते हैं जिससे व्यक्ति संगठन के लोगों की मनोवृत्तियों और व्यवहारों का पूर्वानुमान लगा सकता है। संगठनों की संस्कृतियाँ होती हैं। ये ग्राहकों, प्रतियोगियों, वरिष्ठों (Superiors) और अधीनस्थों (Subordinates) के प्रति कर्मचारियों की कार्रवाइयों पर प्रभाव डालती हैं।

संगठनात्मक संस्कृति की परिभाषा (Definition of Organisational Culture)– पैकानोस्काई और ओ 'डोनेल (Pacanowsky and O' Donell) का मत है कि "संस्कृति बहुत कुछ नहीं है, जो संगठन में होती है, परंतु संस्कृति बहुत कुछ संगठन होता है।"

इस प्रकार संगठन की संस्कृति की निम्नलिखित विशेषताएँ हैं–

(1) एक सृजित संकल्पना जो लोगों के मस्तिष्कों में विद्यमान है।
(2) यह संगठनात्मक हिमशैल (Iceberg) का एक डूबा हुआ भाग।
(3) व्यापक परंतु कुछ सीमा तक वास्तविक।
(4) यह व्याख्या तथा परिभाषित की जा सकने योग्य हैं परंतु यह खोजी नहीं जा सकती, न ही पता लगाई जा सकती है, इसका केवल अनुमान ही लगाया जा सकता है।

विशेषताएँ (Characterstics)—कैंपबैल (1970) आदि ने संगठन की संस्कृति के सार पर प्रकाश डालने वाली पाँच विशेषताएँ बताई हैं—

(1) व्यक्तिगत स्वायत्तता (Individual Autonomy) अर्थात् व्यक्ति का उत्तरदायित्व, स्वतंत्रता तथा व्यक्तिगत पहल का प्रयोग करने के लिए अवसर।

(2) संरचना (Structure) अर्थात् औपचारिकता, केंद्रीकरण (Formalisation, Centralization) और प्रत्यक्ष पर्यवेक्षण (Direct Supervision) की मात्रा।

(3) पारितोषिक अभिविन्यास (Reward Orientation) अर्थात् पारितोषिक, पदोन्नति–उपलब्धि अभिविन्यास के कारक और लाभ।

(4) विचार (Consideration) अर्थात् वरिष्ठों द्वारा प्रदान किया जाने वाला उत्साह और समर्थन।

(5) संघर्ष (Conflict) अर्थात् सहकर्मियों (Peers) के मध्य अंतर्वैयक्तिक संबंधों (Interpersonal Relations) में विद्यमान संघर्ष की मात्रा।

नई संगठनात्मक संस्कृति को सृजित करने के निम्नलिखित प्रयास किए जा रहे हैं—

संरेखित और लक्षित संगठन को विकसित करना—यह सिद्ध किया जा चुका है कि परिवर्तन के प्रयास जो संगठन के उद्देश्य, दृष्टिकोण और कार्यनीति के अनुरूप नहीं हैं, आमतौर पर असफल हो जाते हैं। अतः नई संगठनात्मक संस्कृति को विकसित करने के लिए संरेखित और लक्षित संगठन प्राप्त करना पहली शर्त है। संरेखित और लक्षित संगठन मॉडल जिसका उल्लेख पहले किया गया है उसके दस तत्त्वों को व्यवस्थित करने के लिए निम्नलिखित जरूरी हैं—

(i) बाहरी पर्यावरण—बाहरी पर्यावरण को व्यवस्थित करना मॉडल की पहली प्राथमिकता है। संगठन को नई सूचना की जरूरत होती है जो विशेष पहलुओं पर सर्वेक्षणों के माध्यम से एकत्र की जाती है जैसे ग्राहक संतुष्टि, कार्यनिष्पादन के बारे में उनके विचार और सुझाव तथा इसके समक्ष आने वाली बाधाएँ। राज्य–संचालित परिवहन संगठनों द्वारा किए गए सर्वेक्षण यात्रियों से प्राप्त विभिन्न पहलुओं पर प्रतिपुष्टि प्राप्त करने का एक उदाहरण है। हवाई कंपनियाँ (एयर लाइंस) हवाई यात्रियों से सूचना प्राप्त करने के लिए ऐसे ही सर्वेक्षण आयोजित करती हैं।

(ii) उद्देश्य (Mission)—संगठन का उद्देश्य संगठन की आधारशिला होता है जो

प्रतिबद्धता को प्रोत्साहित करता है तथा कर्मचारी अपने योगदानों (सहयोगों) को इसकी सफलता के साथ जोड़ते हैं जो निष्पादन कार्य–संस्कृति को विकसित करने के लिए बहुत जरूरी है। परंतु इसे संगठन के दिन–प्रतिदिन के कार्यों के प्रति प्रासंगिक होना चाहिए।

संगठन के उद्देश्य में इसके लक्ष्य स्पष्ट होने चाहिए और प्रत्येक कार्य का मूल्यांकन करना चाहिए कि यह किस प्रकार संगठन के उद्देश्य से संबंधित है। संगठन के लक्ष्य को प्रक्रियाओं को प्रोत्साहित और सुविधाजनक बनाना चाहिए जो कर्मचारियों को मौजूदा मानकों और व्यवहारों को पूछने और उनकी समीक्षा करने के योग्य बनाती है। संगठन को लंबी और अल्प अवधि के लिए तथा सफलता की छवि के लिए सफलता की परिभाषा की जरूरत पड़ती है। यह निर्धारित करना कि संगठन उस छवि तक किस प्रकार निकटता से पहुँचता है, इसके लिए स्पष्ट मापक उपकरणों की जरूरत पड़ती है। सफलता मापक उपाय संगठन की सफलता का मापन करते हैं तथा प्रगति की अवस्था की पहचान करते हैं।

(iii) परिवर्तन करने के लिए अनिवार्य कारणों की पहचान कीजिए–बदलती हुई संस्कृति के लिए अनुकूल आदर्श दशा वह है जब परिवर्तन लगभग जरूरी होता है। संगठन में सबसे ऊपर नया नेतृत्व परिवर्तन का कारण उपलब्ध कराता है। **डेविस** (1948) का तर्क है कि प्रभावशाली और चमत्कारी मुख्य कार्यकारी अधिकारी संगठनात्मक संस्कृतियों के प्राथमिक स्रोतों, संप्रेषकों तथा अनुरक्षकों (Maintainers) के रूप में कार्य कर सकते हैं।

आंतरिक परिवर्तन अभिकारकों को निम्न प्रकार से विकसित किया जा सकता है–

(i) हस्तक्षेप (Intervention)–विभिन्न प्रयासों में शामिल हैं (क) परिवर्तन की आवश्यकता महसूस करने वाले नेताओं की पहचान करना, (ख) सक्षमताओं का विकास और अनुशिक्षण, शिक्षा, नेटवर्किंग और परामर्श के माध्यम से प्रतिबद्धता के उनके स्तर का निर्माण करना, (ग) सांस्कृतिक परिवर्तन करने वाली टीमों का विकास करना, (घ) कार्य सक्षमताओं का विकास करना, (ङ) संसाधनों के साथ टीमों का संसाधन संपन्न करना और (च) टीमों को अपनी सफलता सिद्ध करने देना और उन्हें एकमात्र आंतरिक परिवर्तन अभिकारक और भूमिका प्रतिरूप (Role Model) बनने के योग्य बनाना तथा कुशल और अनुभवी लोगों द्वारा नेताओं को अनुशिक्षण प्रदान करना ताकि संगठनात्मक नेता परिवर्तन के प्रयास कर सकें।

(ii) बड़ी यूनियन–प्रबंधन सहयोग और अनुकूल प्रबंधन नीतियाँ–प्रबंधन और श्रमिक संघों (Trade Unions) को अपने मतभेदों को हल करने और सकारात्मक कार्य संस्कृति को विकसित करने के लिए साथ–साथ काम करने की जरूरत होती है। उपयुक्त प्रबंधकीय नीतियाँ (managerial policies) और प्रोत्साहित करने वाली प्रबंधकीय पद्धति सकारात्मक कार्य संस्कृति के लिए अत्यंत आवश्यक हैं जिनके लिए प्रबंधन पर सीधे तौर पर दायित्व है। **शर्मा** (1990) ने अनुकूल कार्य संस्कृति की सबसे अधिक महत्त्वपूर्ण निर्धारक तत्त्व के रूप में चार संगठनात्मक विशेषताओं के रूप में पहचान की है, अर्थात् (1) शिकायत का निपटारा; (2) मान्यता और (3) कार्य का महत्त्व; (प्रशंसा), (4) सहभागी प्रबंधन और

प्रगति के लिए गुंजाइश।

(iii) अन्य सुझाव—ऐसे अनेक कार्य हैं जिन्हें मुख्य कार्यकारी, सांस्कृतिक परिवर्तन करने के लिए कर सकते हैं। **शुक्ला** (1996) द्वारा दिए गए कुछ विशेष सुझाव निम्नलिखित हैं—

(क) पुराने प्रतीकों और अनुष्ठानों के स्थान पर नए प्रतीक और अनुष्ठान (परंतु परस्पर विरोधी नहीं हो) होने चाहिए।

(ख) नए मूल्यों की स्वीकार्यता को प्रोत्साहित करने के लिए प्रोत्साहनों/पुरस्कारों की व्यवस्था की जानी चाहिए। नए मूल्यों को अपनाने वाले और उनका व्यवहार करने वाले कर्मचारियों की पहचान की जानी चाहिए, उनका समर्थन किया जाना चाहिए तथा उन्हें पुरस्कृत किया जाना चाहिए। उदाहरण के लिए, यदि नए मूल्य टीम भावना पर बल देते हैं तो कार्य–निष्पादन में केवल व्यक्तिगत उपलब्धि की अपेक्षा सामूहिक प्रयासों को मजबूत करना जरूरी है।

(ग) चूँकि सांस्कृतिक परिवर्तन के समक्ष प्रमुख विरोध उपसंस्कृतियों से आता है इसलिए मुख्य कार्यकारी के प्रयास संगठन में उनके प्रभाव को कम करने के लिए होने चाहिए।

(घ) सबसे जरूरी बात यह है कि यह नहीं भूलना चाहिए कि संस्कृति वह सब कुछ है जिसका आदान–प्रदान होता है परंतु थोपी नहीं जाती। कर्मचारी की स्वीकार्यता नए मूल्यों के इर्द–गिर्द सहभागिता के माध्यम से प्राप्त की जानी चाहिए।

(ङ) सांस्कृतिक मूल्यों को संप्रेषित करने के लिए मुख्य कार्यकारियों को सकारात्मक भूमिका प्रतिरूपों के तौर पर कार्य करना चाहिए।

(च) कार्य करने के लिए व्यक्ति की प्रेरणा के साथ प्रतिबद्ध कार्यबल (Work Force) विकसित करना चाहिए।

प्रश्न 2. संगठनात्मक संस्कृति के घटक कौन–कौन से है?

[Dec 2008, Q. 10. (क)][June 2010, Q. 8.]

उत्तर– संगठनात्मक संस्कृति के घटक (Components of Organisational Culture)—संगठनात्मक संस्कृति के रूपों को अनेक प्रकार से और विभिन्न जागरूक अथवा अल्प जागरूक स्तरों पर व्यक्त किया जा सकता है तथा उसका अध्ययन किया जा सकता है। इन विभिन्न रूपों को समझना संगठनात्मक परिवर्तन का प्रबंध करने के लिये अत्यावश्यक है। यह इन अभिव्यक्तियों (रूपों) के माध्यम से स्वयं व्यक्त होती है तथा नवीन कर्मचारियों तक पहुँचती है।

रूप—*संगठनात्मक संस्कृति के कुछ सामान्य रूप निम्नलिखित हैं—*

1. **भौतिक शिल्प तथ्य अथवा वस्तुएँ (Physical Artefacts)**—संगठनात्मक

संस्कृति के सर्वाधिक वास्तविक और स्पष्ट रूप भिन्न प्रकार हैं–

(क) भौतिक रूपरेखा और सज्जा,

(ख) सुविधाओं का स्वरूप,

(ग) उपलब्धता और प्रयोग,

(घ) सामान्य उपयोगिताओं का केंद्रीकरण अथवा,

(ङ) विस्तार के निहित अर्थ।

वे मूल्य अथवा विश्वास की प्रतीकात्मक अभिव्यक्ति प्रकट करते हैं जिसे संगठन में लोगों के द्वारा वहन किया जाता है।

2. सांस्कृतिक शिल्प तथ्य अथवा वस्तुएँ (Cultural Artefacts)–सांस्कृतिक शिल्प तथ्य अथवा वस्तुएँ बार–बार घटित होने वाले विषय (Themes) हैं। ये निम्नलिखित में दृष्टिगोचर होते हैं–

(1) संगठन के सदस्यों के व्यवहार में,

(2) वे कैसे बातचीत करते हैं,

(3) वे किस प्रकार कार्य करते हैं।

सांस्कृतिक शिल्प वस्तुएँ (तथ्य) प्रतीकात्मक होती हैं। उनका महत्त्व इस बात में निहित नहीं है कि वे क्या हैं बल्कि इसमें निहित है कि लोगों के लिए उनका महत्त्व क्या है।

उदाहरण–

(क) एक विशिष्ट उद्योग में कार्य प्रातः प्रारंभ हो जाता है और सभी कर्मचारी एकत्र होते हैं और योग करते हैं।

(ख) टिस्को अपने कर्मचारियों को समूहों में पर्वतीय यात्रा पर जाने के लिये प्रोत्साहन देता है।

(ग) ट्रांसपोर्ट कार्पोरेशन ऑफ इंडिया के शाखा और डिपो मैनेजरों के वार्षिक सम्मेलन में मुख्य कार्यकारी अधिकारी उच्च कार्य निष्पादन करने वाले प्रबंधकों को सूट का कपड़ा उपहार स्वरूप देते हैं।

3. भाषा, खास बोली (Jargon) और रूपक (Metaphors)–अधिकांश संगठन सार्वभौमिक संचार (Universal Communication) के साधन के रूप में विशिष्ट शब्दावालियों, वाक्यांशों और परिवर्णी शब्दों (Acronyms) को प्रयुक्त करते हैं। ये भाषायी प्रतीक सदस्यों और गैर–सदस्यों के मध्य अंतर स्पष्ट करते हैं तथा सांस्कृतिक पहचान को सुदृढ़ बनाते हैं।

उदाहरण–

(क) एक संस्था में कार्पोरेट कार्यालय के सदस्यों को नवाब कहा जाता है।

(ख) एक अन्य संस्था में परिवर्णी शब्द 'बिल्कुल समय पर' (Just in Time) का प्रयोग किया गया।

(ग) एक सचिवालय कार्यालय में एक कर्मचारी की अनुपस्थिति अथवा उसकी अनुपलब्धि के

संबंध में आगन्तुकों को प्रत्यक्षत: सूचित नहीं किया गया है। पूछे जाने पर वे सहज रूप से कह देंगे, वह चाय के लिए गया/गई है अथवा वह किसी अन्य कार्यालय गया/गई है।

4. **कहानियाँ, मिथक और अनुभूतियाँ (Stories, Myths and Legends)**— महत्त्वपूर्ण सांस्कृतिक मान्यताएँ, विश्वास, मूल्य और मानक का संप्रेषण सदस्यों को कहानियों, मिथकों और अनुभूतियों के माध्यम से किया जाता है। इनको अधिक स्पष्ट रूप से याद किया, विश्वास किया और पालन किया जाता है।

5. **अनुष्ठान और समारोह (Ceremonies and Celebrations)**—अनुष्ठान और समारोह सावधानीपूर्वक सृजित किए गए सामूहिक व्यवहार हैं। ये किसी संगठन के सांस्कृतिक मूल्यों और मान्यताओं (अवधारणाओं) को सुदृढ़ करने में सहायक हैं।

उदाहरण—

(क) प्रत्येक वर्ष भारतीय लोक प्रशासन संस्थान (Indian Institute of Public Administration) मौलिक मूल्यों का पालन करने हेतु स्थापना दिवस आयोजित करता है।

(ख) अनेक संगठनों के वरिष्ठ प्रबंधक होलीडे रिसोर्ट (अवकाश आरामगाहों) में विचारावेश सत्रों की व्यवस्था करते हैं। वहाँ संगठन के व्यय पर उनके परिवार के सदस्यों को भी आमंत्रित किया जाता है।

(ग) हर वर्ष अनेक विश्वविद्यालय विद्यार्थी दिवस आयोजित करते हैं जहाँ संस्था के साथ पुराने विद्यार्थियों की पहचान और सामूहिक गरिमा को सुदृढ़ किया जाता है।

6. **नित्यचर्या, कार्यविधि और अनुष्ठान (Routines, Rites and Rituals)**— नेमी कार्यों की उन पर पुन: संगठन विचार किए बिना उनकी पुनरावृत्ति करते हैं, जैसे—
   (1) स्टाफ की बैठकें,
   (2) प्रशिक्षण कार्यक्रम,
   (3) कार्य–निष्पादन मूल्यांकन फार्म (Performance Appraisal Forms),
   (4) वरिष्ठों द्वारा किए जाने वाले वार्षिक दौरे आदि।

इनमें प्राय: अधिक समय लगता है। ये अनुष्ठान निम्नलिखित कार्य संपन्न करते हैं—
   (1) सुरक्षा और वैयक्तिक पहचान का बोध प्रदान करने का उद्देश्य पूरा करते हैं,
   (2) सदस्यों को अर्थ प्रदान करते हैं तथा
   (3) नियंत्रण के उपायों के रूप में काम करते हैं।

7. **व्यवहार संबंधी मानक (Behavioural Norms)**— समूहों की कार्यशैली में विभिन्न समय पर होने वाले व्यवहार संबंधी मानक उन अपेक्षाओं के स्वरूप का वर्णन करते हैं जो सदस्यों के व्यवहार में हस्तक्षेप करते हैं।

शमक के अनुसार वे निम्नलिखित होते हैं—

(1) संगठनात्मक व्यवहार के प्रबल स्थायीकारी होते हैं।
(2) समाजीकरण की प्रक्रिया के माध्यम से नए सदस्यों को संप्रेषित होते हैं।

नई संगठनात्मक संस्कृति

8. **साझा विश्वास और मूल्य (Shared Beliefs and Values)**—ये संगठनात्मक वास्तविकता के संबंध में मानसिक चित्र होते हैं। ये सदस्य के व्यवहार को उचित अथवा अनुचित ठहराने के लिए आवश्यक हैं। जैसे यदि संगठन का विश्वास है कि ग्राहकों की संतुष्टि सफलता के लिए अनिवार्य है तो कोई भी व्यवहार जो इस कसौटी (मानदंड) को पूरा करता है, वह स्वीकार्य है, यद्यपि यह व्यवहार स्थापित नियमों और प्रक्रियाओं का उल्लंघन कर सकता है।

9. **आधारभूत मान्यताएँ (अवधारणाएँ)**—ये वे अज्ञात मूल्य और विश्वास हैं जिन्हें संगठन के सदस्य ग्रहण करते हैं। ये कुछ घटनाओं, स्थितियों और व्यवहारों की पुनरावृत्ति के माध्यम से व्यक्त होते हैं।

प्रश्न 3. संगठनात्मक संस्कृति के प्रकारों का वर्णन कीजिए।

उत्तर— *संगठनात्मक संस्कृति के चार विभिन्न प्रकार हैं जो निम्नलिखित हैं—*

(क) तार्किक अथवा विवेकपूर्ण संस्कृति (Rational Culture)—विवेकपूर्ण अथवा तार्किक संस्कृति महत्त्वपूर्ण रूप से नियोजित संगठन के उद्देश्यों/ कार्यनिष्पादन, उत्पादकता और दक्षता पर बल देती है। कर्मचारियों को लक्ष्य–संगत सक्षमताओं और कौशलों की आवश्यकता पड़ती है तथा वे संगठन की निर्णयन प्रक्रियाओं को प्रभावित करते हैं।

जो संगठन प्रतियोगी पर्यावरण का सामना करते हैं जैसे उपभोक्ता उत्पादों, बैंकिंग और वित्तीय सेवाओं आदि का कार्य करते हैं, उनकी प्रायः विवेकपूर्ण संस्कृति होती है।

(ख) विकासात्मक संस्कृति (Developmental Culture)—विकासात्मक संस्कृतियों के नए परिवेश होते हैं जिनका भावी रुझान होता है तथा वे लोगों की संवृद्धि और विकास, विचारों और समाज पर बल देते हैं। संगठन लोगों को सृजनात्मक बनने, विविध परिप्रेक्ष्य विकसित करने और सभी कार्य स्थितियों में जोखिम उठाने के लिए प्रोत्साहित करते हैं। सृजनात्मक विज्ञापन प्रतिष्ठान, सॉफ्टवेयर संगठन और अनुसंधान तथा विकास विभाग विकासात्मक संस्कृतियों को प्रोत्साहित करने के लिए अत्यधिक अनुकूल हैं।

(ग) सहमतिजन्य संस्कृति (Consensual Culture)—ये अत्यधिक टीम–उन्मुखी संस्कृतियाँ हैं। सदस्य खुले, सहज और अनौपचारिक होते हैं तथा प्रभावकारी संबंध बनाते हैं। इस संस्कृति को बनाए रखने के लिए समर्थनकारी और सहभागी नेतृत्व की आवश्यकता होती है। निर्धारित समय सीमा के अंदर उद्देश्यों की उपलब्धि को स्थायी और सौहार्दपूर्ण व्यवस्था को बनाए रखने की अपेक्षा कम महत्त्वपूर्ण समझा जाता है। संगठन जैसे छोटे आकार की परियोजना टीमों, कार्यशालाओं और शैक्षिक संस्थाओं में प्रायः यह संस्कृति होती है।

(घ) पदक्रम संस्कृति (Hierarchical Culture)—यह संस्कृति स्थिर और अपरिवर्तनशील पर्यावरण में होती है जहाँ कार्य स्थापित नियमों, क्रियाविधियों और मानक तकनीकों के माध्यम से किए जाते हैं। नेता नौकरशाही, सतर्क और नियमबद्ध दृष्टिकोण का पालन करते हैं तथा अधिक शक्ति और प्रभाव डालते हैं। इस संस्कृति में जोखिम उठाने के

लिए प्रोत्साहित नहीं किया जाता।

प्रश्न 4. नवीन संगठनात्मक संस्कृति का वर्णन कीजिए।

उत्तर– नवीन संगठनात्मक संस्कृति : अर्थ, सृजनात्मक कारक (New Organisational Culture – Meaning, Creating Factors)– व्यापारिक परिदृश्य के दृष्टिगत लोक संगठन के विकास पर बल दिया गया है जो सुधार के लिए निरंतर सीखने के प्रति वचनबद्धता के अतिरिक्त कार्य निष्पादन–मूलक कार्य संस्कृति की माँग करता है।

सेंगे (1990) के अनुसार अधिनियम संगठन ऐसा स्थल है जहाँ "लोग जैसा चाहते हैं, वैसे परिणाम उत्पन्न करने के लिए अपनी क्षमता का निरंतर विस्तार करते हैं और चिंतन (विचारधारा) के नए प्रतिमान प्रोत्साहित होते हैं, सामूहिक आकांक्षा स्वतंत्र होती है, लोग लगातार जानना चाहते हैं कि एक साथ किस प्रकार सीखा जाता है।"सैकड़ों संस्थाओं में कार्य करने के उपरान्त और अनेक नेताओं के अनुभवों से सीखने के बाद मिलर (1995) ने उच्च कार्य निष्पादनमूलक कार्य संस्कृति की पहचान करने में सफलता प्राप्त की है।

उच्च निष्पादन कार्य संस्कृति की विशेषताएँ (Characteristics of High Performance Work Culture)–इसकी प्रमुख विशेषताएँ निम्नलिखित हैं–

1. संरेखित और लक्षित संगठन (Aligned and Focused Organisation)– मिलर (1995) के अनुसार समकालीन विश्व में संगठनों को परिवर्तित होती हुई परिस्थितियों का प्रत्युत्तर देने के लिए तीव्र गति से अपने संसाधनों की व्यवस्था करने की आवश्यकता है। इसके लिए संगठन के समस्त महत्त्वपूर्ण तत्त्वों का समन्वय आवश्यक है। ऐसा संगठन उच्च निष्पादन की कार्य संस्कृति का एक मानचित्र अथवा मार्ग प्रदान करता है।

2. समन्वित और केंद्रित संगठन (Coordinate and Central Organisation)– यह संगठन अपनी महत्त्वपूर्ण कार्रवाइयों (Initiatives) को निम्नलिखित के साथ जोड़ता है–

(i) अपने उद्देश्य,

(ii) दृष्टिकोण,

(iii) बाह्य पर्यावरण,

(iv) मानव संसाधन प्रणालियाँ,

(v) प्रबंध व्यवहार (Management Practices) और

(vi) संस्कृति।

उपर्युक्त सभी तत्त्व संगठन के उद्देश्य को प्रोत्साहित करने के लिए होते हैं। लक्ष्य और संरेखण (Alignment) इसके समस्त पृथक भागों की अपेक्षा और अधिक उत्पादक प्रणाली के साथ परस्पर संबंधों का सृजन करते हैं।

यद्यपि प्रत्येक कर्मचारी परिवर्तन प्रक्रिया में अपनी–अपनी भूमिका निभाता है, तथापि यूनियन के नेताओं और अन्य औपचारिक नेताओं के समर्थन का भी महत्त्व होता है। खुले ईमानदार संप्रेक्षण के माध्यम से संघर्ष का समाधान संगठनात्मक परिवर्तन का संवर्धन करने में सहायता प्रदान करेगा।

इकाई – 18

नवीन लोक प्रशासन

प्रश्न 1. नवीन (नए) लोक प्रशासन के अभ्युदय और संवृद्धि पर एक नोट प्रस्तुत कीजिए। **[Dec 2008, Q. 7.][Dec 2010, Q. 7.]**

उत्तर– **नवीन लोक प्रशासन अभ्युदय और संवृद्धि–** 1960 का दशक ही उन घटनाओं का प्रारंभ माना जाता है जिनकी वजह से परंपरागत लोक प्रशासन के विषय और व्यवहार में परिवर्तन होना प्रारंभ हुआ। 1960 के दशक के अंत तक अमेरिकी समाज अनेक समस्याओं से ग्रस्त था। इन समस्याओं में वियतनाम युद्ध से निराशा, जनसंख्या वृद्धि, पर्यावरण समस्याएँ, बढ़ते हुए सामाजिक संघर्ष और आर्थिक संकट जिसने बुद्धिजीवियों की युवा पीढ़ी को राजनीतिक प्रशासनिक व्यवस्थाओं की प्रतिक्रिया की प्रभावोत्पादकता (क्षमता) पर प्रश्न करने के लिए प्रेरित किया। प्रशासन में दक्षता और अर्थव्यवस्था के संबंध में गंभीर चिंताएँ व्यक्त की गईं। यह अनुभव किया गया कि अशांत पर्यावरण में उत्पन्न होने वाला असंतोष शासन (Government) में मूल्यों और सार्वजनिक प्रयोजन की वापसी की माँग करता है। मानवीय और मूल्यपरक (Value-oriented) प्रशासन का सुझाव दिया गया। ग्राहकों (सेवार्थियों-Clients) की आवश्यकताओं के प्रति जवाबदेह होने के उद्देश्यों को प्रदान करना और सेवा वितरण (Service Delivery) में सामाजिक समता सुनिश्चित करना जरूरी समझा गया। इस नए चिंतन से नवीन लोक प्रशासन (New Public Administration-NPA) का अभ्युदय हुआ। इसका उद्देश्य लोक प्रशासन के लिए दार्शनिक दृष्टिकोण प्रदान करना था।

1967–68 के दौरान संयुक्त राज्य अमेरिका में लोक प्रशासन को बहुविषयक लोकनीति और सामाजिक समतामूलक बल (महत्त्व) देने के उद्देश्य से अनेक प्रयास किए गए। इस दिशा में महत्त्वपूर्ण घटनाओं में निम्नलिखित शामिल हैं–

(1) लोक सेवा के लिए उच्च शिक्षा पर हनी रिपोर्ट;
(2) लोक प्रशासन के सिद्धांत और व्यवहार पर फिलाडेल्फिया सम्मेलन;
(3) प्रथम मिनोब्रुक सम्मेलन और
(4) द्वितीय मिनोब्रुक सम्मेलन।

लोक प्रशासन संबंधी अमेरिकी समाज (American Society of Public Administration) कुछ समय तक लोक प्रशासन की संवृद्धि था और उसकी अलग पहचान और विश्वविद्यालय द्वारा चलाई जा रही पाठ्यचर्या (Curriculum) में इनके बढ़ते क्षेत्र के बारे में चिंतित था। 1966 में सिराक्यूस विश्वविद्यालय के जॉन हनी (John

Honey) ने संयुक्त राज्य के विश्वविद्यालयों में एक अध्ययन क्षेत्र के रूप मे लोक प्रशासन का मूल्यांकन किया। इस विषय के समक्ष आने वाली कुछ समस्याओं पर प्रकाश डाला गया। इनमें शामिल हैं–

1. विषय (Discipline) के स्तर पर अनिश्चितता और भ्रम;
2. विषय का संवर्धन करने के लिए विश्वविद्यालय विभागों के पास अपर्याप्त निधि (धनराशि);
3. सांस्थानिक कमियाँ (Institutional Shortcomings) और
4. लोक प्रशासन के विद्यार्थियों और प्रचारकों के बीच संप्रेषण (Communication) का अभाव।

इसने लोक प्रशासन में उच्च अध्ययन को प्रोत्साहित करते हुए, सरकार में विभिन्न पदों पर प्रोफेसरों की नियुक्ति के माध्यम से विश्वविद्यालय विभागों और सरकार को जोड़ते हुए सरकार और व्यापार से संसाधनों के सृजन करने के साथ–साथ इस क्षेत्र में नेतृत्व प्रदान करने के लिए लोक सेवा शिक्षा (Public Service Education) पर राष्ट्रीय आयोग स्थापित करने की सिफारिश की।

रिपोर्ट ने इसकी कमियों के बावजूद, सामाजिक जागरूकता उत्पन्न करने में लोक प्रशासन की भूमिका की जाँच करने के लिए आधार प्रस्तुत किया।

प्रश्न 2. प्रथम मिनोब्रुक सम्मेलन में नवीन लोक प्रशासन के लक्ष्य, विरोधी लक्ष्य तथा विशेषताओं का वर्णन कीजिए।

[Dec 2008, Q. 7.][Dec 2010, Q. 10. (b)]

अथवा

"नवीन लोक प्रशासन आंदोलन की उत्पत्ति में प्रथम मिनोब्रुक सम्मेलन सहायक रहा था।" चर्चा कीजिए। [June 2009, Q. 7.]

उत्तर– संयुक्त राज्य अमेरिका में 1960 के दशक की पहचान देश की प्रौद्योगिकीय और सामाजिक समस्याओं का समाधान करने हेतु लोक प्रशासन की योग्यता के संबंध में आशावादी विचार से हुई। विभिन्न संस्थाओं, जैसे–परिवार, गिरजाघर, मीडिया, व्यवसाय और सरकार के प्रति अमेरिकियों की प्रतिबद्धता में होने वाले तीव्र पतन से सामाजिक परिवेश स्पष्ट होता था। यह सब संस्थाओं के प्रति युवा अमेरिकियों में कटुता का कारण था।

इसके अतिरिक्त 1950 और 1960 के दशकों में देश की बढ़ती समृद्धि में काले अमेरिकियों को सहभागिता से वंचित किया गया। उपर्युक्त कतिपय मुद्दे के दृष्टिगत 1968 में साइराकूज विश्वविद्यालय के डेविट वोल्डो ने कुछ प्रमुख मुद्दों की जाँच करने की पहल की। उनका विचार निम्न प्रकार था–

(1) उनके संबंध में विश्लेषण किया जाये जिन्होंने ग्रेट डिप्रेशन, न्यू डील, द्वितीय

विश्वयुद्ध का अनुभव और जिन्होंने 1960 के दशक में इस क्षेत्र में प्रवेश किया था।

(2) लोक प्रशासन और सरकार पर विभिन्न परिप्रेक्ष्यों के निरंतर प्रभाव को आँकने का निश्चय किया गया।

(3) लोक प्रशासन के क्षेत्र मे परिवर्तित परिप्रेक्ष्यों का विश्लेषण किया जाए,

उद्देश्य (Aims)—यह सम्मेलन मिनोब्रुक में हुआ। इसका आयोजन डेविट वोल्डो के मार्गदर्शन में लोक प्रशासन के युवा विद्वानों द्वारा किया गया। इसका उद्देश्य लोक प्रशासन को समाजिक संबंध (Concerns) के प्रति उत्तरदायी बनाने के उपायों की जाँच करना और समाज को सुधारने में परिवर्तन कारक (Change Agent) की भूमिका अपनाना था। नवीन लोक प्रशासन का उदय इस सम्मेलन के विचार विमर्श का परिणाम था।

मुद्दे (Issues)—मिनोब्रुक सम्मेलन में लोक प्रशासन के कतिपय महत्त्वपूर्ण मुद्दों पर प्रकाश डाला गया। ये निम्नलिखित थे।

1. लोक प्रशासकों की पूर्व की धारणा जो निर्धारित निर्णयों के केवल कार्यान्वयनकर्ता (Implementers) थे, अनुभव किया गया कि यह अधिक वैध नहीं रही है। इसके अतिरिक्त लोक प्रशासन के व्यवहार में विभिन्न मूल्य लागू होते हैं, जैसे—
   (i) लोक सेवा की व्यवस्था में आचार—नीति,
   (ii) ईमानदारी और
   (iii) उत्तरदायित्व।
2. मिनोब्रुक के परिप्रेक्ष्य के अनुसार लोगों की आवश्यकताएँ परिवर्तित होने के साथ—साथ सरकारी अभिकरण (Agencies) अपने उद्देश्यों पर अधिक टिके रहते हैं। अतः आवश्यक होने पर सरकारी अभिकरणों की कटौती को बहाल करने की आवश्यकता पड़ती है।
3. उत्तरदायी सरकार को संवृद्धि के अतिरिक्त परिवर्तन के साथ भी चलना पड़ता है।
4. पदक्रम की अवधारणा की क्षमता और उपयोगिता को चुनौती दी जा चुकी है।
5. बहुलवाद (Pluralism) को जनशक्ति (Public Power) के प्रयोग को स्पष्ट करने के लिए एक लाभदायक युक्ति (Device) के रूप में स्वीकार किया जाता है। तथापि यह अनुभव किया जाता है कि इसका लोक प्रशासन के व्यवहार के लिए मानक बनना समाप्त हो चुका है।
6. यह माना गया कि सक्रिय और सहभागी नागरिक वर्ग को लोक प्रशासन का एक अंग बनने की आवश्यकता होती है।
7. कार्यान्वयन ने निर्णयन प्रक्रिया में एक महत्त्वपूर्ण स्थान ग्रहण कर लिया है।
8. लोक प्रशासन के लिए लोक नीति का महत्त्वपूर्ण प्रभाव है।
9. दक्षता और अर्थव्यवस्था के अतिरिक्त नीतियों के कार्यान्वयन में सामाजिक समता

को एक मुख्य उद्देश्य समझना।

इस सम्मेलन में अमेरिकी लोकतंत्र की कार्य प्रणाली में समस्याओं के प्रति संवेदनशील युवा शिक्षाविदों ने भाग लिया। उन्होंने लोक प्रशासन को नवीन महत्त्व प्रदान करने का प्रयास किया।

नवीन लोक प्रशासन के लक्ष्य (Objectives of New Public Administration)— विद्वानों के अनुसार लोक प्रशासन को निम्न छ: प्रमुख लक्ष्यों पर ध्यान देना चाहिए—

1. प्रासंगिकता (Relevance)
2. मूल्य (Values)
3. सामाजिक समता (Social Equity)
4. परिवर्तन (Change)
5. सहभागिता (Participation)
6. ग्राहक उन्मुखीकरण (Client Orientation)

इनका वर्णन निम्नलिखित है—

1. प्रासंगिकता (Relevance)—परंपरागत रूप से दक्षता और अर्थव्यवस्था लोक प्रशासन के मुख्य पक्ष रहे हैं। सम्मेलन में निम्न प्रकार अनुभव किया गया—

(1) विषय को समकालीन मुद्दों और समस्याओं के प्रति प्रासंगिक होने की आवश्यकता है।
(2) विषय में अत्यधिक अभिविन्यास को समाप्त करने की आवश्यकता है।
(3) प्रशासन को प्रशासनिक कार्रवाई के राजनीतिक और प्रशासनिक निहितार्थों (प्रभावों) पर विचार करने की आवश्यकता है।
(4) विषय की पाठ्यचर्या में मूलभूत परिवर्तन की आवश्यकता है ताकि इसे सार्वजनिक जीवन की वास्तविकताओं के लिए अधिक प्रासंगिक बनाया जा सके।

2. मूल्य (Values)—लोक प्रशासन के मूल्य-तटस्थ अभिविन्यास (Value-Neutral Orientation) के संबंध में पूर्व विचार की आलोचना कर उसे अस्वीकार किया गया। सम्मेलन में मूल्यों, न्याय, स्वतंत्रता, समानता और मानव आचार-नीति के मुद्दों के साथ बड़े संबंधों के समर्थन में तर्क दिया गया। यह माना गया कि मूल्यों के प्रति वचनबद्धता विषय को समाज में सुविधावंचित वर्गों के हित का संवर्द्धन करने के लिए सक्षम बनाएगी।

निकोलस हेनरी (1975) का मत है कि दक्षता, प्रभावकारिता (Effectiveness), बजटिंग और प्रशासनिक तकनीकों, जैसी परंपरागत परिघटनाओं की जाँच करने के लिए बल नहीं दिया गया था बल्कि इसके विपरीत नवीन लोक प्रशासन नियामक सिद्धांत (Normative Theory) दर्शन और सक्रियतावाद (Activism) के प्रति अत्यंत सजग था। इसने जो प्रश्न उठाया वह मूल्यों और आचार-नीति से संबंधित था। नवीन लोक प्रशासन का स्वर नैतिक स्वर था—सामाजिक समता, परिवर्तन और ग्राहक उन्मुखीकरण (Client Orientation)।

नवीन लोक प्रशासन

3. सामाजिक समता (Social Equity)—समता में पूर्व विद्यमान सामाजिक अशांति ने इस विश्वास को दृढ़ किया कि सामाजिक समता को प्रशासन का प्राथमिक पक्ष होना चाहिए। सम्मेलन ने वितरणात्मक न्याय (Distributive Justice) के समर्थन में तर्क दिया तथा कहा कि समता को लोक प्रशासन का आधारभूत मुद्दा होना चाहिए।

जॉर्ज फ्रेडेरिक्सन (1971) के मतानुसार जो लोक प्रशासन अल्पसंख्यक वर्गों (Minorities) की वंचना (Deprivation) को दूर करने के लिए परिवर्तनों हेतु कार्य करने में विफल होता है, अंत में अल्पसंख्यकों का दमन करने के लिए प्रयुक्त होता है। नवीन लोक प्रशासन के समर्थक प्रमुख सामाजिक मुद्दों के लिए विषय को सक्रिय बनाने के समर्थक थे।

4. परिवर्तन (Change)—लोक प्रशासन को प्राय: यथास्थिति समझा जाता है। सम्मेलन ने परिवर्तन और नवीनता के माध्यम से इस विषय को अधिक प्रासंगिक और सामाजिक समता के प्रति उन्मुख करने की दिशा में प्रयास किया। प्रशासक को परिवर्तन का कारक समझा जाता था। अत: यह आवश्यक है कि लोक प्रशासन विषय परिवर्तन स्वीकार करता रहे।

5. सहभागिता (Participation)—सम्मेलन ने निम्नलिखित के मामलों में संगठन में समस्त कर्मचारियों द्वारा अत्यधिक सहभागिता का समर्थन किया—

(1) लोक नीति निर्माण,
(2) कार्यान्वयन और
(3) संशोधन

व्यक्तियों और संगठन के बाहर के समूहों से सहभागिता द्वारा लोक प्रशासन को अधिक उत्तरदायी और ग्राहकोन्मुख बनाने का समर्थन किया गया।

6. ग्राहक उन्मुखीकरण—प्रथम मिनोब्रुक सम्मेलन में लोक प्रशासन के एक मुख्य लक्ष्य के रूप में ग्राहक उन्मुखीकरण की पहचान करने में प्रथमोद्योग किया गया। इसने नौकरशाहों की मनोवृत्तियों में परिवर्तन की माँग करते हुए कहा कि उन्हें जन–उन्मुखी होना चाहिए।

मिनोब्रुक सम्मेलन ने ग्राहक उन्मुखीकरण, सामाजिक संवेदनशीलता और मानक मुद्दों का समर्थन करते हुए लोक प्रशासन के स्वरूप में परिवर्तन हेतु महत्त्वपूर्ण योगदान दिया। मानक उपागम (Normative Approach) ने सरकार से निम्नलिखित हेतु आग्रह किया—

(1) आर्थिक और सामाजिक विषमताओं को कम करने का उद्देश्य अपनाने का।
(2) समाज में प्रत्येक के लिए जीवन की सुविधाएँ बढ़ाने का।

नवीन लोक प्रशासन के विरोधी लक्ष्य (Contradictory Objectives of New Public Administration)— रोबर्ट गोलेमबिवस्की (Robert Golembiewski) ने निम्नलिखित तीन प्रति (विरोधी) लक्ष्यों अथवा परिस्थितियों की पहचान की, जिन्हें नवीन लोक प्रशासन को त्याग देना चाहिए—

1. प्रत्यक्षवाद विरोध (Anti-positivism)—प्रत्यक्षवाद से तात्पर्य है कि तथ्यों के संबंध में पूर्ण निश्चित नहीं होते। यह प्रशासन को और अधिक कठोर बनाता है। नवीन लोक

प्रशासन आंदोलन ने प्रशासन में कठोरताओं को कम करने पर बल दिया ताकि लोक प्रशासन अनुकूल, ग्रहणशील और समस्या–समाधान करने वाला बनाया जा सके।

2. प्रौद्योगिकी विरोध (Anti-technology)–इसका अर्थ है कि अर्थव्यवस्था और दक्षता के परंपरागत लक्ष्यों को प्राप्त करने हेतु मानव को मशीन का पहिया (पुर्जा) नहीं समझा जाना चाहिए।

3. प्रति–पदक्रम विरोध (Anti-hierarchy)–पदक्रम संगठनात्मक सिद्धांत के रूप में निम्नलिखित कार्य करता है–

(1) नौकरशाही को प्रोत्साहित करता है।

(2) कठोरता लाता है।

(3) सृजनशीलता, नवीनता को समाप्त करता है तथा

(4) प्रशासन को चतुर्दिक पर्यावरण से पृथक करता है।

अतः नवीन लोक प्रशासन के विद्वानों ने उन पदक्रम संबंधी संरचनाओं की आलोचना की जिनका लोक प्रशासन द्वारा परंपरागत रूप से प्रचार किया गया था।

नवीन लोक प्रशासन की विशेषताएँ (Characteristics of New Public Administration)–जॉर्ज फ्रेडेरिक्सन ने नवीन लोक प्रशासन की निम्नलिखित प्रमुख विशेषताओं का उल्लेख किया है–

1. संरचनात्मक परिवर्तन (Structural Changes)–नवीन लोक प्रशासन से अपेक्षा की जाती है कि वह प्रासंगिक स्थिति और पर्यावरण की आवश्यकताओं के अनुरूप विभिन्न संगठनात्मक संरचनाओं के साथ प्रयोग करेगा। नागरिक अंतःक्रिया (Interaction) को सुविधाजनक बनाने के लिए छोटे विकेंद्रीकृत (Decentralized) लचीले पदक्रम आवश्यक हैं।

2. बहुविषयक परिप्रेक्ष्य पर बल (Emphasis on Multidisciplinary Perspective)– लोक प्रशासन पर एक ही विचारधारा का नहीं बल्कि ज्ञान की अनेक धाराओं का भी प्रभाव पड़ता है। अतः राजनीतिक, प्रबंधन, मानव संबंधों सहित विभिन्न उपागमों की जानकारी इसकी संवृद्धि से योगदान करने के लिए आवश्यक है।

3. परिवर्तन और उत्तरदायित्व (Change and Responsiveness)–सामाजिक, राजनीतिक और आर्थिक तथा प्रौद्योगिकीय पर्यावरणों में परिवर्तन होता रहता है। प्रशासन से इस बात की अपेक्षा की जाती है कि वह पर्यावरण में आंतरिक और बाह्य रूप से आवश्यक और उपयुक्त परिवर्तन लाए। प्रशासन के कार्य संचालन में आवश्यक लचीलापन और अनुकूलता स्थापित करना आवश्यक है।

4. तार्किकता (Rationality)–तार्किकता से सरकार के दृष्टिकोण के साथ–साथ नागरिकों के परिप्रेक्ष्य से भी प्रशासकों की क्षमता का आकलन होता है।

इस सम्मेलन में निम्नलिखित महत्त्वपूर्ण विषयों पर चर्चा हुई–

(1) प्रासंगिकता और प्रति–प्रत्यक्षवाद, (2) विषय का राज्य के साथ असंतोष,

(3) आचार नीति प्रेरणा (Motivation), (4) सुधारे हुए मानव संबंध,
(5) ग्राहक-केंद्रित उत्तरदायिता तथा (6) सामाजिक समता।

प्रश्न 3. मिनोब्रुक सम्मेलन के प्रमुख महत्त्वपूर्ण क्षेत्रों की समीक्षा कीजिए।
[Dec 2009, Q. 10. (a)]

उत्तर— द्वितीय मिनोब्रुक सम्मेलन बीस वर्ष के अंतराल के उपरांत आयोजित हुआ। यह सम्मेलन सितम्बर 1988 को हुआ और इसमें लोक प्रशासन के 68 विद्वानों और प्रचारकों (विशेषज्ञों) तथा अन्य विषयों, जैसे-इतिहास अर्थशास्त्र, राजनीतिक विज्ञान, मनोविज्ञान आदि के विशेषज्ञों ने भाग लिया।

समकालीन परिस्थितियाँ (Contemporary Situations)—सम्मेलन का आयोजन निम्नलिखित के दृष्टिगत किया गया—

(1) राज्य और सरकार की परिवर्तित होती भूमिका,
(2) अधिक निजीकरण,
(3) संविदाकारी (Contracting out) और
(4) शासन, प्रक्रिया में गैर-सरकारी अभिकरणों (Actors) की बढ़ती हुई भूमिका।

प्रथम मिनोब्रुक सम्मेलन का आयोजन 1960 के दशक में हुआ था। उस काल की पहचान निम्नलिखित से हुई—

(1) जन प्रयोजन (Public Purpose),
(2) वियतनाम युद्ध
(3) शहरी दंगे और
(4) परिसर अशांति, सभी संस्थाओं विशेषकर सरकार के प्रति कटुता बढ़ी, पर निजीकरण की विचारधारा और निजी हित के संबंध के कारण 1980 के दशक में परिदृश्य पूर्णतः भिन्न था।

प्रयास (Efforts)—मिनोब्रुक द्वितीय सम्मेलन का उद्देश्य लोक प्रशासन के परिवर्तित युगों की तुलना करना और सुधार करना था। इसके लिए 1960 के दशक के सैद्धांतिक और अनुसंधान परिप्रेक्ष्यों के साथ 1980 के दशक के सैद्धांतिक और अनुसंधान परिप्रेक्ष्यों तथा सरकारी और अन्य सार्वजनिक कार्यों के संचालन के उनके प्रभावों की तुलना के माध्यम से करने की दिशा में प्रयास किया गया।

1968 से ही अमेरिकी लोक प्रशासन के संदर्भ में महत्त्वपूर्ण परिवर्तन होता रहा है। निम्नलिखित कारणों से अमेरिकी जनता में कम शासन (सरकार) के प्रति सामान्य वरीयता रही है—

(1) राज्य के स्वरूप में परिवर्तन,
(2) शासन पर बल,
(3) निजीकरण,
(4) संविदा के कारण।

सरकार की सही उत्तरदायिता के नए तरीके नहीं खोजे गए हैं। इसमें विशेषकर शहरी क्षेत्रों में निर्धनता के अधिक स्तर जुड़ गए हैं।

लोक प्रशासन के विषय में महत्त्वपूर्ण परिवर्तन हुए। 1960 के दशक से ही संयुक्त राज्य अमेरिका में लोग प्रशासन प्रदान करने वाले अनेक विश्वविद्यालयों के साथ इसका क्षेत्र विस्तृत हुआ। 1960 के दशक की अपेक्षा यह अधिक अंतर्विषयक हो गया है जबकि यह पहले विज्ञान का एक भाग था।

(1) इस सम्मेलन ने विविध क्षेत्रों, जैसे–विज्ञान, अर्थशास्त्र शहरी अध्ययन के अनेक प्रतिभागियों को आकृष्ट किया।

(2) इसमें व्यापक विषयों पर विवेचना करने का प्रयास किया गया। उदाहरणार्थ, आचार शास्त्र सामाजिक समता, मानव संबंध आदि जिससे बौद्धिक हितों (रुचियों) में निरंतरता सुनिश्चित की जा सके।

(3) परिवर्तित परिवेश के कारण कुछ नए महत्त्वपूर्ण क्षेत्र, जैसे–नेतृत्व, प्रौद्योगिकी नीति, कानूनी और आर्थिक परिप्रेक्ष्यों को भी विचार–विमर्श में स्थान प्राप्त हुआ।

(4) सम्मेलन ने समाज को सुदृढ़ करने के लिए एक साधन के रूप में सरकार की आवश्यकता पर बल दिया गया।

(5) लोक प्रशासन के परिवर्तित परिदृश्य में उभरते हुए भविष्य की समस्याओं पर नियंत्रण करने की अपनी क्षमता को पुनर्जीवित शुरू करना था। एक ओर, लोक प्रशासन के सिद्धांत और व्यवहार के मध्य तथा दूसरी ओर विद्वानों एवं प्रशासकों के मध्य संबंधों को सुदृढ़ करने और स्थापित करने की आवश्यकता पर बल दिया गया।

प्रमुख महत्त्वपूर्ण क्षेत्र (Important Fields)—द्वितीय मिनोब्रुक सम्मेलन में ग्यारह विषय उभरकर सामने आये। प्रथम पाँच विषयों ने एक ऐतिहासिक परिप्रेक्ष्य प्रदान किया। इसका लक्ष्य उद्देश्य द्वितीय मिनोब्रुक सम्मेलन में वार्ता की तुलना प्रथम मिनोब्रुक सम्मेलन से करना था। अंतिम पाँच विषयों में विषय के विद्यमान और भावी दृष्टिकोणों पर बल था। इसका वर्णन निम्नलिखित है–

(1) यद्यपि प्रथम मिनोब्रुक सम्मेलन में सामाजिक समता महत्त्वपूर्ण विषय था, तथापि यह अनुभव किया गया कि वर्तमान समय में यह 1968 की अपेक्षा वास्तविकता के अधिक निकट है।

(2) लोकतांत्रिक मूल्यों के संबंध में सुदृढ़ सरोकार (विचार) व्यक्त किये गये और उन्हें प्रोत्साहित करने में लोक प्रशासन की केंद्रीयता (Centrality) पर बल दिया गया। यह विचार लोक प्रशासन में आचार नीति, उत्तरदायित्व और नेतृत्व पर बल दिए जाने में व्यक्त किया गया।

(3) मानक और व्यवहारवादी (Behaviourist) परिप्रेक्ष्यों के मध्य बहस कम नहीं हुई है।

(4) समाज में और कार्य बल (Work Force) में विविधता को भागीदारों के मध्य

आधारभूत मूल्य के रूप में स्वीकार किया गया। विविधता को तीन मुख्य परिप्रेक्ष्यों में पहचाना गया—

(i) सामान्यज्ञ (Generalists) बनाम विशेषज्ञ (Specialists)
(ii) जातीय (Ethic) और
(iii) लिंग विविधता (Gender Diversity)

तथापि जो वास्तविकता विजातीयता (Heterogeneity) लाती है उसकी ओर तथा संघर्ष समाधान कार्यनीतियों (Conflict Resolution Strategies), मध्यस्थ कौशलों (Arbitration Skills) और मूल्य स्पष्टीकरण (Value Clarification) पर आवश्यक ध्यान नहीं दिया गया।

(5) सम्मेलन में वार्ता से जो मूल आधार उभरकर आए उन्हें अल्पकालिक लक्ष्यों की प्रकृति का माना गया। यह अनुभव किया गया कि जिस पर्यावरण में लोक प्रशासन को काम करना चाहिए वह इतना जटिल है कि सार्थक दीर्घकालिक दृष्टिकोण न तो उचित है और न ही यह संभव है।

(6) वार्ताओं ने "एक व्यावसायिक नृजाति केंद्रीयता (Enthrocentricity) की व्यापकता अथवा संकीर्णता का आभास दिया जो यह बताता है कि एक क्षेत्र (Field) के रूप में लोक प्रशासन अंतर्विषयक मुद्दों के साथ अधिक संबद्ध नहीं है।

(7) एक उद्यम के रूप में व्यवसाय के प्रति एक प्रबल नकारात्मक दृष्टिकोण था। विचार-विमर्शों ने पूँजीवाद और व्यवसाय की तिरस्कारपूर्ण स्वीकार्यता प्रदर्शित की। यह अनुभव किया गया कि लोक प्रशासन की चुनौतियों में से एक चुनौती व्यवसाय और सार्वजनिक क्षेत्र जो समाज को कुछ प्रदान करते हैं, उनकी अपेक्षा समाज की 'दरारों' (Seams) पर नियंत्रण करना है।

(8) लोक कार्मिकों की बाधाओं (नियंत्रणों) के साथ अशांति दृष्टिगोचर होती थी। नवीन कार्मिक व्यवहारों की आवश्यकता अनुभव की गई ताकि कर्मचारियों के लिए श्रेष्ठतम किया जा सके और उच्च उत्पादकता सुदृढ़ की जा सके।

(9) प्रौद्योगिकीय मुद्दों पर ध्यान न देने की इच्छा स्पष्ट दृष्टिगोचर होती थी। यद्यपि कुछ निम्नलिखित क्षेत्र विषयों का अंग थे—

(i) कृत्रिम प्रज्ञान (Artificial Intelligence),
(ii) अभिकल्प विज्ञान (Design Science),
(iii) विशेषज्ञ प्रणालियाँ (Specialists Techniques) आदि।

(10) सरकार को क्या करना चाहिए अर्थात् अपने कार्यों के प्रति उसकी अनिच्छा स्पष्ट थी। उन वार्ताओं के बावजूद जो नीति कार्यसूचियों (Policy Agendas) पर नियंत्रण करने वाले प्रशासनों की अनिवार्यता पर बल देते हैं। राजनीति और प्रशासन के मध्य विभाजन अब भी विद्यमान था।

प्रमुख मुद्दे (Main Issues)—द्वितीय मिनोब्रुक सम्मेलन की वार्तायें निम्न प्रकार कुछ मुख्य बातों पर प्रकाश डालती हैं—

1. परिवर्तित स्वरूप—अमेरिकी लोक प्रशासन का स्वरूप परिवर्तित है। अनेक समस्याओं का सरकार को सामना करना पड़ रहा है, जैसे—

(1) एड्स
(2) नाभिकीय अपशिष्ट,
(3) बजट व्यापार घाटा आदि।

अतः जिस पर्यावरण में प्रशासक कार्य करता है वह पूर्व की अपेक्षा बहुत अधिक जटिल हो गया है। यह सब उन्हें सुविधा, वार्ता, बहस पर और अधिक निर्भर बनाता है। लोक प्रशासन विचारधाराओं की इस संदर्भ में मुख्य भूमिका है। पाठ्यचर्या का संशोधन किया जाना अनिवार्य है। इससे सामाजिक और राजनीतिक संदर्भ पर प्रकाश डाला जा सकेगा और अंतःवैयक्तिक कौशलों और तकनीकों पर बल दिया जा सकेगा। सम्मेलन के सहभागियों ने मत व्यक्त किया कि इससे लोक प्रशासन के सिद्धांत का विकास करने के लिए एक सुदृढ़ मामला बनता है।

2. लोकतंत्र पर बल—दूसरी अवधारणा ने प्रशासनों पर बल दिया कि उन्हें निम्न प्रकार कार्य करना चाहिये—

(i) लोकतंत्र की आवश्यकताओं को दृष्टिगत रखना चाहिए।
(ii) अपने कर्त्तव्यों के निर्वाह में लोकतांत्रिक प्रक्रिया पर आधारित पद्धतियों का प्रयोग करना चाहिए। इसे आवश्यक समझने के प्रमुख कारण निम्नलिखित थे—
(क) प्रतिनिधिक सरकार (Representative Government) द्वारा अपनी क्षमता की पूर्ति के लिए लोक अधिकारियों द्वारा सकारात्मक कार्रवाई की आवश्यकता और
(ख) लोकतंत्र को प्रोत्साहन देने के लिए मूल दायित्व जो कि लोक सेवा की एक नैतिक अपेक्षा है।

3. जनता की आवश्यकताओं पर बल—द्वितीय मिनोब्रुक सम्मेलन में प्रमुख बल विद्यमान समय में जनता की आवश्यकताओं और उनके सुधार में उपयोग किए जाने वाले संसाधनों के मध्य असंतुलन को ठीक करने पर था। इन परिस्थितियों में प्रशासक की भूमिका के महत्त्व में वृद्धि के लिए यह अनुभव किया गया कि नौकरशाही बातचीत (संवाद) से अधिक संबद्ध है और इसमें सर्वसम्मति की आवश्यकता पड़ती है। अमेरिकी शासन प्रणाली के प्रकाश में, लोकतंत्र को अपने कार्य में लोकतांत्रिक पद्धतियों का सजगतापूर्वक उपयोग करना आवश्यक है। लोक प्रशासकों के द्वारा कर्त्तव्य निष्पादन करने में अधिक सक्रिय रहने की आवश्यकता है। इसके अतिरिक्त, लोक प्रशासन में खुलापन और जन सहभागिता को प्रोत्साहन दिया जाना चाहिए।

विशेषताएँ (Characteristics)—विचारकों के अनुसार दूसरे सम्मेलन के द्वारा निम्नलिखित महत्त्वपूर्ण क्षेत्रों पर बल देने से इसकी प्रमुख विशेषताओं का पता चलता है—

1. **निकट भविष्य पर बल**—इसने मौलिक (उग्र) बनने के प्रयास किये बिना ही अपने दृष्टिकोणों को निकट भविष्य के लिए स्थापित किया। इस तथ्य को मौन स्वीकृति दी गई थी कि लोक प्रशासन का पर्यावरण बहुत अधिक जटिल है और समस्याएँ अधिक हैं। इस प्रकार एक सार्थक, दीर्घकालीन दृष्टिकोण उचित और व्यवहारिक नहीं है।
2. **बौद्धिक संकीर्णता को प्रकट करना**—लोक प्रशासन विषय के विद्वान जोकि अन्य विषयों के प्रति अपने दायित्व के संबंध में जानते हैं, उन्होंने बौद्धिक संकीर्णता को प्रकट किया। सामान्य प्रतिमान विषय की पहचान को समाप्त करना न होकर विषय का पुनर्निर्माण करने की इच्छा थी।
3. **नकारात्मक दृष्टिकोण के परित्याग पर बल**—"निजीकरण" को चुपचाप स्वीकार कर लेना यह व्यवसाय के प्रति नकारात्मक दृष्टिकोण के परित्याग पर बल होगा। द्वितीय मिनोब्रुक सम्मेलन का विश्वव्यापी दृष्टिकोण पूँजीवाद और लोकतंत्र के मध्य अधिक तनाव के संदर्भ में व्यक्त किया गया, जिसका परिणाम विकृत लोकतंत्र के काम करने वाली विकृत पूँजीपति अर्थव्यवस्था का असाधारण रूप था। इसके विपरीत लोक प्रशासन को श्रेष्ठतम व्यवस्था पर निर्भर रहना चाहिए जो निम्न प्रकार कार्य करता है—

    (i) व्यवसाय प्रदान करता है।

    (ii) गैर–लाभ वाला सार्वजनिक क्षेत्र प्रदान करता है।
4. **लोक कार्मिक**—व्यवहारों की संवीक्षा की गई तथा निम्नलिखित की आवश्यकता पर चर्चा की गई—

    (i) समय आधारित कर्मचारियों को किराए पर लेने के लिए प्रबंधकों की विद्यमान अयोग्यता को दूर करना।

    (ii) सर्वोत्तम कर्मचारियों को पदोन्नत करना।

    (iii) उच्च उत्पादकता को प्रोत्साहित करना।
5. **प्रौद्योगिकीय मुद्दों के समाधान में रुचि का अभाव**—सहयोगी सामंजस्यता पर प्रौद्योगिकीय मुद्दों के समाधान में रुचि नहीं ले रहे थे। यह कहा गया कि "प्रौद्योगिकी गर्व करने की बजाय दोषपूर्ण थी।" लोकनीति में सुधार करने हेतु आवश्यक साधन के रूप में प्रौद्योगिकी को अपनाने में सामान्य अरुचि थी।
6. **सरकारों के द्वारा शिथिलता**—सरकार ने विशेष कार्य नहीं किए, जो उसे करने चाहिए थे। निष्कर्ष शिथिलता द्वितीय मिनोब्रुक सम्मेलन ने परिवर्तित परिदृश्य में लोक प्रशासन के सिद्धांत और व्यवहार की जाँच करने का प्रयास किया। इसने व्यवसाय और सार्वजनिक क्षेत्र के मध्य संतुलन करने का प्रयास किया। विषय का पुनः निर्माण करना और इसकी पहचान समाप्त न करना प्रयास रहा है।

□□

इकाई – 19

सार्वजनिक विकल्प का परिप्रेक्ष्य

प्रश्न 1. तार्किकता और क्रियापद्धति व्यक्तिवाद की अवधारणाओं को स्पष्ट कीजिए। [June 2008, Q. 10. (ख)]

उत्तर– *लोक चयन उपागम का प्रयोग राजनीति और प्रशासन के क्षेत्र में होता है, उनके अभिप्रेरणों और कार्यवाईयों के बारे में मूल रूप से भिन्न दृष्टिकोण हैं–*

क्रियापद्धति व्यक्तिवाद और तार्किकता–लोक चयन की क्रियापद्धति में दो संबंधित तत्त्व हैं। पहला तत्त्व क्रियापद्धति–व्यक्तिवाद है। क्रियापद्धति व्यक्तिवाद समाज को एक अवयव (Organism) के रूप में स्वीकार है कि जब सामूहिक पहचानों अथवा समूहों का अध्ययन करते हैं तो व्यक्ति को विश्लेषण की इकाई होना चाहिए अर्थात् निर्णयन (Decision-making) की बुनियादी इकाई होना चाहिए और उसकी इकाई जिसके लिए निर्णय किया जाता है। समूह, संगठन अथवा समाज व्यक्तियों के अतिरिक्त कुछ नहीं हैं क्योंकि व्यक्तियों से समूह, संगठन अथवा समाज बनता है। जबकि अनेक अन्य उपागम समूह–निर्णयन की बात करते हैं, लोक चयन उपागम समूह स्तर पर निर्णयन की वैधता अस्वीकार करता है। इस उपागम का मानना है कि समाज का व्यवस्थित दृष्टिकोण सही नहीं है और यह वास्तव में भ्रामक है।

आर्थिक क्रियापद्धति का यह दूसरा तत्त्व पहले तत्त्व के साथ निकटता से जुड़ा है, जो तार्किक चयन (Rational Choice) है। तार्किक चयन "प्रसन्नता–पीड़ा कलन के मापन" (Measuring Pleasure-pain Calculus) के गुण का केवल आधुनिक उपयोग है जिन्हें क्लासिकीय दार्शनिकों के अनुसार लोग अनुसरण करते हैं। इसमें मानव व्यवहार का एक पहलू अर्थात् विशिष्ट पर्यावरणों में निर्णयन निहित है। मूल विचार यह है कि दबावों और बाधाओं को देखते हुए जिनका वे सामना करते हैं, उनके आधार पर लोग जो कर सकते हैं, अच्छे से अच्छा करने का प्रयास करते हैं। कल्पना की जाती है कि लोग वरीयता के क्रम में विकल्पों को व्यवस्थित करने और सर्वाधिक चयनित विकल्प को चुनने और अपने चयनों में सुसंगत होने में योग्य हैं। इसका अर्थ यह नहीं है कि लोग स्वार्थी हैं अथवा वे अन्य लोगों के बारे में नहीं जानते हैं। यह मानव प्रयास के सभी क्षेत्रों में चाहे वह आर्थिक, राजनीतिक अथवा सामाजिक क्षेत्र हो, सही है। राजनीति पर लागू बुनियादी अर्थ जिसे लोक चयन सिद्धांतवादी मानते हैं कि वह यह है कि राजनीति का 'जनहित' के दृष्टिकोण से विश्लेषण नहीं करना चाहिए बल्कि "व्यक्तिगत लाभ को अधिकतम करने वाले" दृष्टिकोण से विश्लेषण करना चाहिए। राजनीतिक क्षेत्र में सभी भागीदार–राजनेता नौकरशाह, मतदाता और दावेदार अपने–अपने लाभों को अधिक से अधिक करने के लिए कार्य करते हैं।

प्रश्न 2. राज्य और राजनीति के लोक चयन के बुनियादी तत्त्वों की व्याख्या कीजिए। **[June 2009, Q. 10. (a)]**

उत्तर– *राज्य और राजनीति के लोक चयन उपागम के बुनियादी तत्त्वों का वर्णन इस प्रकार है–*

राज्य का स्वरूप और उत्पत्ति (Nature and Origin of State)–वर्तमान में लोक चयन यह जानकारी देने के अतिरिक्त सार्वजनिक निर्णयन (Public Decision-Making) सामूहिक निर्णयन प्रक्रिया का मार्गदर्शन करते हैं। ये संवैधानिक नियम हैं जो राजनीतिक क्रियाकलाप आरंभ करने से पहले निर्मित किये जाते हैं। लोक चयन सिद्धांतवादी राज्य और समाज के व्यवस्थित दृष्टिकोण के विरुद्ध तर्क देते हैं। उनके अनुसार समाज व्यक्तियों का समूह है जो इसे बनाते हैं। इसी प्रकार, राज्य एक सजातीय व्यवस्थित पहचान न होकर राजनेताओं, प्रशासकों और अन्य अधिकारियों तथा कार्मिकों का समूह है।

समाज विज्ञानियों को चाहिए कि उस संरचना का अवलोकन करें जिसके अंतर्गत राजनीतिक निर्णय लिये जाते हैं। निश्चित नियमों के अंतर्गत वैकल्पिक आर्थिक नीतियों के प्रभाव पर दृष्टिपात करने से पूर्व समाज विज्ञानियों को राज्य और राजनीतिक उपकरणों की संरचना का विश्लेषण करना चाहिए।

सर्वप्रथम व्यक्ति और राज्य के मध्य संबंध का अन्वेषण करें और देखें कि लोग सहयोग किस कारण करते हैं तथा समाज में विनिमय (आदान–प्रदान) में क्यों संलग्न होते हैं। आर्थिक नीति के 'संविधान' का अवलोकन करें। लोक चयन सिद्धांतवादी राजनीति के विनिमय मॉडल पर बल देते हैं परंतु विनिमय में परिणाम की अपेक्षा प्रक्रिया पर बल दिया जाना चाहिए। इस प्रकार का कोई बाह्य प्राधिकार नहीं है जो परिणाम को देखें कि यह सक्षम है। इससे समाज के संविदात्मकवादी दृष्टिकोण (Contractarionist View) की उत्पत्ति होती है।

लोक चयन सिद्धांतवादियों ने सामूहिक चयन पर विचार व्यक्त करते हुए बताया कि समाजों में सामूहिक निर्णय किस प्रकार लिए जाते हैं–

(1) लोग प्रायः अपनी रणनीतियों को कुछ संभावित लाभ प्राप्त करने अथवा इस पर बल देते हैं।

(2) कुछ उद्देश्यों को पूरा करने हेतु समन्वित करने की आवश्यकता अनुभव करते हैं।

मेक्कर ओल्सन ने सर्वप्रथम यह जानकारी देने का प्रयास किया कि सामूहिक अथवा कार्रवाई अत्यंत सफल न होने की संभावना उस समय अधिक होती है जब समूह का आकार बड़ा हो। सार्वजनिक हित एक सार्वजनिक वस्तु है जिसका लोग निःशुल्क प्रयोग करेंगे अर्थात् बिना कोई कीमत दिए लाभ प्राप्त करने का प्रयास करेंगे। समूह जितना बड़ा होगा, व्यक्ति को उतना ही कम लाभ मिलेगा। अतः उद्देश्य की विशेष पूर्ति के लिए अपेक्षित किसी व्यक्ति की समूह कार्यकलाप में भाग लेने की संभावना कम होती है। समूह जितना छोटा होता है, उतना ही समूह कार्यकलाप सफल होने की अधिक संभावना होती है। लोक चयन सिद्धांतवादी विचारकों का मत है कि अनेक क्षेत्रों में सार्वजनिक हित पर विशेष समूहों का खतरा रहता है।

अनेक मामलों में लॉबियाँ और दबाव समूह संगठित होकर आर्थिक सहायता प्राप्त करने के लिए राजनीतिक प्रक्रिया का प्रयोग करते हैं जो सामाजिक दृष्टिकोण से कार्यकुशल नहीं होतीं और जिसकी कीमत असंगठित लोगों को चुकानी पड़ती है। सार्वजनिक हित समूह और लॉबियाँ होने पर परिणाम अनुचित होने के साथ–साथ अनुकूल नहीं होता। सार्वजनिक हित सार्वजनिक कल्याण (वस्तु) है और यह स्वाभाविक है कि निजी रूप से उत्पादित वस्तु की कम आपूर्ति होगी।

सामाजिक चयन और मतदान (Social Choice and Election)—लोक चयन पद्धति का एक मुख्य आधार मतदाताओं के लिए प्रोत्साहन की कमी है जिससे वे सरकार पर प्रभावी ढंग से निगरानी नहीं रख पाते। एंथनी डाउन्स ने अपनी पूर्व की लोक चयन की एक पुस्तक, 'एन इकॉनामिक थ्योरी ऑफ डेमोक्रेसी' (An Economic Theory of Democracy) में उल्लेख किया है कि मतदाता राजनीतिक मुद्दों के प्रति अनजान हैं, तथापि व्यक्ति का मत चुनाव का निर्णय करता है इस प्रकार सोच–समझकर वोट डालने का प्रत्यक्ष प्रभाव प्रायः नगण्य होता है। मतदाता के पास वास्तव में चुनाव के परिणाम को निर्धारित करने का कोई अवसर नहीं होता। अतः मुद्दों का अनुसरण करना मतदाता के लिए वैयक्तिक रूप से उचित नहीं है। उन्होंने इस दावे के समर्थन में प्रमाण प्रस्तुत किया है कि जनमत अभिगणना (Public Opinion Polls) से यह स्पष्ट है कि कुल मतदान आयु के आधे से भी कम अमेरिकी अपने कांग्रेस के प्रतिनिधि का नाम ले सकते हैं।

लोक चयन के अर्थशास्त्री यह मत प्रस्तुत करते हैं कि अनजान रहने का यह प्रोत्साहन निजी क्षेत्र में अत्यल्प मिलता है। कोई व्यक्ति जिस वाहन को चुनता है, वह उस वाहन के संबंध में पूरी तरह जानना चाहता है। क्योंकि वाहन को खरीदने वाले व्यक्ति का चयन (पसंद) निर्णय पर आधारित है उसने जो पसंद किया है, वह उसका मूल्य देता/देती है।

यदि चयन बुद्धिमत्तापूर्ण है तो क्रेता को लाभ होगा। यदि चयन बुद्धिमत्तापूर्ण नहीं है तो क्रेता को हानि सहन करनी होगी। मतदान में इस प्रकार के प्रत्यक्ष परिणाम का अभाव होता है। अतः अधिकांश मतदाता उन लोगों की स्थितियों के संबंध में नहीं जानते जिनके लिए वे मतदान करते हैं। कुछ अधिक प्रचारित मुद्दों के सिवाय उन पर ध्यान नहीं देते जो विधायी निकाय (Legislature Bodies) करते हैं। जब वे ध्यान देते भी हैं तो उन्हें मुद्दों को समझने के लिए जिस आधारभूत ज्ञान और विश्लेषणात्मक कौशल की आवश्यकता पड़ती है, जिन्हें प्राप्त करने के लिए उनके पास अत्यल्प प्रोत्साहन होता है। लोक चयन सिद्धांतवादियों ने मतदान सिद्धांत में भी अपना योगदान इस प्रकार दिया है—

(1) वरीयता (Single-peaked preference)।
(2) मध्य मतदाता परिकल्पना (Median Voter Hypothesis)।
(3) मत व्यापार (Vote Trading)।
(4) रणनीतिक (Strategic)।
(5) गलत मतदान (Insincere Voting) आदि।

सार्वजनिक विकल्प का परिप्रेक्ष्य

प्रश्न 3. ब्यूरो के कार्य-संचालन के बारे में लोक चयन सिद्धांत शास्त्रियों के विचारों पर एक टिप्पणी दीजिए। [Dec 2009, Q. 10. (b)]

उत्तर— ब्यूरो सार्वजनिक वस्तुएँ और सेवाएँ प्रदान करने की गतिविधि में संलग्न है। ऐसा नौकरशाही की भूमिका और कार्यों की जानकारी के संबंध में कह सकते हैं, क्योंकि नौकरशाही द्वारा प्रदान की जाने वाली वस्तुएँ और सेवाएँ बेची नहीं जाती हैं, इसलिए राजनीतिक प्रक्रिया बाजार प्रक्रिया का स्थान ले लेती है। लोक चयन उपागम की धारणा है कि यद्यपि राजनीतिक प्रक्रिया की संरचना बाजार-आधारित अंत:क्रिया की प्रक्रिया से पूरी तरह अलग है फिर भी राजनीतिक क्षेत्र में अभिकर्ताओं (Actors) के अभिप्रेरण और व्यवहार बाजार स्थल में अभिकर्ताओं के अत्यंत समान हैं। दूसरे शब्दों में व्यापारियों, उद्यमियों और आपूर्तिकर्ताओं का व्यवहार स्वहित द्वारा अभिप्रेरित होता है जबकि नौकरशाहों, प्रशासकों और राजनेताओं का व्यवहार जनहित द्वारा अभिप्रेरित होता है जोकि गलत है।

नौकरशाही पर लोक चयन साहित्य का विशेष कार्य निस्केनन (Niskanen) (1971) ने किया है। इस कार्य में बाद में लोक चयन परिप्रेक्ष्य से नौकरशाही पर अनेक योगदान किए गए। निस्केनन सिद्धांत एक विनिमय प्रतिमान में निहित है। यह बजट के लिए उत्पादन के विनिमय व्यक्तिगत ब्यूरो और सरकार के बीच की बात करता है। जो प्रासंगिक है वह यह भी है कि ब्यूरो में कार्य किस प्रकार आयोजित किया जाता है। निस्केनन अपने सिद्धांत को उस ढाँचे में निर्मित करता है जिसे अर्थशास्त्री एकाधिकार अथवा वह स्थिति बताते हैं जहाँ उत्पाद का एकमात्र विक्रेता, उत्पाद के एकमात्र क्रेता का सामना कर रहा होता है। परिणामस्वरूप, दोनों के पास पर्याप्त शक्ति, नियंत्रण और सौदेबाजी की क्षमता है। उसके मॉडल में, सरकार ही नौकरशाही सेवाओं की एकमात्र क्रेता होती है न कि आम जनता। ब्यूरो ही अपनी सेवाओं की विक्रेता होती है और सरकार ही ब्यूरो के 'उत्पादन' की एकमात्र क्रेता होती है। उत्पादन का यह विनिमय बजट के लिए होता है न कि प्रति इकाई मूल्य के लिए होता है। यहाँ पर निस्केनन इस सूत्र (रचना) का तार्किक चयन संबंधी पहलू प्रस्तुत करता है। किसी भी तार्किक चयन मॉडल में, अभिकर्ताओं से कुछ व्यवहारपरक कार्य की आशा की जाती है। इस मॉडल में नौकरशाहों से उनके बजट को अधिकतम करने की अपेक्षा की जाती है। क्रेता की तरफ, सरकार का व्यवहार और वरीयता प्रातिनिधिक सरकार और बहुसंख्यक नियमों के उन परंपरागत मॉडलों से उत्पन्न होते हैं जो लोक चयन साहित्य में पहले से ही मौजूद थे। बाद के शोध पत्र में निस्केनन (1975) ने एक और बुनियादी अधिकतमीकरण प्रयास जोड़ दिया जो बजट अधिकतमीकरण को रेखांकित करता है। नौकरशाहों को उपयोगिता को अधिकतम करने वाला दर्शाया जाता है और उनकी उपयोगिता अपेक्षित पारिश्रमिक, संरक्षण, स्वविवेक की शक्ति, प्रबंधन की सुगमता और वैचारिक कारकों पर निर्भर करती है। टुलोक (1965) और डाउन्स (1967) ने इन कुछ बिंदुओं की ओर अप्रत्यक्ष संकेत किया था।

बाद में डनलीवी (Dunleavy) ने निस्केनन मॉडल का विस्तार किया जिसे ब्यूरो का आकार देने वाला मॉडल (Bureau Shaping Model) कहा हाता है। बुनियादी विस्तार यह है कि उच्च पद के नौकरशाह बजट के अधिकतमीकरण पर बल देने के बजाए गैर–आर्थिक लाभों पर अधिक बल देते हैं जैसा कि निस्केनन ने विचार व्यक्त किया था। इस प्रकार नौकरशाह अपने ब्यूरो को इस तरह आकार देते हैं जो उनकी गैर–आर्थिक शक्ति और स्तर को बढ़ाते हैं। अतः निजी क्षेत्र की तुलना में लोक नौकरशाहियाँ सार्वजनिक और धन संबंधी लाभों पर अधिक दबाव (नियंत्रण) देती हैं।

प्रश्न 4. राजनीतिक अर्थव्यवस्था और राजनीति के आर्थिक विश्लेषण से आप क्या समझते हैं।

उत्तर– लोक चयन का उपागम विशेष क्रियापद्धति पर आधारित है। यह राजनीतिक प्रक्रियाओं और संस्थाओं का अध्ययन करने के लिए अर्थशास्त्र की अवधारणाओं और विश्लेषणात्मक उपागमों को लागू करने का प्रयास करता है। इसका अर्थ यह नहीं लगाना चाहिए कि आर्थिक घटनाएँ अथवा शक्तियाँ या प्रक्रियाएँ राजनीतिक घटनाओं और कार्यकलापों को प्रभावित करती हैं बल्कि ये सार्वजनिक क्षेत्र में क्रियापद्धति और राजनीतिक प्रक्रिया और निर्णयन का अध्ययन करने के लिए अर्थशास्त्र के साधनों का उल्लेख करती हैं। लोक चयन प्रक्रियाओं का अध्ययन करता है जिनके द्वारा लोग राजनीतिक क्षेत्र में वरीयताएँ और चयनों का उल्लेख करते हैं। इसका आग्रह है कि समाजविज्ञानी जो राजनीतिक और नौकरशाही गतिविधियों का अध्ययन करते हैं, उन्हें यह नहीं सोचना चाहिए कि राजनेता और नौकरशाह उपकार के कारण कार्य करते हैं या उनके दिमाग में 'सार्वजनिक हित' रहता है। बल्कि जब राजनेता और नौकरशाह निर्णय लेते हैं अथवा कार्रवाई करते हैं तो उनके दिमागों में स्वहित सबसे ऊपर होता है। राजनेता वही कार्रवाई करने की सोचते हैं जिनमें उन्हें दुबारा चुने जाने अथवा चुनाव के लिए पार्टी टिकट लेने में मदद मिलती है। इसी प्रकार, एक नौकरशाह जब कार्रवाई करता है तो वह अपने भविष्य के लिए पदोन्नति अथवा अपने स्तर में वृद्धि प्राप्त करना चाहता है। लोक चयन के अनुसार हम राजनेताओं और नौकरशाहों के अभिप्रेरणों की किसी भी कल्पना प्रधान धारणा को छोड़ देते हैं और एक यथार्थवादी दृष्टिकोण अपनाते हैं।

आर्थिक उपागम का प्रयोग करके राजनीति का विश्लेषण करने में बुनियादी विचार है–व्यक्ति के बजाय श्रेणी के रूप में समूह के अध्ययन अर्थहीन हैं और विवेकपूर्ण चयन परिप्रेक्ष्य की बजाय सार्वजनिक हित का प्रयोग करके राजनीतिक अध्ययन भ्रामक है।

सरकार दो अर्थों में आर्थिक संस्थान है। यह एक ऐसा उपकरण है जिसके माध्यम से लोग कुछ उद्देश्यों को पूरा करते हैं। दूसरे, यह व्यक्तियों में सौदेबाजी और आदान–प्रदान के परिणामस्वरूप उत्पन्न होती है। सरकारें न केवल विनिमय प्रक्रिया के लिए पक्षकार (Parties) हैं बल्कि विनिमय प्रक्रिया का परिणाम भी हैं।

सरकार करार पर आधारित सामूहिक चयन का उत्पाद (प्रतिफल) है, जो सामाजिक वांछनीयता (Social Desirability) का संकेत है। लोक चयन सिद्धांतवादियों के अनुसार, अर्थशास्त्रियों को अधिकतम उपागम (Maximisation Approach), संसाधन आवंटन और न्यूनता के प्रतिमान (Paradigm) से दूर रहना चाहिए और विनिमय प्रतिफल पर बल देना चाहिए। लोक चयन सिद्धांतवादी इस 'विनिमय' प्रतिमान को राजनीतिक अथवा लोक चयन नीति के क्षेत्र तक विस्तार करना चाहते हैं।

इसका अर्थ है कि 'अर्थव्यवस्था' और 'राज्यव्यवस्था' के बीच छोर धुँधले हो जाते हैं। एक बार यह उपागम अपनाने के बाद, राजनीतिक निर्णयन करने वाली संस्थाओं का उसी प्रकार विश्लेषण किया जा सकता है जिस प्रकार आर्थिक संस्थाओं का किया जाता है, जैसा कि एडम स्मिथ ने बताया है कि यह दावा वस्तु-विनिमय करने वाला और विनिमय अथवा व्यावसायिक लेन-देन तक सीमित नहीं है बल्कि मानव अंत:क्रिया के लगभग सभी क्षेत्रों में मौजूद है। इस प्रकार राजनीति का यह दृष्टिकोण लोक चयन राजनीति को विनिमय के रूप में लेता है।

एक मानव सिद्धांत जो विनिमय प्रतिमान से निकला है वह यह है कि यदि वह स्वैच्छिक विनिमय जिसमें सहमति निहित होती है, यदि उसके लिए दबाव दिया जाता है तो सहमति प्रदान करने वाले व्यक्तियों में स्वैच्छिक विनिमय को वरीयता दी जानी चाहिए। यही कारण है कि लोक चयन सिद्धांतवादी बाजार संबंधों के मुखर समर्थक हैं। आदर्श रूप में बाजार न केवल एक दक्ष आर्थिक संस्था है जो संवृद्धि और समृद्धि को बढ़ाता है बल्कि स्वैच्छिक विनिमय प्रक्रिया है जो बाजार का आधार है और किसी भी क्षेत्र में मानव स्वतंत्रता का सबसे अच्छी तरह आश्वासन प्रदान करती है तथा बल प्रयोग से बचाव करती है।

प्रश्न 5. बाजार और सरकार की असफलता पर एक नोट प्रस्तुत कीजिए।

उत्तर— **बाजार और सरकार की असफलता (Failure of Market and Government)**—लोक चयन ने मानक अर्थव्यवस्था की अनेक अवधारणाओं को लोक चयन विश्लेषण से प्रयुक्त किया है। *यह निम्नलिखित हैं—*

(क) कुछ अवधारणाओं को पूरा किया जाता है।

(ख) लोग एक-दूसरे के साथ स्वैच्छिक विनिमय में प्रवेश करते हैं।

(ग) प्रत्येक व्यक्ति स्वतंत्रतापूर्वक अपना निजी हित साधता है और वह सुनिश्चित करता है कि प्रतियोगी बाजार संसाधनों का आवंटन के लिए सर्वाधिक दक्ष संस्थाएँ हैं।

इस प्रकार पैरेटो की आशावादिता की स्थिति प्राप्त हो जाएगी, जिसका अर्थ है कि किसी को भी बेहतर नहीं बनाया जा सकता जब तक उसी समय में किसी अन्य को बुरा न बना दिया जाये। यह कथन अर्थशास्त्री और समाजशास्त्री विल्फ्रेडो पैरेटो (Vilfredo Pareto) का है। कीमत प्रणाली (Price System) संसाधन आवंटन को दृष्टिगत रखेगी। प्रतियोगिता की

अवधारणा जब मानक अर्थशास्त्र में प्रतियोगी बाजारों की बात करती है तो वह स्थिति इस प्रकार की स्थिति है, जहाँ –

(i) कोई उत्पादक और कोई उपभोक्ता बाजार पर नियंत्रण कर पाने में सफल नहीं होता।

(ii) न ही वह इसे संचालित कर पाता है।

(iii) प्रतियोगिता इतनी गंभीर होती है कि मूल्य निर्धारित करने में किसी के पास ऐसी शक्ति नहीं होती जो कि व्यक्ति अथवा संस्था के लिए अतिरिक्त लाभ की गारंटी हो।

हर व्यक्ति एक समान वस्तुएँ अथवा सेवाएँ बेचता है और विक्रेता सरलतापूर्वक बाजार में प्रवेश कर सकते हैं अथवा उसे छोड़ सकते हैं।

पूर्ण प्रतियोगिता का तात्पर्य उस स्थिति से है जहाँ विरोधात्मक रूप से कोई प्रतिस्पर्द्धा नहीं है। प्रत्येक व्यक्ति के पास समान शक्ति है (अथवा उसकी कमी है), "बड़े व्यापार" का यहाँ अभाव होता है।

इस प्रकार की पूर्ण प्रतियोगिता में सार्वजनिक माल विद्यमान नहीं होता, इसे वर्धमान प्रतिफल अनुमाप (Increasing Returns to Scale) की अनुपस्थिति तथा बाह्यताओं के अभाव को परंपरागत रूप से एक ऐसा मामला मानते हैं, जहाँ बाजार कुशलतापूर्वक कार्य करते हैं तथा इन दशाओं से किसी भी प्रकार हटने को बाजार की असफलता कहते हैं। इस प्रकार बाजार सफलता के लिए सैद्धांतिक शर्तें कठोर हैं तथा वास्तविक दुनिया में बहुत कम पाई जाती हैं। बाजार की असफलता के मामले सर्वव्यापक होंगे। इस प्रकार जब सार्वजनिक वस्तुएँ उपलब्ध होती हैं अथवा समाधिकारवादी दशाएँ विद्यमान होती हैं तब बाजार की असफलता की स्थितियाँ उत्पन्न होती हैं। कालांतर में इस प्रकार की स्थितियाँ बाजार में जब विभिन्न अभिकारकों के पास बाजार मापकों (Market Parameteres) के संबंध में असमान जानकारी होती है अथवा अपूर्ण जानकारी होती है तब बाजार असफलता की स्थितियाँ उत्पन्न होती हैं। नव-क्लासिकी अर्थव्यवस्था की योजना में सरकार कानूनी ढाँचे और संपदा अधिकारों को बनाए रखने के अतिरिक्त एक भूमिका निभाती है।

लोक चयन सिद्धांतवादियों तथा कतिपय अन्य अर्थशास्त्रियों का यह तर्क है कि बाजार असफलता का अर्थ यह नहीं है कि सरकार आर्थिक उत्पादन और व्यवस्था में भाग लेने का एक अच्छा कार्य करेगी। इससे सरकार के हस्तक्षेप का मामला स्वयं नहीं बनता—

(क) संभव है कि सरकार व्यवस्था में अकुशल हो,

(ख) वह अधिक खर्च करे,

(ग) वह लागत सीमाओं पर ध्यान न दे।

सरकार भी असफल हो सकती है। वह स्थिति जहाँ सरकार व्यवस्था में अकुशलता प्रदर्शित करती है, वह स्थिति सरकार की असफलता होती है। सरकार की असफलता का मामला यह नहीं बताता कि सरकारें सहज रूप से खराब होती हैं और बाजार सहज रूप से अच्छे होते हैं। इसके विपरीत इसका अर्थ है कि उन दशाओं को स्वीकार करना जिनके

अंतर्गत कहा जाता है कि बाजार असफल हो गए हैं। यह गांरटी नहीं है कि वास्तविक विश्व की सरकार अधिक दक्ष होगी अथवा स्वतः ही सामाजिक कल्याण में वृद्धि करेगी। सरकार की असफलता का सिद्धांत कुछ आदर्श अथवा इनके सैद्धांतिक निरूपण के स्थान पर वास्तविक सरकारों और अधिकारियों पर ध्यान केंद्रित करने के लिए लोक चयन सिद्धांतवादियों के निरंतर दिए जाने वाले तर्क का एक भाग है। लोक चयन सिद्धांतवादियों के निरंतर दिए जाने वाले तर्क का एक भाग है। लोक चयन सिद्धांतवादियों से इस कथन के लिए कि सरकारें स्वतः ही सर्वाधिक दक्ष और कल्याण करने वाली नीतियों को क्रियान्वित करेंगी, मुख्य धारा के अर्थशास्त्रियों की आलोचना की है। लोक चयन सिद्धांतवादी उन राजनेताओं द्वारा निहित स्वार्थों की पूर्ति करने के संदर्भ में सरकार की असफलता को बताते हैं जो किरायाजीवी नौकरशाहों द्वारा चुनाव जीतने और पुनः चुने जाने का प्रयास करते हैं।

डंकन ब्लैक का योगदान (Contribution of Duncan Blake)—लोक चयन उपागम की उत्पत्ति का श्रेय डंकन ब्लैक को प्राप्त है जिन्होंने समूह निर्णय के तर्काधार का अन्वेषण किया। लोक चयन सिद्धांत ने राजनीतिक प्रक्रियाओं और संस्थाओं के लिए तार्किक चयन उपागम प्रस्तुत करने पर बल दिया। लोक चयन का संबंध व्यापक रूप से लोक वित्त से है। इसका परंपरागत लोक वित्त के प्रतिक्रिया के रूप में उदय हुआ। जैम्स मैकगिल बुचानन ने दो महत्त्वपूर्ण शोध पत्रों में माना कि राजनीतिक क्षेत्र में निर्णय (सामूहिक निर्णयन) उस प्रकार के नहीं हैं, जैसे—आर्थिक निर्णय (बाजार में व्यक्तिगत निर्णयन हैं)।

डाउन्स का योगदान (Contribution of Downs)—डाउन्स (1957) ने सार्वजनिक वस्तुओं की आपूर्ति का अध्ययन किया। डाउन्स ने राजनीतिक प्रतियोगिता का सिद्धांत प्रस्तुत किया है जहाँ राजनेता व्यापारिक प्रतिष्ठानों द्वारा अधिकतम लाभ के अनुरूप मतों को अधिकतम करने का प्रयास करते हैं। उन्होंने ब्रिटिश संसदीय प्रकार के विपरीत लोकतांत्रिक संस्थाओं का विश्लेषण किया।

अन्य विचारकों का मत—अन्य विचारकों का मत इस प्रकार है—

(क) 1962 में विलियम रिकर ने राजनीतिक गठबंधनों का सिद्धांत प्रस्तुत किया।

(ख) 1962 में जैम्स बुचानन और गोर्डन टुलोक ने अपनी पुस्तक 'कैल्कुलस ऑफ कंसेंट' (Calculus of Consent) का प्रकाशन किया जो लोक चयन साहित्य में सर्वाधिक प्रभावशाली रचना थी। इसमें संविधानों के विश्लेषण के समस्त तत्त्वों को निर्धारित करने के साथ बहुमत के शासन के स्वरूप का वर्णन किया गया है।

(ग) ओल्सन ने अपनी रचना 'दि लॉजिक ऑफ कलेक्टिव एक्शन' 1965 में प्रकाशित की। इसमें ओल्सन ने मुफ्तखोरी की समस्या का वर्णन किया है। मुख्य बात यह है कि समूह जितना बड़ा होगा, सामूहिक कार्यवाई करना उतना ही दुष्कर होगा। प्रोत्साहन समस्या के समाधान हेतु छोटे समूह बेहतर होते हैं।

इकाई – 20

समीक्षात्मक सिद्धांत की प्रासंगिकता

प्रश्न 1. समीक्षात्मक सिद्धांत की विशेषताओं की चर्चा कीजिए।

उत्तर– समीक्षात्मक सिद्धांत ने धार्मिक और सरकारी प्राधिकार (Authority) त्यागने के लिए विज्ञान, तर्क और आत्मनिर्णय का प्रयोग किया। समीक्षात्मक सिद्धांत की प्रमुख तीन विशेषताएँ इस प्रकार हैं–

1. अंतर्विरोध
2. द्वंद्वात्मक पद्धति
3. परिवर्तन

समीक्षात्मक सिद्धांतों का कार्य इस पर विचार करना है कि सामाजिक व्यवस्थाएँ कालांतर में, कैसी हैं और वे कैसी हो सकती हैं। इन विचारों के बीच अंतःनिर्मित तनावों या अंतर्विरोधों के कारण बदलते हैं। इस प्रकार का प्रत्येक सर्वांगी अंतर्विरोध स्वाभाविक है और उस आधारभूत संरचना में संशोधन किए बिना या "त्याग किए" बिना हल नहीं हो सकती है जिसमें यह होता है। समीक्षात्मक सिद्धांत विचारों और सैद्धांतिक स्थितियों तथा उनके सामाजिक परिवेश के बीच दर्शाता है और इस प्रकार सामाजिक प्रक्रियाओं में उनके मूल आधार पर विचारों को प्रासंगिक बनाने या ऐतिहासिक रूप देने का प्रयास करता है। यथापूर्व स्थिति के विकल्पों का ज्ञान अर्जित करने की प्रक्रिया और रचनात्मक परिवर्तन प्रोत्साहित करना द्वंद्वात्मक पद्धति है।

फ्रैंकफर्ट सिद्धांतवादियों ने इस कारण पर बल दिया और शब्द को निश्चित अर्थ दिया। कारण, महत्त्वपूर्ण क्षमता जो अधिक प्रकटन, अधिक गहरी, वास्तविकता की खोज, अंतर्विरोध, तथ्यों, लोगों और स्थितियों की अंतर्विरोधात्मक प्रतिकूलताओं की जानकारी से परे गया है, जिससे वे कालांतर की परिस्थितियों में फेर–बदल कर सकते हैं।

यद्यपि समीक्षात्मक सिद्धांतवादियों का मत है कि प्रभुत्व और नियंत्रण की प्रणालियों के समर्थन के कारण प्रयुक्त किया गया है, कुछ यह भी सोचते हैं कि लोग भिन्न भविष्य की कल्पना करने के लिए कारण का प्रयोग कर सकते हैं। समीक्षात्मक सिद्धांतवादी जो "स्पष्टीकरण (प्रबोधन) का द्वन्द्ववाद समझते हैं, समकालीन सहायक तर्कसंगति का सामना करने के रूप में समीक्षात्मक कारण का पुनर्निर्माण करने का प्रयास कर सकते हैं।" व्यवहार में समीक्षात्मक कारण में बेहतर भविष्य की कल्पना करने के लिए कल्पना और फैन्टेसी का प्रयोग अंतर्निहित है। समीक्षात्मक सिद्धांतवादी अधिक मानवीय स्वतंत्रता और मनुष्यों का आत्म निर्धारण (Self-determination) का प्रयोग करने की अनुमति दे सकते हैं।

प्रश्न 2. "आज के युग में, लोक प्रशासन में समीक्षात्मक सिद्धांत की अपेक्षाकृत अधिक प्रासंगिकता है।" चर्चा कीजिए। **[June 2010, Q. 9.]**

उत्तर— लोक प्रशासन अनिश्चित सीमाओं के ज्ञान का क्षेत्र है। दार्शनिक और व्यावहारिक विधा के रूप में समीक्षात्मक सिद्धांत के विकास ने सामान्य रूप में समाज विज्ञानों को बहुत अधिक और लोक प्रशासन को विशेष रूप से प्रभावित किया है, इसमें लोक संगठनों के मानवीकरण पर बल दिया गया है। यह **फ्रैंकफर्ट** विचार पद्धति का वेबेरियन उत्तर काल है। सभी आधुनिकोत्तर लोक प्रशासन सिद्धांतों ने संगठनों की औपचारिक संरचनाओं की अपेक्षा संगठन में लोगों को महत्त्व दिया है। उन्होंने संगठनों के व्यक्तिपरक तथा अंतःव्यक्तिपरक पहलुओं और उनके कार्यों को भी महत्त्व दिया है।

समीक्षात्मक सिद्धांत ऐसा संप्रत्ययीकरण और पद्धति के लिए मार्ग प्रदान करता है, जो लोक प्रशासन का मूल्य–आधारित, मानकीय स्वरूप स्वीकार करता है। लोक व्यावसायिक जो वर्तमान लोक पद्धतियों और लघुकृत असमानता तथा दमन के साथ भविष्य के अंतर्विरोध की कल्पना करते हैं, सामाजिक परिवर्तन उत्पन्न करने की कार्रवाई करने के लिए मार्गनिर्देशन के रूप में समीक्षात्मक सिद्धांत प्रयोग कर सकते हैं।

जुर्गेन हेबेरमस (Jurgen Habermas) का संचार सिद्धांत आज लोक प्रशासन में समीक्षात्मक सिद्धांत का सबसे अधिक आमतौर पर प्रयुक्त आरूप है। सामाजिक परिवर्तन के लिए समीक्षात्मक उपाय के रूप में अविकृत संचार का विचार लोक प्रशासन में महत्त्वपूर्ण रहा है। **राबर्ट डेनहार्ड्ट (Robert Denhardt)** सुझाव देता है कि संगठनात्मक सिद्धांत के लिए समीक्षात्मक दृष्टिकोण लोक प्रशासन में उपयोगी होगा। डेनहार्ड्ट ने हेगेल मार्क्स से फ्रैंकफर्ट सिद्धांतवादियों पर समीक्षात्मक सिद्धांत की समीक्षा की, परंतु हेबेरमस पर ही ध्यान केंद्रित किया।

समीक्षात्मक सिद्धांत पर्याप्त समानता और लोकतंत्र के प्रति नैतिक प्रेरणा प्रदान करता है। समीक्षात्मक सिद्धांत के पास लोक प्रशासन के क्षेत्र को देने के लिए काफी कुछ है। समीक्षात्मक सिद्धांत का अभिप्राय जागरूकता उत्पन्न करना है ताकि सिद्धांत और पद्धति एक हो। लोक प्रशासन और संबद्ध क्षेत्रों में कई लेखों और पुस्तकों ने समीक्षात्मक तत्त्वों के साथ अवधारणाएँ प्रयुक्त की हैं, यद्यपि वे समीक्षात्मक सिद्धांत पर स्पष्ट रूप से निर्मित नहीं हैं।

वेबर की भाँति हेबेरमस लोक नौकरशाही की संक्रिया के माध्यम से आधुनिक राज्य तकनीकी दक्षता की प्रधानता का उल्लेख करता है। जैसा कि समाज का निरंतर नौकरशाहीकरण होता जा रहा है, सामाजिक शक्ति और स्वनिर्णय नौकरशाही के हाथों में केंद्रित होनी शुरू हो जाती है। तथापि लोक नौकरशाही की फैलती हुई भूमिका का उसकी सार्वजनिक स्वीकृति से मेल नहीं खाती है। नौकरशाही की आलोचना निरंतर बढ़ रही है। इसकी छवि जनता से विमुख आत्मृलाधा शक्ति के रूप में होती जा रही है। जनता विरले ही उन पर विश्वास कर सकती है। सार्वजनिक हित और नौकरशाही के हित कई स्थानों में आमने–सामने हो जाते हैं।

अति नौकरशाहीकरण की प्रवृत्ति से नौकरशाही की सामाजिक भूमिका के बारे में चिंता उत्पन्न होती है जिसकी आलोचनात्मक परिप्रेक्ष्य से जाँच की जा सकती है। लोक प्रशासन का समीक्षात्मक सिद्धांत संचार के निर्बाध प्रवाह और पदानुक्रमिक संबंधों में स्वाभाविक अंतर्विरोधों की उपस्थिति के आधार पर प्रशासन के नौकरशाहीकरण से मुक्ति और लोकतंत्रीकरण द्वारा नौकरशाही की तकनीकी प्रशासनिक प्रभुत्व का दमघोंटू प्रभाव बदलने पर बल देता है।

नानाविधि प्रकार की प्रबंधन संरचनाओं और शैलियों के बावजूद सामान्य मान्यता यह रही है कि प्रबंधन मूलतः स्वरूप में तकनीकी है जिसका मुख्य उद्देश्य मनुष्यों और सामग्रियों का परिचालन कर व्यावहार्य परिणाम उत्पन्न करना है।

समीक्षात्मक दृष्टिकोण संचार के उस अविकृत पैटर्न (Distorted Patterns) पर ध्यान केन्द्रित कर सकता है जो आंतरिक और बाह्य संबंधों दोनों के आधार पर इस समय के संगठनों की विशेषताओं का चित्रण कर सकता है।

जहाँ तक संगठन–ग्राहक संबंध का मामला है, हस्तांतरण, संगठन अविश्वास तथा नौकरशाही के कार्यकरण के प्रति अवसरिक विद्वेष का रूप ग्रहण करता है। संगठन ग्राहक को भार के रूप में देखने लगता है और इसके बदले में ग्राहक संगठन को असहयोगपूर्ण देखता है। ऐसी स्थिति में, संगठनात्मक डिजाइन और संक्रिया लोकतांत्रिक सार्वजनिक सेवा के बुनियादी प्रयोजनों का विरोध करता है। समीक्षात्मक सिद्धांत प्रबंधन की भिन्न शैली का सुझाव दे सकता है। लोक संगठन के समीक्षात्मक सिद्धांत का मुख्य बल उन अशक्तताओं का पता लगाकर उसी प्रकार के सामाजिक संबंधों के लोकतंत्रीकरण के प्रति वचनबद्धता है जिसने सामाजिक और राजनीतिक क्षेत्रों में व्यक्तियों की वास्तविक आवश्यकताओं को ऊपर लाने से रोका है। समीक्षात्मक सामाजिक सिद्धांत का वैचारिक ढाँचा भविष्य के लिए बेहतर विकल्पों की कल्पना करने में भी उपयोगी है। समीक्षात्मक सिद्धांत का लोक प्रशासन में सीमित चर्चा और अनुप्रयोग है। यह एकआयामी समाज में इसलिए हो सकता है, क्योंकि लोग संभावित विकल्पों से अनजान हो गए हैं या वे अंतर्विरोध नहीं देखना चाहते हैं, क्योंकि यह अस्त–व्यस्त करने वाला हो सकता है या वे यह सोचते हैं कि यथापूर्व स्थिति को चुनौती देना खतरनाक हो सकता है।

□□

इकाई – 21

नया सार्वजनिक प्रबंधन परिप्रेक्ष्य

प्रश्न 1. लोक प्रशासन के नवीन लोक प्रबंधन परिप्रेक्ष्य की व्याख्या कीजिए।

[Dec 2009, Q. 8.]

उत्तर– नवीन लोक प्रबंधन परिप्रेक्ष्य में लोक प्रशासन के बल ने निरंतर लोकहित को प्रोत्साहित किया है और नागरिकों को समानता, प्रतिक्रियाशील और प्रतिनिधित्व आश्वस्त किया है। लोक प्रशासन पर भूमंडलीकरण का प्रभाव सार्थक, महत्त्वपूर्ण और प्रबल परिवर्तन, प्रबंध विन्यास सहित लोक प्रशासन पुनः अविष्कारशील रहा है। 1980 के दशक के प्रारंभ से नौकरशाही पर निर्भरता कम करने, व्यय की वृद्धि में कटौती करने और सार्वजनिक सेवाएँ देने के नए रास्ते तलाशने के लिए प्रशासन के समाने गंभीर चुनौतियाँ आई। नवीन लोक प्रबंधन परिप्रेक्ष्य नागरिकों के लिए बाजार क्रियाविधि के साथ सेवाएँ संगठित करने तथा वितरित करने के लिए सुधार उपायों का सेट निर्धारित करता है। 1980 के दशक के प्रारंभ से ही सार्वजनिक क्षेत्र और नौकरशाही पर व्यापक हमले हुए हैं, क्योंकि सभी जगह सरकारों ने दुर्लभ संसाधनों का उपभोग करना आरंभ किया। सरकार का विस्तार बहुत से क्षेत्रों में हुआ, जो निजी क्षेत्र में भी हो सकता है। विभिन्न कारकों की पराकाष्ठा (Culmination) से भी नवीन लोक प्रबंधन परिप्रेक्ष्य का आविर्भाव हुआ। इनमें शामिल है–

(क) सरकारी व्यय में वृद्धि–1970 के दशक और 1980 के दशक के दौरान बहुत से देशों में सरकारी व्यय में बहुत अधिक वृद्धि से अपव्यय, कुप्रबंध, सरकारी कार्यों में भ्रष्टाचार और अक्षमता के साथ बढ़ता हुआ ऋण प्रकाश में आया। घटिया आर्थिक निष्पादन के साथ सरकारी व्यय में वृद्धि से विशाल, नौकरशाही की आवश्यकता पर प्रश्न उठाए गए। इसलिए, बढ़ते हुए सरकारी व्यय और स्टाफ के आधार पर सरकार की बढ़ोतरी को धीमा करने तथा उलटने के प्रयास आरंभ किए गए। इससे निजीकरण और कुछ कार्यों के निजीकरण और केंद्रीय सरकारी संस्थाओं से हटने की दिशा में परिवर्तन का मार्ग प्रशस्त हुआ।

(ख) नव–उदारवाद का प्रभाव–1980 के दशक और 1990 के दशक के दौरान नव–उदारवादी (Neo-liberal) राजनीतिक विचारधारा का सशक्त प्रभाव हुआ है। नव–उदारवाद ने राज्य की तुलना में बाजार शक्ति की प्रबल उपस्थिति का अधिक पक्ष लिया। दक्षता, बाजार, प्रतिस्पर्धा, उपभोक्ता रुचि आदि जैसी अवधारणाओं को प्रधानता मिली। नव–उदारवाद ने कल्याणकारी राज्य व्यवस्था की पुनःवापसी, व्यक्तिगत स्वतंत्रता का अधिकतमीकरण (Maximizing) और एक समान परिणाम प्राप्त करने वाली बाजार

क्रियाविधि को प्रोत्साहन का समर्थन किया। सरकार द्वारा असंयमित मुक्त बाजार, माल और धन का निर्बाध प्रवाह सुकर करने के लिए बाधाओं की समाप्ति और निजीकरण आर्थिक वृद्धि के लिए महत्त्वपूर्ण उपाय समझे गए हैं। तब विद्यमान परिदृश्य (Prevailing Scenario) ने सरकार द्वारा प्रतिक्रमण का समर्थन किया और इससे हुए रिक्त स्थान को निजी क्षेत्र द्वारा भरा जाना है। राज्य से बाजारों के दक्ष (Efficient) परिचालन (Functioning) को बढ़ावा देने की आशा की गई थी।

(ग) नए अधिकार दर्शन का प्रभाव—इंग्लैंड और संयुक्त राज्य अमेरिका में भी 1970 के दशक में प्रचारित नए अधिकार दर्शन (New Right Philosophy) ने संसाधनों के अधिक सक्षम आबंटन के रूप में बाजारों का समर्थन किया। राज्य पर अत्यधिक निर्भरता (Excessive Reliance) को उपयुक्त नहीं समझा गया और उसने उसके लिए कम भूमिका का प्रचार किया और आत्म निर्भरता का विकल्प लिया। बाजारों को आर्थिक समृद्धि और रोजगार पैदा करने में प्रमुख निभाने वाला समझा गया।

(घ) लोक रुचि का दृष्टिकोण—लोक रुचि दृष्टिकोण का नवीन लोक प्रबंधन परिप्रेक्ष्य के विकास पर मुख्य प्रभाव था। टुलॉक (Tullock), निस्केनन (Niskanen), बुचानन (Buchanan) जैसे अर्थशास्त्रियों ने इसे प्रस्तुत किया और उनके दृष्टिकोण का केंद्रीय सिद्धांत यह है कि सभी मानवीय व्यवहार "स्वार्थ" द्वारा नियंत्रित होते हैं। मनुष्य को उपयोगिकता का अधिकतमीकरण कर्त्ता माना जाता है जो किसी भी कार्य या निर्णय से शुद्ध लाभ बढ़ाना चाहता है। मतदाता, राजनीतिज्ञ और नौकरशाह स्वार्थ द्वारा अभिप्रेरित समझे जाते हैं। इस विचार से बाजार शक्तियों के लिए सरकार की प्रतिसंवेदना (Sensitive) का नया क्षेत्र उत्पन्न हो सकता है, जिसका अभिप्राय प्रतिस्पर्धा और दक्षता की अवधारणाओं के अनुसार सरकार का पुनःरूपण करना है। संस्थाओं और प्रक्रियाओं की दक्षता जैसे बाजार और विकेंद्रीकृत सेवा–वितरण इस दृष्टिकोण के परिणाम के रूप में आकर्षक बन गए हैं।

(ङ) वाशिंगटन सर्वसंपत्ति—1980 के दशक और 1990 के दशक के दौरान आर्थिक विकास में राज्य की भूमिका पर प्रश्न उठाए गए थे। लगातार यह अनुभव किया गया कि गरीबी और आर्थिक गतिहीनता, विशेषकर विकासशील देशों में बाजार शक्तियों के कार्यों को सरकार द्वारा कम महत्त्व दिए जाने का परिणाम था। विभिन्न क्षेत्रों में, जैसे वित्तीय और बैंकिंग क्षेत्रों में अर्थव्यवस्था में समायोजन लाने की और आर्थिक विकास में राज्य की भूमिका कम करने की आवश्यकता को अपरिहार्य माना गया था। इसके परिणामस्वरूप वाशिंगटन सर्वसम्मति (Washington Consensus) का आविर्भाव हुआ। मूल रूप से इसमें ब्रेट्टनवुड्स इंस्टीट्यूशन्स (Brettonwoods Institutions) (इंटरनेशनल मानेटरी फंड और बैंक), संयुक्त राज्य कांग्रेस और ट्रेजरी (US Congress and Treasury) तथा कई विचार थे जिनका उद्देश्य विशेषकर 1980 के दशक के दौरान लैटिन अमेरिकी देशों के

आर्थिक संकट का समाधान करना था। बहुत से विकासशील देशों द्वारा धीरे-धीरे अपनाई गई इस रणनीति ने राज्य के उन कार्यों के लिए कम से कम प्रोत्साहित किया जो आर्थिक हस्तक्षेप से रोकता है जो दृढ़ मौद्रिक नीति, शिक्षा, स्वास्थ्य और आधारभूत ढाँचे के प्रावधान पर ध्यान केंद्रित करता है। यह बाजार शक्तियों को प्रोत्साहित करने के लिए भी उत्तरदायी है।

नवीन लोक प्रबंधन परिप्रेक्ष्य का आविर्भाव लोक प्रशासन की विधा में नई आश्चर्यजनक प्रवृत्तियों में से एक है। मूल रूप से निम्नलिखित पर ध्यान केन्द्रित किया गया है—

1. बाजार नीति के साथ सरकार की क्रियाओं की पुनः संरचना,
2. क्रियान्वयन से रणनीतिक नीति निर्माण को पृथक करना,
3. कार्य निष्पादन मूल्यांकन और गुणवत्ता सुधार पर बल देना, और
4. ग्राहक के लिए प्रभावकारी सेवा व्यवस्था और धन का महत्त्व।

प्रश्न 2. नवीन लोक प्रबंधन परिप्रेक्ष्य की प्रमुख विशेषताएँ बताइए।
[June 2010, Q. 10. (a)]

उत्तर— सार्वजनिक क्षेत्र में यथा अनुप्रयोज्य प्रबंधकीय अभिविन्यास को सरकार तथा नागरिकों की सहायता करनी चाहिए। नवीन लोक प्रबंधन परिप्रेक्ष्य ने सार्वजनिक क्षेत्र के आकार भूमिका और संरचना पर आलोचनात्मक प्रश्न उठाए हैं। अवधारणाएँ जैसे राज्य की क्षमता बनाम बाजार, सरकारी कार्यों में प्रबंधकीय विन्यास, बहुत से देशों में आरंभ किया गया संविदा देना और निजीकरण को प्रमुखता मिलनी शुरू हुई। नवीन लोक प्रबंधन नए विचार प्रोत्साहित करना चाहता है कि —

1. वर्तमान बदले हुए परिप्रेक्ष्य को सरकारी सुधार की आवश्यकता है,
2. कार्यों के केवल निष्पादन से निष्पादनमुखी होने के लिए सरकार की विचारशैली में परिवर्तन की आवश्यकता है, और
3. सार्वजनिक संगठनों को जोखिम उठाने, मिशनमुखी और सेवा प्रधान होना आवश्यक है।

नवीन लोक प्रबंधन परिप्रेक्ष्य की मुख्य विशेषताओं में निम्नलिखित शामिल हैं—

1. **उत्पादकता (Productivity)**—कम राजस्व से अधिक सेवाएँ प्राप्त करना।
2. **बाजारीकरण (Markestisation)**—परंपरागत नौकरशाही संरचनाओं, क्रियाविधियों और प्रक्रियाओं को बाजार रणनीति से बदलना।
3. **सेवा प्रधान (Service Orientation)**—ग्राहकों की आवश्यकताओं को प्राथमिकता के रूप में लेना।
4. **विकेंद्रीकरण (Decentralisation)**—निम्न स्तरों की सेवा वितरण के उत्तरदायित्व हस्तांतरित करना।
5. **नीति–प्रशासन द्विविभाजन (Policy Administration Dichotomy)**—नीति और निष्पादन के बीच अंतर करना।

इसके अलावा, इसकी निम्नलिखित कुछ विशिष्ट विशेषताएँ हैं—
(1) सार्वजनिक क्षेत्र द्वारा निजी क्षेत्र की प्रबंधकीय पद्धतियाँ अपनाना।
(2) सार्वजनिक संगठनों के लिए मापे जाने योग्य स्पष्ट निष्पादन मानक निर्धारित करना।
(3) पूर्व निर्धारित उत्पादन उपायों द्वारा सार्वजनिक संगठन के कार्य निष्पादन का नियंत्रण।
(4) निजी स्वामित्व, संविदा और सार्वजनिक सेवा व्यवस्था में प्रतिस्पर्धा के लिए वरीयता।
(5) सार्वजनिक क्षेत्र संगठनों में और सार्वजनिक और निजी क्षेत्रों में प्रतिस्पर्धा को प्रोत्साहन।
(6) केंद्र में रणनीतिक क्षमताओं का सुदृढ़ीकरण।
(7) ग्राहक की आवश्यकताओं के प्रति सेवाओं को अधिक प्रतिक्रियाशील बनाना और धन की उपयोगिता सुनिश्चित करना।
(8) माल और सेवाओं के प्रत्यक्ष प्रदाता के बदले सरकार की परिचालन भूमिका।
(9) बेहतर सेवा वितरण को सुकर बनाने के लिए सूचना प्रौद्योगिकी का प्रयोग।
(10) नीति निर्माण कुशलता की सहायता के लिए प्रबंधकीय कुशलताओं पर बल।
(11) विशाल सार्वजनिक संगठनों को ऐसी पृथक आत्मनिर्भर इकाइयों में विभाजित करना जिनके अपने लक्ष्य, योजनाएँ और अपेक्षित स्वायत्तता है।

प्रश्न 3. भूमंडलीय संदर्भ में नवीन लोक प्रबंधन परिप्रेक्ष्य के प्रभाव का परीक्षण कीजिए। [June 2008, Q. 9.]

उत्तर— भूमंडलीकरण (Globalisation), जो बहुपक्षीय (Multi-faceted) है, इसका इक्कीसवीं शताब्दी में जीवन के विभिन्न पहलुओं पर व्यापक प्रभाव हो रहा है। इसका विभिन्न विधाओं पर प्रभाव है। यद्यपि अर्थशास्त्री भूमंडलीकरण को व्यापार बाधाओं (Barriers) की समाप्ति, विदेशी प्रत्यक्ष निवेश प्रोत्साहन, बहुराष्ट्रीय उद्यमों का प्रवेश के रूप में देखता है, समाज विज्ञानी इसका विश्लेषण राजनीतिक, सांस्कृतिक और सामाजिक परिप्रेक्ष्य में करता है। भूमंडलीकरण के प्रारंभ से विश्व भर में व्यक्तियों और संस्थाओं की भूमिकाओं में उल्लेखनीय परिवर्तन हो रहे हैं। बाजार अब प्रमुख स्थान पर आ गए हैं। राज्य के स्वरूप में भी कुछ परिवर्तन हो रहे हैं।

भूमंडलीकरण अन्य परिवर्तनों का भी आग्रहता (Ushred) बना है, जैसे सूचना प्रौद्योगिकी का प्रयोग, संचार क्रांति, सीमाओं का लचीला होना (Blurring) और सार्वजनिक तथा निजी क्षेत्र का हस्तांतरण। इन सभी विकास परिवर्तन का लोक प्रशासन पर गहरा प्रभाव होता है।

पिछले कुछ वर्षों में शासन से बाजारोन्मुख तक विश्वभर में अर्थव्यवस्थाओं के परिवर्तन ने समुचित नीतियों के कार्यान्वयन के लिए और प्रभावकारी सेवाएँ देने के लिए "परंपरागत" राज्य मॉडल की विफलता के बारे में कई चिंताएँ उठाई है। प्रशासन के वैकल्पिक मॉडल का

नया सार्वजनिक प्रबंधन परिप्रेक्ष्य

विकास करने की आवश्यकता अनुभव की जा रही थी। "पुराना" लोक प्रशासन जो नौकरशाही की दक्षता पर निर्भर था और उल्लेखनीय प्रबंध विन्यासयुक्त लोक प्रशासन का वर्तमान परिप्रेक्ष्य, जो "नवीन लोक प्रबंधन" (New Public Management-NPM) कहलाता है, इन दोनों के बीच 1980 के दशक के दौरान बहस और चर्चाएँ सचेतन विकल्प करने के इर्दगिर्द केन्द्रित रहीं। इन परिप्रेक्ष्य से सार्वजनिक संगठनों को दक्ष, लाभकारी और प्रभावकारी बनाने की दृष्टि से सरकारी प्रणालियों में प्रबंधकीय अवधारणाओं और तकनीकों की शृंखलाएँ आरंभ हुईं। नवीन लोक प्रबंधन भूमंडलीकरण परिदृश्य में नवीकृत सरकारी कार्यकरण के लिए तरीके निर्धारित करने का प्रयास करता है।

भूमंडलीकरण, जो बहुपक्षीय है, इसका इक्कीसवीं शताब्दी में जीवन के विभिन्न पहलुओं पर व्यापक प्रभाव हो रहा है। नवीन लोक प्रबंधन परिप्रेक्ष्य का 1980 के दशक के मध्य तक पश्चिमी लोकतांत्रिक देशों की प्रशासनिक प्रणालियों पर मुख्य प्रभाव था। निम्नलिखित कारणों से सुधारों को गति मिली—

1. सार्वजनिक व्यय नियंत्रण,
2. उत्पादकता,
3. दक्षता और अर्थव्यवस्था पर बल,
4. 1970 के दशक के तेल संकट से उत्पन्न आर्थिक मंदी,
5. सार्वजनिक क्षेत्रों में कटौती।

पूर्वकालीन कार्यों को नई एजेंसियों के निर्माण, पुनर्संरचना, निजीकरण, संविदा आदि के रूप में प्रारंभ किया गया।

सुधार (Reforms)—यूनाइटेड किंगडम में लोक प्रशासन प्रणालियों में 1979 में मुख्य परिवर्तन हुए। थैचर सरकार ने निम्न प्रकार प्रमुख सुधार आरंभ किए—

1. मंत्रिमंडल कार्यालय में सार्वजनिक सेवा के लिए एक कार्यालय स्थापित किया गया जिसे सरकार के पुनर्गठन का निरीक्षण करने का उत्तरदायित्व सौंपा गया।
2. 'पूर्व विकल्प समीक्षा' (Prior Options Review) नाम से ज्ञात क्रियाविधि अपनाने के लिए विभिन्न मंत्रालयों के विभिन्न कार्यकलापों की जाँच की गई।
3. इसने सरकार के कार्यों का विश्लेषण करने का प्रयास किया, जैसे—
   (i) क्या किया जा रहा कार्य आवश्यक था या
   (ii) क्या इसे समाप्त किया जा सकता है या
   (iii) क्या इसका निजीकरण या इसे विकेंद्रीकृत किया जा सकता है?
4. मुक्त बाजार तथा सीमित सरकार नियंत्रण पुनः लागू हुए।
5. सार्वजनिक क्षेत्र में अर्थव्यवस्था लाने की दृष्टि से बचत करने के लिए विशेष नीतियों, कार्यकलापों और कार्यों की जाँच करने हेतु विभागों के कार्य के विभिन्न पक्षों की निरंतर समीक्षाएँ की गईं।

उपर्युक्त प्रयास ने महत्त्वपूर्ण परिणाम दिए—

ब्रिटेन में केन्द्रीय स्तर पर 1982 में लागू किए गए वित्तीय हस्तांतरण प्रमुख पहल रही है। वित्तीय प्रबंधन पहल (Financial Management Initiative-FMI) के अधीन निम्नलिखित कार्य किये गये—

(1) उन्हें प्राप्त करने में अंतर्निहित लागतों के मूल्यांकन पर बल दिया गया।
(2) उन्नत वित्तीय प्रत्यायोजन के उपाय सुस्पष्ट उद्देश्य पर ध्यान केंद्रित करते हुए वित्तीय नियंत्रण किया गया।
(3) उन्हें प्राप्त करने में अंतर्निहित लागतों के मूल्यांकन पर बल दिया गया।

नवीन लोक प्रबंधन का आधारभूत सिद्धांत यह था कि एक ही एजेंसी के स्थान पर कार्य निष्पादन करने वाली बहु-एजेंसियों में विकेन्द्रीकृत किया जाये। कार्यों के विशिष्ट सेट के निर्वहन के लिए 'अगले उपाय' या कार्यकारी एजेंसियाँ स्थापित की गईं।

नवीन लोक प्रबंधन में सार्वजनिक सेवाओं के प्रयोक्ताओं को स्पष्ट स्थान और प्रस्थिति देने का प्रयास किया जाता है।

नागरिकों का चार्टर (Citizen's Charter)—1991 में जॉन मेजर की सरकार ने नागरिकों के चार्टर के माध्यम से बाजार को राज्य के अधिक निकट लाने का प्रयास किया। नागरिक चार्टर में निम्नलिखित निर्देश हैं—

(1) व्यक्तियों और अन्य संगठनों के द्वारा प्रयुक्त सेवाओं के लिए कार्य निष्पादन के स्पष्ट मानक।
(2) सेवाओं और उनकी लागत के संबंध में सही यथार्थ सूचना।
(3) विनम्र तथा उपयोगी सेवा।
(4) क्रियाविधि से राहत पहुँचाना।

नागरिक चार्टर के आधारभूत सिद्धांत हैं—

(1) खुलापन,
(2) सूचना,
(3) पारदर्शिता,
(4) सुलभता और
(5) सुधार।

नागरिक चार्टर मंत्रिमंडल कार्यालय में स्थापित किया गया तथा अनेक चार्टर तैयार किए गए।

1992 में किए गए सुधार (Reforms Carries out during 1992)—यूनाइटेड किंगडम में 1992 की अवधि में निम्नलिखित पग उठाए गए—

(1) अनेक सेवाओं, जैसे—स्ट्रीट लाइट, कचरा उठाना आदि का ठेके पर दिया जाना प्रारंभ किया गया था।
(2) कालान्तर में कुछ अन्य क्षेत्रों, जैसे—स्वास्थ्य और सामाजिक देखभाल सेवाओं में भी इसे लागू किया गया।

(3) सार्वजनिक स्वामित्व के उद्यमों का निजीकरण गैस, विद्युत, जल आपूर्ति आदि क्षेत्रों में प्रारंभ किया गया।

(4) निजी उद्यमों के कार्यों, सेवा मानकों के निर्धारण, निजीकृत उपयोगी सेवाओं की कीमतों को मॉनीटर करने के लिए नियामक संगठन की स्थापना की गई है।

(5) परिवहन परियोजनाओं, सड़कों, अस्पतालों, संग्रहालयों आदि अनेक नवीन सार्वजनिक सुविधाओं के वित्त पोषण में सरकारी–निजी भागीदारी आरंभ की गई।

संयुक्त राज्य अमेरिका (United States of America)–संयुक्त राज्य अमेरिका में डेविड ओस्बर्न (David Osberne) और टेड गेब्लेर (Ted Gaebler) (1992) ने उद्यमकर्त्ता सरकार की अवधारणा प्रतिपादित की तथा नौकरशाही सरकार को उद्यमकर्त्ता सरकार में रूपांतरित करने के लिए एक विस्तृत प्रस्ताव तैयार किया। यह बाजारोन्मुखी तरीके में नागरिकों की आवश्यकता के लिए उत्तरदायी है। अनेक लोकतांत्रिक देशों, विशेषकर संयुक्त राज्य अमेरिका के नागरिकों में यह सामान्य धारणा व्याप्त रही है कि लोक प्रशासन अक्षम और अपव्ययी है। संयुक्त राज्य अमेरिका में 1993 में संचालित सार्वजनिक राय मतदान में भी यही मत व्यक्त किया गया था। इससे अमेरिकी सरकार की संरचना की कार्य–प्रणाली की आलोचनात्मक जाँच आवश्यक हुई।

संयुक्त राज्य अमेरिका में 1993 में तत्कालीन उपराष्ट्रपति अलगोरे ने ओस्बार्न और गेब्लेर के नौकरशाही उद्यमकर्त्ता सरकार के विचारों से प्रभावित होकर राष्ट्रीय निष्पादन समीक्षा (National Performance Review-NPR) कार्यक्रम आरंभ किया था। इस रिपोर्ट का शीर्षक था–'फ्रॉम रेड टेप रिजल्ट्स : क्रिएटिंग ए गवर्नमेंट दैट वर्क्स और कास्ट्स लेस'।

इसका उद्देश्य संघीय संगठनों की संस्कृति का रूपांतरण करना रहा है। इसके लिए उन्हें निम्नलिखित कार्य करने थे–

(1) कार्य निष्पादन आधारित और ग्राहकोन्मुखी बनाना

(2) सरकार का ऐसा नया प्रारूप निर्धारित करना जो सस्ता और दक्षतापूर्ण कार्य करे।

उसने कुछ उपायों के समर्थन की पहचान की जिनमें निम्नलिखित प्रमुख थे–

(1) पहले ग्राहकों को रखना,

(2) सेवा संगठन, प्रतिस्पर्द्धा बनाना,

(3) परिणाम प्राप्त करने के लिए कर्मचारियों का सशक्तीकरण।

(4) निर्णय करने की शक्ति का विकेंद्रीकरण।

उपाय (Measures)–राष्ट्रीय निष्पादन समीक्षा ने उद्देश्यों को प्राप्त करने हेतु कतिपय उपायों को प्रोत्साहन दिया–

1. **लालफीताशाही कतरन (Cutting Red Tape)**–इसका लक्ष्य अनावश्यक लालफीताशाही को कम करना है। इसे प्राप्त करने के लिए कुछ उपाय सुझाए गए

थे। उनमें प्रमुख निम्नलिखित हैं–
(क) बजट निर्माण की प्रक्रिया को सरल और प्रभावी बनाना,
(ख) प्रभावकारी नियुक्ति, पदोन्नति, पुरस्कार, त्यागपत्र नीतियों को प्रोत्साहन देने के लिए कार्मिक नीति का विकेंद्रीकरण करना,
(ग) अनावश्यक नियमों का उन्मूलन किया जाना।

2. **ग्राहकों को पहले रखना (Putting Customers First)**—इसने सार्वजनिक सेवाओं के प्रयोक्ता के रूप में नागरिकों को महत्त्व प्रदान किया तथा निम्नलिखित सुझाव दिए गए—
(क) अपनी समस्याओं को अभिव्यक्त करने के लिए ग्राहकों को अवसर देना।
(ख) सरकारी एकाधिकार की समाप्ति करना।
(ग) कतिपय समस्याओं के समाधान हेतु बाजार रचना तंत्र का प्रयोग करना।

3. **परिणाम प्राप्त करने के लिए कर्मचारियों का सशक्तीकरण (Empowering Employees to get Results)**—इसका उद्देश्य उच्च गुणवत्ता परिणाम लेने में कर्मचारियों को निम्नलिखित तरीकों के द्वारा प्रोत्साहन देना—
(क) कार्यकरण के विकेंद्रीकृत तरीके अपनाना,
(ख) परिणामों के लिए उत्तरदायित्व पर बल देना,
(ग) शिक्षा तथा प्रशिक्षण उपलब्ध कराना, और
(घ) बल परिवेश में सुधार करना।

4. **पिछले निर्णयों पर लौटना (Cutting Back to Basics)**—इसका अभिप्राय निम्नलिखित के माध्यम से सरकार के कुछ कार्यकलाप में लौटना है—
(क) सरकारी संस्थाओं की प्रभावकारिता में निवेश करना।
(ख) लागत बचाने के लिए कार्यक्रमों का निरूपण करना।
(ग) अनावश्यक कार्यों और क्रियाकलापों की समाप्ति करना।

सरकार की पुनर्विचार करने की पहल ने इस प्रकार की सरकार के गठन का प्रयास किया, जो इस प्रकार हैं–
(1) बेहतर कार्य करे,
(2) लागत कम करे तथा
(3) बेहतर परिणाम प्राप्त करे।

पश्चिमी देशों में अनेक राज्यों तथा स्थानीय सरकारों ने उपरोक्त उपायों को अपनाया।

अमेरिका में स्थिति (Position in the United States)—उदाहरण के लिए, संयुक्त राज्य अमेरिका में ओरेगोन (Oregon) ने स्थापित करने के लिए बेंचमार्क कार्यक्रम (Benchmark Programme) आरंभ किए। इनका लक्ष्य इस प्रकार था—
(1) स्वच्छता,

(2) निर्धारित स्वास्थ्य,

(3) शिक्षा,

(4) आवास,

(5) सार्वजनिक सुरक्षा आदि

सुधार के लिए स्पष्ट निर्धारित लक्ष्य से परिणाम या प्रगति की प्राप्ति होने पर सरकारी एजेंसियाँ और सेवा संस्थाएँ नागरिकों को आश्वस्त करने में समर्थ हो सकीं। अनुसंधान अध्ययन यह स्पष्ट करते हैं कि सरकार के व्यय होने में उल्लेखनीय बचत और अनेक पदों तथा फील्ड अधिकारियों की संख्या में कमी हुई है। राष्ट्रपति के प्रबंधन एजेंडा में जॉर्ज बुश के अधीन सुधार जारी रहे। एजेंडा में निम्नलिखित पर ध्यान केंद्रित रहा—

(1) मानव पूँजी,

(2) प्रतिस्पर्द्धात्मक आउटसोर्सिंग,

(3) उन्नत वित्तीय निष्पादन,

(4) विस्तारित इलेक्ट्रॉनिक सरकारी बजट तथा

(5) निष्पादन एकीकरण।

ऑस्ट्रेलिया में स्थिति (Position in Australia)—ऑस्ट्रेलिया की सरकार में नवीन लोक प्रबंधन उपायों के अंगीकरण के उद्देश्य इस प्रकार थे—

(1) राज्य के कार्मिकों की संख्या को घटाना।

(2) सेवाओं की व्यवस्था में बाजार की प्रक्रिया का प्रयोग करना।

(3) कुछ कार्य की आउटसोर्सिंग की गई।

(4) स्वास्थ्य और शिक्षा सेवाओं का आंशिक उपयोक्ता भुगतान किया गया।

(5) सरकारी व्यापारिक उद्यमों का निजीकरण भी आरंभ किया गया।

(6) समस्त सरकारी विभागों और उद्यमों में सेवा चार्टर लागू किए गए।

(7) निष्पादन आधारित वेतन प्रणाली और विकेंद्रीकरण आदि के द्वारा सार्वजनिक सेवा सुधार प्रारंभ किए गए इनका उद्देश्य था प्रणाली को अधिक दक्ष, लचीला, प्रतिक्रियाशील, निष्पादनमुखी, उत्तरदायी बनाना।

न्यूजीलैंड में स्थिति (Position in New Zealand)—न्यूजीलैंड में सरकारी वाणिज्यिक उद्यमों के निगमीकरण सरकार और सिविल कर्मियों के मध्य संविदात्मक संबंध प्रारंभ किए गये, जिनका उद्देश्य था उत्तरदायित्व, निष्पादनमुखी और ग्राहक सेवा सुनिश्चित करना।

1. वरिष्ठ अधिकारी सेवा (Senior Executive Service-SES)—का गठन किया गया। इसमें सरकारी विभागों के मुख्य कार्यपालक और वरिष्ठ अधिकारियों का नया समूह सम्मिलित था। उनकी नियुक्ति पाँच वर्ष की नवीकरणीय संविदा पर की गयी थी।
2. निगमीकरण के सामाजिक परिणामों की जाँच करने हेतु विशेषज्ञ सामाजिक प्रभाव

इकाई (Social Impact Unit-SIU) की स्थापना की गई।

3. सामाजिक प्रभाव इकाई को इस प्रकार की क्रियाविधि की पहचान का उत्तरदायित्व सौंपा गया, जिससे केंद्रीय सरकार संक्रमण के दौरान क्षेत्रों, समुदायों और नियोक्ता संगठन उन नीति क्षेत्रों से रचनात्मक ढंग से कार्य कर सके जहाँ सरकार सामाजिक उद्देश्यों की पूर्ति हेतु अपनाये जाने वाले वैकल्पिक उपायों पर विचार करना आवश्यक समझे। जिन मुद्दों को सरकार गैर–वाणिज्यिक उद्देश्यों के रूप में मानता है, उन्हें संविदात्मक आधार पर फंड (निधि) दिया जाता है। स्थानीय सरकारी निकायों द्वारा बाहरी एजेंसियों को सेवाएँ संविदा पर देना भी पुनः आरंभ किया गया–

(i) यद्यपि शिक्षा और स्वास्थ्य सेवाओं को सरकारी निधि से वित्त पोषित किया जाता है तथापि इन सेवाओं को संविदा पर दिया गया है।

(ii) स्थानीय रूप से किए गए समझौते के अनुसार लक्ष्यों और आवश्यकताओं के रूप में व्यापक मार्गदर्शी सिद्धांतों का समावेश कर स्कूल के प्रबंधन के मामले में मंत्री और न्यासी मंडल (Boards of Trustees) के मध्य चार्टर सूत्रबद्ध किए जाते हैं।

न्यूजीलैण्ड में सुधारों का उद्देश्य इस प्रकार है–

(1) क्रोड सार्वजनिक सेवा (Core Public Service) का आकार कम करना,

(2) राज्य स्वामित्व के उद्योगों का नया रूप स्थापित करना,

(3) नीति और सेवा वितरण कार्यों को पृथक करना,

(4) सार्वजनिक सेवा संगठनों के कार्य निष्पादन का मूल्यांकन करना।

भारत की स्थिति (Position of India)–भारत जैसे विकासशील देशों ने भी विभिन्न दाता एजेंसियों, जैसे–विश्व बैंक और अंतर्राष्ट्रीय मुद्रा कोष (International Monetary Fund) द्वारा लगाई गई सहायता शर्तों के भाग के रूप में प्रबंधकीय सुधार लागू किए–

(1) उन्होंने सार्वजनिक क्षेत्र के उद्योगों के लिए कम बजट सहायता, विनिवेश, निगमीकरण और कुछ कार्यों का आउटसोर्सिंग सम्मिलित किया।

(2) नागरिक चार्टर, शिकायत निवारण की क्रियाविधि का सुदृढ़ीकरण ई–गवर्नेंस पहलें आदि भी लागू करवाए।

प्रश्न 4. नवीन लोक प्रबंधन सुधारों का आलोचनात्मक मूल्यांकन कीजिए।

[June 2009, Q. 9.][Dec 2010, Q. 9.]

उत्तर– जीवन को बेहतर बनाने हेतु लोक प्रशासन संपूर्ण मानवीय प्रयायों का महत्त्वपूर्ण घटक है। इस समय के भूमंडलीयकरण परिदृश्य में सार्वजनिक सेवाओं की व्यवस्था के क्षेत्र में वैकल्पिक दृष्टिकोण का आविर्भाव हुआ है। नवीन लोक प्रबंधन परिप्रेक्ष्य ऐसा सुधार लाया है जिसने सार्वजनिक संगठनों में नए उद्यमकर्त्ता, उपयोक्ता प्रधान संस्कृति उत्पन्न करने का

प्रयास किया है जिसका फोकस संगठनों के कार्य निष्पादन मूल्यांकन और स्वायतत्ता और परंपरागत मॉडल की तुलना में व्यक्तियों पर है। परंतु आधारभूत प्रश्न यह है कि क्या निजी क्षेत्र के हितों और पहलों का स्थान सार्वजनिक सेवा उद्देश्य ले सकते हैं। बाजार दर्शन "सार्वजनिक हित" (Public Interest) का पर्याप्त विकल्प नहीं हो सकता है जो सरकारी संक्रियाओं का सारभाग है। सार्वजनिक क्षेत्र में आर्थिक और प्रबंधकीय सिद्धांतों का प्रवेश न केवल संबंधित संगठन को प्रभावित करता है बल्कि समग्र रूप में राज्य के स्वरूप को भी प्रभावित करता है। इसने राज्य के अंदर, राज्य और बाजार के बीच और राज्य और समाज के बीच भी कतिपय आलोचनात्मक मुद्दे उठाए हैं।

वर्तमान सुधार निजीकरण, बाजारीकरण, संविदा, नौकरशाहीमुक्त (Debureaucratisation), आकार कम करने (Downsizing) आदि पर ध्यान केंद्रित करते हैं। विकासशील देशों के लिए इस प्रबंधन ढाँचे की क्षमता के बारे में विशेषकर, बाजार अर्थव्यवस्था के हितों और सामाजिक मामलों के निष्पादन के बीच अंतर के कारण संदेह उत्पन्न होते हैं।

परंपरागत लोक प्रशासन और नवीन लोक प्रबंधन के बीच मूल्यों का विरोध—नवीन लोक प्रबंधन परिप्रेक्ष्य केवल नई तकनीक का प्रचार नहीं करता है बल्कि निजी क्षेत्र से प्राप्त मूल्यों के नये सेट के प्रचार के लिए उदाहरण भी बनाता है। चूँकि निजी क्षेत्र से सार्वजनिक सेवा भिन्न है, इसलिए कुछ मानदंडों, जैसे निष्पक्षता (Impartiality), समानता, न्याय और उत्तरदायित्व (Accountability) से विभेद किया गया है। बाजार मूल्यों, जैसे प्रतिस्पर्धात्मकता (Competitiveness), लाभकारिता (Profitability), दक्षता और उत्पादकता द्वारा इनकी अवहेलना की गई प्रतीत होती है। कुछ समझते हैं कि यह सार्वजनिक सेवा की वैधता की चुनौती दे कर सार्वजनिक हित कमजोर कर सकता है।

नीति क्षमता पर प्रबंधकीय प्रधानता—नवीन लोक प्रबंधन प्रबंधकीय सिद्धांतों और पद्धतियों को महत्त्व देता है और नीति निर्माण को महत्त्व नहीं देता है। नीति प्रशासन प्रणाली का सबसे महत्त्वपूर्ण घटक है। कुछ नवीन लोक प्रबंधन सुधार का नौकरशाहों के नीति संबंधी कार्यों पर प्रभाव हो सकता है। उदाहरण के लिए, सिविल कार्मिकों के लिए संविदात्मक रोजगार की पद्धति राजनीतिक प्रतिनिधियों को प्रभावकारी नीति संबंधी सलाह देने की अपनी क्षमता को दुर्बल कर सकते हैं।

नागरिकों और राजनीतिक प्रतिनिधियों के बीच संबंधों की स्पष्टता का अभाव—नवीन लोक प्रबंधन नागरिकों और राजनीतिज्ञों के बीच सुस्पष्ट संबंध स्थापित करने में असफल है। किसी भी लोकतंत्र में लोगों की, अपने निर्वाचित प्रतिनिधियों से प्रत्यक्ष संबंध होना महत्त्वपूर्ण भूमिका है। राजनीतिज्ञों से भी विविध तरीकों से उनकी आवश्यकताओं और माँगों के प्रति प्रतिक्रियाशील होने की आशा की जाती है। इस तरीके से राज्य लोगों से लोकतांत्रिक आदेश (Democratic Mandate) के आधार पर समाज को नियंत्रित कर सकता है। परंतु नवीन लोक प्रबंधन मॉडल और बाजार क्रियाविधि प्रमुख भूमिका निभाती है

और उन तरीकों को निर्दिष्ट करने में असफल रहती है। जिनसे बाजार प्रणाली में लोग उपयुक्त लोकतांत्रिक प्रणाली बनाने के लिए योगदान कर सकते हैं।

उत्तरदायित्व की सुस्पष्ट अवधारणा का अभाव—लोक प्रशासन, जैसा कि हम सभी जानते हैं कि लोकतांत्रिक उत्तरदायित्व पर बल देता है। यह नागरिकों को यह उत्तरदायित्व सुनिश्चित करने का प्रत्यक्ष और प्रभावकारी उपाय प्रदान करता है कि वे जब भी ऐसा अनुभव करें, निर्वाचित प्रतिनिधियों को कार्यालय से मतदान द्वारा अस्वीकृत कर सकते हैं। प्रक्रियाएँ, कानून और पदानुक्रमिक नियंत्रण प्रशासन के दक्ष और जनता के प्रति उत्तरदायी बनाने के लिए हैं। नवीन लोक प्रबंधन बढ़े हुए उत्तरदायित्व को अपने एक उद्देश्य के रूप में ध्यान में रखता है, परंतु फोकस अधिक परिणाम या उत्पादन पर होता है।

सामूहिक हितों के स्थान पर व्यक्तिपरक विचारों का समर्थन—अधिकांश को प्रभावित करने वाले सार्वजनिक हितों का समर्थन लोकतंत्र का विशिष्ट लक्षण है, परंतु नवीन लोक प्रबंधन को ऐसा व्यक्तिपरक दर्शन समझा जाता है जो समाज की सामूहिक माँगों का संज्ञान नहीं लेता है। बाजारोन्मुखी पुनर्संरचना विशेषकर विकासशील देशों में समाज के कुछ वर्गों को विशेषकर गरीबों, किसानों और मजदूरों को अपने अप्रत्यक्ष प्रभावों, जैसे राजसहायता की वापसी, कार्यबल में कमी और कल्याण कार्यक्रमों में कटौती के कारण अवश्य ही प्रभावित करता है।

नागरिक बनाम ग्राहक अभिविन्यास—नवीन लोक प्रबंधन सरकार को ग्राहक अभिविन्यास प्रदान करता है। इसके लिए ग्राहकों का सशक्तीकरण, बढ़ते नागरिक विकल्पों, ग्राहकों की आवश्यकताओं की पूर्ति में सार्वजनिक विकल्प प्रदान करने में सरकार का सुदृढ़ीकरण आवश्यक है। यह परंपरागत लोक प्रशासन के विपरीत है, जो प्रभावकारी और समान सार्वजनिक सेवा पर बल देता है। ग्राहक अभिविन्यास पर बढ़ता हुआ बल सार्वजनिक विकल्प सिद्धांत का परिणाम है और उस सरकार के लिए बाजार अर्थव्यवस्था का अनुप्रयोग है जो बाजार शक्तियों द्वारा विकल्पों की व्यवस्था को प्रोत्साहित करता है। **जॉर्ज फ्रेडेरिकसन (1996)** संयुक्त राज्य अमेरिका में आस्बोर्न और गेबलेर द्वारा प्रस्तुत पुनर्विचार आंदोलन तथा नवीन लोक प्रबंधन के बीच अंतर करने में उल्लेख करता है कि पृचोयुक्त व्यक्तिशः ग्राहकों के अपने स्वयं के विकल्प सशक्तीकरण पर ध्यान केंद्रित करता है। व्यक्तिशः संतोष की मात्रा का मूल्यांकन करने पर इसे सामूहिक लोकतांत्रिक सर्वसम्मति प्राप्त करने की मात्रा की अपेक्षा अधिक पाया गया है। नवीन लोक प्रबंधन पहलों का अभिप्राय ग्राहकों का सशक्तीकरण है जिससे नागरिकों के अधिकारों को कम करना है। यह उनको प्रधानता देता है जो दक्ष सेवाओं का दावा करके सेवाओं के लिए भुगतान कर सकते हैं।

जैसे बहुत से सामाजिक न्याय और समानता के मूल्यों को नकारते हैं, दक्षता पर नवीन लोक प्रबंधन का बल स्वीकारते हैं। राज्य विरोधी विचारधारा यदि अनुकरण होता है इससे बुनियादी सामाजिक सेवाओं की व्यवस्था का ह्रास हो सकता है, असमानताओं का समूह उत्पन्न हो सकता है। नवीन लोक प्रबंधन सुधारों के प्रबल होने वाले विषय अर्थव्यवस्था और

दक्षता के उद्देश्यों की प्राप्ति है। परंतु सामाजिक न्याय, समानता, उत्तरदायित्व, प्रतिक्रियाशीलता, पारदर्शिता और सहभागिता किसी भी प्रणाली द्वारा संज्ञान लेने के लिए महत्त्वपूर्ण हैं।

नवीन लोक प्रशासन सुधार समाधानों के सामान्य नियम के रूप में ऐसे विवरण नहीं हैं जो सभी देशों के लिए लागू हो सकें और सकारात्मक परिणाम दे सकें। यह विकासशील देशों के लिए एक ही प्रमुख प्रशासनिक सुधार रणनीति नहीं हो सकती है। किसी भी सुधार को स्थानीय दशाओं के अनुरूप होना चाहिए। लोक प्रशासन को उसके अपने पर्यावरणीय संदर्भ में निर्धारित किया जाना चाहिए और देखा जाना चाहिए। नवीन लोक प्रबंधन सुधार का मूल रूप से पश्चिम में आविर्भाव हुआ और इसलिए इसका प्रभाव अलग-अलग होना स्वाभाविक है। जैसा कि **कैडेन (Caiden)** (1991) टिप्पणी करता है, "जब तक स्थानीय पारिस्थितिकीय पश्चिमी अवधारणाओं पर आधारित प्रशासनिक सुधार के सार्वदेशिक फार्मूले सामंजस्य स्थापित नहीं करते हैं तब तक उनके कार्य की संभावना नहीं थीं।" विकासशील देशों पर नवीन लोक प्रबंधन सुधारों के प्रभाव की जाँच करने के लिए अनुसंधान अध्ययनों का अभाव रहा है।

इकाई – 22

इक्कीसवीं शताब्दी में प्रशासनिक सिद्धांत की स्थिति

प्रश्न 1. प्रशासनिक सिद्धांत की अवस्था पर एक नोट प्रस्तुत कीजिए।

उत्तर– डेविड वाकर के अनुसार सरकार उत्तेजक मंच पर है तथा कार्य करने की यथापूर्व स्थिति का तरीका अमान्य है। इस संकल्पना में कहा गया कि नए कार्यों के लिए पुराने तरीके उपयुक्त नहीं है। नागरिकों की आवश्यकताओं की पूर्ति हेतु सिविल क्रिया के उपायों का प्रयोग करके नए कारकों के लिए प्रेरणा दी। प्रारंभिक अवधि में लोक प्रशासन के प्रिरिप्रेक्ष्य विधा के इतिहास में गहराई में स्थित दो मुख्य स्थितियों द्वारा प्रभावित हुए थे, अर्थात्

(1) निर्वाचित अधिकारियों के प्रति एजेंसियों की प्रतिक्रियाशीलता के अनुसार पदानुक्रमिक आधार (Hierarchical Terms) में सोची गई नैतिकता और उत्तरदायित्व का विचार।

(2) सार्वजनिक एजेंसियों के आचरण में व्यापारिक मूल्य या प्रबंधकीय मूल्यों का क्रम परिवर्तन (Transposition)।

यद्यपि ऐसे विचार उन्नीसवीं शताब्दी की समस्याओं के लिए प्रतिक्रियाशील रहे हैं, परंतु उन्नीसवीं शताब्दी के उत्तरार्ध और उसके बाद की समस्याओं के लिए उपयुक्त नहीं हैं। बीसवीं शताब्दी के प्रारंभ से ही प्रशासनिक विचारधारा में निरंतर परिवर्तन की अवस्था बनी रही है। इसमें तेजी से बदल रहे सामाजिक–आर्थिक तथा राजनीतिक वातावरण की आवश्यकताओं के अनुसार इसकी भूमिका और भोगाधिकारों में संशोधन होते रहे हैं। **स्टेफेन के. बेली** के अनुसार लोक प्रशासन का संबंध चार प्रकार के सिद्धांतों के विकास से हैं, अर्थात्–

1. **कल्पित सिद्धांत (Assumptive Theory)**–प्रशासनिक व्यक्तियों की वास्तविकता की ठोस जानकारी, वह सिद्धांत जो सरकारी नौकरशाहों को न तो देवदूततुल्य और न ही शैतानी मॉडल मानता है।
2. **सहायक सिद्धांत (Instrumental Theory)**–सार्वजनिक उद्देश्यों की सक्षम प्रभावी प्राप्ति के लिए बढ़ती हुई परिष्कृत प्रबंधकीय तकनीकें।
3. **विवरणात्मक सिद्धांत (Descriptive Theory)**–इसमें पदानुक्रमिक संरचनाएँ और उनके नानाविध कार्य परिवेशों से संबंध शामिल हैं।
4. **मानकीय सिद्धांत (Normative Theory)**–क्षेत्र के "मूल्य लक्ष्य" अर्थात् लोक प्रशासकों (व्यावसायिकों) को निर्णय विकल्पों के अपने नियत क्षेत्र में प्रशासनवादियों (विद्वानों) का अध्ययन करना चाहिए और नीति के अनुसार व्यावसायिकों की सिफारिश करनी चाहिए।

लोक प्रशासन सिद्धांत में वर्तमान पत्रिका साहित्य (Current Periodical Literature) विशाल श्रेणी के शीर्षकों को दर्शाता है जिसमें शासन व्यवस्था प्रक्रिया में सरकार नौकरशाही की भूमिका, सरकारी सेवा की नैतिकता, नागरिकता और शिक्षा, वैकल्पिक ज्ञानमीमांसा (Alternative Epistermologies), संगठनात्मक गतिशीलता, अंतःसंगठनात्मक नीति और राजनीतिक अर्थव्यवस्था क्रियान्वयन तथा सार्वजनिक रुचि शामिल हैं। पत्रिका साहित्य सैद्धांतिक कार्य की विविधता और जटिलता दर्शाता है। **रोबर्ट बी. डेनहार्ट (Robert B. Danhardt)** कहता है कि लोक प्रशासन सिद्धांतवादी लोक प्रशासनविदों की परंपरागत समस्याओं का समाधान करते रहे हैं, जैसे शासन व्यवस्था में सार्वजनिक संगठनों की भूमिका। उसकी दृष्टि में लोक प्रशासन सिद्धांत इस विविधा से अपनी सबसे बड़ी शक्ति और अपनी सबसे अधिक गंभीर सीमा प्राप्त करता है। लोक प्रशासन सिद्धांतवादियों को अपने सिद्धांत निर्माण के कार्य के लिए प्रासंगिक परिप्रेक्ष्य की व्यापक सीमा समझना आवश्यक है। लोक प्रशासन सिद्धांत का आधारभूत प्रश्न अभी भी सार्वजनिक संगठनों की संरचनाओं; प्रशासनिक/नौकरशाही व्यवहार की प्रक्रियाओं और संगठन परिवेश अंतःक्रिया के इर्द-गिर्द घूमता है। लोक प्रशासन, राज्य, बाजार और राज्येत्तर समूहों के बीच संबंध से जुड़े हुए मुद्दों का पर्याप्त रूप से विश्लेषण नहीं किया गया है।

भूमंडलीकरण और अनुवर्ती नई विश्व व्यवस्था में लोक प्रशासन और उसके उप क्षेत्रों के निहितार्थ हैं। व्यापक रूप से यह माना जाता है कि भूमंडलीकरण ने विश्वभर में लोक प्रशासन के स्वरूप को बदला है। भूमंडलीकरण, बाजारीकरण और निजीकरण प्रक्रियाओं ने पूरी तरह से लोक प्रशासन की सीमाएँ बदल दी हैं। विश्व में अधिकांश देशों ने अपने को नए विकास परिवर्तनों के अनुरूप बनाने के लिए अपने प्रशासनिक तंत्रों के पुनर्निर्माण की प्रक्रिया प्रारंभ कर दी है। इसका परिणाम विश्वव्यापी लोक प्रशासन के आविर्भाव में हुआ है। विश्वव्यापी नौकरशाही के साथ विश्वव्यापी लोक प्रशासन का उद्भव अत्यधिक विविधता, व्यापक जटिलता और सार्थक अन्योन्याश्रित से विभेद किया जाता है। इसके प्रशासनिक सिद्धांत लोक प्रशासनिक शिक्षा और पद्धति के प्रमुख निहितार्थ हैं। इन परिवर्तनों के लिए लोक प्रशासन के विद्यार्थियों और विद्वानों के लिए स्थानीय रूप के बदले भूमंडलीय रूप में सोचना आवश्यक है। देश विशिष्ट या स्थानीय समाधान के कार्य नहीं करेंगे बल्कि केवल समस्याओं को उग्र बनाएँगे। विश्वव्यापी रूप से सोचने से विद्वान इस क्षेत्र को बेहतर ढंग से समझा सकते हैं। **रिगज** और **कैडेन** ने भविष्य में लोक प्रशासन के लिए वितरित, व्यापक, अनेकवादी और सार्वजनिक भूमिका की आवश्यकता व्यक्त की है।

हाल ही के समय में लोक प्रशासन की एक महत्त्वपूर्ण विशेषता पश्चिम और पूर्व समाजवादी देशों, जैसे रूस और पूर्वी गणतंत्रों के बीच प्रशासनिक पद्धतियों का मुक्त आदान-प्रदान हुआ है। भविष्य में सहभाजित पद्धतियों के सिद्धांत विकसित होने की संभावना है और लोक प्रशासन सिद्धांत नागरिक प्रधान और उपलब्धि उत्साहयुक्त होने चाहिए।

विकासशील देशों के लिए सरकार की भूमिका सामाजिक–आर्थिक परिवर्तन के सफल प्रबंधन करने और बहुआयामी विकास निर्दिष्ट उद्देश्य प्राप्त करने में निहित है। इसलिए लोक प्रशासन सिद्धांत में समकालीन बल सरकार पर कम नहीं है, बल्कि बेहतर सरकार पर है। यह वह क्षेत्र है, जहाँ युक्तियुक्त प्रबंधकीय पद्धतियों का महत्त्व लोक प्रशासन के क्षेत्र में फैल गया है। भविष्य में लोक प्रशासन का लक्ष्य अपनी बहुपक्षीय प्रगति सुकर बनाकर बहुप्रतिमानों में समृद्ध होना है।

प्रश्न 2. सार्वजनिक सेवा के बदलते स्वरूप पर एक संक्षिप्त टिप्पणी प्रस्तुत कीजिए। **[June 2010, Q. 10. (b)]**

उत्तर– सार्वजनिक सेवा का बदलता स्वरूप–आज का प्रशासनिक परिवेश तीव्र परिवर्तन से पहचाना जाता है। भूमंडलीकरण, बाजारीकरण और निजीकरण प्रक्रियाओं ने लोक प्रशासन की सीमाओं को पूरी तरह से बदल दिया है। पुरानी लोक सेवा की विशेषताएँ औद्योगिक युग के परिणाम है। विगत में नेमी मानक परिचालन क्रियाविधियों के अनुसार सरकारी कर्मचारी केंद्रीकृत, पदानुक्रमिक, नौकरशाही के तरीकों में कार्य निर्वहन करते थे। उनके स्वनिर्णय को नियंत्रण की ऊर्ध्वाधर श्रृंखला में उनकी स्थिति द्वारा सीमित किया गया था और वे अपने उच्च अधिकारियों के प्रति उत्तरदायी थे। निर्वाचित अधिकारी नीति निर्धारित करते थे, सार्वजनिक हित स्पष्ट करते थे और कार्यक्रम प्रबंधन मॉनीटर करते थे। शीर्ष से तल तक प्रवाहित प्राधिकार प्रत्यक्ष रूप से नागरिकों को दिए जाते थे, नियंत्रण या विनियम सरकार केंद्रित थे, भूमिकाएँ स्पष्ट थीं और दक्षताएँ विशेषीकृत थीं। उन स्थायी कर्मचारियों को सिविल सेवा संरक्षण प्रदान किया गया था जिनका वेतन और लाभ सीधे सरकार से आते थे।

नई सार्वजनिक सेवा की विशेषताएँ भिन्न हैं। वे औद्योगिकोत्तर, सेवा आधारित अर्थव्यवस्था के लिए अधिक उपयुक्त थे। आज ऊर्ध्वाधर पदानुक्रम (Vertical Hierarchy) क्षैतिज नेटवर्किंग का मार्ग प्रशस्त कर रहा है। नौकरशाही समाप्त होती जा रही है और सहभाजित नेतृत्व संरचनाएँ उभर रही हैं। सार्वजनिक हितों की पहचान की गई है और संबद्ध पणधारी (Relevant Stakeholders) से विचार विनिमय के आधार पर सहयोगात्मक परिवर्तन के रूप में अनुसरण किया गया है। कर्मचारी की कार्य सीमाएँ लचीली (Flexible) हैं और दक्षतासमूह परिवर्तनशील (Versatile) है। सार्वजनिक सेवाएँ देने की पुरानी से नई शैली के संक्रमण काल ने सार्वजनिक क्षेत्र की भूमिका बदल दी है, इसमें पदानुक्रम और नियंत्रण के बदले सहयोग और समर्थता पर बल दिया है।

अब सार्वजनिक सेवाएँ गुणवत्ता के प्रति जागरूक हो गई हैं। कठोर कार्य निष्पादन मूल्यांकनमुखी क्रियाविधियों के माध्यम से परिणामों पर लगातार बल दिया जाता है। सिविल कर्मचारियों को सुलभ, पारदर्शी और नागरिकों के प्रति उत्तरदायी होना चाहिए। सरकार में

बहुत से कार्य जिन्हें पहले नौकरशाहों द्वारा किया जाता था, अब संविदा आधार पर निजी एजेंसियों को सौंपा जा रहा है। सार्वजनिक सेवाएँ देने में अधिक उत्पादन के साथ कम लागत मानदंड है। सार्वजनिक सेवाओं का प्रबंधन अब लोक प्रशासन की विधा में विषयवस्तु विकसित कर रहा है। बदलती हुई परिस्थितियों में वेबेरियन नौकरशाही पर आधारित सार्वजनिक प्रशासन का परंपरागत मॉडल अब कुशल सार्वजनिक सेवाएँ प्रदान करने में सक्षम नहीं है। बदलते हुए परिवेश में सरकारें सामाजिक कार्यों की व्यापक श्रेणी में व्यापक रूप से परिचालन करने के लिए गैर-सरकारी एजेंसियों को अनुमति देकर सार्वजनिक सेवाएँ प्रदान के "समर्थक" के रूप में अप्रत्यक्ष रूप से कार्य करती हैं। सरकारें सार्वजनिक सेवाओं के वितरण में संविदा और निजीकरण अपना रही हैं। सार्वजनिक सेवा मूल्यों के आधारभूत परंपरागत मानदंड, जैसे तटस्थता निष्पक्षता, उत्तरदायित्व, प्रतिक्रियाशीलता और समानता का सार्वजनिक सेवाओं की व्यवस्था में बाजार समर्थक मूल्य जैसे प्रतिस्पर्धा, दक्षता, गुणवत्ता, उत्पादकता और लाभकारिता से प्रतिस्थापित किया जा रहा है। भविष्य सार्वजनिक सेवाओं के वितरण में सरकार की अधिक छोटी भूमिका की लाभनिरपेक्ष क्षेत्र की बढ़ी हुई भूमिका और सार्वजनिक निजी भागीदारी की बढ़ी हुई भूमिका का पूर्वाभास देता है। सरकार, निजी और लाभनिरपेक्ष क्षेत्रों के बीच अस्पष्ट सीमाओं ने सार्वजनिक सेवाओं को अधिक व्यापक अर्थ दिया है।

आज के परिवेश का द्रुत परिवर्तन से विभेद किया जाता है। यह द्रुत गति का परिवर्तन सार्वजनिक सेवाओं के लिए चुनौतियाँ खड़ी करता है। तेजी से बदलते हुए बाहरी परिवेश—सामूहिक भूमंडलवाद, साइबर प्रौद्योगिकी, बदलते हुए मूल्य और प्रबंधन दर्शन ने सार्वजनिक सेवा वितरण को प्रभावित किया है। इसी प्रकार आंतरिक परिवेश में परिवर्तन—बढ़ी हुई क्षेत्र गतिशीलता, निजीकरण और हस्तांतरण के लिए सार्वजनिक सेवाओं पर पुनः विचार करना आवश्यक है कि इन्हें कैसे वितरित किया जाए। गतिशील बाहरी और आंतरिक परिवेश ऐसे व्यावसायिक प्रबंधकों के लिए आवश्यकताएँ उत्पन्न करते हैं जो इक्कीसवीं शताब्दी की जटिल शासन व्यवस्था संबंधी चुनौतियों का सामना करने के लिए तकनीकी, नैतिक और नेतृत्व की क्षमता रखते हैं। जबकि नैतिक क्षमताएँ लोक सेवकों को अच्छा कार्य करने के योग्य बनाती हैं। नेतृत्व क्षमताएँ, प्रबंधन परिवर्तन, सेवा प्रदाताओं की ऊर्जा काम में लगाने और सामान्य हित को आगे बढ़ाने के लिए उनके प्रयासों को प्रोत्साहित करने के लिए होती हैं। नागरिकों की सेवा उन सार्वजनिक कर्मियों द्वारा अच्छी की जाती है, जिनमें ये कुशलताएँ प्रचुर मात्रा में होती हैं।

प्रश्न 3. वर्तमान युग में प्रशासनिक सिद्धांत की अवस्था की चर्चा कीजिए।
[Dec 2008, Q. 9.]

उत्तर— 20वीं शताब्दी के प्रारंभ से ही प्रशासनिक विचारधारा में निरंतर परिवर्तन की अवस्था बनी रही है। इसमें तेजी से बदल रहे सामाजिक-आर्थिक तथा राजनीतिक वातावरण

की आवश्यकताओं के अनुसार इसकी भूमिका और भोगाधिकारों में संशोधन होते रहे हैं। लोक प्रशासन विधा और व्यवसाय दोनों रूपों में विश्व के सामाजिक–आर्थिक बलों में समसामयिक परिवर्तनों को ध्यान में रखते हुए बदल रहा है। भूमंडलीकरण से उत्पन्न होने वाले मुद्दे, जैसे सूचना प्रौद्योगिकी, विश्वव्यापी संस्थाएँ और दक्षता तथा उत्पादकता ने लोक प्रशासन के स्वरूप और क्षेत्र को मूलतः बदल दिया है। लोक प्रशासन के शब्द "लोक" का अधिक व्यापक अर्थ है। दूसरे शब्दों में, लोक प्रशासन का "लोक" पहलू उसे विशेष स्वरूप देता है। किसी ऐसे प्रशासन को शामिल करने के लिए इसका विस्तार किया गया है, जिसका जनता पर पर्याप्त प्रभाव होता है। इसलिए यह "लोक" (सार्वजनिक) और निजी (प्राइवेट) के बीच ठोस अंतर बनाए रखना उचित नहीं होगा, क्योंकि इसे पहले बनाया गया था। कुलदीप माथुर उल्लेख करते हैं कि लोक प्रशासन की संस्थाओं की उत्पत्ति की जाँच "उन सामाजिक और राजनीतिक बलों को प्रतिबिम्बित करता है जो विशेष समय पर प्रभुत्व रखते हैं। सार्वजनिक नीति के लक्ष्यों को प्राप्त करने की प्रभाविकता उन समूहों या हितों के प्रयोजनों पर निर्भर होंगी, जो इन संस्थाओं को अस्तित्व में लाया। इस परिप्रेक्ष्य के लिए आवश्यक है कि हम संगठन की सीमाओं के पार भी देखें और उन व्यापक सामाजिक शक्तियों को ध्यान में रखें जो विशिष्ट हितों को उत्पन्न करती हैं जिनके फलतः संगठनों की स्थापना होती है।" इसलिए अब प्रशासनिक सिद्धांत परंपरागत अवधारणाओं के विश्लेषण तक सीमित नहीं है। इसे "नई आर्थिक व्यवस्था" की चुनौतियों का उत्तर देना है। वैचारिक वातावरण में परिवर्तन का प्रशासनिक सिद्धांत पर निर्णायक प्रभाव है। शासन व्यवस्था का बाजार मॉडल 1980 के दशक से प्रमुख अवस्था पर विद्यमान है। इस मॉडल के आधारभूत बल के आधार पर शासन व्यवस्था में उभरती हुई प्रवृत्तियों को जोड़ने के लिए नए मॉडल बनाए गए हैं, जैसे सहयोगात्मक मॉडल, लचीला सरकारी, मॉडल, पुनर्विचार करने के लिए सरकारी मॉडल, विनियम से मुक्त सरकारी मॉडल। प्रशासनिक सिद्धांत निर्माण के आधार पर नए लोक प्रबंधन पर वर्तमान बल के लिए उपयुक्त ऐतिहासिक परिप्रेक्ष्य में देखे जाने की आवश्यकता है।

तृतीय विश्व के लोक प्रशासन में महत्त्वपूर्ण परिवर्तन (momentous) हो रहे हैं। एक ओर, संरचनात्मक समायोजन नीति सरकार का आकार कम करने की ओर बढ़ रही है और नई शासन व्यवस्था अवधारणा के अनुसार बाजार को अधिक स्वतंत्रता की अनुमति देती है दूसरी ओर, औपचारिक सरकार के संगठन के परंपरागत मॉडल से दूर हटने की प्रवृत्ति है और बदले में सामाजिक अभिकर्त्ताओं के अनेकत्व की सिफारिश की गई है। इस संदर्भ में संरक्षित नौकरशाही के इर्दगिर्द घूमती हुई लोक प्रशासन की परंपरागत अवधारणा अब व्यावहार्य नहीं है। यह आरोप लगाया गया है कि नौकरशाही की असफलता ने समाज को बुरी तरह से प्रभावित किया है। तृतीय विश्व के लोक प्रशासन सिद्धांत और अनुसंधान पर, प्रो. हरगोपाल का कथन है कि यद्यपि पश्चिमी सिद्धांतों को तृतीय विश्व के विद्वानों द्वारा दी गई चुनौती अभी भी है फिर भी कोई वैकल्पिक देशी सिद्धांत विकसित नहीं किए जा रहे हैं। जो

कुछ भी लोक प्रशासन के वैचारिक दृष्टिकोणों के रूप हैं, प्रतीत होता है उसे कहीं से लिया गया है, प्रारंभ किया गया है और प्रयुक्त किया गया है तथा कभी–कभी संदर्भ से परे।

बदलते हुए परिवेश में, सरकारें, "समर्थक" के रूप में अप्रत्यक्ष रूप से कार्य करने को प्राथमिकता देती हैं, विश्व के अधिकांश देशों में सामाजिक कार्यकलापों की विशाल श्रेणियों में गैर–सरकारी संस्थाओं को प्रत्यक्ष रूप से कार्य करने की अनुमति दे रही हैं। विद्युत चक्रवर्ती और मोहित भट्टाचार्य के अनुसार सरकार की भूमिका में परिवर्तनों से लोक प्रशासन में विद्यमान कुछ प्रमुख सैद्धांतिक चिंताएँ निम्नलिखित हैं–

1. सार्वजनिक माल के प्रतियोगी प्रदाता के रूप में बाजार और राज्य दोनों के सापेक्ष महत्त्व का मूल्यांकन करने का प्रयास करने वाले लोक प्रशासन के सार्वजनिक रुचि सिद्धांत का प्रयोग।
2. निम्नतम स्तरों पर लोगों की सहभागिता और सशक्तीकरण।
3. वेबेरियन युक्तिसंगत नौकरशाही की अपर्याप्तता, जिस पर आत्म प्रशंसा, प्राथमिकता मिथ्यावर्णन और बजट–अधिकतमीकरण का प्रहार किया जा रहा है।
4. यह सुनिश्चित करने के लिए संगठनात्मक बहुलवाद का सामना करने की हस्तक्षेप के बिना चुनने में व्यक्तियों की पूर्ण स्वतंत्रता है। इसके फलस्वरूप सरकार का भार कम करना, निजीकरण, विकेंद्रीकरण और सशक्तीकरण तथा स्वैच्छिक क्षेत्र में गैर–सरकारी संगठनों (NGOs) को भी प्रोत्साहन।
5. सार्वजनिक सेवा वितरण में सरकार, गैर–सरकारी संगठनों और निजी एजेंसियों, सार्वजनिक–निजी संयुक्त भागीदारी कार्यों की नेटवर्किंग।
6. नागरिक चार्टर के माध्यम से शासन व्यवस्था की पारदर्शिता और मुक्त नागरिक मैत्रीपूर्ण प्रशासन की वकालत की गई है।

इस प्रकार के विचलन से शासन व्यवस्था को लोक प्रशासन के रूप में लाया गया। शब्द "गवर्नेन्स" शब्द "गवर्नमेंट" से श्रेष्ठ माना गया है। नए प्रबंधन में सरकार शासन व्यवस्था का भाग है। सरकार को औपचारिक प्राधिकार दिया गया है, जबकि शासन व्यवस्था का संबंध उन साझे लक्ष्यों द्वारा समर्थित कार्यों से है जिन्हें सरकार से उनकी वैधता मिल सकती है और नहीं मिल सकती है। कार्यकलापों और लक्ष्यों के लिए वैधता के अन्य स्रोत नागरिक समाज और बाजार हैं। इस प्रकार शासन व्यवस्था सरकार से परे जाती है और नागरिकों की आवश्यकताओं और आकांक्षाओं को पूरा करने की गैर–सरकारी क्रियाविधियों को शामिल करती है। सिद्धांत के रूप में शासन व्यवस्था सरकार के बदलते हुए विश्व का मार्गदर्शन प्रदान करने में सहायता करती है। यह मुख्य प्रवृत्तियों और परिवर्तनों की पहचान करती है। गेरी स्टॉकेर के अनुसार सिद्धांत के रूप में शासन व्यवस्था के निम्नलिखित पाँच प्रस्ताव हैं–

1. इसका संबंध उन संस्थाओं और कारकों के वर्ग से है जो सरकार से और बाहर से

भी लिए जाते हैं।

2. सामाजिक और आर्थिक मुद्दों को हाथ में लेने के लिए यह सीमाओं और उत्तरदायित्वों की अस्पष्टता को निर्धारित करता है।
3. सामूहिक कार्य में सम्मिलित संस्थाओं के बीच संबंधों में अंतिर्निहित शक्ति निर्माता की पहचान करता है।
4. यह कारकों का लगभग स्वशासी नेटवर्क है।
5. यह कार्य करवाने की क्षमता को पहचानता है, जो नियंत्रण करने या अपने प्राधिकार का प्रयोग करने के लिए सरकार की शक्ति पर नहीं होता है।

सिद्धांत के रूप में शासन व्यवस्था लोक प्रशासन प्रणाली में अधिक लोकतंत्रीकरण और उदारीकरण लाया है जिसमें उत्तरदायित्व, कानून का शासन, स्वतंत्र न्यायपालिका, सूचना का अधिकार और सिविल सामाजिक संगठनों से अनुकूल समन्वय पर अधिक बल देता है। 1980 के दशक में अवधारणाएँ, जैसे राज्य की दक्षता बनाम बाजार, सरकारी कार्यकलापों में बढ़ी हुई प्रबंधकीय अभिविन्यास और निजीकरण के संवर्धन को लोक प्रशासन सिद्धांत में कई समस्याओं के लिए रामबाण के रूप में लोकप्रियता प्राप्त हुई।

समसामयिक (Contemporary) लोक प्रशासन को ऐसे सिद्धांत की आवश्यकता है जिसे जमीनी वास्तविकता के अनुकूल उसके निहित दार्शनिक और सामाजिक विचारों से आसानी से जोड़ा जा सकता है। सिद्धांत निर्माण को गतिशील परिवर्तन का सामना करने के लिए विधा की सहायता करनी चाहिए। बदलते हुए परिदृश्य में, विधा के स्वरूप को पुनःपरिभाषित करना और उसके क्षेत्र को पुनः सीमांकित किया जाना आवश्यक है। भविष्य में प्रशासनिक सिद्धांत को सूचना प्रौद्योगिकी, पारिस्थितिकी पर्यावरण (Ecology-environment), प्रशासनिक क्षमता, लिंग संवेदनशीलता और सहयोगात्मक विकास के बदलते हुए स्वरूप के अनुकूल बनाना आवश्यक है। शासन व्यवस्था में मूल्यों और नैतिकता की भूमिका, संगठनात्मक सुधारों, प्रतिक्रियाशील प्रशासन, विकेन्द्रीकरण, सहयोगात्मक संसाधन प्रबंधन, शासन व्यवस्था की वैकल्पिक संस्थाओं का निर्माण, जैसे नागरिक समाज संगठन, ऐसे उपयुक्त क्षेत्र हैं, जहाँ लोक प्रशासन सिद्धांत की जाँच पड़ताल किया जाना आवश्यक है। भावी दशकों के प्रशासनिक सिद्धांत को सार्वजनिक सेवाओं का निजीकरण करना, सरकार का ठीक आकार बनाना, दक्षता प्राप्त करना तथा बनाए रखना, सार्वजनिक सेवा वितरण में प्रभाविकता और पारदर्शिता, जैसे मुद्दों का हल निकालना चाहिए तथा लोक प्रशासन पर भूमंडलीकरण के प्रभाव के कारण बढ़ी हुई उत्पादकता के साथ–साथ लागत प्रभाविकता भी सुनिश्चित करनी चाहिए। प्रशासनिक सिद्धांत को इन बदलती हुई प्रवृत्तियों का रूपांतरण, नवीकरण तथा ग्रहण करना चाहिए। लोक प्रशासन के क्षेत्र में अनुसंधानकर्त्ताओं को सदैव अपने कार्य में मुख्य रूप से व्यावसायिकों को लगाना चाहिए। डेनहर्ट कहता है कि क्षेत्र में लोक प्रशासन सिद्धांतवादियों की तथा अनुसंधानकर्त्ताओं की भी दुहरी अनिवार्यताएँ हैं—पहला, साधारणतया सार्वजनिक संगठनों के

ज्ञान की स्थिति बढ़ाना और दूसरा, लोक प्रशासन जगत की हमारी जानकारी उन लोगों को सम्प्रेषित करना, जो उस क्षेत्र में सक्रिय है। उसके विचार में लोक प्रशासन सिद्धांत में सापेक्षतावादी स्थिति की ओर परिवर्तित ज्ञान सिद्धांत और पद्धति के बीच बेहतर संबंध स्थापित करने के लिए पर्याप्त आशा प्रस्तुत करता है।

सभी प्रकार के आधुनिक संगठनों ने समाज में व्यक्ति के निजी जीवन पर विपुल प्रभाव डाला है। इस संदर्भ में, लोक प्रशासन सिद्धांत, विशेषकर लोकतांत्रिक प्रशासन के सिद्धांत सामान्यतः प्रशासन सिद्धांत के लिए मॉडल हो सकते हैं। डेनहार्ट की दृष्टि में विचार और कार्य, सिद्धांत और पद्धति के बीच संबंध के लिए आवश्यक है कि लोक प्रशासन सिद्धांतवादी सार्वजनिक संगठनों में व्यावसायिकों के साथ नैतिक दायित्व का भागीदार बने। सिद्धांतवादियों का उत्तरदायित्व पद्धति के मानकीय सिद्धांत विकसित करने के प्रति है। उन्हें अपने स्वयं के कार्य के नैतिक निहितार्थ को समझना है। इक्कीसवीं शताब्दी में प्रशासनिक सिद्धांत की अवस्था पर चर्चा डेनहर्ट के इन शब्दों के साथ समाप्त की जा सकती है, कि "हम न केवल लोक प्रशासन के मात्र विद्यार्थी हैं बल्कि सार्वजनिक संगठनों के विद्यार्थी भी हैं, कि हमारी चिंता सार्वजनिक रूप से परिभाषित सामाजिक मूल्यों के अनुसरण में परिवर्तन के प्रबंधन से है। हमें सार्वजनिक संगठनों का एक ऐसा नया सिद्धांत बनाना है जो हमारे क्षेत्र की विविधता को मानता है, परंतु हमारे सामान्य प्रयोजन को भी स्वीकार करता है। सार्वजनिक संगठनों में प्रशासनिक कार्य के बारे में कुछ विशिष्टताएँ हैं और उन विशिष्टताओं को सार्वजनिक संगठनों के सुसम्बद्ध तथा एकीकृत सिद्धांत के लिए आधार प्रदान किया जाना चाहिए।"

प्रश्न 4. नवीन सार्वजनिक सेवा की विशेषताएँ बताते हुए इसकी वर्तमान स्थिति पर भी प्रकाश डालिए।

उत्तर– नवीन सार्वजनिक सेवा की विशेषताएँ भिन्न हैं जिन पर इस प्रकार प्रकाश डाला जा सकता है–

(i) औद्योगिकोत्तर सेवा आधारित अर्थव्यवस्था के लिए अधिक उपयुक्त होना।

(ii) ऊर्ध्वाधर पदानुक्रम।

(iii) नौकरशाही का समाप्त होते जाना।

(iv) सहभाजित नेतृत्व संरचनाओं का उभरना।

(v) सार्वजनिक हितों की पहचान किया जाना।

(vi) सम्बद्ध पणधारी से विचार विनिमय के आधार पर सहयोगात्मक परिवर्तन के रूप में अनुसरण।

(vii) कर्मचारी की कार्य सीमाएँ लचीली होना।

(viii) दक्षतासमूह परिवर्तनशील होना।

(ix) पदानुक्रम और नियंत्रण के स्थान पर सहयोग और समर्थता पर बल दिया जाना।

जैसे—

(क) गुणवत्ता के प्रति जागृति आना।

(ख) कठोर कार्य निष्पादन मूल्यांकनमुखी क्रियाविधियों के माध्यम से परिणामों पर निरंतर बल दिया जाना।

(ग) सिविल कर्मचारियों से सुलभ, पारदर्शी और नागरिकों के प्रति उत्तरदायी होने की अपेक्षा की जानी चाहिए।

(घ) नौकरशाहों द्वारा किए जाने वाले कार्यों को अब संविदा आधार पर निजी एजेंसियों को सौंपा जाना।

(ङ) सार्वजनिक सेवाएँ देने में अधिक उत्पादन के साथ कम लागत मापदंड होना।

वर्तमान स्थिति—वर्तमान स्थिति निम्न प्रकार है—

(i) सार्वजनिक सेवाओं का प्रबंधन अब लोक प्रशासन की विधा में विषय–वस्तु का विकास कर रहा है।

(ii) वेबेरियन नौकरशाही पर आधारित सार्वजनिक प्रशासन का परंपरागत मॉडल कुशल सार्वजनिक सेवाएँ प्रदान करने में सक्षम नहीं रहा है।

(iii) सरकारें सामाजिक कार्यों की व्यापक श्रेणी में व्यापक रूप से परिचालन करने के लिए गैर–सरकारी एजेंसियों को अनुमति देकर सार्वजनिक सेवाएँ प्रदान करने के लिए 'समर्थक' के रूप में अप्रत्यक्ष रूप से कार्य करती हैं।

(iv) सरकारें सार्वजनिक सेवाओं के वितरण में संविदा और निजीकरण अपना रही हैं।

सार्वजनिक सेवा मूल्यों के आधारभूत परंपरागत मानदंड को सार्वजनिक सेवाओं की वर्तमान स्थिति व्यवस्था में प्रतिस्थापित किया जा रहा है। वे निम्नलिखित रहे हैं, जो इस प्रकार हैं—

(क) तटस्थता

(ख) निष्पक्षता

(ग) उत्तरदायित्व

(घ) प्रतिक्रियाशीलता

(ङ) समानता में बाजार समर्थक मूल्य।

ये समर्थक मूल्य निम्नलिखित हैं जो इस प्रकार हैं—

(i) प्रतिस्पर्द्धा

(ii) दक्षता

(iii) गुणवत्ता

(iv) उत्पादकता

(v) लाभकारिता।

गतिशील बाहरी और आंतरिक परिवेश इस प्रकार के व्यावसायिक प्रबंधकों के लिए

आवश्यकताएँ उत्पन्न करते हैं जो इक्कीसवीं शताब्दी की जटिल शासन व्यवस्था संबंधी चुनौतियों का सामना करने के लिए तकनीकी, नैतिक और नेतृत्व की क्षमता से युक्त हैं। दूसरे शब्दों में, वर्तमान सार्वजनिक सेवा के लिए तीन मुख्य क्षेत्रों–(क) तकनीकी, (ख) नैतिकता और (ग) नेतृत्व की क्षमता आवश्यक है। इनका वर्णन हम निम्नलिखित रूप से इस प्रकार कर सकते हैं—

(i) तकनीकी क्षमताओं में रणनीतिक योजना कार्यक्रम प्रबंधन और संसाधन प्रबंधकत्व सम्मिलित हैं।

(ii) नैतिक क्षमताओं में नैतिक विवेचना, मूल्य प्रबंधन और विवेकपूर्ण निर्णयन सम्मिलित हैं। जैसे—

(a) तकनीकी क्षमताएँ यह सुनिश्चित करने में सहायक हैं कि विषय सही है।

(b) नैतिक क्षमताएँ लोक सेवक को अच्छा कार्य करने के योग्य बनाती हैं।

(iii) नेतृत्व क्षमताएँ निम्नलिखित के लिए होती हैं—

(a) प्रबंधन परिवर्तन के लिए,

(b) सेवा प्रदाताओं की ऊर्जा काम में लगाने के लिए,

(c) सामान्य हित को आगे बढ़ाने के लिए उनके प्रयासों को प्रोत्साहित करने के लिए।

नागरिकों की सेवा इन सार्वजनिक कर्मियों द्वारा अच्छी की जाती है जिसमें कुशलताएँ प्रचुर मात्रा में होती हैं।

प्रश्न पत्र

एम.पी.ए.–012 : प्रशासनिक सिद्धांत
जून: 2008

नोट : किन्हीं **पाँच** प्रश्नों के उत्तर दीजिए। प्रत्येक भाग में से कम–से–कम **दो** प्रश्न अवश्य करें। प्रत्येक प्रश्न का उत्तर लगभग 500 शब्दों में दें।

भाग – I

प्रश्न 1. लोक प्रशासन को परिभाषित कीजिए और इसके कार्य-क्षेत्र की व्याख्या कीजिए।
उत्तर– देखें इकाई–1, प्रश्न नं–1

प्रश्न 2. प्रशासनिक सिद्धांत के विकास और प्रगति का आलोचनात्मक विश्लेषण कीजिए।
उत्तर– देखें इकाई–3, प्रश्न नं–1

प्रश्न 3. प्रशासन के सामान्य सिद्धांतों की चर्चा कीजिए और आज के युग में इनकी प्रासंगिकता पर प्रकाश डालिए।
उत्तर– देखें इकाई–5, प्रश्न नं–2

प्रश्न 4. नौकरशाही को परिभाषित कीजिए और वेबर द्वारा प्रस्तुत नौकरशाही के मॉडल का आलोचनात्मक विश्लेषण कीजिए।
उत्तर– देखें इकाई–7, प्रश्न नं–1

प्रश्न 5. निम्नलिखित में से प्रत्येक पर लगभग 250 शब्दों में संक्षिप्त टिप्पणियाँ लिखिए–

(क) वैज्ञानिक प्रबंधन के सिद्धांत
उत्तर– देखें इकाई–4, प्रश्न नं–1

(ख) निर्णयन कार्य के बारे में हर्बर्ट सीमॉन के विचार
उत्तर– देखें इकाई–9, प्रश्न नं–1

भाग – II

प्रश्न 6. फ्रेडरिक हर्जबर्ग के अभिप्रेरण-स्वच्छता सिद्धांत की चर्चा कीजिए।
उत्तर– देखें इकाई–12, प्रश्न नं–2

प्रश्न 7. यह कहा जाता है कि प्रतिबद्ध और खुली प्रणाली उपागम एक ही सिक्के के दो पहलू हैं। चर्चा कीजिए।
उत्तर– देखें इकाई–14, प्रश्न नं–1, 2, और

प्रतिबद्ध प्रणाली (Closed System)–प्रतिबद्ध प्रणाली और खुली प्रणाली को परिचालित करने वाली मान्यताएँ चरम स्थितियों पर आधारित हैं अतः उन्हें परस्पर विपरीत तथा विरोधी माना जा सकता है तथापि वास्तविकता में संगठन न तो पूर्णतः प्रतिबद्ध हो सकते हैं और न ही पूर्णतः खुले। संगठनों में दोनों का मिश्रण होता है। इसी आधार पर कहा जाता है कि दोनों प्रणालियाँ एक ही सिक्के के दो पक्ष हैं–

प्रतिबद्ध प्रणाली युक्तिसंगतता पर बल देती है। हर्बर्ट सीमॉन आदि ने इसकी कटु आलोचना की है। उसके अनुसार सिद्धांतों के प्रत्येक सेट के लिए सिद्धांतों का परस्पर विरोधी सेट हो सकता है। प्रमुखतः इन दो चरम दृष्टिकोणों में समंजन आवश्यक है–

(1) **खुली प्रणाली मॉडल**–कुछ संगठन जो परिवेश संबंधी प्रभावों का सामना करते हैं उन्हें खुली प्रणाली मॉडल के अनुरूप होने के लिए लचीला और अनौपचारिक होना आवश्यक है।

(2) **प्रतिबद्ध प्रणाली**–वे संगठन जो सहज रूप से नेमी मानकीकृत कार्यों का प्रबंधन करते हैं उन्हें प्रतिबद्ध प्रणाली मॉडल पर परिचालित किया जाना चाहिए। थॉम्पसन का कथन मान्य है कि संगठन दो दृष्टिकोणों का संयोजन है।

प्रश्न 8. संगठनात्मक संस्कृति को परिभाषित कीजिए। नई संगठनात्मक संस्कृति को सृजित करने के प्रयासों की चर्चा कीजिए।
उत्तर– देखें इकाई–17, प्रश्न नं–1

प्रश्न 9. भूमंडलीय संदर्भ में नवीन लोक प्रबंधन परिप्रेक्ष्य के प्रभाव का परीक्षण कीजिए।
उत्तर– देखें इकाई–21, प्रश्न नं–3

प्रश्न 10. निम्नलिखित में से प्रत्येक पर लगभग 250 शब्दों में संक्षिप्त टिप्पणियाँ लिखिए—

(क) परंपरागत बनाम अधिगम संगठन

उत्तर— देखें इकाई–16, प्रश्न नं–1

(ख) तार्किकता और क्रियापद्धति व्यक्तिवाद की अवधारणा

उत्तर— देखें इकाई–19, प्रश्न नं–1

एम.पी.ए.–012 : प्रशासनिक सिद्धांत
दिसम्बर: 2008

नोट : *किन्हीं **पाँच** प्रश्नों के उत्तर दीजिए। प्रत्येक भाग में से कम–से–कम **दो** प्रश्न अवश्य करें। प्रत्येक प्रश्न का उत्तर लगभग **500** शब्दों में दीजिए। सभी प्रश्नों के **अंक समान** हैं।*

भाग – I

प्रश्न 1. लोक प्रशासन को परिभाषित कीजिए और अध्ययन के विशेषीकृत विषय तथा कार्यकलाप के रूप में इसके महत्त्व की चर्चा कीजिए।

उत्तर– देखें इकाई–1, प्रश्न नं–1, 2

प्रश्न 2. "एफ.डब्ल्यू. टेलर वैज्ञानिक प्रबंधन का प्रवर्तक है।" चर्चा कीजिए।

उत्तर– एफ.डब्ल्यू. टेलर का जन्म 20 मार्च, 1856 को पेनसिलवेनिया में जर्मन कस्बे में हुआ था। उन्होंने फ्रांस और जर्मनी में शिक्षा प्राप्त की तथा स्टेवेन्स इंस्टीट्यूट ऑफ टेक्नोलॉजी ऑफ होबोकेन (Stevens Institute of Technology of Hoboken), न्यू जर्सी से मैकेनिकल इंजीनियरिंग की उपाधि प्राप्त की। उन्होंने इंटरप्राइज हाइड्रॉलिक वर्क्स, फिलाडेलफिया में कार्य आरंभ कर चार वर्ष तक प्रशिक्षु के रूप में कार्य किया। 1878 में वह मिडवेले स्टील कंपनी में श्रमिक के रूप में कार्य करने गए और 1884 में कंपनी के चीफ इंजीनियर बन गये। वे 1890 में मैन्यूफैक्चरिंग इन्वेस्टमेंट कपंनी के जनरल मैनेजर बने। 1893 में उन्होंने कन्सल्टिंग इंजीनियर के रूप में न्यूयार्क में कार्यालय खोला।

इंजीनियर के रूप में उन्होंने नई टेक्नोलॉजी के विकास में सहायता की है। उन्होंने उत्पादन में वृद्धि हेतु कई औजारों का आविष्कार किया, जैसे–कटिंग टूल, हीट ट्रीटिंग टूल, स्टील हैमर, हाइड्रोलिक पावर लोडिंग मशीनरी, बोरिंग और टर्निंग मिल्स आदि। उन्हें सदैव प्रबंधन की तकनीकें सुधारने में रुचि थी। उन्होंने औजार विकसित करने के वैज्ञानिक तरीके पर और कार्य निष्पादन के वैज्ञानिक तरीके पर भी बल दिया। उनके संगठन में काम की दक्षता और वैज्ञानिक तरीके के प्रति उमंग थी।

वैज्ञानिक प्रबंधन दृष्टिकोण के लिए टेलर का योगदान महत्त्वपूर्ण है। उसकी रचनाओं में कार्य स्थल में उसका गहन प्रेक्षण (Intimate Observation) और संगठन में उत्पादन तथा दक्षता सुधारने के लिए उसकी इच्छा प्रकट होती है।

टेलर की मुख्य रचनाएँ निम्नलिखित हैं—
(1) ए.पीस. रेट सिस्टम (1895)
(2) शॉप मैनेजमेंट (1903)
(3) दी आर्ट ऑफ कटिंग मेटल्स (1906)
(4) दी टेस्टीमोनी बिफोर ए स्पेशियल कमेटी ऑफ दी हाउस ऑफ रेप्रिजेंटेटिव्स (1912)।

वैज्ञानिक प्रबंधन प्रणाली सिद्धांतों का प्रारंभ प्रबंधन प्रणाली की त्रुटियों को इंगित कर किया गया है।

एफ. डब्ल्यू. टेलर ने 'ए पीस रेट सिस्टम' में तीन मूलभूत सिद्धांतों पर विचार किया है—
(1) कार्य पूरा करने के लिए समय अध्ययन के माध्यम से कार्य का प्रेक्षण (कार्य पूरा करने के लिए मानक निर्धारित करने के लिए।)
(2) उजरती काम (Piece work) पूरा करने के लिए भेददर्शी दर प्रणाली।
(3) लोगों को भुगतान न कि कार्य को।

अपने लेख 'शॉप मैनेजमेंट' में उन्होंने अपना ध्यान संगठन और कार्यशाला के प्रबंध पर केन्द्रित किया। उन्होंने निम्न उत्पादन इकाई पर बनाए रखने और उच्च मजदूरी के भुगतान की आवश्यकता का विवेचन करने के साथ ही निम्नलिखित पर बल दिया—
(1) अनुसंधान की वैज्ञानिक विधियों का प्रयोग,
(2) कार्यदशा का मानकीकरण,
(3) प्रशिक्षण की आवश्यकता और कामगारों और प्रबंधक वर्ग के मध्य सहयोग।

मिडवेले (Midvale) स्टील कंपनी में टेलर के कार्यकाल और विभिन्न कारखानों में उसके गहन प्रेक्षण और भिन्न-भिन्न संक्रियाओं के अध्ययन से यह स्पष्ट हुआ कि उनके प्रबंधन में क्या कमियाँ हैं। उनमें मुख्य कमियाँ निम्नलिखित हैं—
(1) कामगारों और प्रबंधक वर्ग द्वारा उत्तरदायित्वों की स्पष्टता का अभाव,
(2) कार्य के मानकों का अभाव,
(3) कार्य से जोड़ने के कारण सीमित उत्पादन,
(4) कार्य की स्पष्टता का अभाव जो काम के जोड़ने को प्रोत्साहन देता है,
(5) निर्णयों के लिए वैज्ञानिक आधार का अभाव,
(6) कार्य-विभाजन का अभाव और
(7) कामगारों को उनकी योग्यताओं, दक्षताओं, अभिरुचि और रुचि पर विचार किए बिना विभिन्न कार्यों पर लगाना।

'दी आर्ट ऑफ कटिंग मेटल्स' पर उसके कार्य का आधार 26 वर्षों की अवधि में संचालित हजारों प्रयोगों का व्यापक अनुसंधान है। उन्होंने निम्नलिखित कार्य किए—
(1) इस्पात काटने के लिए औजार विकसित किए,

(2) गति और काल का अध्ययन किया,

(3) यह विश्लेषण किया कि कामगार सामग्री, मशीन और औजारों का संचालन उस समय कैसे करते हैं, जब वे विभिन्न कार्य निष्पादन करते हैं।

टेलर के अनुसार प्रत्येक काम को करने की एक सर्वोत्तम विधि होती है। इसके साथ ही सही व्यक्ति का सही काम के लिए वैज्ञानिक चयन किसी भी संगठन में अधिकतम उत्पादन के लिए अनिवार्य है।

वैज्ञानिक प्रबंधन दृष्टिकोण का विकास औद्योगिक क्रांति की प्रारंभिक अवस्था में हुआ। इसने औद्योगिक विकास की कुछ समस्याओं का समाधान करने का प्रयास किया। औद्योगिक समाज की मुख्य चिंताएँ निम्नलिखित हैं–

(1) दक्षता सुधारना,

(2) उत्पादन की लागत घटाना,

(3) लाभ बढ़ाना

इसे दो रणनीतियों से प्राप्त किया जा सकता है–

1. एक का संबंध कामगारों की दक्षता प्रबंधन के साथ–साथ कार्य की प्रौद्योगिकी और तकनीक सुधारने से है।

2. दूसरा, नई कॉलोनियों के लिए बाजार का विस्तार करना है।

टेलर औद्योगिक समाज की प्रथम चिंता का समाधान करने का प्रयास कर रहा था। परिणामस्वरूप यह कहा जा सकता है कि एफ. डब्ल्यू. टेलर वैज्ञानिक प्रबंधन का प्रवर्त्तक है, उसका जन्मदाता है।

प्रश्न 3. सीमॉन के संगठनात्मक प्रभाव के मॉडलों की व्याख्या कीजिए और उनके संगठनात्मक निर्णयन में योगदान का विश्लेषण कीजिए।

उत्तर– देखें इकाई–9, प्रश्न नं–2

प्रश्न 4. संगठन को परिभाषित कीजिए और इसकी विशेषताओं पर प्रकाश डालिए।

उत्तर– देखें इकाई–10, प्रश्न नं–1

प्रश्न 5. निम्नलिखित में से प्रत्येक पर लगभग 250 शब्दों में संक्षिप्त टिप्पणियाँ लिखिए–

(क) प्रशासनिक प्रबंधन दृष्टिकोण

उत्तर– देखें इकाई–5, प्रश्न नं–1

(ख) हॉथोर्न प्रयोगों के मुख्य निष्कर्ष

उत्तर– देखें इकाई–8, प्रश्न नं–2

भाग – II

प्रश्न 6. विक्टर व्रूम के प्रत्याशा सिद्धांत और संगठनात्मक प्रक्रियाओं में इसके निहितार्थों का वर्णन कीजिए।
उत्तर– देखें इकाई–13, प्रश्न नं–2

प्रश्न 7. नवीन लोक प्रशासन के अभ्युदय और संवृद्धि पर प्रकाश डालिए और नवीन लोक प्रशासन के लक्ष्य और विरोधी–लक्ष्य की चर्चा कीजिए।
उत्तर– देखें इकाई–18, प्रश्न नं–1, 2

प्रश्न 8. अब्राहम मैस्लो के आवश्यकता सिद्धांत का आलोचनात्मक मूल्यांकन कीजिए।
उत्तर– देखें इकाई–12, प्रश्न नं–1

प्रश्न 9. वर्तमान युग में प्रशासनिक सिद्धांत की अवस्था की चर्चा कीजिए।
उत्तर– देखें इकाई–22, प्रश्न नं–3

प्रश्न 10. निम्नलिखित में से प्रत्येक पर लगभग 250 शब्दों में संक्षिप्त टिप्पणियाँ लिखिए–
(क) संगठनात्मक संस्कृति के घटक
उत्तर– देखें इकाई–17, प्रश्न नं–2

(ख) अधिगम संगठनों के परिचालन
उत्तर– देखें दिसम्बर–2009, प्रश्न नं–9

डंडे और पत्थरों से हड्डियाँ टूट जाती हैं लेकिन शब्दों से अक्सर रिश्ते टूट जाते हैं।

एम.पी.ए.–012 : प्रशासनिक सिद्धांत
जून: 2009

नोट : किन्हीं **पाँच** प्रश्नों के उत्तर दीजिए। प्रत्येक भाग में से कम-से-कम **दो** प्रश्न अवश्य करें। प्रत्येक प्रश्न का उत्तर लगभग **500** शब्दों में दीजिए। सभी प्रश्नों के **अंक समान** हैं।

भाग – I

प्रश्न 1. संगठन को परिभाषित कीजिए और संगठन के विभिन्न सिद्धांतों पर प्रकाश डालिए।
उत्तर— देखें इकाई–2, प्रश्न नं–1

प्रश्न 2. "जे.एस. मिल, मोस्का और मिशेल्स (Michels) ने नौकरशाही संबंधी वेबेरियन प्रतिमान की आलोचना की थी।" चर्चा कीजिए।
उत्तर— देखें इकाई–7, प्रश्न नं–4

प्रश्न 3. हर्बर्ट सीमॉन के विचारों के विशेष संदर्भ में निर्णयन कार्य को परिभाषित कीजिए।
उत्तर— देखें जून–2008, प्रश्न नं–5(ख)

प्रश्न 4. "अभिप्रेरण में अब्राहम मैस्लो का योगदान आज के समय में भी महत्त्वपूर्ण है।" चर्चा कीजिए।
उत्तर— देखें इकाई–12, प्रश्न नं–1

प्रश्न 5. निम्नलिखित में से प्रत्येक पर लगभग 250 शब्दों में संक्षिप्त टिप्पणियाँ लिखिए—
(a) वेबर द्वारा वर्णित विधिसम्मत – युक्तिमूलक नौकरशाही की विशेषताएँ
उत्तर— देखें इकाई–6, प्रश्न नं–1

(b) टेलर द्वारा वर्णित वैज्ञानिक प्रबंधन के आधारभूत सिद्धांत
उत्तर— देखें इकाई–4, प्रश्न नं–1

भाग – II

प्रश्न 6. प्रतिबद्ध और खुली प्रणाली में अंतर स्पष्ट कीजिए तथा खुली प्रणाली दृष्टिकोण की विशेषताओं पर प्रकाश डालिए।

उत्तर– देखें इकाई–14, प्रश्न नं–1, 2

प्रश्न 7. "नवीन लोक प्रशासन आंदोलन की उत्पत्ति में प्रथम मिनोब्रुक सम्मेलन सहायक रहा था।" चर्चा कीजिए।

उत्तर– देखें इकाई–18, प्रश्न नं–2

प्रश्न 8. विक्टर व्रूम के प्रत्याशा सिद्धांत की चर्चा कीजिए।

उत्तर– देखें इकाई–13, प्रश्न नं–2

प्रश्न 9. नवीन लोक प्रबंधन सुधारों का आलोचनात्मक मूल्यांकन कीजिए।

उत्तर– देखें इकाई–21, प्रश्न नं–4

प्रश्न 10. निम्नलिखित में से प्रत्येक पर लगभग 250 शब्दों में संक्षिप्त टिप्पणियाँ लिखिए–

(a) लोक चयन उपागम के बुनियादी तत्त्व

उत्तर– देखें इकाई–19, प्रश्न नं–2

(b) संगठनों के प्रबंधन में आधुनिक प्रवृतियाँ

उत्तर– देखें इकाई–16, प्रश्न नं–2

□□

आप जितना कम बोलेंगे, दूसरे व्यक्ति उतना ही अधिक ध्यान से सुनेंगे।

एम.पी.ए.–012 : प्रशासनिक सिद्धांत
दिसम्बर: 2009

नोट : *किन्हीं **पाँच** प्रश्नों के उत्तर दीजिए। प्रत्येक भाग में से कम–से–कम **दो** प्रश्न अवश्य करें। प्रत्येक प्रश्न का उत्तर लगभग **500** शब्दों में दीजिए। सभी प्रश्नों के **अंक समान** हैं।*

भाग – I

प्रश्न 1. प्रशासनिक सिद्धांत के उद्भव और विकास की चर्चा कीजिए।

उत्तर– देखें इकाई–3, प्रश्न नं–1

प्रश्न 2. "मैक्स वेबर ने नौकरशाही की विशेषताओं की व्याख्या की और प्राधिकार को तीन आदर्श प्रकारों में वर्गीकृत किया।" चर्चा कीजिए।

उत्तर– देखें इकाई–6, प्रश्न नं–1

प्रश्न 3. एल्टॉन मायो द्वारा हॉथोर्न संयंत्र में किए गए प्रयोगों की चर्चा कीजिए।

उत्तर– देखें इकाई–8, प्रश्न नं–1

प्रश्न 4. "क्रिस आर्गिरिस की औपचारिक संगठन की आलोचना का बड़ा महत्त्व है।" विश्लेषण कीजिए।

उत्तर– देखें इकाई–11, प्रश्न नं–4

प्रश्न 5. निम्नलिखित में से प्रत्येक पर लगभग 250 शब्दों में संक्षिप्त टिप्पणियाँ लिखिए–

(a) हेर्जबर्ग का अभिप्रेरण–स्वच्छता सिद्धांत

उत्तर– देखें जून–2008, प्रश्न नं–6

(b) अध्ययन के विशेषीकृत विषय के रूप में लोक प्रशासन का महत्त्व

उत्तर– देखें दिसम्बर–2008, प्रश्न नं–1

भाग – II

प्रश्न 6. डॉग्लास मैकग्रेगोर की सिद्धांत 'x' और सिद्धांत 'y' की मान्यताओं का आलोचनात्मक विश्लेषण कीजिए।
उत्तर– देखें इकाई–13, प्रश्न नं–1

प्रश्न 7. प्रणाली दृष्टिकोण के संबंध में चेस्टर बर्नार्ड के विचार बताइए।
उत्तर– देखें इकाई–15, प्रश्न नं–3

प्रश्न 8. लोक प्रशासन के नवीन लोक प्रबंधन परिप्रेक्ष्य की व्याख्या कीजिए।
उत्तर– देखें इकाई–21, प्रश्न नं–1

प्रश्न 9. 'अधिगम संगठन' से आप क्या समझते हैं? अधिगम संगठनों के परिचालन पर प्रकाश डालिए।
उत्तर– देखें इकाई–16, प्रश्न नं–1

प्रश्न 10. निम्नलिखित में से प्रत्येक पर लगभग 250 शब्दों में संक्षिप्त टिप्पणियाँ लिखिए—

(a) मिनोब्रुक सम्मेलन के प्रमुख महत्त्वपूर्ण क्षेत्र
उत्तर– देखें इकाई–18, प्रश्न नं–3

(b) ब्यूरो के कार्य–संचालन के बारे में लोक चयन सिद्धांत शास्त्रियों के विचार
उत्तर– देखें इकाई–19, प्रश्न नं–3

होठों पर मुस्कान हर मुश्किल कार्य को आसान कर देती है

एम.पी.ए.–012 : प्रशासनिक सिद्धांत
जून: 2010

नोट : किन्हीं **पाँच** प्रश्नों के उत्तर दीजिए। प्रत्येक भाग में से कम-से-कम **दो** प्रश्न अवश्य करें। प्रत्येक प्रश्न का उत्तर लगभग **500** शब्दों में दीजिए। सभी प्रश्नों के **अंक समान** हैं।

भाग – I

प्रश्न 1. संगठन को परिभाषित कीजिए और हेनरी फेयोल, लूथर गुलिक एवं यूर्विक द्वारा प्रतिपादित संगठन के सिद्धांतों को वर्णित कीजिए।
उत्तर– देखें इकाई–2, प्रश्न नं–1

प्रश्न 2. नौकरशाही को परिभाषित कीजिए और नौकरशाही के वेबेरियन मॉडल का आलोचनात्मक विश्लेषण कीजिए।
उत्तर– देखें जून–2008, प्रश्न नं–4

प्रश्न 3. "जॉर्ज एल्टॉन मायो को संगठन के मानवीय संबंध दृष्टिकोण के पथ–प्रदर्शकों में माना जाता है।" चर्चा कीजिए।
उत्तर– देखें इकाई–8, प्रश्न नं–1

प्रश्न 4. क्रिस आर्गिरिस के मनुष्य के व्यक्तित्व के बारे में विचारों और औपचारिक संगठन की उनकी आलोचना का विश्लेषण कीजिए।
उत्तर– देखें इकाई–11, प्रश्न नं–1

प्रश्न 5. निम्नलिखित में से प्रत्येक पर लगभग 250 शब्दों में संक्षिप्त टिप्पणियाँ लिखिए–
(a) वैज्ञानिक प्रबंधन के सिद्धांत
उत्तर– देखें जून–2009, प्रश्न नं–5(b)

(b) नौकरशाही के बारे में कार्ल मार्क्स के विचार
उत्तर– देखें इकाई–7, प्रश्न नं–2

भाग – II

प्रश्न 6. अभिप्रेरण के संबंध में डॉग्लास मैकग्रेगोर के विचारों के विशेष संदर्भ में अभिप्रेरण को परिभाषित कीजिए।

उत्तर– देखें इकाई–13, प्रश्न नं–1

प्रश्न 7. "चेस्टर बर्नार्ड को आधुनिक प्रशासनिक विचारधारा का श्रेष्ठ सिद्धांतवादी माना जाता है।" टिप्पणी कीजिए।

उत्तर– देखें इकाई–15, प्रश्न नं–3

प्रश्न 8. संगठनात्मक संस्कृति से आप क्या समझते हैं? इसके घटकों की चर्चा कीजिए।

उत्तर– देखें इकाई–17, प्रश्न नं–1, 2

प्रश्न 9. "आज के युग में, लोक प्रशासन में समीक्षात्मक सिद्धांत की अपेक्षाकृत अधिक प्रासंगिकता है।" चर्चा कीजिए।

उत्तर– देखें इकाई–20, प्रश्न नं–2

प्रश्न 10. निम्नलिखित में से प्रत्येक पर लगभग 250 शब्दों में संक्षिप्त टिप्पणियाँ लिखिए–

(a) नवीन लोक प्रबंधन परिप्रेक्ष्य की प्रमुख विशेषताएँ

उत्तर– देखें इकाई–21, प्रश्न नं–2

(b) सार्वजनिक सेवा का बदलता स्वरूप

उत्तर– देखें इकाई–22, प्रश्न नं–2

भाग्यशाली वह हैं जो दूसरों को देख उनकी विशेषताओं से सीखता हैं, ईर्ष्या नही करता।

एम.पी.ए.–012 : प्रशासनिक सिद्धांत
दिसम्बर: 2010

नोट : *किन्हीं पाँच प्रश्नों के उत्तर दीजिए। प्रत्येक भाग में से कम-से-कम दो प्रश्न अवश्य करें। प्रत्येक प्रश्न का उत्तर लगभग 500 शब्दों में दीजिए। सभी प्रश्नों के अंक समान हैं।*

भाग – I

प्रश्न 1. लोक प्रशासन को परिभाषित कीजिए और उदारीकरण, निजीकरण एवं भूमंडलीकरण में इसके कार्य-क्षेत्र का विश्लेषण कीजिए।

उत्तर— देखें इकाई–1, प्रश्न नं–1, और

1980 के दशक के उपरांत अनेक देशों पर उदारीकरण, निजीकरण और भूमंडलीकरण (Liberalisation, Privatisation and Globalisation-LPG) की अवधारणा का प्रभाव पड़ा है। 1980 के दशक में भारत में भी उदारीकरण, निजीकरण और भूमंडलीकरण के एक रूप ने सार्वजनिक क्षेत्र के उद्यमों का प्रबंध आंशिक रूप से या पूर्ण रूप से निजी कंपनियों को सौंपा है। इसका अनुसरण भी किया गया है। परिणामत: सार्वजनिक क्षेत्र के उद्यम स्वयं को प्रतिस्पर्द्धात्मक और चुनौतीपूर्ण परिवेश में पाते हैं। उदारीकरण, निजीकरण और भूमंडलीकरण में लोक प्रशासन की भूमिका का पर्याप्त महत्त्व है। इसके लिये यह आवश्यक है कि विनियमों, नियंत्रणों, प्रतिबंधों, लाइसेंसों, गोपनीयता और विलम्ब की शासन व्यवस्था का विघटन किया जाये। नौकरशाही पर निवेशक, मैत्रीपूर्ण, प्रतिसंवेदी, पारदर्शी, खुली और प्रतिस्पर्द्धात्मक भूमिका निभाने का दायित्व है। अत: आवश्यक प्रथाएँ क्रियाविधियाँ, प्रशासनिक कानूनों और भ्रष्टाचार का उन्मूलन करना आवश्यक है। इस प्रकार उदारीकरण, निजीकरण और भूमंडलीकरण की नीति सरकारी नौकरशाही की भूमिका, मूल्यों और कुशलता पर प्रभाव डालती है। यह राज्य के कार्यों के प्रभाव क्षेत्र में भी कमी करती है। इसके कारण व्यक्तियों के जीवन में राज्य का हस्तक्षेप न्यूनतम होता है। राज्य को उद्यमों के प्रचालन पक्ष का निरीक्षण करने हेतु कहा जाता है। यह राज्य को नियामक के रूप में नवीन भूमिका प्रदान करता है।

लोक प्रशासन की भूमिका में परिवर्तन (Change in the Role of Public Administration)— वर्तमान में लोक प्रशासन की भूमिका में परिवर्तन आया है। ये परिवर्तन निम्नलिखित हैं—

(1) लोक प्रशासन को समर्थनकर्त्ता, सहयोगात्मक, सहकारी, भागीदारी की भूमिका निभानी है।

(2) क्रोड क्षेत्रों; जैसे—रक्षा, परमाणु ऊर्जा, कानून और व्यवस्था, विदेशी नीति में उसकी प्रत्यक्ष भूमिका है।

(3) दूरसंचार, एयरलाइंस, बीमा आदि में इसे निजी क्षेत्र से सामना करना है, जिसके लिए नियामक आयोग की आवश्यकता है, जो दोनों क्षेत्रों में समान स्तर की भूमिका निभा सके।

(4) कतिपय अन्य क्षेत्रों में, जिनसे सेवाएँ दक्षतापूर्वक प्रदान करने हेतु नागरिकों से भागीदारी कर सकें; जैसे—स्कूलों, अस्पतालों, सिंचाई और नागरिक सुविधाएँ। यहाँ दिल्ली सरकार द्वारा अपनाई गई "भागीदारी योजना" का उदाहरण दिया जा सकता है।

(5) बिजली, पानी और परिवहन क्षेत्रों में यह निजी क्षेत्र से साझेदारी कर सकता है।

(6) अनेक राज्यों ने इन सेवाओं को प्रदान करने में निजी क्षेत्र से सहभागिता की है।

(7) अन्य क्षेत्रों; जैसे—वनों का संरक्षण, महिला सशक्तीकरण, माइक्रोक्रेडिट, स्वास्थ्य योजनाएँ और जागरूकता कार्यक्रम आदि में यह गैर—सरकारी संगठनों (Non-Governmental Organisations-NGO) और स्वयंसेवी संगठनों के साथ भी सहभागिता कर सकता है।

नई सहस्राब्दी में लोक प्रशासन की उभरती हुई भूमिका का विश्लेषण करने में अधिशासन का भी विवेचन किया जा रहा है। अधिशासन लोक प्रशासन से अधिक व्यापक संदर्भ में कार्य करने की अपेक्षा करता है। विभिन्न स्तरों पर सरकारी एजेंसियों के प्रयासों तथा कार्यकलापों का समन्वय बाजार/निजी क्षेत्र, नागरिक समाज समूहों, गैर—सरकारी संगठनों तथा प्रसंगाधीन सहभागियों या निर्वाचित स्थानीय शासन निकायों, स्वावलम्बी समूहों आदि के प्रयासों तथा कार्यों से समन्वय रखना वांछनीय ही नहीं, वरन् आवश्यक है। वर्तमान समय में लोक प्रशासन की भूमिका और स्वरूप में रूपांतरण आया है। यद्यपि यह प्रतीत होता है कि इसके प्रत्यक्षतः संचालित कार्यों में कुछ गैर—परंपरागत क्षेत्रों में ह्रास हुआ है। लोक प्रशासन से यह अपेक्षा की जाती है कि वह समाज के अन्य समुदायों से अनेक सहयोगात्मक, सहकारी और नियामक कार्यों के लिए सहक्रिया और दिशा प्रदान करे। सार्वजनिक सहभागिता के प्रोत्साहन पर बल दिया जा रहा है। तथापि यह उन सभी कार्यकलापों के परिणामों के लिए उत्तरदायी है जिनमें यह प्रत्यक्ष अथवा अप्रत्यक्ष रूप से सहभागी है।

प्रश्न 2. "लोक प्रशासन में सिद्धांत निर्माण जटिल कार्य है।"

उत्तर— देखें इकाई—3, प्रश्न नं—3

प्रश्न 3. "एफ.डब्ल्यू. टेलर वैज्ञानिक प्रबंधन दृष्टिकोण का जनक है।" टिप्पणी कीजिए।

उत्तर— देखें दिसम्बर—2008, प्रश्न नं—2

प्रश्न 4. संगठन की अवधारणा और महत्त्वपूर्ण विशेषताओं की चर्चा कीजिए।

उत्तर– देखें दिसम्बर–2008, प्रश्न नं–4

प्रश्न 5. निम्नलिखित में से प्रत्येक पर लगभग 250 शब्दों में संक्षिप्त टिप्पणियाँ लिखिए–

(a) युक्तिमूलक निर्णयन कार्य

उत्तर– देखें इकाई–9, प्रश्न नं–1

(b) मनुष्य का व्यक्तित्व

उत्तर– देखें जून–2010, प्रश्न नं–4

भाग – II

प्रश्न 6. हेर्जबर्ग के अभिप्रेरण–स्वच्छता सिद्धांत का विवेचन कीजिए और इसकी मैस्लो के मॉडल से तुलना कीजिए।

उत्तर– देखें जून–2008, प्रश्न नं–6, और

मैस्लो और **हेर्जबर्ग** दोनों के मॉडल उसी संबंध पर ध्यान केंद्रित करते हैं, अर्थात् व्यक्ति को क्या अभिप्रेरित करता है। मैस्लो ने आवश्यकताओं के अनुक्रम सिद्धांत का सुझाव दिया और लोग प्रत्येक उच्चतर स्तर की आवश्यकता के अनुक्रम में कैसे पूरी करते हैं। इस प्रकार कोई भी अतृप्त आवश्यकता व्यक्ति के लिए अभिप्रेरक कारक होता है। आर्थिक दृष्टि से विकसित देशों में कामगारों की निम्नतर स्तर की आवश्यकताएँ पूरी हो जाती हैं और केवल उच्च स्तर की आवश्यकताएँ अभिप्रेरक कारक रह जाते हैं। यही बात है जिसे हेर्जबर्ग ने सुझाया है। मैस्लो की शारीरिक सुरक्षा और सामाजिक आवश्यकताएँ हेर्जबर्ग के अनुरक्षण कारकों के अधीन आते हैं जबकि आत्म प्रत्यक्षीकरण अभिप्रेरक कारकों के अधीन आता है। प्रतिष्ठा आवश्यकता के कुछ भाग है, कुछ भाग अनुरक्षण कारकों के अधीन आते हैं, जैसे प्रस्थिति और अन्य, प्रगति और मान्यता अभिप्रेरणात्मक कारकों के अधीन आते हैं।

दो मॉडलों के बीच विशेष अंतर है। मैस्लो बल देता है कि कोई भी अतृप्त आवश्यकता, चाहे निम्न क्रम की हो या उच्च क्रम की, व्यक्तियों को अभिप्रेरक करेगा। इसलिए, इसका सर्वव्यापक अनुप्रयोज्यता है। इसे निम्न स्तर के कामगारों के लिए तथा उच्च स्तर के प्रबंधकों के लिए भी प्रयुक्त किया जा सकता है। अल्प विकसित देशों में निम्न स्तर की आवश्यकताएँ भी पर्याप्त रूप में पूरी नहीं होती हैं। इसलिए आवश्यकताएँ अभिप्रेरक बनी रहती हैं। फिर भी, हेर्जबर्ग के अनुसार ये स्वच्छता कारक हैं और कामगारों को अभिप्रेरित करने में सहायता नहीं करते हैं।

प्रश्न 7. नवीन लोक प्रशासन के अभ्युदय और संवृद्धि की संक्षेप में चर्चा कीजिए।
उत्तर— देखें दिसम्बर-2008, प्रश्न नं-7

प्रश्न 8. लोक रुचि दृष्टिकोण का इस्तेमाल करते हुए नौकरशाही की कार्य-प्रणाली का विश्लेषण कीजिए।
उत्तर— देखें इकाई-7, प्रश्न नं-1

प्रश्न 9. नवीन सार्वजनिक प्रबंधन दृष्टिकोण का आलोचनात्मक मूल्यांकन कीजिए।
उत्तर— देखें जून-2009, प्रश्न नं-9

प्रश्न 10. निम्नलिखित में से प्रत्येक पर लगभग 250 शब्दों में संक्षिप्त टिप्पणियाँ लिखिए—

(a) खुली प्रणाली दृष्टिकोण
उत्तर— देखें इकाई-14, प्रश्न नं-2

(b) नवीन लोक प्रशासन के लक्ष्य और विरोधी लक्ष्य
उत्तर— देखें दिसम्बर-2008, प्रश्न नं-7

जीवन के माधुर्य का रस लेने के लिए हमें बीती बातों को भुला देने की शक्ति अवश्य धारण करनी है।

एम.पी.ए.–012 : प्रशासनिक सिद्धांत

जून: 2011

नोट : *किन्हीं* ***पाँच*** *प्रश्नों के उत्तर लगभग* ***500*** *शब्दों (प्रत्येक) में दीजिए। प्रत्येक भाग में से कम–से–कम* ***दो*** *प्रश्न अवश्य कीजिए। सभी प्रश्नों के* ***अंक समान*** *हैं।*

भाग – I

प्रश्न 1. लोक प्रशासन को परिभाषित कीजिए और इसकी प्रकृति एवं कार्य–क्षेत्र का उल्लेख कीजिए।

प्रश्न 2. प्रशासन के सामान्य सिद्धांतों की चर्चा कीजिए।

प्रश्न 3. एल्टॉन मायो द्वारा वेस्टर्न इलैक्ट्रिकल कंपनी के हॉथोर्न संयंत्र में किए गए प्रयोगों की प्रमुख विशेषताओं की व्याख्या कीजिए।

प्रश्न 4. 'हर्बर्ट सीमॉन ने निर्णयन कार्य में चयन, मूल्य और तथ्य की महत्त्वपूर्ण भूमिका को पहचाना।' चर्चा कीजिए।

प्रश्न 5. निम्नलिखित में से प्रत्येक पर लगभग 250 शब्दों में संक्षिप्त टिप्पणियाँ लिखिए–

(a) मानसिक क्रांति और प्रकार्यात्मक फोरमैनशिप

(b) नौकरशाही के बारे में मार्क्सवादी विचार

भाग – II

प्रश्न 6. फ्रेडेरिक हेर्जबर्ग के अभिप्रेरण–स्वच्छता सिद्धांत में प्रमुख प्रस्तावों की चर्चा कीजिए।

प्रश्न 7. प्रणाली दृष्टिकोण के संबंध में चेस्टर I. बर्नार्ड के विचारों का विवेचन कीजिए।

प्रश्न 8. 'प्रत्येक संगठन एक अलग संगठनात्मक संस्कृति के कारण अपने ढंग से अद्‌भुत होता है।' संगठनात्मक संस्कृति की अवधारणा और घटकों के संदर्भ में इस कथन की व्याख्या कीजिए।

प्रश्न 9. 'नवीन लोक प्रशासन का कुछ प्रमुख लक्ष्यों और विरोधी लक्ष्यों के साथ विकास हुआ।' चर्चा कीजिए।

प्रश्न 10. निम्नलिखित में से प्रत्येक पर लगभग 250 शब्दों में संक्षिप्त टिप्पणियाँ लिखिए–

(a) क्रियापद्धति व्यक्तिवाद और तार्किकता

(b) संगठनों के प्रबंधन में आधुनिक प्रवृत्तियाँ

एम.पी.ए.–012 : प्रशासनिक सिद्धांत
दिसम्बर: 2011

नोट : *किन्हीं **पाँच** प्रश्नों के उत्तर लगभग **500** शब्दों (प्रत्येक) में दीजिए। प्रत्येक भाग में से कम–से–कम **दो** प्रश्न अवश्य कीजिए। सभी प्रश्नों के **अंक समान** हैं।*

भाग – I

प्रश्न 1. "जैसे POSDCORB लोक प्रशासन के कार्य–क्षेत्र की व्याख्या करता है, संपूर्ण (integral) एवं प्रबंधकीय दृष्टि इसके स्वरूप को वर्णित करती है।" चर्चा कीजिए।

प्रश्न 2. टेलर के वैज्ञानिक प्रबंधन के आधारभूत सिद्धांतों का विवेचन कीजिए।

प्रश्न 3. संगठन की अवधारणा, विशेषताओं और प्रकारों की चर्चा कीजिए।

प्रश्न 4. डॉग्लास मैकग्रेगोर द्वारा प्रतिपादित सिद्धांत 'X' और सिद्धांत 'Y' की मान्यताओं का विवेचन कीजिए।

प्रश्न 5. निम्नलिखित में से प्रत्येक पर लगभग 250 शब्दों में संक्षिप्त टिप्पणियाँ लिखिए–

(a) रिले असेंबली (Relay Assembly) परीक्षण कक्ष प्रयोग

(b) निर्णयन में परिबद्ध तर्कसंगति

भाग – II

प्रश्न 6. प्रणाली दृष्टिकोण की व्याख्या कीजिए और प्रणाली दृष्टिकोण के बारे में डेविड ईस्टॉन के विचारों का उल्लेख कीजिए।

प्रश्न 7. अधिगम संगठन की अवधारणा और विशेषताओं की चर्चा कीजिए।

प्रश्न 8. नवीन लोक प्रशासन परिप्रेक्ष्य की उत्पत्ति की व्याख्या कीजिए।

प्रश्न 9. लोक प्रशासन में समीक्षात्मक सिद्धांत के महत्त्व का उल्लेख कीजिए।

प्रश्न 10. निम्नलिखित में से प्रत्येक पर लगभग 250 शब्दों में संक्षिप्त टिप्पणियाँ लिखिए–

(a) संगठनात्मक संस्कृति के प्रकार

(b) नवीन लोक प्रशासन के विरोधी लक्ष्य

एम.पी.ए.–012 : प्रशासनिक सिद्धांत
जून: 2012

नोट : *किन्हीं **पाँच** प्रश्नों के उत्तर लगभग **500** शब्दों (प्रत्येक) में दीजिए। प्रत्येक भाग में से कम–से–कम **दो** प्रश्न अवश्य कीजिए। सभी प्रश्नों के **अंक समान** हैं।*

भाग – I

प्रश्न 1. 'उदारीकरण, निजीकरण और भूमंडलीकरण के युग में लोक प्रशासन ने नई भूमिका प्राप्त की है।' चर्चा कीजिए।

प्रश्न 2. मैक्स वेबर की नौकरशाही की अवधारणा की व्याख्या कीजिए और इसकी सीमाओं का विवेचन कीजिए।

प्रश्न 3. प्रशासन के सिद्धांत में मानवीय–संबंध दृष्टिकोण के योगदान की चर्चा कीजिए।

प्रश्न 4. 'परिबद्ध तर्कसंगति' और 'निर्णयन' की अवधारणाओं के बारे में हर्बर्ट सीमॉन के विचारों का विवेचन कीजिए।

प्रश्न 5. निम्नलिखित पर लगभग 250 शब्दों (प्रत्येक) में संक्षिप्त टिप्पणियाँ लिखिए–

(a) डॉग्लास मैकग्रेगोर का सिद्धांत 'एक्स'।

(b) औपचारिक और अनौपचारिक संगठन।

भाग – II

प्रश्न 6. फ्रेडेरिक हेजबर्ग द्वारा प्रतिपादित अभिप्रेरण–स्वच्छता सिद्धांत का आलोचनात्मक मूल्यांकन कीजिए।

प्रश्न 7. अधिगम संगठन से आप क्या समझते हैं? अधिगम संगठनों में संगठनात्मक व्यवहार की अवधारणा का विवेचन कीजिए।

प्रश्न 8. संगठनात्मक संस्कृति के अर्थ और घटकों की व्याख्या कीजिए।

प्रश्न 9. समीक्षात्मक सिद्धांत की उत्पत्ति का वर्णन कीजिए और लोक प्रशासन में इसकी प्रासंगिकता की व्याख्या कीजिए।

प्रश्न 10. निम्नलिखित पर लगभग 250 शब्दों (प्रत्येक) में संक्षिप्त टिप्पणियाँ लिखिए–

(a) क्रियापद्धति–व्यक्तिवाद

(b) द्वितीय मिनोब्रुक सम्मेलन

एम.पी.ए.–012 : प्रशासनिक सिद्धांत
दिसम्बर: 2012

नोट : *किन्हीं **पाँच** प्रश्नों के उत्तर लगभग **500** शब्दों (प्रत्येक) में दीजिए। प्रत्येक भाग में से कम–से–कम **दो** प्रश्न अवश्य कीजिए। सभी प्रश्नों के **अंक समान** हैं।*

भाग – I

प्रश्न 1. लोक प्रशासन के अर्थ, प्रकृति और कार्य–क्षेत्र की चर्चा कीजिए।

प्रश्न 2. "मैक्स वेबर ने नौकरशाही की विशेषताओं और वर्गीकृत प्राधिकार की तीन आदर्श प्रकारों में व्याख्या की है।" व्याख्या कीजिए।

प्रश्न 3. वर्तमान संदर्भ में प्रशासनिक सिद्धांत का विश्लेषण कीजिए।

प्रश्न 4. संगठन की अवधारणा और इसकी विशेषताओं की व्याख्या कीजिए।

प्रश्न 5. निम्नलिखित पर लगभग 250 शब्दों (प्रत्येक) में संक्षिप्त टिप्पणियाँ लिखिए–

(a) हॉथोर्न अध्ययन के प्रमुख निष्कर्ष

(b) क्लासिकी सिद्धांत के बारे में सीमॉन के विचार

भाग – II

प्रश्न 6. 'आवश्यकताओं के पदानुक्रम' के बारे में अब्राहम मैस्लो के विचारों का विवेचन कीजिए।

प्रश्न 7. 'चेस्टर बर्नार्ड ने संगठनों के अध्ययन में एक नया आयाम जोड़ा।' चर्चा कीजिए।

प्रश्न 8. संगठनात्मक संस्कृति को परिभाषित कीजिए। नई संगठनात्मक संस्कृति को सृजित करने के लिए अपेक्षित प्रयासों की व्याख्या कीजिए।

प्रश्न 9. प्रशासनिक प्रणाली पर नवीन लोक प्रबंधन के प्रभाव का विश्लेषण कीजिए।

प्रश्न 10. निम्नलिखित पर लगभग 250 शब्दों (प्रत्येक) में संक्षिप्त टिप्पणियाँ लिखिए–

(a) नवीन लोक प्रशासन के लक्ष्य

(b) लोक चयन सिद्धांत में विनियम और किराया – जीवी

एम.पी.ए.–012 : प्रशासनिक सिद्धांत

जून: 2013

नोट : *किन्हीं* ***पाँच*** *प्रश्नों के उत्तर दीजिए। प्रत्येक भाग में से कम–से–कम* ***दो*** *प्रश्न अवश्य कीजिए। प्रत्येक प्रश्न का उत्तर लगभग* ***500*** *शब्दों में दीजिए। सभी प्रश्नों के* ***अंक समान*** *हैं।*

भाग – I

प्रश्न 1. सरकारी और निजी प्रशासन में समानताओं और असमानताओं का उल्लेख कीजिए।

प्रश्न 2. संगठनों के प्ररूप वर्गीकरण पर एक टिप्पणी लिखिए।

प्रश्न 3. प्रशासन के सामान्य सिद्धांतों की चर्चा कीजिए।

प्रश्न 4. "एफ.डब्ल्यू. टेलर द्वारा प्रतिपादित वैज्ञानिक प्रबंधन के मूलभूत सिद्धांतों और संदर्भों ने एक विषय के रूप में लोक प्रशासन के लिए मूलभूत आधार स्थापित किया।" व्याख्या कीजिए।

प्रश्न 5. निम्नलिखित में से प्रत्येक पर लगभग 250 शब्दों में संक्षिप्त टिप्पणियाँ लिखिए–

(a) महान् अलंकरण प्रयोग

(b) युक्तिमूलक निर्णयन कार्य

भाग – II

प्रश्न 6. अब्राहम मैस्लो के अनुसार संगठन में मनुष्य की आधारभूत आवश्यकताओं का विवेचन कीजिए।

प्रश्न 7. "सिद्धांत 'X' और सिद्धांत 'Y', उद्यम के मानवीय पक्ष के बारे में डॉग्लास मैकग्रेगोर के विचारों का सार निर्धारित करते हैं।" चर्चा कीजिए।

प्रश्न 8. लोक प्रशासन में समीक्षात्मक सिद्धांत की प्रासंगिकता का उल्लेख कीजिए।

प्रश्न 9. संगठनात्मक संस्कृति के घटकों का विवेचन कीजिए।

प्रश्न 10. निम्नलिखित में से प्रत्येक पर लगभग 250 शब्दों में संक्षिप्त टिप्पणियाँ लिखिए–

(a) ब्यूरो का कार्य–संचालन

(b) नवीन लोक प्रबंधन परिप्रेक्ष्य की मुख्य विशेषताएँ

एम.पी.ए.-012 : प्रशासनिक सिद्धांत
दिसम्बर: 2013

नोट : किन्हीं **पाँच** प्रश्नों के उत्तर दीजिए। प्रत्येक भाग में से कम-से-कम **दो** प्रश्न अवश्य कीजिए। प्रत्येक प्रश्न का उत्तर लगभग **500** शब्दों में दीजिए। सभी प्रश्नों के **अंक समान** हैं।

भाग – I

प्रश्न 1. एक विषय और एक कार्यकलाप के रूप में लोक प्रशासन के महत्त्व का विवेचन कीजिए।

प्रश्न 2. हेनरी फायोल, लूथर गुलिक और लिनडल उर्विक द्वारा प्रतिपादित संगठन के सिद्धांतों पर एक टिप्पणी लिखिए।

प्रश्न 3. "वेबर ने नौकरशाही की परिभाषा कभी नहीं की। उसने केवल इसे नियुक्त अधिकारियों के प्रशासनिक निकाय के रूप में वर्णित किया।" मैक्स वेबर द्वारा प्रतिपादित नौकरशाही की विशेषताओं और तत्त्वों के आलोक में इस कथन की चर्चा कीजिए।

प्रश्न 4. संगठन की विशेषताओं का विवेचन कीजिए।

प्रश्न 5. निम्नलिखित में से प्रत्येक पर लगभग 250 शब्दों में संक्षिप्त टिप्पणियाँ लिखिए—
(a) नौकरशाही के बारे में मार्क्स के विचार
(b) प्रत्यायोजन का सिद्धांत

भाग – II

प्रश्न 6. "हर्जबर्ग ने अपने अभिप्रेरण सिद्धांत को कार्य संतुष्टि और असंतुष्टि के निर्धारकों पर आधारित किया।" चर्चा कीजिए।

प्रश्न 7. संगठनों के प्रबंधन में आधुनिक प्रवृत्तियों की चर्चा कीजिए।

प्रश्न 8. नवीन लोक प्रशासन के लक्ष्यों और विरोधी-लक्ष्यों का विवेचन कीजिए।

प्रश्न 9. राज्य और राजनीति के लोक चयन उपागम के बुनियादी तत्त्वों की व्याख्या कीजिए।

प्रश्न 10. निम्नलिखित में से प्रत्येक पर लगभग 250 शब्दों में संक्षिप्त टिप्पणियाँ लिखिए—
(a) संगठनात्मक संस्कृति के प्रकार
(b) समीक्षात्मक सिद्धांत का अर्थ

एम.पी.ए.-012 : प्रशासनिक सिद्धांत
जून: 2014

नोट : *भाग – **I** और भाग – **II** में दिए गए निम्नलिखित प्रश्नों में से किन्हीं **पाँच** प्रश्नों के उत्तर **500** शब्दों (प्रत्येक) में दीजिए। प्रत्येक भाग में से कम–से–कम **दो** प्रश्न अवश्य चुनिए। सभी प्रश्नों के **अंक समान** हैं।*

भाग – I

प्रश्न 1. अध्ययन के विषय और कार्यकलाप के रूप में लोक प्रशासन के महत्त्व का परीक्षण कीजिए।

प्रश्न 2. 'लोक प्रशासन में सिद्धांत निर्माण का वैविध्यपूर्ण स्वरूप उसे एक जटिल क्रिया बनाता है।' व्याख्या कीजिए।

प्रश्न 3. नौकरशाही की भूमिका के बारे में कार्ल मार्क्स, लेनिन और स्टालिन के विचारों की चर्चा कीजिए।

प्रश्न 4. हॉथोर्न प्रयोगों के प्रमुख निष्कर्षों का परीक्षण कीजिए।

प्रश्न 5. निम्नलिखित में से प्रत्येक पर लगभग 250 शब्दों में संक्षिप्त टिप्पणियाँ लिखिए–

(क) प्राधिकार के प्रकार

(ख) संगठनात्मक प्रभाव के मॉडल

भाग – II

प्रश्न 6. 'सामाजिक–मनोवैज्ञानिक अनुसंधान में मैस्लो के अपनी आवश्यकता अनुक्रम के रूप में योगदान को युगांतरकारी घटना माना जाता है।' विश्लेषण कीजिए।

प्रश्न 7. संगठनात्मक संस्कृति की अवधारणा की व्याख्या कीजिए और इसके घटकों की चर्चा कीजिए।

प्रश्न 8. द्वितीय मिनोब्रुक सम्मेलन के प्रमुख महत्त्वपूर्ण क्षेत्रों की व्याख्या कीजिए।

प्रश्न 9. राज्य और राजनीति के लोक चयन उपागम के बुनियादी तत्त्वों पर प्रकाश डालिए।

प्रश्न 10. निम्नलिखित में से प्रत्येक पर लगभग 250 शब्दों में संक्षिप्त टिप्पणियाँ लिखिए–

(क) प्रशासनिक प्रबंधन आंदोलन

(ख) सार्वजनिक सेवा का बदलता स्वरूप

एम.पी.ए.–012 : प्रशासनिक सिद्धांत
दिसम्बर: 2014

नोट : *भाग – **I** और भाग – **II** में दिए गए निम्नलिखित प्रश्नों में से किन्हीं **पाँच** प्रश्नों के उत्तर **500** शब्दों (प्रत्येक) में दीजिए। प्रत्येक भाग में से कम–से–कम **दो** प्रश्न अवश्य कीजिए। सभी प्रश्नों के **अंक समान** हैं।*

भाग – I

प्रश्न 1. संगठन के प्रमुख प्रारूपों की चर्चा कीजिए।

प्रश्न 2. प्रशासन के सामान्य सिद्धांतों पर एक टिप्पणी लिखिए।

प्रश्न 3. नौकरशाही के वेबेरियन मॉडल की विशेषताओं और तत्त्वों का वर्णन कीजिए।

प्रश्न 4. संगठन की अवधारणा और विशेषताओं की व्याख्या कीजिए।

प्रश्न 5. निम्नलिखित में से प्रत्येक पर लगभग 250 शब्दों में संक्षिप्त टिप्पणियाँ लिखिए–

(a) निर्णयन कार्य में मूल्य और तथ्य की भूमिका

(b) मनुष्य का व्यक्तित्व

भाग – II

प्रश्न 6. हर्जबर्ग द्वारा प्रतिपादित अभिप्रेरण–स्वच्छता सिद्धांत के महत्त्वपूर्ण सिद्धांतों का विवेचन कीजिए।

प्रश्न 7. 'चेस्टर बर्नार्ड के योगदान ने संगठनात्मक सिद्धांत को काफी हद तक समृद्ध किया।' व्याख्या कीजिए।

प्रश्न 8. विक्टर व्रूम के प्रत्याशा सिद्धांत की मूलभूत मान्यताओं और इसके विभिन्न निहितार्थों का विश्लेषण कीजिए।

प्रश्न 9. नवीन लोक प्रबंधन सुधारों का मूल्यांकन कीजिए।

प्रश्न 10. निम्नलिखित में से प्रत्येक पर लगभग 250 शब्दों में संक्षिप्त टिप्पणियाँ लिखिए–

(a) समीक्षात्मक सिद्धांत की विशेषताएँ

(b) नवीन लोक प्रशासन के लक्ष्य

एम.पी.ए.–012 : प्रशासनिक सिद्धांत
जून: 2015

नोट : *निम्नलिखित में से किन्हीं* ***पाँच*** *प्रश्नों के उत्तर लगभग* ***500*** *शब्दों (प्रत्येक) में दीजिए। प्रत्येक भाग में से कम–से–कम* ***दो*** *प्रश्न अवश्य कीजिए। सभी प्रश्नों के* ***अंक समान*** *हैं।*

भाग – I

प्रश्न 1. लोक प्रशासन को परिभाषित कीजिए और इसके महत्त्व पर प्रकाश डालिए।

प्रश्न 2. प्रशासनिक प्रबंधन दृष्टिकोण के सामान्य सिद्धांतों का वर्णन कीजिए।

प्रश्न 3. मानवीय संबंध दृष्टिकोण के अभ्युदय और सिद्धांतों की व्याख्या कीजिए।

प्रश्न 4. अब्राहम मैस्लो के आवश्यकता सिद्धांत के पदानुक्रम की चर्चा कीजिए।

प्रश्न 5. निम्नलिखित पर लगभग 250 शब्दों (प्रत्येक) में संक्षिप्त टिप्पणियाँ लिखिए–

(क) संगठन प्रभाव के मॉडल

(ख) नौकरशाही के बारे में कार्ल मार्क्स के विचार

भाग – II

प्रश्न 6. डॉग्लास मैकग्रेगोर के सिद्धांत X और सिद्धांत Y की व्याख्या कीजिए।

प्रश्न 7. संगठनात्मक संस्कृति के अर्थ और घटकों की चर्चा कीजिए।

प्रश्न 8. नवीन लोक प्रशासन के अभ्युदय और संवृद्धि का वर्णन कीजिए।

प्रश्न 9. प्रशासनिक प्रणालियों पर नवीन लोक प्रबंधन के परिप्रेक्ष्य के प्रभाव का विश्लेषण कीजिए।

प्रश्न 10. निम्नलिखित पर लगभग 250 शब्दों (प्रत्येक) में संक्षिप्त टिप्पणियाँ लिखिए–

(क) नीति निर्माण के क्षेत्र में डेविड ईस्टन का निवेश–उत्पादन विश्लेषण

(ख) क्रियापद्धति व्यक्तिवाद और तार्किकता

एम.पी.ए.–012 : प्रशासनिक सिद्धांत
दिसम्बर: 2015

नोट : *निम्नलिखित में से किन्हीं* ***पाँच*** *प्रश्नों के उत्तर लगभग* ***500*** *शब्दों (प्रत्येक) में दीजिए। प्रत्येक भाग में से कम–से–कम* ***दो*** *प्रश्न अवश्य कीजिए। सभी प्रश्नों के* ***अंक समान*** *हैं।*

भाग – I

प्रश्न 1. अध्ययन के विशेषीकृत विषय और कार्यकलाप के रूप में लोक प्रशासन के महत्त्व की चर्चा कीजिए।

प्रश्न 2. वैज्ञानिक प्रबंधन के महत्त्वपूर्ण उद्देश्यों की व्याख्या कीजिए।

प्रश्न 3. "मैक्स वेबर की नौकरशाही की अवधारणा प्राधिकार की वैधता संबंधी उसके विचारों में निकटता से जुड़ी हुई है।" समीक्षा कीजिए।

प्रश्न 4. फ्रेडरिक हर्जबर्ग के अभिप्रेरण–स्वच्छता (Motivation-Hygiene) सिद्धांत की चर्चा कीजिए।

प्रश्न 5. निम्नलिखित पर लगभग 250 शब्दों (प्रत्येक) में संक्षिप्त टिप्पणियाँ लिखिए–

(क) औपचारिक और अनौपचारिक संगठन

(ख) हॉथोर्न अध्ययन के प्रमुख निष्कर्ष

भाग – II

प्रश्न 6. "प्रतिबद्ध और खुली प्रणाली दृष्टिकोण एक ही सिक्के के दो पहलू हैं।" समीक्षा कीजिए।

प्रश्न 7. संगठन के प्रबंधन में आधुनिक प्रवृत्तियों का विश्लेषण कीजिए।

प्रश्न 8. संगठनात्मक संस्कृति के प्रकारों का वर्णन कीजिए और उच्च निष्पादन कार्य संस्कृति की विशेषताओं पर प्रकाश डालिए।

प्रश्न 9. प्रथम एवं द्वितीय मिनोब्रुक सम्मेलन के महत्त्व वाले प्रमुख क्षेत्रों की चर्चा कीजिए।

प्रश्न 10. निम्नलिखित पर लगभग 250 शब्दों (प्रत्येक) में संक्षिप्त टिप्पणियाँ लिखिए–

(क) परंपरागत बनाम अधिगम संगठन

(ख) चेस्टर बर्नार्ड का प्रशासनिक सिद्धांत में योगदान

एम.पी.ए.–012 : प्रशासनिक सिद्धांत
जून: 2016

नोट : *भाग I और भाग II में दिए गए निम्नलिखित प्रश्नों में से किन्हीं पाँच प्रश्नों के उत्तर दीजिए। प्रत्येक भाग में से कम–से–कम दो प्रश्न अवश्य कीजिए। प्रत्येक प्रश्न का उत्तर लगभग 500 शब्दों में दीजिए। सभी प्रश्नों के अंक समान हैं।*

भाग–I

प्रश्न 1. लोक प्रशासन का अर्थ, स्वरूप एवं कार्य–क्षेत्र की व्याख्या कीजिए।

प्रश्न 2. नौकरशाही के वेबेरियन मॉडल का विवेचन कीजिए।

प्रश्न 3. "कुछ विद्वानों ने आकार, स्वामित्व, कानूनी प्रस्थिति तथा प्रचालन के क्षेत्रों के आधार पर संगठन का वर्गीकरण किया है।" चर्चा कीजिए।

प्रश्न 4. अब्राहम मैस्लो के आवश्यकता सिद्धांत के पदानुक्रम का आलोचनात्मक मूल्यांकन कीजिए।

प्रश्न 5. निम्नलिखित में से प्रत्येक पर लगभग 250 शब्दों में संक्षिप्त टिप्पणियाँ लिखिए।

(a) नई संगठनात्मक संस्कृति और इसके प्रकार

(b) अभिप्रेरण–स्वच्छता सिद्धांत

भाग–II

प्रश्न 6. 'चेस्टर बर्नार्ड ने प्रबंधकीय प्रक्रियाओं के विश्लेषण में सामाजिक अवधारणाएँ आरंभ की।' सहयोगशील प्रणाली के रूप में संगठन के बारे में उनके विचारों के आलोक में इस कथन की व्याख्या कीजिए।

प्रश्न 7. संगठन की प्रतिबद्ध और खुली प्रणालियों की चर्चा कीजिए।

प्रश्न 8. क्रियापद्धति–व्यक्तिवाद, तार्किकता और राजनीति का आर्थिक विश्लेषण की अवधारणाओं का विवेचन कीजिए।

प्रश्न 9. द्वितीय मिनोब्रुक सम्मेलन के प्रमुख महत्त्वपूर्ण क्षेत्रों का वर्णन कीजिए।

प्रश्न 10. निम्नलिखित में से प्रत्येक पर लगभग 250 शब्दों में संक्षिप्त टिप्पणियाँ लिखिए।

(a) वैज्ञानिक प्रबंधन के आधारभूत सिद्धांत

(b) परंपरागत बनाम अधिगम संगठन

एम.पी.ए.–012 : प्रशासनिक सिद्धांत
दिसम्बर: 2016

नोट : *भाग I और भाग II में दिए गए निम्नलिखित प्रश्नों में से किन्हीं पाँच प्रश्नों के उत्तर दीजिए। प्रत्येक भाग में से कम–से–कम दो प्रश्न अवश्य कीजिए। प्रत्येक प्रश्न का उत्तर लगभग 500 शब्दों में दीजिए। सभी प्रश्नों के अंक समान हैं।*

भाग–I

प्रश्न 1. एफ.डब्ल्यू. टेलर के वैज्ञानिक प्रबंधन के आधारभूत सिद्धांत और अन्य महत्त्वपूर्ण रुचियों का उल्लेख कीजिए।

प्रश्न 2. 'नया सार्वजनिक प्रबंधन हमारी लोक प्रशासन की ओर सोच को बदल रहा है'। विवेचन कीजिए।

प्रश्न 3. प्रशासनिक प्रबंधन दृष्टिकोण में हेनरी फायोल, मूनी और रेली, तथा गुलिक एवं उर्विक के योगदान की चर्चा कीजिए।

प्रश्न 4. 1920 के दशक में वेस्टर्न इलेक्ट्रिक कंपनी के हॉथोर्न संयंत्र में एल्टॉन मायो द्वारा किए गए अनुसंधानों की प्रकृति की संक्षेप में व्याख्या कीजिए।

प्रश्न 5. निम्नलिखित में से प्रत्येक पर लगभग 250 शब्दों में संक्षिप्त टिप्पणियाँ लिखिए–

(a) मैक्स वेबर द्वारा निर्धारित नौकरशाही के तत्व

(b) संगठन के प्रकार

भाग–II

प्रश्न 6. फ्रेडरिक हेर्जबर्ग के अभिप्रेरणा–स्वच्छता सिद्धांत का आलोचनात्मक मूल्यांकन कीजिए।

प्रश्न 7. संगठन में अभिप्रेरण के सिद्धांत 'एक्स' और सिद्धांत 'वाई' के बारे में डॉग्लास मैकग्रेगोर के विचारों पर प्रकाश डालिए।

प्रश्न 8. सहयोगशील प्रणाली के रूप में संगठन के बारे में चेस्टर बर्नार्ड के विचारों की व्याख्या कीजिए।

प्रश्न 9. नवीन लोक प्रशासन पर एक टिप्पणी लिखिए।

प्रश्न 10. निम्नलिखित में से प्रत्येक पर लगभग 250 शब्दों में संक्षिप्त टिप्पणियाँ लिखिए–

(a) अधिगम संगठनों की अवधारणा

(b) निर्णयन कार्य में रुचि और व्यवहार की भूमिका

□□

 # WE'D LOVE IT IF YOU'D LIKE US!
/gphbooks

We're now on Facebook!
Like our page to stay on top of the useful, greatest headlines & exciting rewards.

Our other awesome Social Handles:

 gphbooks
For awesome & informative videos for IGNOU students

 9350849407
Order now through WhatsApp

 gphbooks
We are in pictures

 gphbook
Words you get empowered by

एम.पी.ए.–012 : प्रशासनिक सिद्धांत
जून: 2017

नोट : निम्नलिखित में से किन्हीं **पाँच** प्रश्नों के उत्तर लगभग **500** शब्दों (प्रत्येक) में दीजिए। प्रत्येक भाग में से कम-से-कम **दो** प्रश्न अवश्य कीजिए। सभी प्रश्नों के **अंक समान** हैं।

भाग – I

प्रश्न 1. क्रियाकलाप और विषय के रूप में लोक प्रशासन के महत्त्व का विवेचन कीजिए।

प्रश्न 2. मैक्स वेबर द्वारा उल्लिखित नौकरशाही के तत्त्वों और विशेषताओं की चर्चा कीजिए।

प्रश्न 3. गुलिक एवं उर्विक द्वारा बताए गए प्रशासन के सामान्य सिद्धांतों की व्याख्या कीजिए।

प्रश्न 4. प्रशासनिक सिद्धांत के उद्भव और विकास का विश्लेषण कीजिए।

प्रश्न 5. निम्नलिखित में से प्रत्येक पर लगभग 250 शब्दों में संक्षिप्त टिप्पणियाँ लिखिए—

(a) महान अलंकरण प्रयोग

(b) क्लासिकी सिद्धांत पर सीमॉन के विचार

भाग – II

प्रश्न 6. 'आवश्यकताओं के पदानुक्रम' के बारे में अब्राहम मैस्लो के विचारों का विवेचन कीजिए।

प्रश्न 7. 'सिद्धांत एक्स और सिद्धांत वाई, उद्यम में मानव पक्ष के बारे में डॉग्लास मैकग्रेगर के विचारों का सार निर्धारित करते हैं।' चर्चा कीजिए।

प्रश्न 8. नवीन लोक प्रशासन के लक्ष्यों और विरोधी-लक्ष्यों पर प्रकाश डालिए।

प्रश्न 9. संगठनात्मक संस्कृति की अवधारणा की व्याख्या कीजिए और उसके घटकों की चर्चा कीजिए।

प्रश्न 10. निम्नलिखित में से प्रत्येक पर लगभग 250 शब्दों में संक्षिप्त टिप्पणियाँ लिखिए—

(a) लोक चयन उपागम के अंतर्गत विनिमय और किराया जीवी कार्यकलाप

(b) नवीन लोक प्रबंधन परिप्रेक्ष्य की मुख्य विशेषताएँ

एम.पी.ए.-012 : प्रशासनिक सिद्धांत
दिसम्बर: 2017

नोट : *निम्नलिखित में से किन्हीं* **पाँच** *प्रश्नों के उत्तर लगभग* **500** *शब्दों (प्रत्येक) में दीजिए। प्रत्येक भाग में से कम-से-कम* **दो** *प्रश्न अवश्य कीजिए। सभी प्रश्नों के* ***अंक समान*** *हैं।*

भाग – I

प्रश्न 1. सरकारी और निजी प्रशासन में असमानताओं और समानताओं का उल्लेख कीजिए।

प्रश्न 2. 'एफ.डब्ल्यू. टेलर द्वारा निर्धारित वैज्ञानिक प्रबंधन के संदर्भ और आधारभूत सिद्धांतों ने एक विषय के रूप में लोक प्रशासन को मूल आधार प्रदान किया है।' व्याख्या कीजिए।

प्रश्न 3. संगठन की अवधारणा और विशेषताओं की व्याख्या कीजिए।

प्रश्न 4. हॉथोर्न प्रयोग के प्रमुख निष्कर्षों का विवेचन कीजिए।

प्रश्न 5. निम्नलिखित में से प्रत्येक पर लगभग 250 शब्दों में संक्षिप्त टिप्पणियाँ लिखिए—

(a) वेबर के अनुसार प्राधिकार का वर्गीकरण

(b) युक्तिमूलक निर्णयन कार्य

भाग – II

प्रश्न 6. "हर्जबर्ग ने अपने अभिप्रेरण सिद्धांत को कार्य संतुष्टि और असंतुष्टि के निर्धारकों पर आधारित किया।" चर्चा कीजिए।

प्रश्न 7. संगठनात्मक संस्कृति के घटकों का विवेचन कीजिए।

प्रश्न 8. लोक प्रशासन में समीक्षात्मक सिद्धांत की प्रासंगिकता का उल्लेख कीजिए।

प्रश्न 9. राज्य और राजनीति के लोक चयन उपागम के बुनियादी तत्त्वों की व्याख्या कीजिए।

प्रश्न 10. निम्नलिखित में से प्रत्येक पर लगभग 250 शब्दों में संक्षिप्त टिप्पणियाँ लिखिए—

(a) नवीन लोक प्रशासन के लक्ष्य

(b) नागरिक बनाम ग्राहक अभिविन्यास

एम.पी.ए.-012 : प्रशासनिक सिद्धांत
जून: 2018

नोट : निम्नलिखित में से किन्हीं **पाँच** प्रश्नों के उत्तर लगभग **500** शब्दों (प्रत्येक) में दीजिए। प्रत्येक भाग में से कम-से-कम **दो** प्रश्न अवश्य कीजिए। सभी प्रश्नों के **अंक समान** हैं।

भाग – I

प्रश्न 1. उदारीकरण, निजीकरण और भूमंडलीकरण में लोक प्रशासन के महत्त्व और भूमिका की चर्चा कीजिए।
उत्तर— देखें दिसम्बर–2010, प्रश्न नं–1, फिर देखें इकाई–1, प्रश्न नं–2

प्रश्न 2. संगठन को परिभाषित कीजिए और उसके प्रमुख सिद्धांतों की चर्चा कीजिए।
उत्तर— देखें इकाई–2, प्रश्न नं–1

प्रश्न 3. समय के साथ-साथ प्रशासनिक सिद्धांत के विकास पर एक टिप्पणी कीजिए।
उत्तर— देखें इकाई–3, प्रश्न नं–1

प्रश्न 4. एफ.डब्ल्यू. टेलर के वैज्ञानिक प्रबंधन दृष्टिकोण का आलोचनात्मक विवेचन कीजिए।
उत्तर— देखें दिसम्बर–2008, प्रश्न नं–2

प्रश्न 5. निम्नलिखित पर लगभग 250 शब्दों (प्रत्येक) में संक्षिप्त टिप्पणियाँ लिखिए—

(a) वेबेरियन नौकरशाही का आलोचनात्मक विश्लेषण
उत्तर— देखें इकाई–7, प्रश्न नं–1

(b) संगठनात्मक प्रभाव के मॉडल
उत्तर— देखें इकाई–9, प्रश्न नं–2

भाग – II

प्रश्न 6. फ्रेडरिक हर्जबर्ग के अभिप्रेरण–स्वच्छता सिद्धांत की व्याख्या कीजिए।

उत्तर– देखें इकाई–12, प्रश्न नं–2

प्रश्न 7. डेविड ईस्टॉन के विचारों के विशेष संदर्भ में प्रणाली दृष्टिकोण की चर्चा कीजिए।

उत्तर– देखें इकाई–15, प्रश्न नं–2

प्रश्न 8. संगठन के प्रबंधन में आधुनिक प्रवृत्तियों का विवेचन कीजिए।

उत्तर– देखें इकाई–16, प्रश्न नं–2

प्रश्न 9. संगठनात्मक संस्कृति को परिभाषित कीजिए और इसके प्रमुख घटकों की चर्चा कीजिए।

उत्तर– देखें इकाई–17, प्रश्न नं–1, 2

प्रश्न 10. निम्नलिखित पर लगभग 250 शब्दों (प्रत्येक) में संक्षिप्त टिप्पणियाँ लिखिए–

(a) नवीन लोक प्रशासन

उत्तर– देखें इकाई–18, प्रश्न नं–1

(b) लोक चयन उपागम

उत्तर– लोक चयन उपागम (Public Choice Approach)–लोकतंत्र और मानववाद से प्रेरित विद्वानों द्वारा जनता की इच्छा आधारित जिस राज्य निर्देशित "प्रशासन" की कल्पना की गई और उसका विभिन्न आर्थिक तर्कों द्वारा समर्थन किया गया, उससे लोक रुचि उपागम का जन्म और विकास हुआ। वस्तुतः नव–लोक प्रशासन के साथ–साथ जन्में और उसके युग में ही विकसित हुए लोक रुचि उपागम का मुख्य आशय है, "प्रशासन और राज्य के क्षेत्र का उपभोक्ता हितों की दृष्टि से पुनर्निर्धारण करना और निःसंदेह इसका अनिवार्य परिणाम इनके क्षेत्रों का संकुचन है।

1960 के दशक में अस्तित्व में आए लोक विकल्प उपागम (या लोक चयन पद्धति या लोक रुचि उपागम) प्रशासन और राज्य (राजनीति) को "एकक इकाई" मानता है जिनके बीच न सिर्फ गहरा अंतर्संबंध है अपितु दोनों ही सार्वजनिक धन के स्वहित में दुरुपयोग के दोषी है। इस प्रकार यह उपागम प्रशासन का विश्लेषण राजनीति के साथ जोड़कर करता है। इस

उपागम के विकास में सर्वाधिक योगदान विंसेट ओस्ट्राम ने दिया है। ओस्ट्राम ने अपनी पुस्तक "अमेरिकी लोक प्रशासन में बौद्धिक संकट" (Intellectual Crisis in American Public Administration) में सर्वप्रथम "लोकतांत्रिक प्रशासन" नामक अवधारणा का प्रतिपादन किया था जिसका एक आयाम "लोक रुचि अभिगम" है।

लोक रुचि अभिगम की कुछ प्रमुख विशेषताएँ इस प्रकार से निर्धारित की जा सकती हैं—

(1) राज्य के स्थान पर व्यक्ति केंद्रित अवधारणा है।

(2) नौकरशाही का विरोधी और कार्यकुशलता का समर्थक है।

(3) प्रशासनिक निर्णयों की आर्थिक तर्कसंगतता पर जोर देता है।

(4) सार्वजनिक धन के युक्तिपूर्ण "व्यय" को सुनिश्चित करने पर बल देता है ताकि उस व्यय का स्वरूप भी सार्वजनिक बना रहे।

(5) प्रशासनिक मितव्ययिता के लिए हर संभव और कड़े प्रयासों पर बल देता है।

(6) राज्य और प्रशासन के क्षेत्रों के संकुचन और बाजार के विस्तार का समर्थक है।

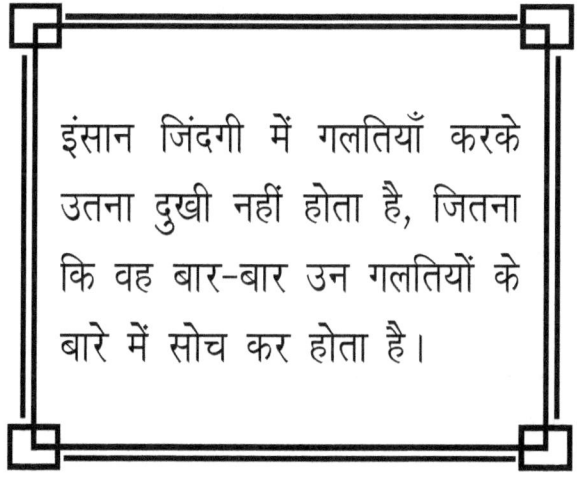

इंसान जिंदगी में गलतियाँ करके उतना दुखी नहीं होता है, जितना कि वह बार-बार उन गलतियों के बारे में सोच कर होता है।

एम.पी.ए.–012 : प्रशासनिक सिद्धांत
दिसम्बर: 2018

नोट : *निम्नलिखित में से किन्हीं* ***पाँच*** *प्रश्नों के उत्तर लगभग* ***500*** *शब्दों (प्रत्येक) में दीजिए। प्रत्येक भाग में से कम–से–कम* ***दो*** *प्रश्न अवश्य कीजिए। सभी प्रश्नों के* ***अंक समान*** *हैं।*

भाग – I

प्रश्न 1. 'लोक प्रशासन' को परिभाषित कीजिए और निजी प्रशासन से इसका अंतर स्पष्ट कीजिए।

प्रश्न 2. औपचारिक और अनौपचारिक संगठन की विशेषताओं की तुलना कीजिए।

प्रश्न 3. लोक प्रशासन सिद्धांत के अर्थ और महत्त्व की चर्चा कीजिए।

प्रश्न 4. लोक प्रशासन के महत्त्वपूर्ण सिद्धांतों की चर्चा कीजिए।

प्रश्न 5. निम्नलिखित पर लगभग 250 शब्दों (प्रत्येक) में संक्षिप्त टिप्पणियाँ लिखिए–

(a) हॉथोर्न अध्ययन का महत्त्व

(b) प्रशासनिक प्रक्रिया में निर्णयन कार्य

भाग – II

प्रश्न 6. अब्राहम मैस्लो के आवश्यकता सिद्धांत के पदानुक्रम की व्याख्या कीजिए।

प्रश्न 7. चेस्टर बर्नार्ड के विचारों के विशेष संदर्भ में प्रणाली दृष्टिकोण की चर्चा कीजिए।

प्रश्न 8. 'अधिगम संगठन' को परिभाषित कीजिए और यह परंपरागत संगठन से किस प्रकार भिन्न है?

प्रश्न 9. नई संगठनात्मक संस्कृति को परिभाषित कीजिए और इसे सृजित करने के तरीके सुझाइए।

प्रश्न 10. निम्नलिखित पर लगभग 250 शब्दों (प्रत्येक) में संक्षिप्त टिप्पणियाँ लिखिए–

(a) लोक प्रशासन में समीक्षात्मक सिद्धांत

(b) नवीन लोक प्रबंधन

एम.पी.ए.–012 : प्रशासनिक सिद्धांत

जून: 2019

नोट : *निम्नलिखित में से किन्हीं* ***पाँच*** *प्रश्नों के उत्तर लगभग* ***500*** *शब्दों (प्रत्येक) में दीजिए। प्रत्येक भाग में से कम–से–कम* ***दो*** *प्रश्न अवश्य कीजिए। सभी प्रश्नों के* ***अंक समान*** *हैं।*

भाग I

प्रश्न 1. लोक प्रशासन को परिभाषित कीजिए और सरकारी तथा निजी प्रशासन में अंतर स्पष्ट कीजिए।

उत्तर– देखें इकाई–1 प्रश्न नं.–1 (पेज नं.–1)

जॉन गॉस, लुडिविग वॉन मिजेस, पाल एच. एप्पलबी, सर जोसिया स्टाम्प, हर्बर्ट ए सीमॉन, पीटर ड्रकेर आदि ने अपने लेखन में सरकारी और निजी प्रशासन में भिन्नता की है।

सीमॉन के अनुसार सरकारी और निजी प्रशासन के बीच भिन्नता मुख्यतया तीन बिंदुओं से संबंधित है–

• लोक प्रशासन नौकरशाही है जबकि निजी प्रशासन व्यावहारिक है;

• लोक प्रशासन राजनीतिक है जबकि निजी प्रशासन गैर–राजनीतिक है और

• लोक प्रशासन लाल फीताशाही द्वारा जाना जाता है जबकि निजी प्रशासन इससे मुक्त है।

फेलिक्स ए. नीग्रो ने उल्लेख किया है कि सरकार निजी प्रशासन से भिन्न है क्योंकि कोई भी निजी कंपनी आकार और कार्यों की विविधता में उसकी बराबरी नहीं कर सकती है।

सर जोसिया स्टाम्प के अनुसार चार सिद्धांत जो निजी से सरकारी प्रशासन में अंतर करते हैं, निम्नलिखित हैं–

(1) समानता का सिद्धांत: अधिकांशत: उभयनिष्ठ और एक समान कानून और विनिमय सरकारी प्रशासन को विनियमित करते हैं।

(2) बाहरी वित्तीय नियंत्रण का सिद्धांत: विधायी निकाय के माध्यम से लोगों के प्रतिनिधि सरकारी राजस्व और व्यय शीर्षों का नियंत्रण करते हैं।

(3) मंत्रीपदीय उत्तरदायित्व का सिद्धांत: लोक प्रशासन अपने राजनीतिक मालिकों के प्रति और उनके माध्यम से लोगों के प्रति उत्तरदायी है।

(4) सीमांत प्रतिफल का सिद्धांत: व्यापारिक कार्य का मुख्य उद्देश्य लाभ है, चाहे यह कितना भी कम क्यों न हो। फिर भी लोक प्रशासन के अधिकांश उद्देश्यों को न तो धन के पैमाने पर मापा जा सकता है और न ही लेखाकरण विधियों द्वारा जाँचा जा सकता है।

पाल एच. एप्पलबी के अनुसार लोक प्रशासन निजी प्रशासन से भिन्न है। उसका कथन है कि "व्यापक रूप में सरकारी कार्य और मनोवृत्ति के कम से कम तीन संपूरक पहलू होते हैं

जो सभी अन्य संस्थाओं और कार्यों से सरकार को भिन्न करते हैं" कार्यक्षेत्र का विस्तार, प्रभाव और विचार, सार्वजनिक उत्तरदायित्व, राजनीतिक स्वरूप। किसी भी गैर–सरकारी संस्था का सरकारी विस्तार नहीं होता है।

एप्पलबी उल्लेख करता है कि लोक प्रशासन का राजनीतिक स्वरूप उसे निजी प्रशासन से भिन्न करता है। लोक प्रशासन राजनीतिक निर्देशन और नियंत्रण के अध्यधीन है। यह इनके बीच मुख्य भिन्नता है। वह आगे तर्क देता है कि "प्रशासन राजनीति है क्योंकि इसे सार्वजनिक हित के प्रति सहानुभूतिपूर्ण होना चाहिए। इस तथ्य पर बल देना आवश्यक है कि यह ऐसी लोकप्रिय राजनीतिक प्रक्रिया है जो लोकतंत्र का सार है, यह केवल सरकारी संगठन के माध्यम से काम कर सकता है और सभी सरकारी संगठन केवल प्रशासनिक तत्त्व नहीं हैं, वे राजनीतिक अवयव हैं और उन्हें ऐसा होना चाहिए।"

एप्पलबी आगे सरकारी उत्तरदायित्व के संदर्भ में सरकारी और निजी प्रशासन के बीच भिन्नता का उल्लेख करता है, "सरकारी प्रशासन उस मात्रा तक अन्य सभी प्रशासनिक कार्य से भिन्न है जिसे उसके सार्वजनिक स्वरूप के फलस्वरूप अस्पष्ट रूप से भी प्राप्त नहीं किया जा सकता है जिस तरीके में यह सार्वजनिक संवीक्षा और कड़े विरोध का विषय होता है। यह हित बहुधा प्रशासनिक कार्य के ब्योरों में होता है परंतु निजी व्यापार में संगठन के अंदर के अलावा अन्यत्र इसका कोई संबंध नहीं होता है।"

एप्पलबी के अनुसार निजी प्रशासन लोक प्रशासन के कार्यक्षेत्र के विस्तार, प्रभाव और चिंतन का दावा नहीं कर सकता है। वह उल्लेख करता है, "व्यवस्थित सरकार अतिक्रमण करती है और उस सभी से वस्तुतः प्रभावित होती है, जो हमारे समाज में विद्यमान है या चल रहा है। इसमें विपुल जटिलता युक्त नीतियाँ और कार्यवाहियाँ अंतिर्निहित है। उसकी संभव संपूर्ण जानकारी के लिए बहुत से विशेषज्ञों के ज्ञान की और सार्वजनिक तथा निजी जीवन में मुख्य सहभागियों के ज्ञान की भी आवश्यकता है।"

लोक प्रशासन की अधिक विभेदकारी विशेषताओं का वर्णन निम्नलिखित उपशीर्षकों में किया जा सकता है–

राजनीतिक निर्देशन (Political Direction)–लोक प्रशासन राजनीतिक है, जबकि निजी प्रशासन गैर राजनीतिक है, प्रशासन राजनीतिक संदर्भ में होता है।

लाभ प्रयोजन की अनुपस्थिति (Absence of Profit-Motive)–लोक प्रशासन की दूसरी विशेषताएँ लाभ प्रयोजन की अनुपस्थिति है, जो इसे निजी प्रशासन से अंतर करता है। सरकारी संगठनों का मुख्य प्रयोजन लोगों को सेवाएँ प्रदान करना और सामाजिक भलाई को बढ़ावा देना है।

प्रतिष्ठा (Prestige)–लोक प्रशासक, जो प्रबंध सेवा में है, निजी उद्यमों में, विशेषकर विकासशील देशों में अपने प्रतिपक्षियों की तुलना में उच्च प्रस्थिति और प्रतिष्ठा का सुख भोगता है।

सार्वजनिक दृष्टि (Public Gaze)–प्रशासन की सभी कार्यवाईयों पर जनता की पूरी दृष्टि रहती है क्योंकि जनता इसे बहुत निकट से देखती है। निजी प्रशासन में यह नहीं होता है।

सेवा और लागत (Service and Cost)—अधिकांश सरकारें अपनी आय या राजस्व से अधिक धन व्यय करते हैं। यह कारण है जिसे हम साधारणतया घाटे के बजट में पाते हैं, अर्थात् आय से अधिक व्यय। इसके विपरीत निजी लोक प्रशासन में प्रायः व्यय से अधिक आय होती है और इसके बिना वे विद्यमान भी नहीं रह सकते हैं।

कानूनी ढाँचा (Legal Framework)—लोक प्रशासन कानूनी ढाँचे के अंतर्गत कार्य करता है। यह नियममुखी है। लोक प्रशासक के उत्तरदायित्व संवैधानिक पद्धतियों, कानूनों और विनियमों के द्वारा नियत होते हैं। सरकारी अधिकारियों को अपनी कानूनी शक्तियों के अंदर कार्य करना अनिवार्य है, कानून के बाहर नहीं।

व्यवहार में सामंजस्य (Consistency of Treatment)—सरकारी अधिकारियों को जनता के साथ अपने कार्य निष्पादन में उच्च कोटि का सामंजस्य बनाए रखना कानूनी तौर पर आवश्यक है। उसे लोगों की सेवा करने में एकसमान व्यवहार के सिद्धांत का पालन करना आवश्यक है। किसी भी व्यक्ति के प्रति भेदभावपूर्ण व्यवहार न करना कानूनी अनिवार्यता है।

सार्वजनिक उत्तरदायित्व (Public Accountability)—लोकतंत्र में सार्वजनिक उत्तरदायित्व लोक प्रशासन का प्रमाण चिह्न है। लोक प्रशासन का जनता के प्रति उत्तरदायित्व है, यद्यपि प्रत्यक्ष रूप से नहीं परंतु राजनीतिक कार्यपालिका, विधायिका, न्यायपालिका आदि के माध्यम से अप्रत्यक्ष रूप से है।

विशाल मात्रा प्रशासन (Large-scale Administration)—लोक प्रशासन विशाल मात्रा प्रशासन है। यह कहा जाता है कि प्रायः कोई भी वस्तु प्रत्यक्ष रूप से या अप्रत्यक्ष रूप से लोक प्रशासन के अधीन है। यह आकार, जटिलता और क्रियाकलाप की विविधता के आधार पर किसी भी निजी संस्था की अपेक्षा अधिक बड़ा है।

एकाधिकार और आवश्यक सेवाएँ (Monopolistic and Essential Services)—लोक प्रशासन के क्षेत्र में साधारणतया सरकार का एकाधिकार है और आमतौर पर यह निजी संस्था को अपने से प्रतिस्पर्धा करने की अनुमति नहीं देता है। उदाहरण के लिए, किसी भी व्यक्ति या निकाय को राष्ट्रीय सुरक्षा, विदेशी संबंध, कानून और व्यवस्था, टकसाल और मुद्रा जैसी सरकारी सेवाओं से संबंधित कार्य स्थापित करने या निष्पादन करने की अनुमति नहीं दी जाती है; क्योंकि ये सरकार के विशिष्ट क्षेत्र के कार्य हैं और पूर्णतः समुदाय के लिए महत्त्वपूर्ण हैं और राजनीति की उन्नति के लिए आवश्यक हैं।

सरकारी अधिकारी अनाम रहते हैं (Officials Remain Anonymous)—लोक प्रशासन में यहाँ तक कि वरिष्ठ अधिकारी भी अनामक रहते हैं और उनकी पहचान प्रकट नहीं की जाती है। यह इसलिए है क्योंकि वे जो कुछ भी करते हैं वे सरकार के नाम पर करते हैं, अपने स्वयं के नाम पर नहीं।

वित्तीय सतर्कता (Financial Meticulousness)—लोक प्रशासन को वित्तीय मामलों में बहुत सावधान होना पड़ता है क्योंकि यह लोगों के धन के परिरक्षक के रूप में कार्य करता है।

दक्षता का निम्न स्तर (Lower level of Efficiency)—दक्षता को किसी भी संगठन का कोने का पत्थर कहा जाता है। फिर भी, विविध प्रकार के उत्तरदायित्वों, प्रभावकारी नियंत्रण

के अभाव, कम जबावदेही, बहुसंख्यक स्तरों की जटिलता, और कर्मचारियों के कार्य की सुरक्षा के कारण दक्षता का सार्वजनिक संगठनों में वांछित प्रभाव नहीं होता है। जब निजी प्रशासन से तुलना की जाती है, तब यह ज्ञात होता है कि सरकारी संगठनों में दक्षता की मात्रा निम्नतर स्तर पर है। मुख्य लक्ष्य के रूप में लाभ पर अत्यधिक नियंत्रण और कार्मिक प्रशासन में लचीलापन जोड़ने के फलस्वरूप निजी संगठनों में दक्षता का स्तर अधिक ऊँचा है।

प्रश्न 2. प्रशासनिक सिद्धांत के उद्भव और विकास का विश्लेषण कीजिए।
उत्तर— देखें इकाई–3, प्रश्न नं.–1 (पेज नं.–26)

प्रश्न 3. प्रशासन के सामान्य सिद्धांतों का विवेचन कीजिए।
उत्तर— देखें इकाई–5, प्रश्न नं.–2 (पेज नं.–52)

प्रश्न 4. हॉथोर्न अध्ययन के प्रमुख निष्कर्षों की चर्चा कीजिए।
उत्तर— देखें इकाई–8, प्रश्न नं.–2 (पेज नं.–86)

प्रश्न 5. निम्नलिखित में से प्रत्येक पर लगभग 250 शब्दों में संक्षिप्त टिप्पणियाँ लिखिए—

(a) रुचि और व्यवहार
उत्तर— देखें इकाई–9, प्रश्न नं.–4 (पेज नं.–95)

(b) संगठन डिजाइन के लिए प्रासंगिकता दृष्टिकोण
उत्तर— देखें इकाई–10, प्रश्न नं.–3 (पेज नं.–107)

भाग II

प्रश्न 6. मानव व्यक्तित्व और संगठन के कार्यकरण पर उसके प्रभाव के बारे में क्रिस आर्गिरिस के विचारों का मूल्यांकन कीजिए।
उत्तर— देखें इकाई–11, प्रश्न नं.–1 (पेज नं.–115)

प्रश्न 7. डॉग्लास मैकग्रेगर के सिद्धांत X और सिद्धांत Y की मान्यताओं का विवेचन कीजिए।
उत्तर— देखें इकाई–13, प्रश्न नं.–1 (पेज नं.–132)

प्रश्न 8. संगठनों के प्रबंधन में आधुनिक प्रवृत्तियों की चर्चा कीजिए।
उत्तर— देखें इकाई–16, प्रश्न नं.–2 (पेज नं.–158)

प्रश्न 9. नवीन लोक प्रशासन के उद्भव और विकास की व्याख्या कीजिए।
उत्तर— देखें इकाई–18, प्रश्न नं.–1 (पेज नं.–169)

प्रश्न 10. निम्नलिखित में से प्रत्येक पर लगभग 250 शब्दों में संक्षिप्त टिप्पणियाँ लिखिए—

(a) नई संगठनात्मक संस्कृति

उत्तर— देखें इकाई—17, प्रश्न नं.—4 (पेज नं.—168)

(b) नवीन लोक प्रबंधन

उत्तर— बदलते वैश्विक परिवेश में लोक प्रशासन भी विषयगत परिधियों के अंदर बदलाव को महसूस कर रहा है। विकास के बदलते प्रतिमान जैसे नव उदारवादी व्यवस्था ने राज्य के स्वरूप को सीमित कर दिया है तथा बाजार व्यवस्था का उदय हुआ है। परंपरागत लोक प्रशासन जिसका मूल आधार प्रशासनिक ढ़ाँचा, सांस्थानिक प्रबंधन तथा लोकहित की स्थिति को संचालित करने वाले सिद्धांतों पर आधारित था, आज के युग में निष्फल हो चुके हैं।

सामान्य शब्दों में कहा जा सकता है कि नव लोक प्रबंधन का सिद्धांत वैश्वीकरण, उदारीकरण तथा निजीकरण के दौर में विल्सन और वेबर के सिद्धांतों को लोक प्रशासन के लिए असंगत करार दे रहा था। इस नए सिद्धांत में सरकार व नौकरशाही की भूमिका में बदलाव की बात की गई। लोक प्रशासन में नव लोक प्रबंधन का जन्म 1990 के दशक में हुआ। क्रिस्टफर हुड ने इस शब्द का प्रयोग सबसे पहले किया। इसे पोलिट के द्वारा 'प्रबंधवाद' कहा गया।

सामान्यतः नव लोक प्रबंध समाज एवं अर्थव्यवस्था में राज्य की भूमिका को कम करना चाहता है तथा एक उद्‌यमशील सरकार की स्थापना करना चाहता है।

सामान्य रूप से सरकार के तीन लक्ष्य होने चाहिए—

(1) कुशलता

(2) अर्थव्यवस्था

(3) प्रभावशीलता

नव लोक प्रबंधन : विशेषताएँ

• प्रबंधकों के व्यक्तिगत उत्तरदायित्व के स्थान पर परिणाम आधारित व्यवस्था पर बल दिया गया।

• यह शास्त्रीय नौकरशाही प्रवृत्ति की जगह संगठनों, कार्मिक एवं रोजगरपरक सेवा शर्तों को अत्यधिक लचीला बनाता है।

• संगठनों एवं कार्मिक उद्देश्य को सफलता एवं प्रदर्शित मानकों की कसौटी पर परखने पर बल दिया।

• सरकारी गतिविधियों को बाजार व्यवहारों का सामना करना चाहिए।

• सरकार के आकार को निजीकरण के माध्यम से छोटा करना चाहिए।

□□

एम.पी.ए.–012 : प्रशासनिक सिद्धांत
दिसम्बरः 2019

नोट : *निम्नलिखित में से किन्हीं* ***पाँच*** *प्रश्नों के उत्तर लगभग* ***500*** *शब्दों (प्रत्येक) में दीजिए। प्रत्येक भाग में से कम–से–कम* ***दो*** *प्रश्न अवश्य कीजिए। सभी प्रश्नों के* ***अंक समान*** *हैं।*

भाग – I

प्रश्न 1. लोक प्रशासन के स्वरूप और कार्यक्षेत्र का वर्णन कीजिए।

उत्तर– देखें इकाई–1, प्रश्न नं.–1 (पेज नं.–1)

प्रश्न 2. वैज्ञानिक प्रबंधन दृष्टिकोण के प्रति टेलर के योगदान की व्याख्या कीजिए।

उत्तर– देखें इकाई–4, प्रश्न नं.–1, 2 (पेज नं.–39, 40)

प्रश्न 3. नौकरशाही के सिद्धांत में वेबर के योगदान का परीक्षण कीजिए।

उत्तर– देखें इकाई–6, प्रश्न नं.–1 (पेज नं.–59)

प्रश्न 4. हॉथोर्न अध्ययन के महत्त्व पर एक टिप्पणी लिखिए।

उत्तर– देखें इकाई–8, प्रश्न नं.–1 (पेज नं.–81)

प्रश्न 5. निम्नलिखित में से प्रत्येक पर लगभग 250 शब्दों में संक्षिप्त टिप्पणियाँ लिखिए–

(क) औपचारिक और अनौपचारिक संगठन

उत्तर– देखें इकाई–2, प्रश्न नं.–3 (पेज नं.–23)

(ख) रुचि और व्यवहार

उत्तर– देखें इकाई–9, प्रश्न नं.–4 (पेज नं.–95)

भाग – II

प्रश्न 6. व्यक्तियों पर औपचारिक संगठन के प्रभाव के बारे में क्रिस आर्गिरिस के विचारों की व्याख्या कीजिए।

उत्तर– देखें इकाई–11, प्रश्न नं.–4 (पेज नं.–117)

प्रश्न 7. डग्लस मैक्ग्रेगर के X और Y सिद्धांतों संबंधी मान्यताओं और उनके प्रबंधकीय निहितार्थों का परीक्षण कीजिए।

उत्तर– देखें इकाई–13, प्रश्न नं.–1 (पेज नं.–132)

प्रश्न 8. नवीन लोक प्रशाासन के लक्ष्य, विरोधी–लक्ष्य और विशेषताओं की चर्चा कीजिए।

उत्तर– देखें इकाई–18, प्रश्न नं.–2 (पेज नं.–170)

प्रश्न 9. राज्य और राजनीति के लोक चयन उपागम के बुनियादी तत्त्वों की चर्चा कीजिए।

उत्तर– देखें इकाई–19, प्रश्न नं.–2 (पेज नं.–181)

प्रश्न 10. निम्नलिखित में से प्रत्येक पर लगभग 250 शब्दों में संक्षिप्त टिप्पणियाँ लिखिए–

(क) सार्वजनिक सेवा का बदलता स्वरूप

उत्तर– देखें इकाई–22, प्रश्न नं.–2 (पेज नं.–206)

(ख) प्रतिबद्ध प्रणाली

उत्तर– देखें इकाई–14, प्रश्न नं.–1 (पेज नं.–141)

एम.पी.ए.–012 : प्रशासनिक सिद्धांत

जून: 2020

नोट : *कुल* ***पाँच*** *प्रश्नों के उत्तर लगभग* ***500*** *शब्दों (प्रत्येक) में दीजिए। प्रत्येक भाग से कम से कम* ***दो*** *प्रश्न अवश्य कीजिए। सभी प्रश्नों के अंक समान हैं।*

भाग–I

प्रश्न 1. समकालीन समय में लोक प्रशासन के महत्त्व का परीक्षण कीजिए।

उत्तर— देखें इकाई–1, प्रश्न नं–2

प्रश्न 2. संगठन की अवधारणा को परिभाषित कीजिए तथा औपचारिक एवं अनौपचारिक संगठन के बीच अंतर बताइए।

उत्तर— देखें इकाई–2, प्रश्न नं–1, 3

प्रश्न 3. सिद्धांत को परिभाषित कीजिए तथा लोक प्रशासन सिद्धांत की आवश्यकता एवं महत्त्व की चर्चा कीजिए।

उत्तर— देखें इकाई–3, प्रश्न नं–2

प्रश्न 4. समकालीन समय में प्रशासन के सामान्य सिद्धांतों की प्रासंगिकता का विश्लेषण कीजिए।

उत्तर— देखें इकाई–5, प्रश्न नं–2

प्रश्न 5. नौकरशाही के मार्क्सवादी प्रतिमान पर एक टिप्पणी लिखिए।

उत्तर— देखें इकाई–7, प्रश्न नं–2, 5

भाग–II

प्रश्न 6. 'मैस्लो का आवश्यकताओं का पदानुक्रम सिद्धांत आज तक प्रासंगिकता रखता है।' परीक्षण कीजिए।

उत्तर— देखें इकाई–12, प्रश्न नं–1

प्रश्न 7. परिबद्ध प्रणाली और खुली प्रणाली चरम (extreme) स्थितियों के आधार पर संचालित होते हैं।' विश्लेषण कीजिए।

उत्तर— देखें जून–2008, प्रश्न नं–7

प्रश्न 8. संगठनों के प्रबंधन में नई प्रवृत्तियों पर प्रकाश डालिए।

उत्तर— देखें इकाई–16, प्रश्न नं–2

प्रश्न 9. नवीन लोक प्रशासन के उद्भव, विकास और महत्त्व की चर्चा कीजिए।

उत्तर— देखें इकाई–18, प्रश्न नं–1

नवीन लोक प्रशासन का लोक प्रशासन के विषय और व्यवसाय पर महत्त्वपूर्ण प्रभाव पड़ा। दोनों सम्मेलनों में लोक प्रशासन को मौजूदा सामाजिक-आर्थिक परिदृश्य और अपने समय के प्रभावशाली दार्शनिक सरोकारों के साथ जोड़ने का प्रयास किया गया है।

द्वितीय मिनोब्रुक सम्मेलन बदले हुए परिदृश्य, विशेषकर अमेरिकी लोक प्रशासन में आयोजित किया गया। इसकी पहचान बड़ी सरकारों के प्रति कटुता और सरकार के लिए जनता की कम रुचि थी। सरकार के स्वरूप में परिवर्तन हुआ और यह कल्याणकारी राज्य से विनियामक राज्य (Regulatory State) हो गया। इसकी पहचान अधिक निजीकरण, बाहर से संचालन सेवा प्राप्त करने, और सरकारी प्रयोजन के मूल्यों (Public Purpose Values) के ऊपर निजी प्रयोजन के मूल्यों का प्रभुत्व है। इसके अतिरिक्त लोक प्रशासन विषय के स्वरूप में भी परिवर्तन होता रहा है। यह क्षेत्र 1960 के दशक में राजनीति विज्ञान का अभिन्न अंग था जो अधिक बहुविषयक, विश्लेषणात्मक और सैद्धांतिक रूप से आधुनिक हो गया।

दोनों सम्मेलनों की मनोदशा और सुर में विभिन्न अंतर हैं। जबकि 1968 का सम्मेलन कलहपूर्ण, संघर्षपूर्ण और क्रांतिकारी था, परंतु 1988 का सम्मेलन शांतिपूर्ण और व्यावहारिक था। 1968 की बातचीत व्यवहार विरोधी समझी गई जबकि 1988 के सम्मेलन की बातचीत को लोक प्रशासन के लिए व्यवहारवादी विज्ञान के योगदान के लिए अधिक ग्रहणशील समझा गया।

नवीन लोक प्रशासन की आलोचना होती रही है। कुछ शिक्षाविद् यह मानते हैं कि इसने तब मौजूद अवधि के दौरान प्रशासन को समाज की मौजूद समस्याओं के प्रति जवाबदेह बनाया। ये संदेह भी व्यक्त किए गए कि नई विचारधारा अधिक समय तक मौजूद रहेगी अथवा नहीं।

फिर भी नवीन लोक प्रशासन ने लोक प्रशासन की नई परिभाषा दी है। और इसने सहभागिता, जवाबदेही, ग्राहक-उन्मुखीकरण आदि की कुछ प्रमुख अवधारणाओं पर बल दिया है। प्रशासन को लोगों के निकट और सामाजिक समस्याओं का समाधान करने की इसकी

क्षमताओं को मजबूत करने का प्रयास किया गया। इसने लोक प्रशासन का लोकतंत्रीकरण करने अपने अंतर्विषयक स्वरूप के अनुरूप लोक प्रशासन के सिद्धांत का निर्माण करने के लिए बौद्धिक विचारधारा को प्रोत्साहित किया जिससे कि लोक प्रशासन अपने दृष्टिकोण और कार्य प्रणाली सुधारने का प्रयास कर सके।

प्रश्न 10. निम्नलिखित पर संक्षेप में 250 शब्दों (प्रत्येक) पर टिप्पणियाँ लिखिए—
(क) सिद्धांत एक्स और सिद्धांत वाई
उत्तर— देखें इकाई–13, प्रश्न नं–1

(ख) लोक प्रशासन में समीक्षात्मक सिद्धांत
उत्तर— देखें इकाई–20, प्रश्न नं–2

एम.पी.ए.–012 : प्रशासनिक सिद्धांत
फरवरी: 2021

नोट : *निम्नलिखित में से किन्हीं* **पाँच** *प्रश्नों के उत्तर लगभग* **500** *शब्दों (प्रत्येक) में दीजिए। प्रत्येक भाग में से कम–से–कम* **दो** *प्रश्न अवश्य कीजिए। सभी प्रश्नों के* ***अंक समान*** *हैं।*

भाग–I

प्रश्न 1. उदारीकरण, निजीकरण एवं भूमंडलीकरण के अंतर्गत लोक प्रशासन के स्वरूप एवं कार्यक्षेत्र की चर्चा कीजिए।

उत्तर— देखें दिसम्बर, 2010 प्रश्न नं–1 फिर देखें इकाई–1, प्रश्न नं–4

प्रश्न 2. संगठनों के विभिन्न प्रकारों पर प्रकाश डालिए।

उत्तर— देखें इकाई–2, प्रश्न नं–2

प्रश्न 3. प्रशासनिक सिद्धांत के उद्‌भव और विकास की चर्चा कीजिए।

उत्तर— देखें इकाई–3, प्रश्न नं–1

प्रश्न 4. "वेबर की नौकरशाही की अवधारणा उसके वैधता और प्राधिकार के विचारों से घनिष्ठ रूप से संबंधित है।" परीक्षण कीजिए।

उत्तर— देखें इकाई–6, प्रश्न नं–1

प्रश्न 5. "संगठनात्मक प्रभाव के मॉडल संगठनात्मक निर्णयण में अपना योगदान करते हैं।" विश्लेषण कीजिए।

उत्तर— देखें इकाई–9, प्रश्न नं–2

भाग–II

प्रश्न 6. "ब्रूम का प्रत्याशा सिद्धांत, प्रेरणा की प्रक्रिया पर आधारित है।" टिप्पणी लिखिए।

उत्तर— देखें इकाई–13, प्रश्न नं–2

प्रश्न 7. संगठनात्मक सिद्धांत के संवर्धन के प्रति चेस्टर आई. बरनार्ड के योगदानों पर प्रकाश डालिए।

उत्तर— देखें इकाई–15, प्रश्न नं–3

प्रश्न 8. संगठनात्मक संस्कृति को परिभाषित कीजिए तथा उसकी सार्वजनिक अभिव्यक्तियों की व्याख्या कीजिए।

उत्तर— देखें इकाई–17, प्रश्न नं–1, 2

प्रश्न 9. नव लोक प्रबंधन की उत्पत्ति एवं प्रभाव का वर्णन कीजिए।

उत्तर— देखें इकाई–21, प्रश्न नं–1, 3

प्रश्न 10. निम्नलिखित में से प्रत्येक पर लगभग 250 शब्दों में संक्षिप्त टिप्पणियाँ लिखिए—

(क) खुली–प्रणाली दृष्टिकोण

उत्तर— देखें इकाई–14, प्रश्न नं–2

(ख) सार्वजनिक विकल्प दृष्टिकोण

उत्तर— देखें जून–2018, प्रश्न नं–10(b)

WE'D LOVE IT IF YOU'D LIKE US!

/gphbooks

We're now on Facebook!

Like our page to stay on top of the useful, greatest headlines & exciting rewards.

Our other awesome Social Handles:

gphbooks
For awesome &
Informative videos
for IGNOU students

9350849407
Order now
through WhatsApp

gphbooks
We are
in pictures

gphbook
Words you get
empowered by

Must Read अवश्य पढ़ें

GULLYBABA PUBLISHING HOUSE PVT. LTD.

New Syllabus Based

100% Guidance for IGNOU EXAM

IGNOU HELP BOOKS

B.A., B.COM, B.A. FOUNDATION, M.A., M.COM., BCA, B.ED., M.ED., AND OTHER SUBJECTS

IAS, PCS, UGC & All University Examinations

Chapter wise Researched

QUESTIONS & ANSWERS

Solved papers & very helpful for your assignments preparation के लिए रामबाण

Hindi & English Medium

 GULLYBABA PUBLISHING HOUSE PVT. LTD.
2525/193, 1st Floor, Onkar Nagar-A, Tri Nagar, Delhi-110035, (From Kanhaiya Nagar Metro Station Towards Old Bus Stand)

Email : Info@gullybaba.com
Web : www.gullybaba.com

Join us on Facebook at
IGNOU Helpbooks

For any Guidance & Assistance Call:

9350849407

www.ingramcontent.com/pod-product-compliance
Lightning Source LLC
LaVergne TN
LVHW021803060526
838201LV00058B/3227
* 9 7 8 9 3 8 1 0 6 6 1 7 1 *